U0085239

教育哲學
——本土教育哲學的建構

溫明麗 著

三民書局

Education

國家圖書館出版品預行編目資料

教育哲學：本土教育哲學的建構 / 溫明麗著.－－初版
一刷.－－臺北市：三民，2008
　　面；　　公分
參考書目：面
ISBN 978–957–14–4933–3　（平裝）

1.教育哲學

520.11　　　　　　　　　　　　　　　　97002808

© 　教育哲學
　　　　——本土教育哲學的建構

著 作 人	溫明麗
責任編輯	黃麗瑾
美術設計	謝岱均
發 行 人	劉振強
著作財產權人	三民書局股份有限公司
發 行 所	三民書局股份有限公司
	地址　臺北市復興北路386號
	電話　(02)25006600
	郵撥帳號　0009998–5
門 市 部	（復北店）臺北市復興北路386號
	（重南店）臺北市重慶南路一段61號
出版日期	初版一刷　2008年4月
編　　號	S 520080
定　　價	新臺幣440元

行政院新聞局登記證局版臺業字第○二○○號

有著作權‧不准侵害

ISBN　978–957–14–4933–3　（平裝）

http://www.sanmin.com.tw　三民網路書店
※本書如有缺頁、破損或裝訂錯誤，請寄回本公司更換。

自序——導言

撰寫一本教育哲學對我而言並非易事。教育哲學所涉及的層面甚廣，實難以一人之力所完成；再則「教育哲學」要寫得好，寫得言之有物、有論點，又具有啟思性，而且不被認為是「天書」般的難懂，理想的作者必須具備廣博的教育和哲學的背景知識，也需要對教育的實踐和實務活動有深刻的體驗和瞭解。此乃本書雖然構想近十年，但出版卻一延再延之故。今適逢七年休假，遂不揣淺陋地把多年來的構想行諸文字，雖不完美，但至少可以提供出來，作為搭建學術論辯舞台的素材，期學界和教育界朋友可以不吝賜教。尤其近年來台灣不少哲學研究的年輕學者紛紛嶄露頭角，若能結合學界大老的智慧和年輕少壯派學者的創意和衝勁，相信建構台灣本土教育哲學的理想應指日可待。本書只是拋磚引玉，企圖多少突破傳統以學者或以學派為主的闡述性教育哲學著作，闢出教育哲學研究的新蹊徑。本書在中國哲學上的著墨仍相當有限，因為個人對於中國哲學的研究仍不足，只對《易經》和老莊略有鑽研，但仍甚為淺薄，遂在建構本土教育哲學之際，仍不敢造次，期盼日後有更深的掌握，再與讀者見面。

作者於撰寫之初，相當困惑，困惑的倒不是資料的搜集，而是該以何等面貌來呈現？若台灣欲自行建構一個屬於本土的教育哲學，該從何處著手？此問題一則涉及教育哲學本身在學術上與教育學上的地位與價值；另一方面，也與研究者個人的專長領域和興趣息息相關。而且國內雖然有但昭偉等一群教育哲學界的朋友，多年來對台灣教育哲學的研究用心，但仍離建構台灣教育哲學仍是遙遠。廣義言之，台灣教育哲學界朋友的讀書會和研究發表會，都屬於建構台灣本土教育哲學的一部分，但因體系尚未形成，共識亦未建立，故也增加本書撰寫的難度和遲疑。

　　另外，因為曾在慈濟大學任教，也曾隨[上]證[下]嚴法師行腳，對其「為佛教、為眾生」，以及其主張「宗教乃人生的宗旨，品格的教育」之理念和實際的教化史蹟，深深感動，也曾思考是否將證嚴法師的理念和實際作法，結合學術和佛學觀點，抽理出系統和結構，好好地介紹其廣義而深邃的教育理論，也讓國人瞭解道道地地本土教育哲學家的思想。然而，由於證嚴法師的立論浩瀚，佛學又無邊，擔憂體會不足，遂不敢任意動筆，俟日後更精進後，或有能力撰述其教育理念，一則以饗國人，再則也一圓作者的夢。套句證嚴上人的話：「做就對了！」簡單的一句話，除了鼓勵之外，也點出「知難行更難」的實踐哲理。

　　建構台灣本土教育哲學需要面對教育哲學普遍遭遇卻尚未有結論的問題，即教育哲學的定位問題。易言之，教育哲學雖已被哲學承認為其分支，但是，教育學的地位久久妾身未明，也影響教育哲學的主體性地位和其發展；復以國內教育哲學也常見運用其他學術領域之理論，卻鮮少建構本土的教育理論，也遲緩本土教育哲學的發展。此現象非短時間可以化解，只是教育工作者也不能毫不知覺，更不能不對此現象嚴肅反省，否則欲建立本土教育哲學的理想將遙遙無期。有鑑於此，又基於作者研究批判性思考及其教學逾二十載，得以為本書找到一個「主體性」和「精簡化」的暫時性辯證觀，作為建構本土教育哲學的切入點，期能獲得讀者的共鳴。

　　大抵言之，國內外均有學者認為，教育哲學乃奠基於哲學之上，乃藉闡述哲學派別呈現教育哲學內容，或以某種哲學派別作為探討教育哲學的方法論，據之反省教育理論或實際活動，或藉以詮釋、分析、建構教育哲學理論；亦有學者致力於為教育哲學成為獨立「學門」請命，此等學者反對將教育哲學視為「教育」和「哲學」之合成體，更反對視教育哲學為哲學的應用科學，強力主張教育哲學的獨立性。

　　總括言之，主張教育哲學應為一獨立學門者，強調教育哲學應直接處理教育目的、內容、組織、研究、師生關係與文化等理論與實際

問題，包含表面的活動和其後設理論。一言以蔽之，若主張教育哲學應為獨立學門者，主張教育哲學應與其他學門有所區別，以免成為其他學門的附庸。此等論述致力於破除哲學界或其他學門認定教育哲學只是將哲學應用於教育「學科」的迷思。

本書所以以主體性和精簡化作為建構本土教育哲學的切入點，也是試圖破除教育哲學附庸地位的迷思。期望本書的出版，能立於前人努力的成果，藉著本書的筆觸、文思及對教育的體認，為建立教育哲學為一門獨立學門略盡棉薄。

然而作者並未否定教育與哲學間存在密不可分的關係。教育與哲學存在以下三種關係：㈠兩者之間存在橋歸橋、路歸路的「各自獨立」關係；㈡兩者猶如魚不離水、水不離魚的「相輔相成」或「相需相生」的關係；㈢兩者彼此衝突對立的「無法相容」關係。讀者於閱讀本書時亦能自行掌握教育與哲學之上述三種關係，對本書的論點提出批判的觀點，則更能彰顯教育哲學的本質和價值，也是作者所樂見的。

本書的目的不在論及市面上已出版之教育哲學書中所涉及的一切學派或思想家的教育理論，而在論述教育理論與實踐的合理性，俾與教育界同仁和第一線教育工作者「以文會友」，共同為建立本土化教育理論盡一分心力。

英國雪菲爾大學 (University of Shefield) 哲學系教授卡爾 (Wilfred Carr) 曾在其《新教育學》(*For Education*) 一書中提及：教育實踐不只是一種技術，更是指向善之倫理關懷的活動。教育哲學界的先驅彼特斯 (R. S. Peters, 1919–) 將教育哲學、心理學與社會學共同列為師資培育教育的基礎科目，更認定倫理學為一切教育活動的中心，此觀點深深影響作者的教育思想：認定教育的終極關懷仍應以倫理學為核心，較能彰顯教育哲學的實踐意義。質言之，教育活動應是一種倫理活動，旨在培養人與人、人與環境之間的相處和對待之方，及反省對待之方的合理依據，並透過教育達成此目標，進而將之內化為個人人格，且

形塑教育文化。總之，教育哲學立於倫理基礎，啟迪人類的理性，含蘊人的情性，建立教育活動的理論依據，並藉之反省教育實際活動的適切性。當然，教育理論不限於從理性思維出發，亦可從實際活動中建立教育理論的新頁。

若人只是如行屍走肉般的行動，無法獨立自主的思考，則猶如灌入晶片的機器人一樣，只能依照已經設定好的模式操作，人不再是具有主體性的「人」。此等沒有思想和自我的人，違反教育的本質，亦與本書主張之主體性教育哲學不符。具主體性的教育哲學應彰顯人的批判性。教育何以要鼓勵人與其生活周遭的人及環境和諧相處？又該如何增進人類生活的意義和價值?此皆教育提升批判性思考人生的真諦。質言之，教育應該協助受教者充實知識，有能力判斷行為的合理性，並能區分利弊得失及是非善惡，以開展真善美聖的人生。由此可見，教育活動所需維繫的倫理，除了理性的正義倫理外，講究關係的關懷倫理更不可或缺。

析言之，教育目的指向倫理目的，倫理目的依循善的目的，故教育應協助人類破除不平等、維繫正義、追求美好生活。就此而言，教育哲學所關切的範圍應涵蓋整個生活面向，不宜化約教育活動為學校圍牆內的狹義教育。易言之，教育哲學所關注的不只是尋求良好的教學方法，更應該反省教育活動的目的和教育政策的訂定是否合乎教育本質，尤其教師的教育理念和專業品格均顯露教育工作者的教育意識型態，此皆為教育哲學的首要議題。

作者在授課時曾詢問教育學程的學生、學校教師和教育行政人員和教育研究所的學生等對教育哲學的態度和認識，結果發現，大多數人對於「教育哲學」都存有不易學習的恐懼和茫然。作者也發現，他們對於教育哲學大都本著「敬而遠之」或「又愛又恨」的心態，其中更有人在學習「教育哲學」之後，仍然對教育哲學中的理論一知半解，難以將之用於學校或教育行政之實際情境，更遑論藉之解決其所面對

的教育問題；此外，他們之中雖然也不乏有人想更進一步理解教育哲學，只是他們仍難在《教育哲學》的書堆中找到答案，若一路上沒有人指點迷津，則常造成他們喪失理解教育哲學的信心和勇氣；有的人更因此誤解教育哲學為一門「不可知、不可道、不必要」之玄學，甚至因為不理解教育哲學而否定教育哲學的必要性，及其在師資培育課程與人生的價值性。

有鑑於此，作者試圖以一種較平易近人的文筆撰述本書，一則期能破除教育哲學被扭曲的形象；再則也期能建立精簡化「本土教育哲學」的典範。惟一本書是不夠的，需要一輩子的功夫，但本書總是個開始：踏出融合國際教育思潮和本土教育理念的第一步。其中作者更實際到中小學參訪，和中小學教師進行面對面的溝通和行動研究，發表相關的講演和參與研討會等以作為視域融合的先前理解，進而反省教育目的、教師教育理念、教學內容和方法、教育行政和政策、校長領導、校園文化、教師品格等，其中涵蓋知識層面、社群生活、個人自主及意志等面向，期能從教育哲學的本質、內涵與價值、教育活動之理性與生命的會通與智慧的追尋、教師專業品格的形塑等層面，從現代到後現代的教育哲學取向、精簡化教育哲學，建構教育的理論與實踐。祈先進方家不吝鼓勵和賜教，則撰寫此書之意義深遠矣。

最後本書之完成，感恩提攜我的師長及朋友，一路的呵護和鞭策；其次感念碩博士班研究生的參與討論和理性論辯；更感謝長期為學術苦心耕耘之三民書局的支持及其編輯團隊的用心；當然對於家母與舍妹的包容、鼓勵和肯定，更讓本書充滿濃郁的親情與人味兒。謹以此書回報證嚴上人啟迪本土教育哲學之恩於萬一。

溫明麗　謹誌

2008 年春　於易極軒

教育哲學
Educational Philosophy
本土教育哲學的建構

自序——導言

Chapter 1

>>>>

本土教育哲學探源

［前言］》》》》

　　本書開宗明義先論及教育哲學的價值,而非探討教育哲學的本質,讀者或許認為作者一定深受二十世紀末資本主義社會之市場經濟, 及講求效率之工具理性價值的影響, 故論及教育哲學時, 也不忘先看看其到底有多大利益? 對誰有利? 利益何在? 又該如何去獲取這些利益等工具性、技術性論題。然而, 作者雖然認為人生有若干事的確無法棄工具性價值於不顧, 但也不贊同凡事皆以利益掛帥, 教育活動或教育事業更不能唯利是圖。質言之, 一旦教育哲學未能呈顯教育活動之立即性價值時, 就棄之如敝屣, 如此的態度只是顯示持該功利理念者之管見, 從事教育工作者不宜抱持功利思想, 因為教育雖講求績效, 但教育更有啟蒙人類思想, 化育人格, 及發展社會和傳承與建構文化的目的。同理, 教育哲學亦不應只以功利作為唯一的思想依據。

　　對於人生、學術與教育, 作者一向秉持較為樂觀的態度。教育是良心工作, 也是一項喜捨的修行和德行, 更何況人生亦是在不斷追逐與停歇之間獲得圓滿, 若不知所取捨, 則人生極可能因為無法開創新局, 導致窒礙難行; 另一方面, 在有限的人生中, 也無法擁有一切, 故對於價值的需求需要排出優先順序, 而價值的優先順序如何排定, 則有賴哲學的思辨。析言之, 事物的價值除了本身具有內在的價值外, 亦可能隨著社會的需求, 產生外在的價值, 外在價值就是人所設定的價值, 因此, 外在價值有個別性, 也有社群性的價值。故外在價值的差異性較大; 社群所設定的價值, 則如同文化一樣, 具有「類普遍」的性質, 即具有較大的共通性價值。

　　教育所以是價值的活動, 乃因教育除顧及個人的殊異性和獨特性外, 也涵蓋社群的價值, 而且教育活動的選擇, 包括學校的經營方向、教育政策的制訂、課程的設計、教材教學的選擇等, 均需要經過選擇,

也會隨著社會不同的需求而改變。此外，教育既要傳承文化和社會的價值，也需要開展和啟發個人內在和獨特的價值。

　　例如，教育在農業社會和在工業社會所欲追求或傳達的價值不同，功能也可能有差異；又如教育對應該強調本土化或符應全球化之價值判斷也會不同，故其在制訂政策、安排課程、設計教學之際，也會因為該價值觀的不同，而有所差異。質言之，教育目的與功能均與我們對價值的判斷息息相關。就此而言，一個國家的教育政策到底何去何從，更有賴決策者對教育價值的選擇和定位。

　　價值的形成不但是個體本身意向性之內在決定，也是個人在文化和社會互動的過程與結果，而社會與文化本身就隱含著價值。易言之，人的價值觀若非屬於獨特性的價值抉擇，就是社會或文化的共同認定，甚至是兩者互動的結果，故人的價值觀一旦形成，並不容易改變，教育活動即對個人在接受學校教育之前已經形成的價值觀重新洗牌和重組。可見，教育所以必須是理性啟蒙的活動，乃因為教育不在於將知識強行灌入學生的腦中，而是透過知識讓學生有能力反省自己的價值觀，並檢視既有價值觀的合理性，進而重建自己的價值觀。認知學派認為，整個教育過程就是認知基模的重組，此認知基模亦是一種價值重建的過程。

　　例如，對於「死有重如泰山與輕如鴻毛」之生命價值觀，其內涵甚為複雜多元，有人認定服從才是「重如泰山」，有人則認為「留得青山在，不怕沒柴燒」才是「重如泰山」的生命價值觀。蘇格拉底 (Socrates, 470–399 B.C.) 視死如歸，即是他的價值判斷，但是蘇格拉底的弟子對生死所抱持的價值觀卻不同於蘇格拉底：蘇格拉底的弟子設法要解救其師，但是，蘇格拉底卻寧願依照判決飲酖毒而死，也不願逃獄。教育價值的選擇也是如此。一言以蔽之，當教育活動中所選擇的價值不是普遍性價值時，則宜透過討論以獲得大家都可以接受的價值觀。

　　可見，社會或文化可能存在共同的價值觀，但亦可能存在個人異

於他人的價值判斷。此外，價值判斷除了對生命價值進行判斷外，也需要考量情境的因素，才更能重新建立個人或文化的價值觀。不同文化可能存在不同的價值取向，在同一文化中的個人也會有不同的價值觀，例如，涉及生命價值觀的行為，如自殺、墮胎、安樂死等議題所以仍存在爭議性，一則因為文化差異，另一方面，也因為個人價值觀的不同所致。而且因為此類價值觀迄今仍不是人類的普遍性價值觀，因此，隨著科技的發展，此類議題的價值仍存在爭議，甚至各執己見。舉例言之，基因科技雖然成為二十一世紀的顯學，但是社會對於器官複製或複製人的合法化等，仍多有疑義，世界各國也因此有不同的規範：有的國家允許器官複製，甚至認可複製人合法研究；相對的，有的國家則仍認定人類器官的複製是違背自然生態，故嚴禁生物科學家對此方面的實驗與研究。

然而教育若無法確定價值取向，則教育對人是否可教？德是否能教？如何教？教育是否要因材施教？抑或有教無類？教育內容為何？均將因為欠缺著力點而難以定論，教育活動也可能因此失去方向，欠缺宗旨。教育若欲確立其價值取向，則宜進行哲學的思辨、證成與論辯，無論哲學的思辨、不同價值的證成、或論證何種教育價值是適切的，均屬於教育哲學的課題，也是教育哲學展現的價值和功能。這就是教育哲學所以被稱為思辨與論辯之學，也是樂於追求智慧之學的原因。

作者於授課之前，曾訪問約一百名中小學教師修習教育哲學的學生：「您認為教育哲學的目的和價值為何？」調查結果發現，教育界第一線的工作者對於教育哲學所抱持的價值是分歧的，其中比較多的答案是：㈠認為教育哲學毫無價值；㈡認為教育哲學有助於思辨，但是認為在日常生活中並無實質效益；㈢認為教育哲學很重要，但也認為教育哲學很艱深；㈣認為自己可能無法學會教育哲學，也不知道何時需要用到教育哲學，更不知道如何用，或為什麼需要教育哲學。這個

簡易的調查結果告訴我們下列幾項重要的訊息：

㈠第一線的教育工作者對於教育哲學的本質、內容與意義，仍不完全清楚，而且大都不清楚。

㈡教育哲學若欲走入教師的生命中，應有助於其教學價值的選擇，因此，依照教師目前對教育哲學的認識，從事教育哲學研究或教學者，必須精簡化教育哲學，讓教育工作者不再懼怕教育哲學，而且可以享受教育哲學的思辨與智慧，以提升其教學績效，尤其更有助於確立其教育理念。

㈢教育哲學除了理論之外，更需要與教育實務結合在一起，如此，教育工作者在感受教育哲學的深層價值之前，就能先體會教育哲學具體的、務實的功能（指立即性且能顯現於教學活動中的功能，例如，可以立即有效解決教師教學的問題）。如此由簡入繁，由自身再延伸至外在，由具體到抽象層面等，教育哲學才能深入教育活動中，教育哲學的理論也才能和教育的實際活動密切結合，然後，新的教育哲學才能不斷地被創發出來。

當有人追問：「哲學能讓我名利雙收嗎？」（Turnbull，戴聯斌、王了因譯，2003: 11）或感嘆：「哲學家比那些愚蠢的孩子還要糟糕！」（Turnbull，戴聯斌、王了因譯，2003: 18）諸如此類的問題，其本質與作者調查第一線教育工作者看待哲學的態度相似。因為此兩者均期待，哲學或教育哲學在日常生活中可以立即見效地解決困難。然而，教育哲學雖然應該具有立即性和實際面的功能，但是，哲學不是一門技術，亦應該存在深層思考的價值，故對教育哲學的認識，雖然可以從工具層面的功能出發，但不能只停留於技術或立即效應等初步的功能，否則不僅會扭曲教育哲學的本質，也會降低教育哲學的格調。此亦是本書特別提倡教育需要建立精簡教育哲學的思維歷程。

然而，精簡化教育哲學並不表示教育哲學的淺碟化。如前所述，精簡化教育哲學旨在試圖重組教育哲學的語言結構，讓每個人的生命

與教育哲學的語言可以溝通，進而產生生命的交會，藉以彰顯個人對教育哲學的意義，如此不僅能讓教育哲學深入教育工作者的生命中，而且教育工作者也可以因為彼此的交會，而賦予教育哲學新的生命，讓原來不具個別性生命的教育哲學，可以彰顯個人殊異的生命特色。

易言之，本書對於教育哲學概念的釐清，既不採取分析哲學的方法，進行語詞的分析、定義和概念的釐清，也不去闡述教育哲學的本質，而從世俗之日常生活的觀點出發，先彰顯教育哲學的工具性功能和價值，一則簡化教育哲學形上的抽象本質，再則也符應教育工作者的需求，如此有助於讓教育哲學免於說教，且與個人的生命息息相關。一旦教育工作者打破其對教育哲學的刻板化印象後，再逐步探討教育哲學的奧妙和複雜，如此教育哲學的功能也較能用於實際教學活動上。

綜觀本書所以提倡精簡化教育哲學的主要原因有三：

第一，教育哲學的內涵不僅包含理論層面，亦涵蓋實際和實務層面。易言之，教育哲學不僅處理教育理論的建構或檢證，也處理教育實務上發生的問題，教學與班級管理的問題，當然更處理教育實踐面向的問題，畢竟教育的核心是道德，實踐活動除了技術層面外，更是邁向「善」生活的活動，故彼特斯 (R. S. Peters) 提出的教育三規準──合認知性、合價值性、合自願性，基本上也是奠基於視學生為有生命、有情感、能自我決定並自我負責的主體，此等對待教育活動和看待學生的觀點，就是以道德為主軸，且希望透過教育協助學生的生活更符合德性。簡言之，若認為教育哲學是抽象的、理論的，那只是教育哲學的一面。誠如卡爾 (W. Carr) 所稱：教育的理論與實踐之間有理論與實踐互不相關、彼此對立，及相輔相成三種關係。因此，教育哲學所欲處理的範疇也包括抽象的理論、邁向善的實際活動，以及融合理論與實踐的教育活動。例如，若視蘇格拉底所提出的「知即德」為一種教育理論，則該理論屬於抽象概念建構出來的理論；另外，如斯賓塞 (Herbert Spencer, 1820–1903) 所提出的「何種知識最有價值」的理論，

則可視為由經驗或實務活動歸納出來的理論，故可稱為由實務所建立的理論，所以若無法在實務經驗產生價值者，即被視為非教育；杜威 (John Dewey, 1859-1952) 的「教育即生長」，即屬於一種理論與實踐結合的教育理論。

第二，無論教育工作者或教育界以外的人士，有不少人，甚至於大多數人都認為教育哲學是一門空疏的、不具實用價值的學問，有人甚至期待教育哲學也能像其他技術一樣，可以在職場或生活中產生立竿見影之效。雖然此等期待並非正確的認識教育哲學，但是教育哲學的書籍或教學者均不應期待教育哲學能發揮實用性功能的現象視而不見，反而應積極面對，並採取因應之策，以逐步讓接觸教育哲學的人，因為教育哲學的親和力，以至於愈來愈瞭解教育哲學的本質，進而化解其對教育哲學既存的錯誤意識型態，重新建立其對教育哲學本質的認知。

第三，本書不僅提供對教育哲學有興趣、有信心、有期待的人，更肯定教育哲學的價值，並從激發其認識自我的內在價值，並關注其外在的環境，及其所面對的問題，並思考問題的癥結以及可能的解決策略，藉以創建新的教育理念，同時也確立自己對教育的價值觀；另一方面，本書也期望能協助那些對教育哲學抱持消極或負面態度者，能夠自我反省其對教育哲學所以抱持負面觀點的原因，並試著放開自己的心門，讓新的觀點融入自己原來的價值觀中，再從中找出自己認為比較合理的觀點。能夠如此，則不但能檢證自己原來持有的教育觀，亦有機會重新認識教育哲學，能更深層的認識教育活動及其本質，因此也能激發其學習或重建教育哲學的動機、熱情與能力。

總之，為追尋教育哲學失落的本質，我們必須先打破教育哲學是象牙塔或空疏之學的錯誤觀念，並讓自己的心靈挪出一個空間，讓新的教育理念可以進入心靈中，自然地與既有的價值觀融合在一起，讓新理念成為解決教育問題的依據，如此，教育哲學的真諦將更可能隨

著「實質性」的具體功能呈顯出來。由此可見，教育哲學是一門具有生命的學門，而且可以彰顯個人的生命特質。教育哲學既存在共通性，也存在個人獨特生命的殊異性。因而，教師或教育工作者應該自己建立屬於自己的教育哲學，至少是對自己具有意義的教育哲學，且此教育哲學亦將隨著生命的改變而不斷的變革。一言以蔽之，教育哲學應該是教師生命的展現，亦能豐富教師的生命，也會更有助於堅定教師對教育的熱誠和態度。

英國倫敦大學雷德 (Louis Arnaud Reid) 教授認為教育哲學是一門獨立的科學。他指稱:「若哲學家自教育以外的觀點來寫教育哲學的教科書，那是危險之舉」(Reid, 1962: xiiii)。作者認同雷德教授的觀點，因為教育哲學雖然與各種哲學理論息息相關，如理性主義、經驗主義、實證哲學、後現代主義、女性主義等，然而，無論教育哲學是否已經成為一門獨立的科學，它終究必須建立其自己的思維邏輯、方法論、探討對象、欲解決的問題和目的等，方能更貼切的省察與重建適切性的教育理論與實踐，俾進一步創建新的教育理論。這也是本書撰寫時最根本的準則。

質言之，本書擬開展一本彰顯個人生命，對台灣教育工作者具有特殊意義的教育哲學，一則洗滌教育哲學被認為枯燥、艱澀、無用的刻板化印象，讓教育哲學在台灣教育的園地開展出新的生命，也提供讓教育工作者踏出自我教學生命的第一步。這或許有點不可思議，卻是個真實於自我的抉擇，教育工作者只有勇敢的做自己，才可能轉化長期被西洋哲學殖民的地位，活出真實的自我，也開創具有自我生命意義的教育旋律。其首要步驟是，閉上雙眼，深深吸口氣，放空自我，專注地傾聽自我內在生命的聲音，深層地體驗「欲我」(id)、「自我」(ego) 與「超我」(super-ego) 融為一體的寧靜境界。

第二章針對為何需要教育哲學? 何處、何人需要教育哲學? 如何學、如何用教育哲學? 等等，分別論述教育哲學的重要價值，彰顯教

育哲學的具體功效、思辨特質，及其在教育學上的定位。析言之，第二章從實際教學的兩難困惑中，隱喻地反映教育哲學的思辨功能；再從教學的立場，省思台灣教育改革風潮中教育哲學的定位；然後再明確地點出教育哲學的主色是兼具實用與生命情感；最後，重新為失落的本土教育哲學找回充滿道德本質的智慧。

　　第三章以批判的視野，再度審視教育目的與教育哲學之間的關係，並關注教育的主體性，以及超越教化之心靈的教育目的，論述智慧的追尋才是教育的目的，而教育哲學即是此教育目的的協助者、實踐者、諮詢者、判斷者、指導者，也為第四章的理性溝通和生命的交流，設定立場。

　　第四章採用詮釋學的方法，溯源教育的歷史發展，凸顯教和學的辯證變遷，既重新詮釋教育的內容和方法，也點出教育以德為核心的主軸，呼喚本土教育的方向應該回歸「知即德」的人文軌跡；並從現象的本質回歸，審視教育之人的本質，以及人之主體性的理性和情性特質，進而論述個人知識與教學內容之間的相輔相成、各自獨立、甚至是相互對立的關係，旨在重申教育必須重視主體之個別差異，以及透過理性的溝通，教學活動燃起互為主體的智慧之光，更從既存之主要教育哲學的論點，回顧教育活動中理性的溝通與生命交流的辯證性發展，再藉由實務的師生對話，提出教師自省與創意教學的論述，作為台灣教師進行教學活動的願景。

　　第五章則基於大多數人對教育哲學的迷思，試圖藉著維尼(Winnie-the-Pooh) 小呆熊的簡易智慧，彰顯人性和情性的無限發展空間，也再度論述教育不限於圍牆之內，教育活動也不再只是自然科學或工具理性的績效，論述真正的優質教育，需要展現有血有淚、有情有義的智慧——如易經哲學的簡易而變化多端。

　　第六章繼前述之教育史和教育哲學派別之知識論基礎，先對教育哲學的傳統理論作一洗禮，然後針對擺盪於現代和後現代之間的存在

主義、現象學、詮釋學和批判理論的教育哲學，透過批判性思考和辯證方法，給予新的詮釋，作為建構本土教育哲學的新取向。

第七章承接繼往開來之責，隨著後現代思潮的興起，人類的理性重新被檢視，教育在現代與後現代之間，無論教育政策、課程與教學、或教育經營與領導等，均展現典範的轉移，尤其因應全球化的來勢洶洶，台灣教育該何去何從？該如何在國際化之列車中，站穩台灣文化的主體，又能綻放多采多姿的多元燦爛。尤其外籍及新移民人口急遽增加，更增添台灣人口結構的巨變，教育哲學如何在此內外相互衝擊下，發展台灣、躋身國際，並由台灣的主體性，開展出多元而質優的文化，此乃教育的時代使命。有鑑於此，第八章回歸良師興國之論述，呼喚教師從專業倫理的提升，為教育風華的再現，正視教師成為有機知識分子的共同願景。

Chapter 2

>>>>

教育哲學的價值與本質

［前言］▸▸▸▸

　　本章將從教學實務中探索教育哲學的價值及其定位，此作法乃基於發揮教育哲學功能最基本的場域是教學的環境，故在教學活動中出現的問題，將觸動教師思考如何解決其教學問題，尤其是兩難困境。因此，本章從解決教學兩難的問題，思考教育哲學的價值，並透過對教學問題的解決，將會更深刻地體會教育哲學的價值，對於欲從事行動研究的教師而言，也是尋找研究問題的好方法。

▸ 第一節　解決教學問題需要教育哲學

尼采認為探究式的哲學家，將哲學變成了「木乃伊」……
若我們為木乃伊鬆綁，將可以發現，
古老哲學的珍寶仍在裡面閃耀。

——Neil Turnbull, 1999

　　滕博 (Neil Turnbull) 簡單的話語，道出教育哲學的希望。原來教育哲學並未消失，只是我們尚未挖掘出其珍貴處，甚至僵化、剝奪其生命力，然而我們卻誤以為教育哲學是不具生命的木乃伊。為了讓教師能重拾教育哲學的寶藏，本章首先彰顯教育哲學對教師的具體功能，繼之，從教學的觀點直擊教育哲學「以人為中心」的本質，最後再深入思索哲學的深層意涵。

　　對教師而言，教育哲學最立即的成效在於協助教師解決其教學或

自身的困難，因為教育哲學將導引教師思辨問題的癥結，並思解決之策。本章分別從教師教學上遭遇的困惑或兩難困境開始，直接、間接地透顯教育哲學的功能，強調在教學過程中必須視學生為有能力自我思想的主體，也是活生生、具有生命活力的人，此即由教師之自由和人文教育理念，闡述教育哲學的具體功能。質言之，本章欲論述教育哲學有助於解除教師僵化的意識型態和單調的教學方法，也有助於協助教師解決教學問題。

一、教學的困惑與兩難困境的解決展現教育哲學的不可或缺

　　歐文 (David Owen) 在《後現代主義之後的社會學》(*Sociology after Postmodernism*) 一書中感慨「社會之死」(the death of society)(Owen, 1997: 214)，因為社會已經喪失正義，看不到人性之善與美。難道社會變成這樣，教育不該負責任嗎？在台灣，由於家庭教育、社會教育、學校教育的職權並未區分得相當清楚，大眾對於教育的理解，大抵限於學校教育——即狹義的教育概念，也就是認為只有在學校才算是受教育。因此，一旦教育無法彰顯社會期待的目的時，教育常成為眾人撻伐的眾矢之的。這對教育當然是不公平的指控，對教師的士氣也是一大打擊。

　　因此，當一個社會呈現死亡現象時，教育責無旁貸必須擔負起振興起弊之責，只是也不能單純地以為，只要將所有的責任都推給教育，人人就可以袖手旁觀，問題也能迎刃而解。我們必須瞭解，教育是眾人的事，社會的繁榮和進步，更是大家的事。舉例言之，學校教育無法讓學生在畢業後有效地將所學貢獻於社會或其職場；或者當一個國家的教育水準已經很高，高等教育的人數也節節攀升，甚至高達七成以上的人都受過高等教育等，整個社會仍然不見正義，道德仍然低落，政治仍無法清明等等。此時除了政治和社會需要被反省之外，教育更應該肩負起尋找問題、解決問題的責任，尤其教育決策者更應該思考

問題所在及解決之策。此時，教育展現的就是對社會的引導，透過對問題的瞭解，進行適切、有效的「干預」，期改善社會風氣，維繫社會繁榮，確保社會發展。教育對社會問題的解決，就是一種鉅觀的教育目的論。

上述教育與社會的關係，可以圖示如下：

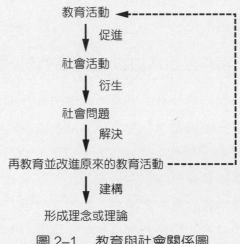

圖 2-1　教育與社會關係圖
資料來源：作者自行製作

將上述過程再行精簡，並濃縮成因素，我們可以更清楚的看到教育傳遞、分享與創造人類價值之功；繼之，人類再將此價值轉化在社會生活中。此時對社會生活的檢討結果，又成為教育的素材和教育政策制訂的參考或依據。以教育訓練人的生活技能為例，教育在訓練人具備生活技能的同時，亦在完成社會要求人類發揮知能，以促進社會發展的目的和價值，人類的技能與社會的發展即形成文化，此歷程彰顯文明、文化與教育的動態關係 (Ottaway, 1953/2001: 40-41)。再者，教育改革一方面受到社會文化的刺激，另一方面，社會的發展也是教育成效發表的舞台。因此，教育需要透過制度和活動，以傳播、傳承與創造文化 (Ottaway, 1953/2001: 50-57)。

　　鉅觀言之，我們可以看到教育與社會和文化的關係，若微觀地將該關係拉到學校和教室的環境中，則我們可以看到教師發展其教學風格，提升其專業知能的過程也是如此。析言之，教師在受過專業培訓後，進入學校任教，此猶如學校畢業生進入社會服務一樣，需要受到社會的檢視，也需要不斷的反省。同時，教師在教學過程中，就如同在社會服務一樣，也會和其他的教師或學生彼此互動，學校文化於為產生。教育對於此文化的促進、接受和革新，就是一種價值的傳遞與建立。質言之，師生的價值觀在教學過程中進行互動，也彼此影響，若在該文化中，教師無法維繫其價值觀或教學活動時，教師必須找尋問題的所在，並試圖解決問題。教育哲學的功能彰顯於此。

　　無論教師教學時採取理性主義或經驗主義的教育觀，都可能遭遇到如何提升教學效能或卓越化教育效能的困境；此外，教師也可能遭遇下列因為信念或期望差異，產生的兩難困境：教師所遭遇的問題不勝枚舉，也形形色色，但是總括言之，教師所遭遇的問題，尤其是兩難的問題，主要可歸納為下列兩類：

　　㈠教師專業知能的知識體系和教師個人的內在價值觀產生落差：例如，對班上長期不交作業的學生，若依照教師專業的知識體系評斷，教師對該生行為的解讀是，學生可能在學習上有障礙，或該生對該學習並不感興趣，也就是被認定為「學習成就低」的學生，此時教師會從引起學生學習動機和補救教學著手，甚至需要為該生營造一個充滿愛與互助的和諧同儕團體氣氛。另一方面，教師內在的價值可能認定，學生不交作業就是懶惰，就是不夠認真，而且學生必須為自己的學習行為負責，可見教師專業知能與個人價值判斷顯然有所落差。同理，當教師專業知能的知識體系傳達出教師應該因材施教、有教無類，但是，教師自己的內在價值觀卻存在個人的喜好，難以做到因材施教、有教無類，在此情況下，教師為了符應社會期待，做好身為教師的職責，教師可能隱忍內在的不悅，勉強自己去做符合其專業知識的行為，

但是教師內在心理可能會受到折磨，也覺得內在受到相當壓抑。此時教師又該如何自處？能否找到一個平衡點來化解心中的不悅或衝突？簡單的答案是：教師必須先將心情平靜下來，好好思考自己是否願意再受此等痛苦？是否有方法可以解套？是否需要改變自己的專業知能或內在價值觀？這些思考的過程就是哲學的思維，亦是教育哲學的分析、檢證、反思和批判的功能。若教師看學生都是鐵鎚，則學生就會視教師如釘子；師生之間也會引發「烏龜怕鐵鎚」之威權大戰，呈現非教育或反教育場景。

　　㈡教師專業信念和社會制度，或與社會期望的落差：此等落差或兩難困境無須刻意去處理，然而一旦它們讓教師無法容忍，或此落差再不解決，則教學活動難以順利進行時，則就不能逃避，也要審慎的面對，並思考問題所在，甚至需要對問題深入研究。此時教師即開始省思其所面對的教育理念與其個人的價值觀之間何以存在落差？該問題何以產生？如何調整教育專業與其既存價值觀間的落差？例如，當教育部規定教師不能體罰學生時，則教師既存的「教不嚴，師之惰」的價值觀需要調整。又如國民教育階段的學生不能採取「能力分班」，但是家長卻要求學校進行能力分班，教師的實際教學或研究也證明，能力分班才能達到因材施教和有教無類的理想。在此情況下，學校、教師、家長之間可能因為規定或學校立場的不同，產生緊張的局面。若一時無法取得共識，雖然法令可以「暫時」防堵教師或家長的反對聲浪，但是問題並未真正獲得解決。此時，教育行政單位，或學校校長與教師（也可以讓家長一起參與），最好能夠組成行動研究團隊，針對此能力分班的利弊得失進行研究，找出造成這些利弊得失的原因，更可進行相關的實驗教學，瞭解能力分班是否確實有害，或常態分班對哪些學生的學習有利，如此才是根本化解理念或制度落差之方。

　　教育哲學即在此實際教學和行動研究中檢視教育工作者的價值觀，也在彼此的互動和反省中形構新的文化。此不但有助於教師瞭解

自己的教育理念，理出教育理念的依據，證成教育理念的正確性，選擇適切的教育理念，並可依照教育理念採取有效的教育行動。此過程包括自我認識與掌握不同的教育理念，不但有助於教師更熟悉教育理念中的知識和技能，並能將該理念應用於教學，再透過教學評鑑，改進教育活動，最後重新形塑教育理念，達成維繫教學品質與提升教學效能的目的。

　　總之，無論思考、行動或面對新問題，解決教學問題或改進教育現況等，在在皆彰顯教育哲學的功能，其中最顯著的哲學功能是，教師不在於維繫自己的價值觀，學校也不是為了施展其行政權威，而思考教學與政策的適切性；同理，家長和學生更能在此探索與價值互動過程中不斷學習與成長。

　　一言以蔽之，教育活動有義務讓學校成為營造民主社會的溫床 (Abdel-Malek, 1981: 11)，而非霸權或意識型態的情緒性爭鬥場，否則教育就是假借「理性之名」，泯滅學生的想像力 (Derrida, 1978: 54; Norris, 1991: 126)，甚至可能讓學生因為無法表達自我意識而「抓狂」 (Foucault, 1988)，但是我們也不能因此就全盤推翻理性的作用，或忽視理論存在的必要，尤其教育理論的建立並不是任何人說了算，而是透過討論和思想的論辯，建立學科知識體系的共識 (Derrida，引自 Norris, 1991: 126)。此即教育哲學應該發揮的功能。

　　教師在教學過程中可能遭遇政策、行政或學生等各方面的困難，而影響教師的教學成效，因此教師若欲提升其教學成效，則必須認真思考並解決這些難題，藉此，教師也逐漸建立其教育理念。例如，當教師的教育理念和教育政策悖離，學校行政措施與教師教學理念產生落差，教師應用教育理念進行教學但成效卻不彰等即屬之。教師若不解決此等問題，則可能會因為其教育理念和教育措施產生落差的問題無法解決，乃至於澆熄教師的教育熱誠，也影響學生的學習。

　　教育問題的產生既是教育的危機，但也是教育的轉機。教師若能

因此深度反省其教育理念，進而積極面對教育問題，必能更深入的瞭解教育，也可能因為重新省思既存的教育理念，而創發新的教育理論。例如，當學生尚未具備適度背景知識，卻又迫於政策而需要進行超過學生能力的教學時，師生的關係可能因而產生教師期待和學生表現不相符應的不愉快和緊張，若教師面對此問題時不知所措，則可能導致教學的無力感；再者，此種不和諧的師生關係，也可能打擊教師的專業信心。下文的內在吶喊，表達了第一線教師的心聲：

> 我到底該如何幫助我的學生創造屬於他們自己的經驗，而且這些新開發出來的經驗又如何能與其舊經驗相結合，才能使他們真正學到了「帶得走的能力」？我深知，需要教導學生帶得走的能力，才能真正幫助他們順利的面對其生活的問題和未來。此外，升學主義氣氛瀰漫之際，我又如何能讓學生意識到終身學習的重要？也讓學生在準備考試的受教過程中，真正懂得不斷自我超越而不應僅限於提高考試成績？當我發覺學校教育壓抑著學生的興趣，也限制學生自我發展的空間時，我又該如何看待我所接受的教育理論？當學生抗拒學校的規定或社會的規範時，我又如何讓學生體悟學校與教師的用心？又如何讓學生既看到人生的光明面，又對於社會的黑暗面產生警覺性，而不至於成為社會發展過程中無辜的受害者？我該如何培養學生理性且客觀的分辨能力？如何在既定的制度和風氣中，開啟學生創新與自主自律的心扉？教育理論告訴我們要理情兼顧；而且政府的規定也暗示我們：無論學生氣焰如何高漲，行為如何乖張，都不能體罰他們，我真的不知道該如何有效地誘導他們！（作者摘錄自 A 國中一位女性教師對教學困境的訪問稿）

教師們，在您的教學生涯中若從未有過上述的經驗，則您若不是位傑出的天才型教師，便可能從未思索教育是什麼？教育目的何在？也可能未曾確立自己的教育理念，亦不思考教育理想為何？天才型教

師具備充分的教育專業知能，又具有自行解決教育問題的智慧；不知不覺的後者，則對教育抱持「當天和尚敲天鐘」的消極態度，既無視於教育思潮，也不關心學生內在的需求和發展，充其量只是「捧著」教育政策，工具性地追求學生的學習表現。甫從師資培育機構畢業的教師，應該具有高度的教育熱誠，然而一旦學校教育中建立的「教育真理」被證成是「天方夜譚」時，教師也可能會受到「創傷」，導致其對教育的失落感和冷漠態度。

作者曾針對在職進修的中學教師，及返校參加實習研習活動的新手教師，進行隨機抽樣訪談，以瞭解不同年資的教師對於教育理論與教學實際間的觀點。作者發現，資深教師和新手教師都認為教學實際現場和學校所學的教育理論之間，存在很大的落差；資深教師更認為，隨著教學年資的加長，他們逐漸懂得面對現實，放棄自己的教育理想，甚至有教師認為，「教師的教育理想純粹是烏托邦，因為教師若無法提高升學率，就是 "nothing"，在學校也不會受到重視。」此所稱的「資深」指從事教學工作十年以上的教師。

聽到教師對教育理念的忽視或無奈，以及對教育現實低頭時，作者心中百感交集。可不是嗎？自己不也是如此！師資培育機構的教師中，能堅持教育理想者，又有幾人？對教育政策和理論的後現代反省，常出現「弔詭」(paradox)、「反諷」(irony)、「乏人性」(impersonality) 等名詞 (Foucault, 1988; Norris, 1991: 208; Simms, 2003)，也大都是針對教育中籠罩的政治性、威權性和宰制性的批判。只是教師們是否都能意識到這些問題？是否有能力批判這些現象？能否解決這些問題？此也間接說明教育哲學在師資培育課程中的重要性。

若一個國家中有相當比例的教師，均無法對反教育的措施或政策提出質疑和批判，也無法建立自己的教育理念，則該國的教育較難以擔負起「教育，國之本」的文化建設重責；教師也無法完成「良師興國」的大任。因為，對於壓迫和不自由、不理性的政策和環境不知不

覺型的教師，不是自我陶醉在傳統文化的迷湯中不知自拔，就是被「灌輸」的意識型態束縛而自我迷失。猶如尼采 (Friedrich Nietzsche, 1844–1900) 所言，成了「哲學的木乃伊」，也是柏拉圖 (Plato, 427–347 B.C.) 洞穴比喻中的「洞穴人」——沒有自我、沒有思想。以現代科技的名詞言之，這些人只不過是電腦程式設計師所設計出來的電腦人，他們沒有思想，只有「既定」(given) 的邏輯，也只能進行機械式的操作，無法自行思考，沒有自我決定的能力。

沒有思想的教師，用機械和權威的方式，灌輸孩子既存的「知識」，視學生只是個沒有生命，不會思考的「東西」，如此惡性循環的結果，不再只是教師無法以其學到的教育理論解決教育問題，更逐漸麻醉人類的思考和心靈的功能，阻礙社會和文化的發展。這也是何以伊拉斯莫 (Desiderius Erasmus, 1466–1536) 強調探索、思考、質疑和批判的重要性。他主張在教導兒童時，不要一下子就將要學習的東西呈現在孩子面前，而要讓孩子從故事中或其他事物中自行摸索，並不斷思考（Erasmus，引自 Halkin, 1993: 235）。思考不僅是一種好的生活習慣，也是一種亟待培育的探索能力，是啟蒙理性和培養德行的基礎，更是激發學生創意和批判性思考不可或缺的精神。

若欲培養學生批判性思考的能力，則教師本身就必須是位具批判性思考能力者（溫明麗，1998）。因此，批判性思考能力的培養，必須從師資培育做起，師資培育的課程中應該重視培養學生批判性思考的能力，也應該熟悉批判性思考的教學方法，無論蘇格拉底的詰問法，或問題解決法，辯證思考方法等理念與知能皆需要精熟。涂爾幹 (Emile Durkheim, 1858–1917)(1977) 提及，大學中的辯證法教學，應強調將多種不同意見融合在一起以獲取真理，在此真理探尋中，師生運用比較、邏輯、論辯等方法，提升批判性思考能力。批判性思考的教學不僅重視思考的邏輯性，更強調對立命題之間的推論和對比，並審視可能的解決策略，從中再擇取其最適切者。此外，對於知識也抱持「或然性」

或「可能性」的真理相對價值觀。涂爾幹所使用的辯證法正是批判性思考教學的方法之一。

　　涂爾幹所主張的辯證法，源自其訪問德國時受到實驗心理學家馮德 (Wilhem Wundt, 1832–1920) 的影響，乃將實證主義的方法帶入道德教育理論之建構 (Durkheim, Suteliffe, trans., 1979: 6–13)。培養批判性思考能力之教學方法的主要精神，正如同裴斯塔洛齊 (Johann Heinrich Pestalozzi, 1746–1827) 貧童教育之「強化學生自身能力」之主張，即培養學生的生活能力。

　　我們相信，經過批判性思考教學後，學生將會發現，學習的過程猶如與「大師」相遇，與傳統重視知識和技能學習的講述性和實作性教學大大不同，而且在接受批判性思考教學的過程中，思考更為活躍，自我思想和價值觀的定位逐漸明朗，也學會自我反省的方法和習慣。此其實就是理性的啟蒙 (Kant, 1995)。涂爾幹對於裴斯塔洛齊企圖將其教育理想完全落實的主張並不表贊同。涂爾幹 (1977) 認為，舉凡教育家若不知變通，只執意要落實自己的教育理念，卻不知自我反省，則稱不上是教育家，充其量只是教育理論家，而非教育實踐家，更不是教育哲學家。

　　齊澤 (Slavoj Zizek)❶足以代表近代西方思想中的批判性思考者，其思想方法涵蓋了理性的思考邏輯與想像力，掌握抽象數學符號的序列，善用辯證法，發展自我主體性，以質疑、反省、解放 (emancipation)、重建 (reconstruction)、批判信條、信念和習俗之意識型態，並解決問題、消除偏見，建立自我與社群認同，不受強權宰制，且心中存有他者 (Mayers, 2003)。總之，批判性思考能力的展現，可以說就是哲學功能

---

❶　齊澤融合心理分析、哲學、政治學於一身，依格頓 (Terry Eagleton, 1943–) 認為，若欲瞭解西方的批判思想，應先瞭解齊澤的思想，因為他在歐洲思想與文化理論中皆是稱得上是最閃亮的一顆星 (Mayers, 2003: i)。

發揮的精華。

瞭解批判性思考與哲學的密切關係，則教育哲學應培養學生批判性思考的能力；教育活動的實踐也需要批判性思考，教師也需要是位具有批判性思考的人，才能進行批判性思考教學。培養學生批判性思考時，一方面要讓學生熟習批判性思考的方法；另一方面，也需要隨時豐富學生進行批判性思考時所需要的相關背景知識，否則徒有批判性思考方法，也無法改善生活或解決問題。方法若欠缺知識為基底，則只會流於技術，無法靈活運用之以解決問題，也無法檢視、選擇和建立適切的價值觀，更對營建無合理生活毫無幫助。教育的核心是德行，教育的終極關懷是建立合理生活，故教育培養學生批判性思考能力，教育實踐也必須是批判性思考的活動。

教師若欠缺批判性思考能力，則難以進行批判性思考的教學；若不進行批判性思考教學，則學生批判性思考的能力將難以提升；批判性思考能力未提升，可能導致邏輯思維、推理論辯、以及分析比較能力的低落，因此，也較無力抗拒權威，更不敢自信地提出自己的見解。若教育活動中未能教學生學習如何針對對立或衝突的意見進行各種觀點的比較，也未教導其如何超越文本內容去思考，甚至不敢有自己的想法，如此不但使學習無法擺脫既定的教學內容，更活生生地抹殺學生的創造力。如此的教育很難發揮教育啟蒙人類理性、激發獨立思考、判斷是非善惡與捍衛自我主體發展的目的，教學亦將淪為知識、技能、法則或方法的教導，而無法提升心靈和智慧 (Dijn, 1996: 65–67)。

雖然，邏輯並不等同於理論，批判性思考的方法也不是唯一獲得知識的方法，理性地質疑和反省也不等於智慧 (Maxwell, 1987: 167)，但是一位具有批判性思考者所關心的是整個人及人類生活的邁向合理性，故除了邏輯思維的理性外，也關切人類需求、慾望、感覺、目的和價值、人類幸福和社會問題，更批判政治、道德與宗教等意識型態的偏見，同時關懷社會的正義 (Maxwell, 1987: 167–168)。一言以蔽之，

智慧不是單面向的展現，而是全面的生命和「整全之人」(whole person)
的認知、理性、情意、想像等能力的集體展現，且是思想革命之道
(Maxwell, 1987: 276)。

　　就此而言，台灣的社會和教育長久以來並未著重學生自我思考能
力的開展，也不重視學生生命內在創生力爆發的創意；反之，對於墨
守「課本」和權威的教與學似乎不易導正，而且因為升學觀念尚未突
破，考試至上的制度和教育態度，更牢固地形成教育文化不容易斬斷
的「共同模式」。誠如呂格爾 (Paul Ricoeur, 1913–2005) 所言，官方教
條導致錯誤意識型態的形成，並以為教育就是在尋找系統的知識，殊
不知由自我覺知和自我經驗提煉和昇華出來的才是智慧（Ricoeur，引
自 Jolin & McCormick, 1973: 252–253）。正因為師資培育課程中並未強
化批判性思考能力，也未實施批判性思考教學，故教師對批判性思考
及其教學的認識普遍不足。

　　此現象亦可從九年一貫課程雖強調「建構式數學」，但推展建構教
學時，教師、家長和學生皆茫茫然不知所措，導致教師在沒有任何引
導的情況下，未能掌握建構式教學的精髓，反而將建構教學「形式化」，
僵化學生自我思想的表達，不但未能鼓勵學生發揮其獨立思考的能力
和習慣，最後還導致讓人詬病和避談建構教學的憾事。

　　其實建構數學最主要的精神在於「知其所以然」，即應該通透的理
解，而不是只懂得如何操作的技術，更不是將如何做的操作技術建立
為「制式性樣式」；相反的，建構教學的精神在於讓學生將自我的思考
與外在的環境，進行認知的辯證思考，進而形成具意義的判斷 (Piaget,
引自 Vuyk, 1981: 185)。這就是人類認知結構不斷發展的歷程，也是人
類知識演進的足跡。

　　析言之，建構數學立意雖然良善，但九年一貫課程改革時，所以
無法成功推展的因素之一，就是教師對於「教育」和「教學」理念的
瞭解不夠透徹，對於建構教學的本質也一無所悉，更對批判性思考及

其教學的素養不足，因而在教學時無法掌握其中的精神，更無法超脫原來的教學模式，「但為實施建構教學故，只好依樣畫葫蘆」——只能照著研習時所學到的去作，未曾對之質疑或反省，遂導致建構式教學被技術化，最後以受到多方輿論的撻伐收場。

上述教育改革未能成功的事實，導出下列三個教育重點：第一，教師對學生的影響力不容小覷；其次，具有批判性思考素養的教師和未具備該素養之教師，在教學過程和結果上有所差異；第三，教育改革需要提升教師的批判性思考及教學能力。

教師對教育理念的理解愈豐富、愈透徹，則其對教學精神之掌握也更能合乎教育性，教學活動也比較不會違反教育啟蒙理性之本質和原則，也會降低宰制或灌輸學生知識或思想的可能；同理，學生也較可能處在自主和自由的民主情境下學習，因為具有批判性思考素養的教師，將會意識到學生是活生生的人，而不是物，也易於尊重學生的思想，啟發學生自我發現及自我學習能力，不會視學生為達成教師教學目的的工具。所以，制式化、強調記誦的教學也不會受到批判性思考教學者的認同，具批判性思考能力的教師更不會濫用其教師權威。總之，若教師具備批判性思考及其教學的素養和能力，就不會扭曲建構教學的本質，建構式教學也不會被制式化為「另類刻板化」的學習方式。

據作者的理解，被詬病的建構數學已失去原來要學生自我理解和求甚解的原意，反而成為「只要能夠不用到計算式」就可以算出來的答題方式。這些不用計算式就能做出答案的方式，最具代表性的就是找出以「10」為單位的算數關係。例如，$101 - 48 = 53$ 的算式，錯誤的建構式教學法中，必須被轉化為 $100 - 40 - 8 + 1 = 60 - 8 + 1 = 60 - 10 + 2 + 1 = 50 + 3 = 53$。在數學知識上，我們不能說該方法或結果是錯的，我們也不能說學生如此做或思考是不好的，但是，若教師在教學時，一味地要求學生「一律」都必須如此做，或「只能」如此做，

才能算是做對了，才能給分或不被扣分，則教學就已經變成一種技術性操作，既宰制學生的思考，也違背教育的本質，難怪家長反諷「建構數學使學生變笨了！」

此等建構教學的事實，作者在參訪學校時親眼目睹，當時浮現在腦海的景象是，個人在英美國家超級市場所看到的場景：外國人無法像我們一樣，在很短的時間就算出應該找多少錢，若付現金購物時，雙方都需要花很長的時間，才能算出該找的錢數。這是因為，外國人不太熟悉我們從小就精練的「心算」，相反的，店員必須從客戶付出的錢數開始算起，以十為一個單位，一一地將錢在你面前算給你。例如，你買了 12 英鎊的東西，售貨員接到你付的 100 英鎊時，他或她是無法一下子就找你 88 英鎊，而必須在你面前開始算 13, 14, 15……一直算到 20 之後，再接著 30, 40, 50……直到算到 100 為止。這不是笑話，而是事實。

沒想到國內實施建構式數學的教學時，也未能掌握建構式教學的精神，反而將之蹂躪成上述「愚笨」的計算方法。建構數學變成如此的工具性和形式化，難怪家長們要反彈，學校教師也不歡迎，學生更是苦不堪言，也莫名其妙，只是心中納悶：已經知道答案的算術，為何還被要求一步步地加加減減？這不是很荒唐嗎！只是教師們在進行教學時，面對心中的質疑，仍不習慣嚴肅地面對，亦未曾想過要對之提出批判，抑或無力提出質疑，只好服從地依照「規定」，為建構而建構的進行教學，並將壓力轉移到學生身上。若教師無力對於教育理論或教育政策提出質疑和反思，或只是對之招架不住而無知地服從，則便是教師欠缺批判性思考素養的寫照。建構教學的問題在下節中仍會提到，於此暫不再申論。

作者於此強調的是，雖然批判性思考和建構教學皆不等同於教育哲學，但是，就思辨的邏輯、比較與對比的分析、論辯和證成等方法和精神言之，兩者均展現辯證法的精神、質疑的思考方法和反省的本

質。析言之，具備教育哲學素養的教師，對於教育理念不會一知半解，更不會死守著教育理念而不知如何善用；同理，也因為教育哲學具有批判和辯證精神，故教師具備教育哲學的素養，將有助於促使教師嚴謹地審視教學活動中的權威和知識 (Hunter, 1999: 124)，也會不斷反省自己的教育理念和據以教學的理論和內容，因此，具批判性思考的教師才不致成為教育理論的奴隸，也不會濫用教師的權威去宰制學生的心靈，反而會在教學過程中提升學生自我思考的能力，並提供學生發問和質疑的機會。此類教師若進行行動研究時，將可以發揮獨立思考的精神，免除受理論的束縛；也由於能展現自己生命的意義與工作的價值，故較容易在解決問題時發揮創意，建構新的理論。

一位具有原創性思考的教師，最鮮明的表徵就是「作他自己」，而且，也因為教師能作他自己，故也能體會學生期盼作自己的需求，更會協助學生在學習過程中，貼近自己的生命，傾聽自己心裡的聲音，展現自己的視野 (Tennant, in Yolton, Ed., 1990: 201)。試想，這是多麼不一樣的畫面，而且也充分彰顯出教育愛的精神。此等精神和教育活動所以能夠展現，正因為教師具有哲學的素養。

簡言之，教師的困惑和困難，起因於教師教育專業知能的不足，尤其是教育哲學素養的低落。若教師欠缺哲學的思辨、省思和論辯等批判性思考能力，則當其面對琳瑯滿目的教育理論時，便容易緊抱理論，卻對理論一知半解，以至於面對需要解決教育問題時，不但不習慣自行解決，也不擅長思考和評估可能的解決策略。舉例言之，教師對於九年一貫課程的一知半解，或只停留於敷衍政策，卻不是積極思考如何讓教學更有效，如何面對其所抱怨的九年一貫課程的政策等行為，均顯示教師教育哲學素養的不足。

總之，教師習慣於將其在師資培育機構中所習得的教育或教學知識「原封不動」或「依樣畫葫蘆」地搬到其任教的教學情境中，卻從不習慣去思辨理論的適用性；一旦面對教學問題時，既不知如何確立

問題癥結，也不習於善用比較、分析方法，去尋找問題的成因，進而提出與評估適切的解決策略或行動方案；如此一來，教師便慢慢地把自己變成沒有思想的教書匠，就像柏拉圖「洞穴」比喻中的「洞穴人」，永遠不知道自己所看到的只是「幻象」，還自以為那就是真象。由此可見，教育哲學對教師、教學、及教育活動的生命有多重要──我們可以說，沒有具備教育哲學素養的教師，其教學便不會展現生命的光輝。

　　作者最近研究芬蘭的教科書，發現其教科書具有生活化、國際化、統整化和多元化外，也重視精熟學習和培養自主性自律的主體性，舉例言之，其數學課本不僅教導學生數學，也教導學生歷史與生命教育（如哥倫布發現新大陸時使用的船隻及隨行的人數，以及中途的生死人數等）、公民（如對動物園各區投票的人數統計和喜愛趨勢）、自然與生活科技（如哪些鳥類在哪些國家最常出現，哪些鳥類的孵蛋期為多久等）、和人文藝術（楓葉的顏色變化等）；此外，其教科書中更讓學生有自我決定、展現主體精神的空間，舉例言之，在除法教學時，學生的練習之一即讓學生自己決定將巧克力分給哪些人？採用這樣的教科書，教師必須具備國際化的視野，並靈活地展現其開放心胸和生動活潑的適性教學，因而教師也需要不斷自我充實，隨時引起學生的思考，除了必要的背景知識外，教師亦要盡可能提供學生自我思考的空間。此等教學是芬蘭在短時間內躍升為世界學習成就首屈一指的重要原因。試想：教師若缺乏批判性思考能力，如何進行此等具主體性、多元性又具有啟發和創意的適性化教學？

　　反觀台灣大多數教育哲學素養不足的教師，為了「求生存」，遂習慣性地持著「以對策化解政策」的教學態度，來因應教育改革的壓力。我們不能苛責這些省思力不足的教師，因為他們之所以不會質疑、不善比較與推論，既無力與決策者論辯教育政策與教育本質的合理關係，也遑論檢證不合理的權力和知識，乃因其未曾接受此等教育或訓練，此從師資培育機構的課程中就可以推論出，未來的準教師很少接觸批

判性思考，甚至連師資培育機構的教師都可能淪為政策的奴隸。若師資培育機構的教師本身都未意識到批判性思考的重要性，也不去鑽研批判性思考的教學，更不看重教育哲學培育師資的意義和價值，則其學生自然隨著教師的無知，而成為執行政策的白老鼠。

由上可知，教育哲學所強調的思辨能力和辯證方法，不但是化解教師僵化教育理念或制式化教學的處方，更是教育彰顯其生命活泉的保障。總之，教育哲學的價值彰顯教師運用批判性思考能力，進行教學並解決其教學所面對的問題，進而針對教育理論、教育政策，及教學活動進行反省與改進，此或能使教育更臻合理，或能建構新的教育理論，並能確保教育回歸其人文與倫理的本質。教育的人文和倫理本質從我思、我是「人」之中即可以彰顯出來。

二、我思、我是、我會、我應該教育「人」

如上所述，教育哲學乃教育理論與實踐之省察、分析與辯證性地解放和重建。質言之，對教育理論與實踐之不斷質疑、省察、分析與重建，就是教育哲學精神的展現（Aristotle，引自 Flew, 1980: vii）。省思教育理論與實踐的主要對象既為教師的教和學生的學，教育哲學也需要以省思與建構教和學為核心。易言之，教育哲學必須反省與批判教師之教學與學生之學習，此等反省與批判不僅包括教與學的理論思辨與經驗檢證，也涵蓋與生活和道德相關之價值判斷。

教育理念和實踐所面對的課題是：教師不但要思考如何教，也需要思考學生如何學。因此，教師自省：我會如何教？學生會如何學？我何以如此教？學生何以如此學？我應該如此教否？學生是否應該如此學？應該的判準何在？由誰確立？教育要教的是人，則教師是否也視學生和自己都是人——是位活生生能思考、有感覺、有自己生命、需要自我成長的人？更重要的，師生彼此之間對於教或學的目的、內容和方式是否都已通透理解？師生對於教學的目的和意義是否具有共

識？彼此對於教學活動的進行是否都滿意？所謂「滿意」的依據又為何？對於不滿意之處，又該如何面對與解決？這些都是教學中常會遭遇的問題，也是教師應該時時警覺和反省者。

上述問題之所以能彰顯教師必須要有教育哲學的素養，乃因為解決該問題需要用到教育哲學去思考那些問題，思考問題本身就是進行哲學的思考，故也必須具備教育哲學素養方能為之；此外，無論質問、反省或欲解決上述問題，亦是不斷彰顯個體存在的意義和其主體的殊異性，此更說明個體若不會輕易受到社群、政策、理論或知識權威的影響，則就不會隱沒於群眾、知識與權力的虛幻中；也不會因為恐懼群眾、知識、政策或理論等的權威，而自我放逐，乃至於完全喪失自我。此現象就是批判性思考中所提及的「滑坡效應」(slippery slope)(Chaffee, 1994: 611)。所謂「一步錯，步步錯」，只要思想一潰堤，人可能再也無法思考，這也是人容易迷失在群眾之中，無法敏感地掙脫群眾暴力的盲從現象。

具體言之，多數常是決定成員行動和團體性質的意志者，此意志者囊括群眾的權力於一身，並完全代替群眾作決定，其他個體也無可避免地受到群眾的支配（Jaspers, 1951；王德鋒譯，2003: 40）。群眾的魔咒不斷在學校教育中發生，教師為了趕上教學進度，或急著展現其教學效能，不問是否剝奪學生質問、思考與探索的權利，讓學生成為聽令行動的木頭人，教師美其名是施展其「教學專業」，或藉「班級經營」之名，行壓抑學生思想之實，於是教室成為教師權力亂舞的場所，教學活動也成為背誦和複述的僵化訓練。

如上所述，學校教師所以會專斷於其權力的濫用，又未意識到自己完全迷惑於權力的追逐遊戲中，此一則因為教師認為，自己比學生更早一步掌握「知識」，故擁有使用該知識的資格和權力 (Hintikka, 1977: 21)。易言之，當教師將知識傳給學生時，也就是將權力下放給學生，所以教師自認有權命令、要求學生；相對的，學生屬於知識和

權力的獲取者，所以只有臣服於教師和接受教師知識的地位，卻沒有拒絕或質疑知識與權力的自由。

教師之所以此等錯誤的意識型態植基於其學習階段所習得的「信念」，而非立基於慎思明辨的知識：前者的信念為依據個人所言、所行、所觀之經驗所形成的法則，卻以之作為行動與判斷的依據；後者則經過思考的過程與理性的論辯，而不只是狹隘地依據某種表面的理由 (certain prima-facie reasons)(Hintikka, 1977: 57)。總之，確認知識的真假，區分信念與真知之別，都是需要經過分析、詮釋和論述 (Hintikka, 1977: 55)。

由此信念和真知的形成過程可以推論，當教師心中對教育活動抱持著「那只是個信念的分享」，則教師就會提供學生自我探求知識的機會和自由；相對的，若教師認定教學就是傳遞自己擁有的真知給學生，則無疑地，教師將會宰制性地「灌輸」學生他所認定的真知。

弔詭的是，若教師擁有區分真知和信念的能力，能確信何為真知，則何以不培養學生慎思的能力，反而急著「餵食」學生知識？反之，若教師擁有的只是信念，則教師又如何有能力培養學生的慎思能力？這正是教育哲學的問題，只有具備教育哲學素養的教師，方能思考上述知識與信念的問題，也方能更深入的思考信念與知識造成的教學弔詭。雖然意識到問題，並不代表有能力解決問題；但是能提出問題，就是彰顯「我思」的主體性，此正是教育活動所以是「人」的活動的圖騰。

若就真實的經驗言之，教師之所以無法對教學中的權力具有敏感度，一則基於對於信念和知識認定能力的薄弱，另一方面，則為經驗法則所形成的「慣性」所致。質言之，學校教師在其師資培育階段所修習的教育理論，或閱讀大學教授所著作的教育叢書，已經「習以為然」地「認定」那就是真知，故在其求學階段已經養成對權威不假思索的追隨和服從的「習性」，因此，也喪失其抗拒權力的能力和意識。

　　於此，作者無意詆毀學者，更不是要全國的教師起來反抗學術；相反的，期待師資培育機構的教師都能不斷自省教學過程中，師生權力的合理性，同時培養學生質疑、反省與確立合理權威的習慣和能力，俾讓下一代的教育能夠重返理性啟蒙的正途。

　　1998 年，美國南伊利諾大學的波博 (Jerome A. Popp, 1998) 已經提出與此相類似的觀點。他在書中指出：分析哲學不是不重要，但是必須「批判地重組」(be reconstructed in the light of the criticism)；此外，他也指出杜威教育理論之所以能夠成立，乃立基於杜威對教育所抱持的信念和其所持的知識論之假設，因此由不同的教育信念和知識論出發，均可能扭曲或拒斥杜威的教育理論。所以，他 (Popp, 1998: preface) 鄭重的提出，杜威的教育理論不應該一成不變，需要與時推移，以符應當代教育思潮。析言之，教育理論不是真理，只是某種信念，故教育理論應該不斷的論述和發展，教師更不能死守舊有的教育理論，而忘卻其背後所承載的「假設」。

　　就信念與知識言之，「教育若無法讓一個人自我發現，並知道自己可以自我決定，則此等教育是不道德的」(Gaita, Ed., 1990: 116)，因為此視信念為真知，卻又剝奪認知和揭穿信念的自由和能力已違反教育的本質。故教師對於知識和信念的分辨能力及態度，可以作為判斷教學活動是教育或灌輸的判準。此亦是彼特斯所強調之教育的「認知性」規準。

　　基於對教育理論的上述反思，波博 (Popp, 1998: 19–25) 呼籲，分析哲學不應成為教育哲學的唯一，更不應該凌駕在教育哲學之上；反之，教育哲學才是發展教育理論和卓越教育實踐的法門。一言以蔽之，我們不能讓分析哲學成為教育哲學的代名詞或代言人，且教育哲學應該回歸其本質。他 (Popp, 1998) 更指出，分析哲學所分析的「教學」概念，只是若干教學的信念，並非真正的「教」(teaching) 和「學」(learning)，更非窮盡所有的教和學，因為真正的教學應該是理性的探索和合理性

的追求，但是分析哲學卻反而限制了理性的論辯，更甚者，分析哲學的概念分析幾乎將教育哲學化約為假邏輯之名的工具。

波博的指控相當嚴厲，此或許是彼特斯提倡分析哲學時所始料未及的。分析哲學伴隨著實證主義思潮，轉入對教育語言的處理，不但因此進入哲學研究的領域，而且成為教育哲學的開路先鋒，此猶如在中世紀的神學時代提出自然科學的機體論一樣，激發出思想批判的浪潮 (Popkin, in Wolff & Moore, Eds., 1968: 31)，也為實證主義開闢另一條既實用又思辨的出路。如今波博的再批判，雖挑戰分析哲學的既存「權威」，但也開闢教育哲學研究的另一扇窗——批判取徑。

對教育的掌握，需要分析或批判?雅斯培 (Karl Jaspers, 1883–1969) (Jaspers, 1951) 指出，單純的知識原來多少存有浪漫，但是此浪漫敵不過廣大世界的變化，因此也會逐漸喪失自身 （Jaspers, 1951；王德鋒，2003: 143）。分析哲學從對教育語詞的分析，到意義的解讀，就是一種變化，只是作者擔心的是，分析哲學對於教育語言和概念的釐清，是否會偏執於語言的客體，而忘記教育所承載的應是個人理性啟蒙和文化的傳承與創發? 抑或應是有思考、有自由意志的主體，而非不具生命意義的語法、語句和結構? 一言以蔽之，教育透過語言所傳遞的，不僅是客體的形式、結構和規則，更是語言背後的思考和文化。

畢竟，教育活動的本身並非在自我複演中完成，而需要打破消極和複演的循環，透過主動的超越來彰顯生命的動力和存在的價值。所以，分析哲學雖曾經為教育打開跨領域的學術市場和視野，但是教育該掌握的不只是分析哲學的工具性及其成果，而要自行抓取分析哲學背後的思維邏輯，並思考語言所承載的文化和思想的意義和價值，此才是教育哲學的本色。質言之，我們不能完全信賴分析哲學對教育語言的分析結果，就憑之論斷對教育目的和本質的理解；更何況分析哲學本身也不能只作為瞭解教育的工具，教育仍應回歸其以人為中心的本質。

　　分析哲學一方面既是掌握教育活動的工具，另一方面，教育工作者和教育研究者更要透過語言的分析，確立對教育信念或真知的掌握，進而發揮教育語言的影響力，並不斷更新教育的內涵，發揚其精髓，如此才是善用分析哲學，對教育哲學方有實質貢獻。作者之所以贊同波博和雅斯培的觀點，乃確認教育本身不能忽視人的因素，教育活動中若無法掌握「人」的精神，則教育活動被宰制，或教學活動成為灌輸知識、技能，甚至變成「洗腦」活動的可能性便會擴增。一旦教育淪為被宰制的地位，教學成為灌輸的活動，則教育已經喪失其本質。若教育哲學無法洞識此危機，也無法對此錯誤提出批判，則教育哲學不是失敗，就是不存在。

　　此正是本節特別質問：如何教？如何學？何以如此教、如此學？該如何教才適切？何以適切？等問題的思維邏輯。當思考教或學的目的、內容和方式是否適切？是否滿意？等問題時，除彰顯教育哲學能提升自我反省能力的目的，也見證省思乃建構教育理論與落實教育實踐不可或缺的要件。教育哲學探討的主題不僅包含教育目的的適切性，更涵蓋教師與學生價值觀的解放與重建、學校與教室情境的文化和學生人格與行為之形塑和差異等面向，此外，不同時代之思潮和經濟、政治和社會文化等因素，對教育也可能產生影響，亦應納入教育哲學思辨的範圍。

　　若就教育哲學的語言和概念言之，上述教育哲學研究的面向涉及教育理念、教學專業知識、教學資源、教學過程與結果的真假性、適切性和價值性之判斷，也涉及人性本質與行為模式之關係等知識論、價值論和形上學的論題。這些論題的觀點至今仍難建立共識，此可由教育理論的多元化與紛歧性可以證之。例如西方自柏拉圖以降，乃至十八、九世紀與當代的教育理論家對於教育的主張均不甚相同；同理，中國思想家對於教育的主張，除了春秋戰國以降的十教九家之外，清末民初的中學或西學之爭亦是至今難有共識之論題。

　　教育哲學多元論述的現象，猶如提倡「動物權」一樣，各有各的論調：有人認為動物有其自由意志，有人則主張人類才有自由意志。但也因為語言的限制和理解的有限，所以類似莊子與惠施的「魚與汝」之辯，也才會長期地爭辯下去。對於主張批判意識和自主性的教育學者而言，如艾波 (Michael W. Apple, 1993)、法蘭克福學派的學者們、甚至羅爾斯 (John Rawls, 1921–2002) (1972) 等人，主張人應該自由平等，故教育活動中不應該存在任何的文化複製或壓迫行為，更應該洗脫人性被工具化或異化所產生的疏離。尤其後現代的學者，如佛瑞勒 (Paul Freire, 1921–1997) (1970)、傅柯 (Michael Foucault, 1926–1984) (1979)、查理霍姆 (Charles Cherryholmer) (1988)、波克維茲 (Thomas S. Popkewitz) (1991)、秀兒 (Ira Shor) (1992) 等人對於教育活動中存在的威權、宰制和對人性本質的抹殺，均提出嚴厲的批判，並呼籲生命和生活的意義均應保有個人主體的自主空間，他們都主張從現存的教育理論或教育制度的威權中解放自我，批判與解放在他們眼中是一體的兩面。

　　毫無疑問的，後現代學者的解放與自由的主張，對封建、保守和被宰制的教育體制產生革命性的挑戰，但是，他們也面臨著不同知識論對教育理論與實踐存在不同價值認定的弔詭（溫明麗，載於歐陽教主編，1999: 66–67）。然而，我們卻不能因為知識論的不同主張所產生的弔詭，就放棄對知識論的理解。

　　若不理解知識論，則我們又如何判定知識的真假；若知識無所謂真假，則自我反思將失去檢視的有力據點，因為反思所依據的若非真理，則反思的意義和價值將容易受到質疑，也難以進行真理的論辯。析言之，真正的溝通不是追求單一的聲音，而是讓各種不同的聲音都能有公平的發聲機會 (Schneider & Hollenczer, 2006: 145)，而且若欲進行良好的理性溝通，則教育應提升每個人語言溝通的能力。

　　公共論述或溝通行動也預設了理性與溝通能力，故若對話喪失倫

理性，則也意味著其所依據的理性已經喪失，此理性的喪失首要的就是知識論的真理觀不再，因此建立共識的合理性基礎也隨之不再 (Healy, 2005: 125)。於此，知識的真理性代表三種意涵：第一，知識是亙古不變，且是相當恆定的真理；第二，知識確保我們參與論辯或溝通的能力，此時理解能力即是知識的彰顯；第三，知識代表主體與客體之間的關係已經建立，可以進一步溝通或論辯 (Healy, 2005: 53–54)。由此可見知識對於教育所扮演的重要角色。因此，教育哲學也需要建立知識論的基礎。

此外，「權力是需要真理的護持」(Taylor, 1985: 176)，否則解構主義也將進入虛無主義或無政府主義的飄渺夢幻中 (Bordo, 1990: 142)。果如此，則「我思」、「我是」、「我會」、「我應該」也將流於獨想、獨斷、自以為是和自我範限的圈圈中，無法達到解放與重建的理想。教育改革若是如此，則也無法讓教師因為政策或制度的鬆綁而增權賦能 (empowerment)(Gadotti, 1996: 143)，也無法冀望教育因為民主的改革而更合乎人性，或更具人味兒。反之，教育充其量將只是從科學的工具化宰制中，換上主義的虛無和浪漫而不切實際的外衣。

綜上所述，教育哲學的功能一則展現於實質教育問題的思考和解決；另一方面，顯現於對教育理論、教育實際活動，以及教育本質之辯證思維，此辯證思維包括：㈠對客體進行辯證思維，如對學習的利益和環境等；㈡對歷史的辯證思維，如對主體和客體產生交互作用的省思等；以及㈢對主體之知與行之關係的省思 (Gadotti, 1996: 20)。

質言之，若欲突顯教育哲學的價值，首須討論哲學的功能，但是此並非主張教育乃哲學之應用科學，只是因為從古希臘以降，無論教育哲學或其他哲學之終極關懷者，皆是人及其美好生活，故任何教育主張的根本關照點，也必然回歸人本身。因此，設定教育目的時，應該思考教育所欲培養的「人」，是具何種特質的人？是科技成就下的人？抑或詩情畫意充滿浪漫情懷的人？是文質彬彬又能言善道者？抑或看

似紳士卻德行不彰者？教育目的的設定，即確立教育的方向，故設定教育目的者對人所抱持的態度，乃體現其教育主張和教育決策。

析言之，對人之本質抱持不同的觀點，便產生不同的教育主張，也會因為不同的教育主張，所以才設定不同的教育目的、安排不同的教材、實施不同的教育方法、對教師有不同的角色期待云云。教育目的的設定和對教育的思維或教育的主張之間，似乎無法明確地說明孰先孰後，兩者的關係，猶如雞和蛋的關係。如此一來，教育該何去何從？對於形形色色的教育主張，教育工作者和受教者該以何種規準作為判斷教育理論或理念之真確、高價值、或邁向至善的依據？明顯的，教育工作者若欲對上述問題做出價值判斷，則非只賴感官或經驗即可以解釋清楚的，也非賴邏輯思維即可理出箇中頭緒，更非賴對宗教的虔誠與信、望、愛即可獲得明確指引。

由此可見，教育哲學對於培養與提升人之判斷能力的重要性，尤其在導正人類價值觀上至為明顯（歐陽教，1999: 9）。這也是何以黑爾(William Hare) 強調教育無論所採用的方法為何，最重要的是應該培養「開放的胸襟」，而且主張教學與開放胸襟絕對可以相容不悖 (Hare, 1985: 53)。但是，開放的胸襟或心靈又豈是教育目的、教材或教學方法，甚至教育制度之改變即可達成者；更重要的，教師的教育理念才是改革成功與否的關鍵。

至於教育理念的建立、省思、解放和重建，必須接受批判性思考教學的洗禮方得以為之。就此而言，若欲突顯教育哲學的價值，應該從上述紛雜而多元的教育論點、教育信念和教育活動中，析離出教育理念或實際活動所以含混不清的理念與作法，並釐清此紛歧雜亂、晦暗難明之教育理念，並在比對之後，分析其所欲解決之教育問題和方法，並將之轉化至解決目前之教育問題，俾為教育改革之理念，確立價值判斷的規準，提出審慎的評估和適切性與否的分析，並指出教育行動的合理方向和可行策略，則教育哲學的實質功能和價值顯矣。

統觀教育哲學的終極關懷，無非觸及人的本質、生活的意義、心靈的開拓與改造等層面。由此可見，教育哲學的實質價值，除了上述直接針對教育改革之理念和實踐所提出之分析、檢視、診斷和行動方案之外，對廣義的教育言之，則至少可發揮下列三方面的功能：第一，開展人類的感官與心靈能力（陳迺臣，1997: 153），拓展思想和行動的視野；第二，透過語言、概念和文化的分析，釐清含混不清的思想，為溝通和建立共識奠定彼此理解的基礎；第三，藉著反省、解放與批判的辯證心靈活動，增進人類對自己、社會與客體環境的理解，俾建立更合理的生活。

沒有人敢保證教育哲學一定能釐清所有晦暗不明的理念，或解開人類對自己、社會與自然的所有奧秘，但是，無庸置疑的，教育哲學應該可以提供教育工作者看待教育事物的新視野，也有助於更新其陳腐或僵化的理念。此正是雷德所主張之教育哲學的目的，即協助人類瞭解「人在其整個生活中總不斷地在運用思考」(a man in the-whole living enterprise of his thinking) (Reid, 1962: 13)。人是教育的中心，因此教育活動也無法不去運用思考，尤其對於教育活動中呈現不當的知識或權力時，更應該不斷的反省。艾波 (Apple, in Weis, McCarthy & Dimitriadis, Eds., 2006: 221) 也強調教育活動的反省應該涵蓋經濟、文化與政治三個層面，此反省的面向與功能正言簡意賅地指出教育不能沒有哲學之論述。

雖然思考有助於人類釐清其思想和行動的方向，但是卻也不能過於樂觀地認定教育哲學能解決所有的教育問題，這或許也是何以數千年來，教育的主張總像鐘擺一樣的擺過來又盪過去。不過，教育的主張儘管不同，甚至於相互衝突，但是教育哲學自始至終總是不厭其煩地檢視與建立較接近人性和善知識之生活的教育理念與實踐活動。易言之，教育哲學總是耐心地闡述著自然、社會與文化對人類的影響，也批判地反省教育主張的預設和行動，試圖挖掘教育主張的合理與不

合理處，為教育活動的應興應革提出解決方案。由此可見，教育哲學所關心的面向不僅涵蓋個人的成長、真理之所在與正義的價值觀，也期望提供教師反思其教育理念的正當性，並檢視教材與教法是否合乎促進人類福祉之鵠的。

綜上所述，教育哲學的價值可以分別從理論性與實踐性價值呈顯出來，也可以從廣義和狹義的教育活動中透顯出來。因此，何處需要教育哲學？何人需要教育哲學？何時需要教育哲學？的答案已經昭然若揭。至於如何學、如何善用教育哲學？則需要瞭解教育哲學的本質後方更能掌握其中的要領。

本書在論及教育哲學本質之前，擬先簡要的掃描與省思教育改革的重要風潮，藉此間接的風潮中論述教育哲學的本質；最後，再統整教育和哲學的關係，釐清教育哲學與教育目的的關係，並歸納與闡述教育哲學之本質。此不是理論建構的模式，而是從實踐活動著手的現象學研究模式。質言之，作者從實際的現象逐步還原到現象背後的本質，尤其是心理學之主體意識的省察；此研究肇端於教育實踐活動的分析與省思，而終於教育本質的詮釋和理解，乃至於理論的重新建構。作者所以採取現象學的方法，主要為了打破理性與經驗、主體與客體、現象與本質二元對立之教育活動的迷思，更嘗試結合行動研究的精神，在推展批判教育哲學的「事情本身」直接體驗教育理論建構和第一線教育工作者之間可能存在的理論與實踐的落差，並檢視解決之道的可行性，俾讓實踐的偶然性特質和理論的必然性期待，在教育哲學的新紀元中走出理論與實踐對立的困境。

▶ 第二節　教育改革風潮的教學省思

對教育哲學的立即性功能有上述的認識後，本節繼而觸及教育哲學的思辨本質，探討教育哲學所關心的教學本質，及教育哲學的重要

特質。然後站在對教育哲學有如此認識的基礎上，第三節將更深入的論述教育哲學的本質。

一、教學不應淪為技術

或許已有不少人發現，學校中不少教師屬於「電腦人」。此所指稱之「電腦人」猶如楊深坑所描述的現象：教師均如電腦的套裝軟體程式一般，總會依循一定的律則「操作」教學，認為一切的教學均可以數位化、程式化，並以為教育學必須如此方符合真正的科學理念（楊深坑，2002: 6-7）。當然，此等教育理念很快的就被批判教育學的學者所抨擊。若教師如電腦人，則教學也就成了操作電腦程式的歷程和結果，無疑的，學習和學生乃成為複製和應用套裝軟體的活動。一言以蔽之，教學顯然的淪為操作性的技術，而不是提升人文素養，或彰顯人文品質的藝術活動。

批判教育學針對教育如自然科學般受到某種典範的律則壟斷，所導致之權力、威權與知識等方面的宰制現象，提出質疑、反省和批駁；另外，批判教育學也反對教育活動中「人」之主體性受到不合理的擠壓或壓迫，且批判此等負面意識型態已然成為學術領域的怪獸，掌控了教育資源分配的權力，也享受著教育決定的支配權，更霸占了教育的主流地位，卻不求進步。

相對的，人在工具化教育活動下也淪為不會思考的機器，人存在的意義和價值也銷聲匿跡；人類活動所建構的文化也隨之商品化、淺碟化，以至於人之異於禽獸幾希的思想、詩意和歷史感不再。足見科學系統對於人類生活的腐蝕，猶如哈伯瑪斯 (Jürgen Habermas, 1929–) (1992) 所指陳的，現代性的病症不是物化和殖民化，就是和大眾文化脫節的文化貧困化。教育活動亦然，因此教育與生活的脫節不是貶抑真理的價值，就是虛脫了生活世界的真實性。

近年來教育界（約自 1980 年代至 1990 年代）吹起一股思考風，

大力鼓吹「建構教學」(constructive teaching)、「反省性教學」(reflective instruction)、「批判性思考教學」等教育理念，並風起雲湧地提倡此類型的教學 (MacKinnon & Scarff-Seatter, in Richardson (Ed.), 1997: 38)。國內的流行風比起英美世界而言，慢了大約有十年之久，然而國內在這方面的努力亦堪稱「轟轟烈烈」，尤其是「建構教學」更在小學數學科與自然科教學中大力推展，幾乎所有小學教師都知道政府力倡建構數學教學，連家長們都「知道」其子弟在學校中所學到的那些「怪怪」的數學解題方式就是「建構數學」。

　　然而，教師們在進行建構數學的教學時，是否都理解什麼是建構教學？何以要採用建構教學？建構教學的理論基礎何在？建構教學的精神和原理為何？其優缺點和限制又何在？若不清楚上述的問題，則縱令懂得如何運用建構的「技術」，其效果也極可能是負面的。

　　作者於訪問中小學教師和若干家長之後發現，受訪的教師和家長對於建構數學的理解，多數僅停留在「不同於以往的教法」、「浪費時間」、「不必背九九乘法表」、「讓兒童自己用自己的方法找答案」、「建構把學生愈教愈笨」和「學生根本不知道如何建構」、「建構一點都不好用」等層次和困境上；極少數的家長和教師提出：「建構教學讓孩子對數學更感興趣」、「建構式數學剛開始的時候很難，不過學生熟悉了之後，就很快了」、「學生會比較有概念，不會只是死背」。上述兩種不同的聲音來自第一線教育工作者和家長的「所見所聞」，可見教育政策制訂者和教育工作者均不能忽視此真實的現象，更不能對之充耳不聞，應該深切的理解問題的癥結所在：是政策失誤？推廣不力？抑或理論本身有問題？或在執行的過程中產生無法掌控或不同於預期的因素？

　　若不針對上述問題深入檢討，難以發覺問題之所在，若貿然地以政治力強迫學校執行，則教育政策的制訂者便是視教育為政治的附庸，學生也淪為教育政策賭注的白老鼠。此等教育改革顯示教育哲學的式微，否則此等將人客體化的現象早就應該受到專家學者強烈的質疑和

反對；同理，師生若皆為具有自由意志的主體，則也應該會群起反抗此種商品化、政治化或物化的教育改革活動。人類的行動若非建立在倫理規範與相互理解之上，而是建立在政治或經濟的交易中，則該行動注定要與生活世界疏離，也必然走上物化之途 (Habermas, 1987: 339)。社會活動如此，教育改革和教育活動亦然。此等現象再度讓作者慨嘆教育哲學在台灣師資培育地位的式微。若教師們在師資培育的過程中已經逐漸建構其教育哲學的概念，並在教學生涯中逐步反思並重建，則當其面對新的教學理念、不合理的教育政策時，自會追根究底地分析與思辨，並決定對待新理念或新政策的態度，同時對於可能產生的後果，也都能致力於畫龍點睛或去蕪存菁，以捍衛教育本質不受到霸權之扭曲。

相較於先進國家，台灣「批判性思考教學」的提倡與研究起步較遲，不過可喜的是教育部已於課程目標中明定：反省、思考、批判能力乃教育所欲培養的重要能力，更是公民社會不可或缺的民主素養。只是教育政策制訂者是否瞭解批判思考的真諦？批判性思考教學第一線的教師們是否皆已具備批判性思考及教學的素養？是否都熟悉如何將之融入教學與生活中？

作者在國科會補助的兩期教育研究專案❷中發現：教師對於批判

❷　於此特別感恩國科會 (NSC 89–2413–H–003–054) 提供兩年關於「批判性思考教學」之理論與實踐的專案研究，讓批判性思考能順理成章的進入教育的場域中；同時，從 2002–2005 年隨著基因科技的快速發展，引發對傳統道德的重新反省，作者乃進一步將批判性思考引入基因倫理，再度彰顯批判性思考的轉化能力，並在研究後提出 PACT (Privacy, Autonomy, Caring, Trust) 的人文倫理模式，作為因應基因科技時代，建構新倫理的參考模式，該論文不但在美國人力資源管理學會的國際學術研討會中發表過，並在重新構思後，以中文發表於《當代教育》。於此再度感恩國科會的補助和鼓勵 (NSC 92–3112–H–003–001)。本書將在探討教學和學習時，再深入闡述批判性思考教學的精神、內涵和方法。

性思考的認識已逐漸從畏懼到接受，進而能進行行動研究，並將批判性思考融入教學活動，試圖培養學生的批判性思考能力。此等現象表示教師在理解批判性思考的本質後，絕大多數的教師均能接受，並肯定批判性思考的價值和必要性，也在參與作者舉辦的批判性思考教學工作坊和相關的講演後，對於批判性思考教學更具信心，也更瞭解如何融入教學，並著手進行教學和行動研究，甚至和網路教學或輔導結合，用之於各領域之教學，致力於提升學生批判性思考能力，亦卓越化其教學品質。

教育哲學所以被忽視，批判性思考所以姍姍來遲，直到晚近才逐漸受到重視，或多或少與文化中沾染著強調「服從等同於尊重」的氣息，以及「以和為貴」的傳統民族性有關。然而當科學和技術急遽發達之後，科學對教育所提供的服務卻範限了人類的思維和質疑；科技雖然關心科學在日常生活中的實質應用，但是無論科學或技術卻都只是工具和技術，人類在科技的包圍下，反而「迷失了人生的方向」(Reid, 1972: 4)。科技、利益、權力、商品和金錢充塞著整個頭腦，統攝著人類的思考方向。

當科技突飛猛進，工具理性瀰漫之際，為了生計而接受教育的現實目的變本加厲地反客為主 (Reid, 1972: 161)。此等現象使得人的活動被化約為機械的形式和規律，而教育活動則成為製造成品、提升勞動力和生產力的代名詞，當教育活動的成本效益無法達成預期目標時，教育投資就會因政治或經濟因素而被削減。就是此種資本主義的倫理觀，讓古希臘文雅教育的熱情和詩意早已被遺忘，教育成為殘酷現實的大本營，充其量只剩下信條和規律（Babbitt，王琛譯，2003: 9）。教育哲學的消失也就不言可喻。

維根斯坦 (Ludwig J. J. Wittgenstein, 1889–1951) 主張，「我是個懷疑論者，所以我不是自相矛盾，就是胡言亂語」(Wittgenstein, 1974: 6.51)。教育哲學若真的如維根斯坦所提及的現象一樣，則欲復興教育

哲學的地位，首需建立教育哲學的「工具性價值」，然後才能重新恢復教育對教育哲學的信心；若欲發揮教育哲學的工具性價值，如前所述，批判性思考能力的提升是當務之急。

　　哲學與批判性思考一樣，都需要不斷質疑、反省及重建，而教育哲學與批判性思考一樣，也都在追尋美好的人生。再者，透過批判性思考的彈性和靈活思維，教育活動才不至於受限於學理的束縛──從柏拉圖以降到赫爾巴特將教育學建立在倫理學和心理學之古典教育哲學的永恆價值觀上，乃至於斯賓塞、盧梭 (Jean-Jacques Rousseau, 1712–1778)、杜威等十九、二十世紀之實用主義❸教育哲學，似乎仍偏向將教育推向工具性效能論或結果論的胡同中，以至於讓教育哲學的理想性難以彰顯，甚至漸漸式微。

　　總之，要想恢復教育哲學在教育學或其他領域的地位，有兩件事勢在必行：第一，必須重塑教育哲學的教育科學方法論和解決教育問題的效用性功能：這就是何以本書要先強調教育哲學的實質價值之故；第二，需要深化對教育客體或對象的檢視、分析、辯駁和批判：易言之，教育哲學要能夠發展，不能不接受現實教育活動的檢視和考驗，因此無論是學校教師，或從事教育學術研究的工作者，皆需要兼重教育活動的理論面與實踐面。上述重建教育哲學的兩項任務能否成功，與批判性思考能力是否厚實，兩者間存在某種程度的高相關。

---

❸　「實用主義」(Pragmatism) 一詞是從希臘詞 $\pi\rho\alpha\gamma\mu\alpha$ (行動) 派生出來的，其主要論點包括：㈠強調知識是控制現實的工具，現實是可以改變的；㈡強調實際經驗是最重要的，原則和推理是次要的；㈢信仰和觀念是否真實在於它們是否能帶來實際效果；㈣真理是思想的有成就的活動；㈤理論只是對行為結果的假定總結，是一種工具，是否有價值取決於是否能使行動成功；㈥人對現實的解釋，完全取決於現實對他的利益有什麼效果（維基百科，nd.）。在哲學上主要指經驗主義一支；在教育上則常與經驗主義、實證主義和自然主義融合一起，其教育理念著重生活之實用性價值。

　　一言以蔽之，教育哲學所強調的是質疑、反省、解放與重建的精神與能力。波伯 (Karl Popper, 1902–1994) 說:「在深度無意識，甚至在無夢的睡眠狀況下，我們完全失去了意識，隨之也完全失去了我們的經歷」(Popper，范景中譯，1997: 7)。此情況猶如批判性思考之於教育哲學的關係，若教育哲學忽視批判性思考，則教育哲學的天空猶如瀰漫著烏雲，在狂風暴雨的黑暗夜空，光線隱逝，黑夜與狂嘯使人因畏懼而自囚在暗無天日的洞穴，只能靜靜地等待或自我解嘲，卻不敢出來鞭撻黑夜，只是默默地、消極地祈求黑夜趕快過去，卻未曾思考積極地逆著暴風雨，勇敢而智慧地去迎接使人目眩的璀璨陽光。若教育工作者都像柏拉圖洞穴中的人一樣，無知地躲在洞穴中，安於黑暗和懼於風暴，則重建教育哲學也將只是試圖在沙灘上築塔的海市蜃樓。

二、教育哲學的主色

　　生於 480 年的波修斯 (Anicius Manlius Severinus Boethius) 撰寫《哲學的慰藉》(*De Consolatione Philosophiae*) 一書，他以文學的口吻娓娓地闡述哲學的本色及其與人的關係，也隱含著教育哲學默默耕耘的功能:

> 當我神智恢復時，我轉而審視我醫生的面龐，我注視著她，而我發現那是自從我年輕時即被她照顧的褓姆——哲學。我問她為何由穹窿的高處，降臨到我寂寞的放逐地。(波修斯，陳芳郁譯，1986: 10)

　　波修斯視哲學如伴其生長的褓姆，亦如同為其治病的醫生，亦是解除其寂寞遇難的救難主。這是多貼切的比喻啊! 波修斯對哲學所懷抱的感恩之言，對我來說實不為過。個人的成長歷程和體驗也正是因著哲學，讓智慧得以戰勝畏懼; 讓正義之德蔑視社群中的敗德者; 也不致因為無法忍受智者的孤獨而合污，更不會在漫無目的的茫茫大海

中喪失人生的方向。雖然自哲學史中我們看到太多為哲學奉獻犧牲的鬥士，也看到盲目無知的暴徒對智者的凌辱，但是哲學的智者總是在當暴徒撕裂其新衣時，讓暴徒發現自己的腐化，也讓那些被利慾薰心之愚蠢者的生活俯臥在烏雲的掩覆中，更讓狡猾腐朽的偽善者對權力的垂視成為夢幻，也讓受苦難煎熬的無辜者重新燃起生命的希望。蘇格拉底就是最佳的例子。

另外，從荷馬史詩依利亞德 (*Iliad*) 中，明確展現出哲學解放心靈自由的本質 (Wikipedia, 2006)。該史詩中的一節提及「主」與「王」的關係，並藉之解說服從與自由的範圍和關係 (Homer, 2002: 204)。在該故事中，主與王不只分別代表自由與服從的關係，而且也說明自由乃在王的應允下才可能的有限性。若能夠服從王所定下的律法和統治，則每個服從者都有選擇在王的國度中成家立業的自由。此明確的告訴了我們自由是有限，而非無止境的事實。

雖然從依利亞德中顯現人類所擁有的自由，如同《西遊記》中孫悟空無法逃出如來佛掌心一樣的有限，然而兩者的不同是，依利亞德詩句中的「主」所關注的自由，是心靈的花朵與其散發出來的威力，而非只是物質景觀或肉體之行動自由。教育哲學對於教育活動的關注，猶如國王對於服從者施予的自由，有其限制，不是漫無規範的。

質言之，教育哲學可以為教育理論和實踐鬆綁，也為教育理論和實踐建立應遵循的規範，包括教育制度、教育政策、教學原則、教學方法、課程與教育目的、教育研究等的原理原則及法令規章。由此顯見教育哲學展現出之引導與解放教育的功能。桑新民對此兩者的關係也有相似的觀點，他引用泰勒 (George F. Taylor, 1948–) 的話說：

> 個人的哲學信念是認清自己生活方向的唯一有效的手段……哲學解放了教師的想像力，同時又指導著他的理智。教師追溯各種教育問題的哲學根源，從而能以比較寬廣的眼界來看待這些問

題。教師透過哲理的思考，致力於系統地解決人們已經認清楚，並提煉出來的各種重大問題。那些不用哲學思考問題的教育工作者必然是膚淺的。一個膚淺的教育工作者，可能是好的教育工作者，也可能是壞的教育工作者——但是好也是好得有限，而壞則每況愈下。（桑新民，1995: 3–4）

若我們也能體會到心靈的睿智對於事件的新觀點，則亦將更堅信教育哲學在教育活動中占有不可或缺的一席之地。教育工作者若能享受教育哲學的洗禮，則應能感受老農在播種之後，殷殷期盼秋收的等待和喜悅。於此作者無意標榜教育哲學的神聖性，更不會認同教育哲學對教育活動具有國王對臣服者之統治權。最根本的道理是，教育哲學本身若是引導善知識的明燈，甚至是善知識的自身，則善知識本身應該不會產生獨斷的宰制性；若教育哲學對教育活動形成任何形式的宰制，此將使教育哲學的善本身形成邏輯上和實質上的矛盾。

教育哲學對教育活動的指引並不帶有威權的統治或獨斷的宰制性，反之，她常以簡短的方式，點出人與世界的盲點，為教育活動提供智慧的雋語；也為變化多端、了無頭緒的時空運行，理出合理解釋的次序；更為人類的無能和無知，條列出理性的論證。我們可以說，教育哲學之於教育，猶如為暗夜帶來的曙光，照亮與牽引著教育活動走過自省的艱辛苦澀，也品嚐著歷經苦澀成長的快樂與善的甜果。

本節結束前，作者有感而發，藉一篇短文來描述教育哲學的本質，期能有助於滌除理解教育哲學的穢土，引領教育工作者回歸心靈故土，踏上掌握教育哲學的明徑。唯有如此，教育哲學方能真正的根植於師生的生命，成為活絡教育的源泉。

我

不是一家之王，但是，

我

卻是心靈意志之主。

我

從不輕蔑您的笨拙，但是

我

卻不願忍受您的無知；

我

並非活在空曠的蒼穹，

我

乃攀登在塵世的塵土與氛圍中；

只要您不拋棄，

我

將願忠心相隨，幫助您成長，

我

將無怨無悔地陪伴您走過苦澀，

與您共渡塵土與黑暗；讓

您我

暫且遺忘遙不可及的天堂，

勇敢快樂地面對即將耀眼的陽光，

看著她的光線，踏著她的指引，

直到在星群中，

您我

也能遊走自如，屆時

您我

已能緊握統治萬王的韁繩，但是這並非

您我

的目標，因為

您

追尋的是找到心靈的故土，而

我

重建的是靈性與智慧的家園。

在此家園中，喪失靈性者將受到鄙棄，

獨裁者也將受到放逐，放逐在無邊的苦海中……

▶ 第三節　教育哲學的本質

　　本章前兩節分別闡述教育哲學的功能和其對教育所體現的價值，並從實際教育活動中論證教育哲學對教育的必要性。既然教育哲學無論對於教育理論的建構或教育活動的進行，都是不可或缺的一環，則對其本質的挖掘和尋根也因而成為教育理論建構的首要課題。

　　何謂「教育哲學」？何以需要「教育哲學」？「教育哲學」何以能為教育理論與實踐活動提供服務？誰來確立「教育哲學」之合理性地位？「教育哲學」是否存在正統與支流的法理性和典範性爭議？「教育哲學」是理論的建立或是實務歸納後的教育準則？教育活動的基礎是否由哲學提供與指導？抑或教育活動證成了教育哲學的知識論基礎？若能釐清上述問題，則當能掌握教育哲學的本質。因此，本節將從教育與哲學的關係論述教育哲學的本質，俾再度確認教育哲學在教育之定位。

一、失落的教育哲學

　　曾經被遺忘的愛情，在為了探索它的失落之際將再度復活。教育哲學亦是如此。訪問從事教育活動第一線的中小學教師：「何謂教育哲學？」「教育哲學對其教學有何影響？」大多數的教師都會漠然以對：不是不知何謂「教育哲學」；就是支支吾吾說不清楚；或認為「教育哲學就是一些學派和理論」；甚至認為「教育哲學對教學沒有任何具體的幫助。」對教育哲學有如此的誤解，或許和教師在師資培育過程中所接受

的教育有關。但是，若受訪者已經接受研究所的教育時，其對於教育哲學顯然有不同的認識：大部分受訪的教師認為「教育哲學不容易，但很重要。」也有部分教師興奮的道出，「我上了某些課之後，才更發覺教育哲學很重要」；有的教師甚至指稱「教育哲學所學到的是在其他學科中無法學到的」、「教育哲學是一切教育學科的基礎。」上述的內容是作者斷斷續續在非正式場合中瞭解教師對教育哲學所持概念之梗概，雖非嚴謹的實證研究，卻可以看到師資培育課程中之教育哲學是否發揮功能，亦可反思師資培育機構應如何發揮教育哲學應有之功能，不至於讓教育哲學成為教育學中失落的學門。

　　由上述訪談結果亦可見，原應該陪伴在教師身邊的教育哲學，教師們對之卻視而不見或逃之夭夭。教育哲學會被封禁在教育思想的冰窖中也不足為奇；加上對於哲學的畏懼和學習時體驗的艱澀難懂之刻板印象，也加速的迫使教育哲學在教育活動中逐漸被排斥，進而由與生活經驗較為接近的教育社會學和教育心理學取代了教育哲學在教育學理論基礎的地位。此現象從國立台灣師範大學教育研究所的課程結構、博士班的分組招生及其名額、教育政策與行政研究所的成立、學生選課的好惡和論文撰寫的領域等方面，均可清楚地分析到教育哲學的失落：教育哲學的領域雖仍然存在，也被視為「高深」的學術研究，但卻總是「叫好不叫座」──縱令有國家講座級的大師開課，也是除了必修課以外，選課的人數依然寥寥可數。

　　作者在國外看到的大師開講，數百名師生蜂擁而去聽講的熱烈場景，在國內幾乎從未出現過。相對的，學生趨之若鶩的課程雖然也可能因為該授課者的學養和專業，但絕大多數的受訪研究生或曾修過課的在職教師，則有如下的對話。問：「既然無法學到『東西』，也不認為該課程有什麼興趣，何以選課學生如此踴躍?」此時受訪者臉上總會泛起詭譎的笑容，有的會坦率的表達：「選那種課可以湊學分，又可以輕輕鬆鬆。」的確，如果每門課的負擔都是一籮筐，那麼學生哪有時間

和精力充分準備課程；沒有充分準備的課能學到的也就相當有限。在此情況下，從功利和現實的角度衡量輕重，就不難理解教育哲學何以會成為教育學中失落的學門了。

　　然而，教育工作者是否真的能讓教育哲學成為被終結的學門？從上述教育哲學的價值觀之，答案應該是否定的，當務之急就是要為教育哲學開啟另一條生路，或許這是台灣教育哲學之教學革命的開端！易言之，從事教育哲學教學的教師們應該好好反省教學方法和內容，提升教育哲學教學的成效，尤其激發學生學習教育哲學的興趣更是當務之急，這也是本書特別以「精簡化教育哲學」一章為例，證明教育哲學的內容可以生活化，亦能生動活潑又有趣，更具有其他學科所沒有的實用性。

　　相較於其他學科，教育哲學果真是「高成本、低報酬率」嗎？本章已經論述教育哲學的價值與功能，本節將直接從梳理教育和哲學的關係中，再度彰顯教育哲學的價值，同時也闡述教育哲學中教育和哲學的本質，讓更多人頓悟「不知道不表示不存在」、「不願學不表示真的難學」、「將頭埋在沙堆裡也不表示就不會受到傷害」的簡單道理。教育哲學不但時時刻刻存在生活周遭，默默地服務教育人員，讓他們在從事教育活動時能夠彰顯出智慧和德行，而免於在無知或經驗中拼湊和摸索，就像海德格 (Martin Heidegger, 1889–1976) 彰顯存在一般，其所強調的是「存在的可能性」(Heidegger, 1962: 435)，亦如海德格以寓言故事點出「人體」(homo) 之由來以及如何賦予人體靈性，並和隨著身體而存在的「焦慮」(anxiety) 一樣 (Heidegger, 1962: 242)❹，生命、

---

❹　海德格在《存有與時間》(*Being and time*) 書中提及女神安格斯 (Angst) 將陶土捏成和自己相同的形象，丘比特 (Cupid) 也答應將其精靈送給該陶土，賦與陶土靈性，但是該如何命名呢？最後，農神建議將陶土的身體給了土地，即金牛 (Taurus)，身體死後的性靈就給丘比特，至於將陶土捏成形的女神安格斯，就隨著身體的存在而依隨著，此女神即英文的「焦

焦慮、靈性和邁向死亡均彰顯主體的存在。以下將進一步闡述此觀點中引申至教育哲學之本質與功能。

　　教育哲學猶如海德格指稱的「焦慮」，教育就像是被陶塑出來的「身體」，而哲學就像死後才會彰顯出來的「性靈」一樣。就此隱喻言之，教育若沒有哲學就是沒了性靈的軀體；哲學沒有教育就少了附著的身軀。教育哲學就是在身體還存在形象時不斷困擾著它的「焦慮」，但是也因為此「焦慮」的存在，方彰顯其存在的意義。故教育哲學或許是教育的麻煩，但是，卻也是教育意義化的動力。既如此，則教育哲學的教學者更應先反躬自省，讓對教育哲學的學習焦慮意義化，並使之成為開創各種可能的要件。此即拯救失落之教育哲學的重大任務。

　　教師對於學生選課心態的詮釋，和學生對於教師授課的認定或有不同，但是，透過紀登斯 (Anthony Giddens, 1938–) (1984)「雙向詮釋」(double hermeneutics)❺方法加以檢證，可以發現共同的「真相」。此「真相」就是隨著資本主義社會的入侵，人類生活中「平常」(common) 的概念已經被商品化為「平庸」(vulgar) (Weber, 1958)。一方面，教育工作者本來就應該具有的素養，卻因為無法突顯其獨特的實用性，而被

　　　慮」(anxiety)(Heidegger, 1962: 242)。此也就是當人被拋擲到世界時，焦慮就如影隨形，而當人存在的每一刻也都顯現其必然的逐步邁向死亡，而此每一刻的存在就是海德格所宣稱的「此有」(Dasein)。海德格也分析此「焦慮」指向對各種可能性開放的「虛無」(Heidegger, 1962: 232)。社會學家舒茲 (Alfred Schutz, 1899–1959) 也提到「焦慮」的問題，與海德格相類似，舒茲也認為「焦慮」的不確定性構成了世界的「真實性」(reality) (Schutz, 1962: 228–230)。

❺　紀登斯所稱之「雙向詮釋」乃基於研究的理論和行動者之間無法分離的前提，故理論專家和行動者之間的意見不應完全被區分開來；相反的，理論的觀察者對於其所觀察之活動和制度之意義的解釋，必須和實際行動者之世界相驗證後，才能依據觀察的真憑實據確立其理論 (Giddens, 1984: ch. 1)。就此而言，雙向詮釋既可以作為理解的方法，也可以作為化解教育理論與實踐落差的橋樑，更是教育學之質性研究的重要方法。

貶為「平庸」；另一方面，既然同樣是兩學分，同樣是獲得一個學位，選課時又何必選擇投入「成本」偏高的「教育哲學」！此乃簡單的經濟學原理和心理學之安全原則。擔負師資培育的教師，尤其是從事教育哲學教學的教師，又豈能不痛下針砭，先找回失落的教育哲學，再回歸教育哲學的本質。如此也方能讓教育哲學的功能重新在教育學的舞台上扮演其不可或缺的要角。

二、返回道德軌跡的教育哲學

盧梭主張，縱令人的自由度有限，其行為也受到相當限制，但是讓一個人能夠依據其所需與意願，決定其行為和行動的「德性」卻不能、也不會被淹沒（Rousseau，引自 Perkins, 1974: 134）。由此可見，盧梭強調的是真正能開展自我主體的理性，也不認為外在因素任意限制人理性的發展除非人類自己放棄理性的主導權。人一旦放棄理性的主導權就如同奴隸一般，則外在的政治或道德皆成為腐朽人心的幫凶。

盧梭認為真正的理性具有與想像和記憶相關的藝術性特質，而這些藝術性特質才是真正超越自由、正義和宗教的人文性（Rousseau，引自 Perkins, 1974: 44–45）。此可以從盧梭強烈質疑依照法律規定行事所隱含的政治威權，以及批判充滿獨裁特性的社會體制（Rousseau，引自 Perkins, 1974），看到盧梭對於德行和人文性的訴求是不受外在條件約束的理性。

若用盧梭對於社會和政治權力壓抑和宰制人性發展的論點，分析教育政策和學校教育制度，我們可以發現，教學活動中教師對學生的管理，若不重視培養學生的自主性，卻只重視服從和記誦，則教育不但壓抑學生獨立思考能力的發展，也已違背教育以德行為核心的中心思想。簡言之，教育政策、學校的制度和相關規定，均應該以是否合乎定德行為判準，方是否合理。

自蘇格拉底以降，德行即為彰顯教育本質和智慧追尋的明燈，「嚴

格言之，人類的行動即運用人之主體所獨有的理性和知能」而追求存在的意義和幸福（Aquinas，引自 MacDonald, 1991: 112）。誠如海德格和高德美 (Hans-Georg Gadamer, 1900–2002) 的分析，存在之物的價值，並不只是作為我們認知的對象，而是存在物彰顯其自我存在的意義（引自 Bruns, 1989: 207）。客體物件的存在如此，人的存在更是如此。因此，教育活動也應該彰顯「存在」的意義，教師更不能視學生為客體的物，否則教育將猶如盧梭所言，只是腐蝕孩子的心靈。

人類彰顯存在的方法很多，「思想」是關鍵——人類因為思考，而意識到威權的宰制；因為意識到權威的不合理，而企圖解放與超越；因為解放與超越，而改變了世界；因為改變了世界，而讓世界變得更光明、更多元。借用海德格的語言，思考也是一種呼喚 (calling)，一種對人類深沉存在意識的呼喚。

質言之，教育應該留給學生思考的空間 (Bruns, 1989: xxvii)，應該鼓勵學生發問，讓學生自我探尋真理、善與美，而且猶如康德 (Immanuel Kant, 1724–1804) (1973) 所強調的，只有人能夠從理性判斷中彰顯主體的精神，並自定道德的規範。一言以蔽之，「每個行動中都包含各種覺知和概念」(Bruns, 1989: 165)，但是每個覺知和概念都可以因著主體的冥思和想像，呈現不同的生命。

想像是語言符號和表達結合的隱喻形式 (Pillow, 2000: 266)，是生命的詩意，也是德行最高的境界。幸福的要件所以是真、善、美的組成，乃因為理性的思維中加入情性的因子，讓理性和情性呈顯和諧的結合。詩的語言和思考的詩意，正是主體超越理性的表徵。思考與詩的關係猶如左鄰右舍，思考沒有詩意，就如同木頭人，是冰冷的；詩意若沒有思考，則如同裸露的隱形人，無法現身。教育的藝術境界就是這種彼此牽繫，卻又保留開放空間和無限發展可能的關係。所以，教學活動中，師生之間，誰也不能讓誰變成隱形人。此即教育的最高藝術。

　　繼之，本節擬深度論述教育哲學本質乃以道德為核心的觀點。多年前作者曾以水的組成分子比喻教育與哲學的關係，以教育或哲學分別代表構成水的氧原子和氫原子。氫和氧原子雖然各自存在其特色和功能，但是氫原子和氧原子一旦結合之後，將不再是獨自的氫原子或氧原子，而成為氫、氧融合一體的水。雖然水是由氫和氧原子結合而成，但是我們很難由肉眼分辨出何者為氫、何者為氧，除非經過特殊的處理，否則兩者將難分難解。教育哲學其實就是這種教育與哲學的結合，因此，教育的主體是人，教育哲學亦應以人為主；人的意義由德行生活彰顯其本質，故教育哲學亦應回歸德行的本質。

　　老子《道德經》(1971) 以水譬喻上善之德，教育哲學亦猶如水一般，不僅彰顯教育的智慧，也帶領教育活動的德行發展，教育哲學若欲回歸德的軌跡，則以「水德」喻之，當可適切地提醒教育工作者或教育研究者，在建構或發展教育哲學之際，應持續展現教育哲學德行的睿智和本質。

　　台灣教育哲學的發展仍承襲著以德為核心的精神。除了老莊思想外，中國哲學從漢代獨尊儒術之後，儒家思想雖然歷經魏晉時期轉向老、莊、易三玄之學的援道入儒，以及宋明理學之儒、釋、道融合，乃至於西風東漸及杜威實用主義思潮的影響，但一直未脫離儒家重視倫理教育，並以天人合一為其最高理想的教育思想和哲學本質。教育哲學以倫理為內容，以學而優則仕為目標，教育的最終目的正如張載在《張子全書：近思錄拾遺》中所提出之「為天地立心、為生民立命、為往聖繼絕學、為萬世開太平」的讀書報國論，此說明台灣的教育哲學仍致力於回歸德行的本質。

　　本書所以需要不斷強調德行的本色，乃有鑑於台灣社會隨著個人主義、自由主義等西方民主思潮的引入，及後現代思潮的推波助瀾，教育的目的和本質和服務社會、貢獻國家愈離愈遠。近年來，台灣經濟不佳，政治紛爭不斷，直接間接地顯示國人之民主素養需要再加強。

民主素養的基礎在於健全的個人與社會的德行之風。就此言之，教育哲學也必須為教育發展定調。

雖然在現實社會中，人民追求民主「時尚」的欲求升高，但卻未見人民深切瞭解民主的精髓在於護衛私德與公德，故屢屢可以發現國人不能知所節制，民粹主義四起，教育之倫理教化功能愈顯不彰，教育報國的實用功能也迅速消退，這對台灣社會的發展和進步是一個大的危機和考驗，教育若不致力於喚回人我關係、社會責任或政治理想，亦未能為此物欲橫流的社會發揮振興起弊之效，則逢此資訊數位時代，教育的功能恐會因著網路科技的發達與訊息的充斥，加速人與人之間的疏離。愛，不再是人與人之間合作的酵素，人類也會因為侷限於實用論和結果論的狹隘視野，以至於對自我陌生，對愛的態度和行為也都會呈現瘋狂 (Pillow, 2000: 280-281)。

值此之際，為振興教育的倫理性，教育哲學豈能袖手旁觀。教育哲學應肩負起協助教育回歸德行本質的使命，一方面對於「中學」之精髓知所權變，另一方面，掌握「西學」的時代脈動，迎頭趕上，確保倫理情操與治國智慧精進不息。

學門不同，知識論的預設也不同，其所關切的焦點亦不相同，所欲探討的問題也有所區別。同理，學術理論和實踐活動也顯現各具的特色和功能。此即彰顯教育哲學的主體性。教育哲學是否如海德格所比喻的寓言故事一樣，是處在被拋擲的尷尬處境？如何找回教育哲學的主體地位和精神？本書提出教育哲學應兼具實用性價值和德行的本色，消極地突顯台灣本土教育文化的意義和化解教育哲學流於空泛之危機，積極地為台灣本土的教育活動，建構理論和規劃行動綱領。

海德格寓言故事中提及的「身體」、「性靈」和「焦慮」，可用於比喻教育、哲學與教育哲學三者的關係。若以水比喻教育哲學，則只論及教育和哲學相輔相成、難分難捨的關係，卻無法呈顯教育現場中教育哲學雖然重要，卻常被刻意遺忘、難以體驗和認知之困境。相對地，

若採用海德格「泥塑的人」(homo) 之比喻，不僅能點出教育和哲學相輔相成的關係，也可說明教育需要教育哲學提出問題，省思教育主體存在的可能和意義，此等省思和批判雖然使教育哲學成為「焦慮製造者」，卻也因此挽回即將失落的教育主體性。

若引用海德格的比喻，則我們可以說，沒有教育哲學（代表製造「身體」的 Angst 女神），則教育（身體）和哲學（丘比特提供的性靈）均不可能存在。

析言之，從教育哲學發展為哲學分支的歷史中可以理解，教育哲學發展初期，連名字都沒有，也不被認為「存在過」，教育哲學後來之所以存在，借用海德格的語言來說，則因為其焦慮、畏懼和擔憂教育和哲學的活動，乃逐漸形塑教育的具體形式，然後透過哲學的著色，終於使教育沾染精神和靈性，教育哲學於焉產生。此亦可從分析哲學的發展史，見證教育哲學逐步從工具功能發展主體精神和形式的歷程。

教育哲學的存在空間是「人間」——蘇格拉底就是在此空間下發展其教育哲學的思想家。此外，教育哲學所處理的不再是哲學所處理的主客體問題，而是整個的人，尤其是人所彰顯的智慧和德行，教育哲學遂由此彰顯其不同於其他哲學之處。

教育哲學所探討的智慧與德行，乃融合哲學和教育的內涵：哲學主要探討知識論、價值論與形上學；教育則處理人之本質、行為和行動，包括人的生命、生活與生計等。就此而言，教育和哲學所含涉的共同面向就是人類的生活。兩者均關心人類生活素質的良窳、社會文化的綿延與品質、以及個人身心靈的健康與發展。然而在知識的真假、知識的追求及信念的檢視、存在意義的追尋、個人德行的修持和社會道德的維護等方面，由於道德生活使生命的存在產生意義，也使人類的知識彰顯真理的價值，故其乃成為幸福生活的主軸。

道德生活是人類知識生活和存在意義之基礎和導引。蘇格拉底畢其一生力行其主張之「知即德」的教育哲學。無論個人的德行或是社

會與文化的價值氛圍，均在意義化人類對知識和真理的追求。在知識和存在意義的追求中，也因為道德，才使人類的存在發揮萬物之靈的本質和價值，故無論主張人本主義、生態主義，理性主義、經驗主義、實用主義、行為主義、存在主義、或認知建構主義等教育理論，均應以道德為基礎，期達成教育促進德行生活的目的。再者，無論時代如何變遷，教育哲學如何發展，教育活動和社會如何變革，教育哲學的內涵和本質，仍應扣緊道德教育，此也是教育哲學需要返回道德軌跡之本分。

回歸道德之途的重要表徵就是營建美好生活。人類美好生活形形色色，也與社會的變遷息息相關，所以，協助人類營建美好生活的教育活動，原則上不存在任何「普遍性」形式和處方；同理，伴隨著教育活動，指引著教育方向的教育哲學，也不宜獨斷地以某種典範為唯一準則；反之，教育哲學更應扮演好暮鼓晨鐘的角色，發揮質疑、分析、梳理、理解、類推、比較、辯證、論辯、歸納、演繹、創生和重建等功能。

簡言之，教育哲學欲維護的是教育活動中的主體自主性和社群和諧性，且協助受教者和教學者皆有能力確保身心靈的健康，也有能力開展人類社會生活喜捨無求的大愛行動。由此可見，教育的哲學省思如同辯證精神一樣，不只是針對教育問題，更不是為了挑起教育理念的對立，而是為了更綿密地掌握教育的整體脈動，並點出教育活動中的經濟剝削或政治意識型態的宰制 (Gadotti, 1996: 21)。然而教育哲學除了彰顯辯證和批判的理性外，若能進一步地開展德行的覺知能力和社會文化的情感 (Noddings, 2002: 42)，則教育活動的過程和結果，必然能透顯智慧和大愛之德。

為了達成教育哲學標榜德行和追尋智慧的目的，無論就哲學的抽象精神或教育的實質行動面而言，批判地反省功夫不容停歇。教育理論的建立或教育實踐活動的進行，更應該厚植反省和批判的沃土。反

省與批判不僅是能力，更是圓熟人格的表徵，故無論何種教育理論或教育哲學，皆應重視反省和批判的素養。反省和批判即為思考的本質，也是哲學和人類生活的意義。西塞洛 (Cicero, 106–143) 曾說：「人活著乃為了思考」(To live is to think)（Cicero，引自 Noble, 1995: 302）。思考的依據是智慧，思考的對象則為德行。

《禮記》也記載：「禮作，然後萬物安。」「夫禮者，自卑而尊人。」「禮，所以脩外也。」此再再說明禮不但是思考的對象，也是行為的準則，更是智慧的象徵，由此更確立智慧的本質就是德行。人因為有智慧，故能「知汝無知」；能知汝無知，則能謙卑以尊人；能謙卑以尊人，則天地合；天地合，則萬物興矣。天地合、萬物興乃人格圓熟者之境界，也是教育之終極關懷，更是教育哲學應輔助教育達成之使命。批判性思考所展現的明晰、精確、寬度和廣度等特質 (Nosich, 2001)，與中國哲學強調的倫理性相類，均闡述教化的終極關懷。

由於早期台灣教育學者以留學美國者居多，且七〇年代的美國教育界正盛行杜威的教育思想，尤其其實用主義和進步主義觀點乃當時的主流思潮，這些因緣使杜威哲學隨著台灣的留美學者「偷渡」到台灣的教育界。迄今，杜威哲學在台灣教育界幾乎無人不知、無人不曉。杜威哲學從實用主義的觀點出發，實用主義的教育理論，雖然讓教育活動更貼近學生的生活，但是，教育除了具體的生活之外，也應該涵蓋靈性和詩意，否則終將「工具理性宰制」的意識型態。心靈的提升和精神的淨化乃智慧和德行的一體兩面，故若教育目的只擷取實用主義的觀點，則教育的活動，包括教育制度、教育行政、教學方法、課程設計和教學評量等，也將因為限於追求實用性而流於片面，乃至於無法彰顯智慧與德行。

簡言之，人類是複雜的動物，人類的生活也是多采多姿的，不是任何單一的理論可以完全涵蓋。若欲避免遭受某種理論的宰制，就要成為理論建構的主人，不能淪為依附理論的奴隸；若欲成為理論的主

人，則必須掙脫受理論的控制，也必須解放封閉的思維，開展自由的心靈 (Leistyna, Woodrum & Sherblom, 1996: 163)。為達此目的，人類需要強化理解理論的能力，也需要具備打從「心眼」裡就能「一眼望穿」理論之適用性、合理性和其限制的能耐。教育欲培養此等洞識教育思潮的脈動，反思教育理論的適用性，創生新的教育理論，以解決教育問題，並提升教育品質的能力，則教師除了必須具備教育之專業知能外，更需要具備批判性思考教學知能。批判性思考的最終旨趣和教育或教育哲學的終極關懷一樣，均為了協助人類過著更具合理性的生活 (Tormey & Townshend, 2006: 166)。

綜上所述，教育哲學的主旨不僅在於認同教育的理論和活動，更貴在反省和批判教育理論和實踐。思考是理解的過程，理解是思考的結果；思考與理解乃智慧和德行的最佳保證。思考與理解均需要反省和批判的心靈活動，故智慧和德行的獲得也少不了反省和批判。教育原理和原則的建立需要思考，教育問題癥結的分析和理解也需要思考，教育政策的訂定和教育活動的安排和決定更需要智慧的思考和具道德性的抉擇。簡言之，無論教育理論的建立或教育活動的進行，均有賴哲學提供智慧和真理，也需要哲學薈萃人文的愛心和創意。因之，哲學應珍惜教育所提供的素材和創造想像的空間，則教育該感恩哲學淬鍊的真理和智慧沉澱的德行，而架設教育和哲學的橋樑即為覆蓋著清靜大愛的教育哲學。

若您手中握的是鐵鏈，
則每個東西看起來都像釘子。
若教育哲學欠缺德行，
則教育活動看起來都像是洗腦。

Chapter 3

>>>>

論教育目的──智慧的追尋

[前言] ⟩⟩⟩⟩

　　本書第二章釐清教育和哲學的關係，也論述了教育哲學的價值和本質。教育既不是哲學的手段，哲學也非教育的目的。有人提出，教育是哲學的實驗室，哲學為教育的指導方針，雖也道出教育和哲學相互依存的密切關係，但是哲學既不該拿教育當實驗品，教育的哲學省思也應該掌握在人的手中，不應隨著哲學的浪潮而隨風推移。此亦是作者對於教育的基本立場，教育的目的即為智慧的追尋，人若不具智慧，則掌握在其手中的教育或哲學將成為其爭取權力的工具，教育和哲學的本意也將被扭曲。本章所稱之「智慧」，採取蘇格拉底「知即德」的概念，故智慧涵蓋德行，此與第二章論教育哲學之德行本質的觀點是一致的。

　　智慧的主體和教育的主體皆是人，而人亦無法脫離歷史和文化，故本章將分別從教育史和教育哲學的觀點，審視人、智慧和心靈三方面的本質和哲學的理念，以確立教育的目的。析言之，為達此目的，本章在論述人、智慧、心靈之本質和內涵之前，擬先承續上一章，從既存之學校教育目的開始，再度審視教育哲學之價值，然後一方面從哲學的理論理解教育目的，另一方面從教育活動本身，審視教育的內涵及目的，此一則彰顯教育哲學的使命，再則為了從不同觀點，釐清教育哲學「眼中」的教育目的，俾為教育理論的建構和活動的進行，提供盱衡教育方向的指標和依據。

▶ 第一節　教育目的與教育哲學的再審視

　　本節主要從教育史發展的角度，扣緊教育緣起之「知即德」的本質，重新審視教育的內容與方法，此一則檢證教育在人類歷史的長廊

中是否仍維護知即德之人文精神；再則確立教育哲學的功能與價值。

一、釐清教育內容與方法

中國社會的教育活動除了家庭教育之外，學校的教育可以說始於私塾的教學；西方的教育活動若以荷馬史詩之記載言之，則與中國的教育活動沒什麼兩樣，也是肇端於家庭和社區，兩者皆屬於非正式組織的教育活動。「非正式組織的教育活動」指該教和學的活動，沒有正式的教材、甚至沒有法定的文字或語言、更沒有固定的學習場地（即沒有一個被正式稱為「學校」的地方），所以也沒有教育的體制和相關之教育法令等。

孔子和蘇格拉底的「即興隨地」的「講學」（孔子）和「詰問」（蘇格拉底），均屬於此等非正式的學校教育活動。此外，兩者也都巧合的未利用任何文字為教材，而採取一種對話的方式進行；講述者或答問者的內容即為教材，講述者之理念就是其教育哲學。若有追隨者繼續傳承和發展該教育哲學，則該教育哲學將形成學園或學派，乃至於成為當時教育活動的依據和典範，此即所稱之「主流」。這也是主流的教育哲學可能形成一種宰制社會的力量之故。

若當時政府也認同此等教育理念，並「制度化」該種思想為教育的唯一內容，則該理念和內容就成為所謂的「正式知識」(official knowledge)，也奠定其合法性權威。至於此等知識是否代表教育的本質？是否捍衛教育的理念？其對人類智慧和心靈的發展，有何利弊得失？則除了需要時間的驗證之外，就只有透過哲學或教育哲學的批判和省思，方可能及早掌握可能的危機，並開展更大的先機。這就是教育哲學中「努力讓人類更接近真理」（蔡偉鼎譯，2002: 18）的功能和任務。

教育哲學與教育目的之間存在友敵的辯證關係，此更彰顯教育哲學存在的價值。析言之，教育哲學是否將教育實際活動中的經驗，更

系統地以人類可以理解的價值和各種不同的型態彰顯出來？這些不同的價值觀和教育型態是否隨著時間的不同而有差異？人類是否可以從這些價值和不同型態中，選擇適切的方法？是否能檢證出思想背後隱含的為金錢、權力和講求效能的價值觀 (MacIntyre, 2006: 182)？若能對此教育活動的現象一一檢證和深思，則不僅可以掌握教育活動的價值所在，亦可瞭解教育活動與教育哲學的關係──到底是教育活動建構教育哲學？抑或教育哲學帶引、決定教育活動？

舉例言之，現代化思維追求實用性、開放性與系統性的精神，反映教育追求高質優化的市場經濟、追求公平效率的統一性、以及追求人權和生存持續發展的目的（陳中立、楊楹、林振義、倪建民，2001: 543–551, 580–591, 596–601）。可見，有什麼樣的教育哲學，就有什麼樣的社會；有什麼樣的社會，就會開展什麼樣的教育活動。當然，此也再度展現教育目的和教育哲學之間雞和蛋的關係，即不同的教育活動產生不同的社會型態；不同的社會型態，隱含不同的教育哲學。

蘇格拉底堪稱為西方教育思想中首位實踐「教育即生活」理念的教育家，也是教育哲學家。其著名的詰問法 (dialectic method) 成為啟發式教學的先驅，讓孩子們不會受到當時的宗教人士或上流社會公民思想的左右 (Curtis, Boultwood & Sir Morris, 1977: 11)，這也是蘇格拉底被認定為「蠱惑」年輕人的重要控訴，其產婆法的教育思想也奠定理性主義教育思想的理論基礎，並透顯教育哲學的辯證思維本質。

其學生柏拉圖雖然設立了「學園」(Academy)，進行以數學和邏輯思維為教學內容和目的的理性主義思想的教學，但是從《柏拉圖對話錄》(*Plato: Collected Dialogues*) 中可以瞭解其仍秉持其師蘇格拉底主張之「生活即教育」的理念，將知識、社會與政治一一納入教育的燒杯中。以現代的語詞言之，柏拉圖學園的辦學方式乃重視通識教育的「綜合型大學」❶；柏拉圖本人在其大學中所進行的也是一種藉著抽

---

❶ 本書所以詮釋柏拉圖的學園屬於一種「綜合型大學」的主因有二：第一，

象思考來啟蒙理性的通識教育，故「柏拉圖學園」之教學科目，從邏輯、幾何、文法、修辭、辯證、音樂和體育等無所不包。

相對的，柏拉圖的弟子亞理斯多德 (Aristotle, 384–322 B.C.)，則依照自己的興趣，將學園中注重抽象思維之通識能力的綜合型大學，逐步轉型為強調自然科學中生物學和邏輯為主的專科式大學❷，其教育活動也兼重「職業與休閒、戰爭與和平、實用與高尚」(Curtis, Boultwood & Sir Morris, 1977: 41) 的內容。這種學校形式的改變也顯示教育經營理念和哲學思維的改變。

第五世紀之後的中世紀，其教育活動雖然增加宗教的色彩，但其基調仍以希臘和羅馬時期的教育為依歸，故查理曼大帝自己雖然從未真正的學過讀和寫，但卻廣納各方學者到羅馬來教導宮廷的教士和政府的官員，尤其重視忍耐和古希臘的智慧 (Hessong & Weeks, 1986: ch. 3)，且教育的主要目的就是為了彼此理念的分享和交換 (Curtis, Boultwood & Sir Morris, 1977: 74)。

依照荷馬史詩的記載，最早的教育屬於非正式教育，中小學教育

柏拉圖與其師不同：蘇格拉底來自社會的中層階級，柏拉圖則為上流社會之後，故其教育思想中仍留著上流社會決定社會發展的觀念，故確信人類所有的活動都是為了城邦，城邦中需要勞動者、守衛，也需要帶領人民的政治家和領袖。因此，其教育活動的一切都是具有實用性目的，例如，其學園中雖然設有「體育」和「遊戲」，但其目的不是為了娛樂，而是為了生活的實用而學；同樣的，「音樂」課也是為了培養男性和謙虛美德之用，絕非為了消遣。但是，另一方面，柏拉圖卻堅信，抽象的數學和哲學才是可以培養學生智慧和才幹的科目，因為只有絕對不變的精神，才是客觀的真理 (Hessong & Weeks, 1986: 73)。所以，作者才依據其培養社會各種需要的人才之辦學目的，將之納為「綜合型大學」。

❷ 相對於柏拉圖的綜合型大學，亞理斯多德則開創自然科學和系統化邏輯者，雖然其仍認同其師柏拉圖主張的「絕對理性」優位之主張，但其偏重科學和形式邏輯的辦學理念，不同於培養各類實用人才之綜合型大學，故本書稱之為「專科式大學」，乃指重視自然科學的理科大學。

也無文字可言，兒童只能從聽長輩與看護人員說故事、接受長者的隨機訓誨、觀看和參與族群的各類慶典活動，和聽取成人們之公共意見等獲得學習。在此過程中，兒童學習的主要活動就是觀察、體驗、模仿和嘗試錯誤。

兒童在此過程中將逐漸瞭解到社會規範、生活常規、生存知識等。例如，哪些行為是被允許的，哪些行為是不對的，認識這些行為規範，不但成為孩子們將來長大成人之後，加入社會生活的公民德行，也成為其持續教育和領導下一代的教材 (Reisner, 1927: 4–6)。這些被現代人稱為「教育活動」的目的，主要有二：第一，為成人生活作準備：除了學習生活中必備的知識和技能外，也需要具備社會生活的德行；第二，為了延續族群的存續和文化：教育必須教導年輕人和兒童忠於其社群，並培養其與社群和諧相處的德行。

由此可見，早期西方的教育活動，無論教學方式、場地和教學內容為何，其教育目的均未脫離道德教育的軸線，也兼顧個人和社群的政治生活 (Rorty, 2000: 53)。因而「人是否能教」的問題，也必然要從「德是否能教」開始探討。同理，教育哲學也必須確立教育目的應走在德行陶冶的正軌。

從十四到十七世紀之文藝復興時期的教育，更是將希臘的文化發展得淋漓盡致。荷蘭的伊拉斯莫被譽為「文藝復興時期的先驅」，他是位具有獨立思想的人文學者，勇敢而正直地批評當時教會的腐敗；他更持此精神為小學撰寫《論辯》(*Colloquies*) 一書，以培養孩童具有聖潔而正直的教徒情操 (Hessong & Weeks, 1986: ch. 3)。然而這些教育活動尚停留於中上層階級的人士和兒童，一直到十六世紀馬丁路德 (Martin Luther, 1483–1546) 的宗教改革後，才算將小學的教育正式納入政府的政策中，雖然使用的教材仍以聖經為主，但是聖經已經被譯為連一般農民皆可以理解的文字和內容，這種將教育通俗化的作法和思想，對於普及教育之開展功不可沒。

　　馬丁路德的宗教改革可以說是各方因緣聚足的結果，不同於國父革命之計畫性舉事。馬丁路德當初在德國威廷堡 (Wittenberg) 的牆上貼上他認為教會腐敗的九十五條「訴狀」(theses)，其無意全盤改革教會，只期望能從教會的內部加以改革，然而由於當時的教會已經沉淪到販賣贖罪券的地步，所以當馬丁路德將九十五條論教會腐敗的訴狀公諸於世之後，引發傳教士紛紛簽名響應，宗教改革的浪潮於是一發不可收拾 (Hessong & Weeks, 1986: ch. 3)。此顯示人類理性質疑神之信仰時所產生的力量。

　　理性力量可以把人由服從神之意識型態下拯救出來；但是，此並不表示理性一定能抗拒或質疑神的真理性和合理性。人唯有先意識到神未必存在，或認定人不必絕對服從神之後，才可能進一步反省神之權威的不合理處。人與神如此，人與人之間亦有相同的威權和意識型態存在。例如，人類一旦對於他人過度熱衷，或受他人人格感召魅力的影響，以致於喪失對該人行為或思想的正確判斷，甚至可能誤以為對方是美好的化身，視其如同對上帝的癡迷，此種意識型態連康德亦難以逃脫 (Neiman, 1994: 165)，足見人類雖自詡為理性的動物，但仍難逃被宰制的威脅。

　　因此，教育之理性啟蒙的任務，縱令在面臨後現代主義思潮的衝擊時，亦不宜停息。質言之，教育的德行目的必須能夠彰顯個人自主性自律的能力 (Winch, in Carr, Ed., 2005: 71)。自主性自律的能力是超越宗教、政治和經濟的束縛，卻又是過去、現代與未來公民邁向美好生活不可或缺的能力 (Winch, in Carr, Ed., 2005: 68)。自主性自律能力所以能確保個人和社群生活的幸福，乃因為自主性自律者並非只重視其個人慾望的滿足，而必須同時慎思、判斷、規劃和選擇其認定適切的生活，並尊重不同的文化，力求社會的公平正義 (Halstead, in Carr, Ed., 2005: 117)。此等自由的主張，也呼應中世紀時代比較欠缺的自由和自主性，但此並不表示，中世紀的黑暗時期，自主性和自由的理性

並不存在，只是能夠意識到自主性和自由度之重要性的人並不多。可見啟蒙人類理性並不是一蹴可幾之事。

馬丁路德認為，應該由信眾自己去瞭解聖經，才能真正讓個人自願地產生對上帝的信仰，並因而受到救贖；反之，若假他人之手是不可能瞭解上帝的，因此，馬丁路德一方面將聖經翻譯成德語（地方語言）；另一方面撰寫教育兒童的教材──《教義問題》(*Catechcism*)，對兒童進行宗教教育，無奈當時父母親文盲者甚多，對於孩童的教育也並非十分重視，故也限制教育的成效 (Hessong & Weeks, 1986: ch. 3)。馬丁路德所寫的《教義問題》一書，利用一問一答的方式對兒童進行教義的教學。此方法即採用蘇格拉底詰問法的方式撰寫而成。

由此可見,古希臘討論式的教育思想對於教育的影響不可謂不巨。教育的目的亦以德行陶冶為主，所以雖然以聖經教義為教材，但所欲培養的是教徒聖潔和容忍寬大的美德。縱令中世紀的宗教教育後來發展成實徵主義和理性主義，但兩者仍沾染道德教育的意涵 (Pendledbury, 2006: 27)。此一則論證教育思想從未脫離道德範疇，另一方面，再度確立人類道德思維的基礎必須兼顧理性和自由的論述。

然而一旦人類的理性被打開，就像潘朵拉的盒子被打開一樣，人類的欲求和自我也跟著衝出信仰的牢籠，科學理性就是其中最明顯，而且和信仰纏鬥最久的例證。西方科學主義之父培根 (Sir Francis Bacon, 1561–1626) 在 1620 年提出其科學的歸納法《新工具》(*Novum Organum*) 一書，宣稱真理的追求必須講求證據，雖然觀察和驗證都是必要的，但更重要的是，我們必須精益求精，不可誤以為一次的觀察或驗證就可認定真理，因為真知必須經過無數次的驗證之後才能歸納其原則 (Hessong & Weeks, 1986: ch. 3)。培根的科學方法雖然讓人類的科學發明有長足的進步，但是另一方面，科學方法卻無益於道德的教育目的。科學求真的方法若未與道德結合，則將成為冷酷的普遍知識，而忽略關懷和人情的殊異情操。可見科學方法如何善用與取捨對教育

哲學是一大考驗。偏重後者，教育將阻礙科學的發明；強調前者，則又加速人性的淪喪。教育如何在此兩者間取得辯證合，端賴人類的智慧，故教育活動不能沒有教育哲學的思維，教育目的也需要教育哲學的定位。

書到用時方恨少，人類似乎總在遇到棘手問題時，教育開發人類的目的才會被重視，一旦立即性的問題不復存在時，人類要求德行的教育目的，又常會被更迫切的生存問題所淹沒。人類的教育或以經濟與生存效益為目的，或以培養德行與重視生活品味為目的，此兩者間的拉鋸和擺盪現象，迄今仍存在台灣的教育中。

赫里斯 (Alma Harris) 和克里斯皮 (Janet H. Chrispeels) (2006) 彙整各國教育的發展，發現世界教育的發展，有講求功績的工具理性，有強調公平的社會主義，亦有追求個人自主負責的自由主義，只是各時代、各國家所找到的辯證合有所不同，每個國家的教育目的，也都在經濟效益、政治權力，以及個人自主和社群德行之間，像光譜般地來回移動。在此過程中，教育決策者必須思考如何選擇教育目的，而教育目的的確立也需要符應社會的需求 (Shor, 1991)。此即教育哲學與教育目的之間的相互校正。

繼培根之後，教育活動也跟著從天上走向人間，從理性的啟蒙走入經驗的操作和學習。康米紐斯 (John Amos Comenius, 1592–1670) 深信：教育必須在生活中進行，學習則需要透過經驗以成長。曼恩 (Horace Mann, 1796–1859) 也大力支持康米紐斯的主張，並採用其經驗學習論作為美國中小學教育的藍圖 (Hessong & Weeks, 1986: 83)。英國的學徒教育、皮亞傑 (Jean Piaget, 1895–1984) 的認知發展論多少也受此經驗主義思想的影響。台灣小學課程中的「生活與倫理」課程即為基於重視日常生活之經驗學習的教育觀點而設立者。

馬丁路德宗教改革之後，教育措施尚未完全普及，歐洲大陸仍瀰漫著由貴族統理一切政權的封建社會和霸權，呈顯人並未生而平等，

反而是生而不平等，貴族出生者就天生擁有更多特權，此時教育的菁英主義色彩濃厚，教育成為貴族保有其權力的工具。然而若統治者主導的菁英教育也能教導儒家仁人聖君之情操，或許啟蒙運動不會發生，教育史也會重寫。

啟蒙運動就在身為貴族後裔的英國哲學家洛克 (John Locke, 1632–1704) 高唱眾人生而平等的民主道德 (Rorty, 2000: 177) 中開啟，並在法國盧梭的回歸自然和自由的教育方式下蔚為風潮 (Rorty, 2000: 239)，逐步實現培育個人成為理性而具自主性之公民的教育目的。

啟蒙運動所帶動的普及教育不僅促使教育大門的開放，也降低受教育的入學門檻，受教年齡降低，幼兒教育即為其中的產物。最早提倡幼兒教育者，當屬將教育理念親自落實的瑞士愛心教育家裴斯塔洛齊。他為了顧及學童的生活經驗，也為了避免講光抄或背多分的僵化學習方式，遂採取「實物教學法」(object-teaching lessons)，並以合作和瞭解代替懲罰，一步一步循序漸進地教導學童，其教學方法不僅成為幼稚園教學的模版，也為編序教學奠下理論和實務的基礎。

有「幼稚園之父」之稱的福祿貝爾 (Friedrich Wilhelm Froebel, 1782–1852) 是裴斯塔洛齊的學生。福祿貝爾返回德國後，隨即將裴斯塔洛齊的理念更具系統地發展，在其創辦的幼稚園中有歌唱、說故事和遊戲，並以「恩物」的玩具性教具代替實物，進行教學，讓兒童從操作中體驗生活，自經驗中學習。

啟蒙運動的教育主張，延續教育的工具理性和德行目的，走的是民主思潮和普及教育之路，因此教育的內容也有所改變。例如，英國的洛克反對以往以培養菁英為目的的教育，主張教育應以「健全身心」為目的。但是作者認為，啟蒙運動反對的是貴族擁有更多教育機會、資源與內容所造成的社會不正義。

貴族所受的教育就是治理國家的知識，此對出身寒微者而言，當時貴族所接受的菁英教育是一種生存權和自我實現權的獨占或特權，

是不公平的；但是，若反對菁英教育的結果是走向平庸，如洛克主張的「教育的目的在於健全身心」或盧梭的「返回自由和自然」之主張，或許在當時有其時代意義，但是放在十一世紀的時空下，恐怕應該嚴肅的重新思考：菁英教育何以不能是教育內容的菁英？抑或教育方法的菁英？相對的，當台灣各級教師和家長所埋怨的「孩子愈來愈笨」「孩子根本不會、也不知道如何思考」「孩子的學習能力也愈來愈低落」的現象每況愈下時，菁英主義的教育是否會再度捲土重來？

　　析言之，普及教育並非不好，反而是時代的趨勢，但是，普及教育絕不應變成普遍的平庸，或齊頭的平等，否則教育「知即德」的原初功能，將因重量輕質的錯誤理念和政策而蕩然無存。近年來世界各國教育改革的方向均為「追求卓越」，此或許也是有感於教育功能的不彰所致。二十一世紀，人類應該提升的卓越不再是堆砌的知識，而是自我學習的能力及公民素養：自我學習能力需要提升哲學和批判的思維，公民素養則是自由民主社會所需要具備的素養 (Rorty, 2000: 470–471)。

　　總之，啟蒙運動刮起民主風，無論就個人人權、社會正義或普及教育而言，都是民智開啟的好現象，但是，教育哲學家不同於教育政治家：教育政治家重視教育政策的成效，教育哲學家則必須考量教育目的和本質的是否流失？是否扭曲？此外，教育哲學家也必須重視教學活動以及教師和學生的生活是否因為改革而更好 (Hessong & Weeks, 1986: 194)。一言以蔽之，教育哲學家負有為教育的暗室點燃一盞明燈的使命，此是教育哲學家自我省思的重要指標。

二、「知即德」之人文教育的回歸

　　道德是評斷行為的參數，更是建立價值觀的依據，也隱含著行為的準則 (Mckeever & Ridge, 2006: 76)。從教育史的發展很清楚的看到，道德行為是教育活動的主軸，而人類的行為以及價值判斷是否適切，

難免受限於環境的因素，但根本上道德判斷仍為關鍵。易言之，道德判斷即為是價值判斷的核心。

影響人類道德價值判斷主要基於下列兩大信念：第一，人性的善惡觀；第二，知識論的主張。前者主張人性的善惡乃人類行為和動思起念的操縱者；後者則主張知識才是人類判斷行為方向和原則之依據；前者屬於形而上學之不可知論的先驗或超驗範疇；後者則會產生知識真假認定的爭論。

人性的善惡觀關係著判斷人類行為的動機和結果；知識論的主張則影響我們對於人、事、時、地、物的看待點和對行為結果的肯認。所以，我們說死亡、殘障等引發人類痛苦者均為惡；反之，能任人快樂，將被認定為善 (Gert, 2005: 91)。此論斷是依照生活經驗去驗證，並無大錯，只是其問題在於：苦樂的判準是否具普遍性呢？再者，所謂認定痛苦或快樂的時間也相當重要。

舉例言之，對於教化一個行為乖舛的孩子需要花費教師很長的時間，而且在過程中是相當艱辛的，所謂「十年樹木，百年樹人」，若以一、兩年的時間言之，教師可能會因為沒有看到成效而感到挫折，但是若將眼光放遠至十年、二十年後，甚至更長，則此時點點滴滴的教化便具有意義，最後的果也將是甜的。教師教導的過程是苦的，故看起來應該是惡的，但是將來演變的結果卻是善的。道德結果論的判斷存在的時空上的困難，引發其律則是否具普遍性與絕對性的爭議。因此，真正教育所欲教導的應不限於此等結果論的道德，而是要培養具長遠眼光的人。

從上述教育史的發展可以瞭解，此兩種信念構成教育活動追求智慧和德行的「辯證綜合體」 ❸，更是古希臘以降人文精神之集大成。

---

❸　此所稱之「辯證綜合體」乃指德行與智慧之形而上和形而下之知識論融合一體。此觀點得自梅洛‧龐蒂之觀點。梅洛‧龐蒂雖然深受現象學大師胡賽爾 (Edmund Husserl, 1859–1938) 的影響，但是他卻反對胡賽爾主

質言之，教育活動不能孤立於生活之外，教育哲學也不能不食人間煙火。為論述教育活動應該回歸「知即德」的人文教育生活化的觀點，以下將試著以婚外情為例，論述道德判斷所融合之人性觀和知識論是人之所以為人之「善」的完成。「善」就是德和智慧之完成和展現，故也是教育活動的終極關懷（Carr，溫明麗譯，1996: ch. 4）。

無論我們對於人性持何種信念，當我們欲斷定婚外情是否合乎道德時，首先需要知道婚外情發生的原因和細節，並檢視自己對和該事件相關行為所持的信念，俾分析該婚外情的產生是基於性、慾、愛、習性、孤獨、報復或無知等何種價值觀，進行呈現我們對該事件的道德判斷 (Gert, 2005: 363)，此即以成熟和理解的態度面對事情。就此而言，各人對於性、慾、愛、習性、孤獨、報復或無知之認知，有不同的信念和體驗；另一方面，非當事者也需要具備對於人類上述生、心理狀態的知識，以瞭解該社會文化對該事件的價值取向，如此方可能理解該事件發生的癥結，也方能對該事件進行道德判斷。

當然，道德判斷本身已經隱含著對該與件 (event) 的價值判斷。由此可見，世界原是個巨大而複雜的整體，僅一件婚外情就牽涉到如此多的要件和情境，而且正如梅洛‧龐蒂 (Maurice Merleau-Ponty,

---

觀意識的觀點，反而擷取格式塔完形心理學的方式，主張知覺乃對內的窗口，而感覺是對外的門戶。所以，感覺和知覺都非孤立的「與件」(event)，而是具有意向性、也是人類理性運思的前奏，故既不是單純生理活動，也不純粹是心理活動，而是融合身心之存在的方式，基於此種方式，自我與世界才可能彼此融通，也因此透過軀體或語言的把握，人與人或外在世界之間才可以彼此達成心靈和意見的溝通 (Merleau-Ponty, 1962: ch. 2)。由此可見，「知覺」乃身體和心靈的融合體，也是人自我認識的第一扇門，就此而言，教育活動所欲開啟的也就是開啟「知覺」之門，讓人能夠真誠的面對身體和心靈的面具和曖昧。其知覺現象學正為自我的反思建立了理論基礎，就是因為知覺，所以我「思」時，才能一方面進行思考，同時又視「我」為客體，作為思考的對象。

1908–1961) (1962) 所言，觀念和事物都是通過知覺，且在時間的見證中顯現出來。同樣的，我們對於該婚外情也需要透過知覺和時間才能瞭解並見證我們所持的信念。由上述對於事件瞭解和判斷的過程和結果，我們可以看到「人類心智可以產生一種新動力和新動能的覺醒」（Cassirer, 1970；甘陽譯，2003: 140）。這個覺醒釐清了含糊不清的概念，可確立爭議的問題，也能展現人類倫理的理想和主體的精神。

教育活動即要啟迪此等覺醒，也在追尋此等倫理的理想和主體的精神。知覺，不但是對自我概念的一種反思，也是對外在世界瞭解的媒介。當進行婚外情之價值判斷時，因為反思與婚外情相關的各個概念，故能釐清對婚外情的知覺；進而基於對婚外情的知覺，才能判斷該婚外情所包含之社會文化的道德性。上述對婚外情所下的價值判斷，不但釐清對婚外情的概念，也透顯個人智慧和社會德行的品質、內涵和程度。

然而，智慧的追尋和透顯，以及德行的確立，是否具有永恆性和普遍性？答案是否定的。理想上，智慧和德行應該存在普世的本質和價值，然而在現實世界中，婚外情的定義、本質、概念、內涵、行為的價值判斷等均屬變動不居的與件，此與件隨著人、事、時、地、物之變動而存在變動的可能性，只是每次解釋和理解婚外情時，便是一次不同視野和不同思想的對話，在此碰撞和對話中，人類的智慧和德行不斷的開顯和發展。這樣的一個自我不斷和世界對立，卻又持續和世界謀合的歷程和結果，猶如聖經《創世記》所稱的，亞當和夏娃因為抗拒不了蛇的誘惑而偷吃了智慧果，因此終其一生便不得不為了追尋智慧而痛苦的反思。

乍看之下，人生好像被迫「自願的」一直為了追尋智慧，而被困在追求智慧的目的論循環中。無論追求智慧是否為人類的原罪和宿命，但是令人懷疑的是，若人類不夠智慧，則又如何懂得要追求智慧？若人類已經有了智慧，則又何須追求智慧？就此而言，智慧呈顯人類的

弔詭，然而此弔詭所以不會影響人類的進步，也間接證明智慧本身隱含著德行，乃因為人類不斷追求智慧的結果是往更美好的方向發展，而不是往更壞的方向邁進。這方面的理論可以從存在主義的叔本華 (Arthur Schopenhauer, 1788–1860) 或尼采對生命的詮釋得到另一種驗證：叔本華從生存意志析離出悲觀的人生，尼采卻從生存意志中找到超越弱者的「超人」人生哲學。兩者對於人生所抱持的態度截然不同，但是兩者共同的生活目的和生命意義都為了祛除使人痛苦的欲望，彰顯自由自在充滿生命力的人之本質。

可見人類在追求智慧的循環中，不難發現，道德雖然重要，但人類對道德是非的判斷，也是有限的，只是一般言之，被認定為受過教育的理性之人，較能拋開自我中心去作判斷 (Gert, 2005: 9)；若能體驗到理性判斷的有限性，則人類將變得謙卑，謙卑地認識到世界除了「我」之外，還有「其他」的存在。黑格爾 (Georg Wilhelm Friedrich Hegel, 1770–1831) 之前的哲學就是以「自我」為中心所建構的哲學體系，而後現代哲學則企圖將關注點拉到「其他」。無論是探討自我，還是關切他者，「人類的理性不可以沉睡，必須運用反思。」(張志偉、歐陽謙主編，2002: 115) 羅爾斯哈佛大學的同事諾齊克 (Robert Nozick, 1938–2002) 的一段話也佐證了人類有限性的宿命。

諾齊克認為 (Nozick, 1974, 1；轉引自張志偉、歐陽謙主編，2002: 229)：任何人的道德和理性能力都不是十全十美，加之人的自私本性，因此會在涉及自身利益的問題上發生判斷的失誤，從而造成對他人的傷害，進而造成惡性循環。這些論述我們皆可以從日常生活中驗證到，果如此，則教育正需要教育哲學的思辨來指出回歸智慧和德行之人文教育之途的迫切性。

記得 1992 年由小說改拍成的電影「麥橋遺夢」(The bridges of Madison county)❹ 就道出社會對婚外情的「矛盾」價值觀：一方面對

──────────

❹ 「麥橋遺夢」在台灣上演時的片名是「麥迪遜之橋」，大陸的譯名為「廊

於違反傳統婚姻觀的婚外情相當不諒解,所以女主角才需要放棄其「感受」到的真愛，且將故事塵封，等到她去世之後才讓其女兒瞭解其真正的「我」，也呈顯其內心承受的輿論壓力和傳統包袱；另一方面，影片中男主角對於現代市場商業化和消費者導向之藝術性和充滿浪漫的叛逆卻深深地吸引著女主角。從該片中，我們也可以看到現代世界中人類的想像力和思考能力已經喪失在科技的便捷中：科技愈發達，其所設計出來的成品愈便捷；愈便捷就會愈大眾化，愈大眾化也就愈趨平庸。社會如此，教育亦然。

試想：往昔的社會，人類身強體壯、克勤克儉、勇敢無畏、正氣凜然、是非分明，如今卻是電腦統治著世界，人類只要操縱機器，根本無須智慧和勇氣。若將來基因科學取代電腦而控制了人類，則可能連性愛、個性、情感和智能都可以操縱，屆時人的自由、想像力、自主性將全盤喪失。然而科學要發展，人性又要提升，人類難道可以不忍受改革的痛苦歷程，而只妄想成功！

有識之士均可理解趙學林對社會改革人心思變及浮動的微妙變化。趙學林說：

> 任何的社會改革絕對不會是趟蜜月旅行，改革的美好目標之後總
> 隱藏著漫長而痛苦的歷程……美好目標與痛苦過程所形成的強
> 烈反差，極容易造成轉型期普遍的浮躁與失落感，引發全社會人
> 心的動盪。（趙學林，2003: 158）

上文充分彰顯了現代人受到物質的蠱惑，無力抗拒權力、愛憎和利益的誘惑。教育也因而輕蔑了思想對於靈性的洗滌和滋潤作用，於是教育政策也忽略應該透過思想啟迪以讓人心回歸自然，卻反其道的期待用資本主義的壟斷式工具理性強勢地制訂政策或課程，來「陶塑」

橋遺夢」。作者認為大陸的譯名頗具詩意,但為了凸顯原意中之「麥迪遜」,
故融合台灣和中國的翻譯譯為「麥橋遺夢」。

智慧和德行。

　　基於上述的論證可知，教育活動不能只符合人性，更應該提升人性，有智慧且合道德的行為才是教育提升人性的目的。縱令食色性乃人之天性，本無善惡可言，但在判斷婚外情妥當與否時，也不能僅以婚外情是否合乎人性，就斷定該行為的對錯曲直，應該佐以其行為是否具智慧和合乎道德來判斷。

　　詳言之，婚外情若因為夫妻之一方無法行性行為所導致者，則若純粹從「食色，性也」的觀點加以判定，勢必不認為婚外情有何不對。尤其當婚外情發生在男性身上，而又處在父權文化籠罩的社會中，則縱令社會不認為婚外情是件好事，但也不至於嚴厲的撻伐發生婚外情的男人是罪不可赦，甚至還會對之寄予同情的理解，充其量認為該男子意志力薄弱，難以抗拒外界的誘惑和內在慾望的催促，才會發生婚外情。

　　相對的，對於持人性本惡者言之，將視婚外情為人性未加修飾或尚未接受文化陶冶所導致的粗俗行為，故非屬道德的判斷；相對的，對於人性本善論者而言，他們認為所以會產生婚外情，乃因為人性受到社會的污染而無法呈顯其善所致，故亦非道德與否使然。

　　若再從知識的層面審視婚外情，我們也可以做如下的推論：凡堅信夫妻乃基於真愛的結合，且該真愛應海枯石爛永不變，持此等論調者自然無法接受任何原因的婚外情，因為婚外情終究是背叛的行為，但並不表示持此觀點者本身「不會」發生婚外情❺；反之，若認定天

❺　「不會」、「不想」、「不願」之間仍存在落差：「不會」是事實的描述，「不想」是心理的狀態，「不願」則屬意志的層次，所以，「不會」可能是不想或／也不願發生，但也可能沒有機會發生。難以抗拒誘惑的情況常常是因為「明知不可為而為之。」因此，雖然在理性上告訴自己不可以、不願意發生婚外情，但是心理上卻擋不住外界和慾望的誘惑，此風受到媒體和公眾人物的負面影響頗大，社會風氣之敗壞，雖然人人有責，但媒體人和公眾人物的自律和自我人性的提升則是首要之務。

下沒有永恆不變的真理者，不認為真愛是永恆的，婚姻對其而言，只是追尋「此時此地」的真愛。對持此價值觀者，婚外情不但與道德判斷無關，更可能被視為是勇於追求真愛的表現。但是，追求真愛是否能無視於他人的存在和感受，則是教育工作者維繫社會正義的任務。

蘇格拉底所以強調「無知是一種罪惡」，乃闡明其認定德行乃人性所本有，需要啟發受教者彰顯此天性。蘇格拉底利用教導孩童認識畢氏定理證明知識內在於人性中，這便是其「知即德」的意涵。執此，教育工作者想要教導人的智慧和德行就必須設法回歸人之自然的本性。盧梭也是這樣的一位教育家❻。

總之，對於事件的價值判斷不限於事件本身，而應針對該事件對個人和他人造成的影響，或對該事件「妥善」處理的能力和結果來斷定。

哲學的特色之一就是質疑和分析，細細的質問，審慎的分析，方能精確的評估和判斷，故提升質問能力，人類的價值視野才能拓展，價值判斷才能更為明確而適切。就此而言，教育需要培養質疑和分析能力，教育需要教導學生從讀寫算的基礎漸進地發展其思考判斷的理性抉擇能力，也為了增強其對社會、文化、乃至於人性深入的探索和理解，並適切的對不當的權力提出質疑，並免於受到宰制，威爾森 (John Wilson) (1977) 即主張教育應該發展學生省思權威的能力；修費得

---

❻　作者對於回歸自然的認定與盧梭的觀點不甚相同，雖然盧梭認同蘇格拉底人性智慧和德行為人之本性的論點，但是，作者認為，教育所啟發的不是實質的智慧和德行，而是智慧和德行的能力和氣質，智慧和德行雖不是經驗的產物，卻需要在經驗的事物上方能完全的呈顯出來。此觀點與亞理斯多德的潛能實現說較為接近。這也是作者十多年來一直推展批判性思考能力的重要信念，就是基於批判性思考的能力和氣質，人類才能在日常生活中持續追尋和彰顯人性中的智慧和德行，否則人性的光輝更容易被掩蓋在物慾和人慾的五光十色中，導致被時尚推著走的惡性循環。

(Harry Schofield)(1972)也指出，教育理念、目的、過程、乃至結果應從哲學的觀點探討，並應涵蓋教育活動所涉及的社會、文化和人性等面向。

　　如上所述，無論形上學或知識論的層次，教育哲學均為了使教育活動的進行更適切、更明智，俾讓人生更幸福美滿。總之，無論正式或非正式的教育活動，其共同的目的就是造就人類的幸福，所以，無論從界定「幸福」或追求幸福的方法論之，教育都有不可推託的責任。析言之，不論教育的目的是陶成智慧、孕育人文的素養、培育清晰且合乎邏輯的思維、或是獲得自我的解放和理性的啟蒙，都是為了健全個人身心，維繫社會和諧和文化發展，讓生存在宇宙的生物都能因為人類身心靈的提升，而欣然的接納時代的考驗，創造超越物質與精神的自然文化，讓綿延不斷的生命散發出充滿智慧與大愛的盎然生氣。

　　哲學是智慧的追尋，而教育哲學則確保人文教育之素養。傅佩榮在《中央日報》提及，「哲學是培養智慧、發現真理、印證價值」（傅佩榮，1992），他在該文中亦提及知識與智慧之別有三：一、智慧是主體的，知識是客觀的……；二、智慧是普遍與統合的……；三、智慧是根本的與究竟的。然而人類能否隨著科技的進步，成為大地的領導者，則自後現代學者對現代社會工具理性充斥的批判中，答案已鮮明可見。姑且不論我們是否同意傅佩榮的論點，但是智慧的追尋是離不開人的天性或本質。換言之，人到底是什麼？何以會渴求知識？何以能透過思考即可掌握智慧？上述問題均關係到人到底為何「物」？人的本質為何？故本章擬先釐清人的本質，再論述人與知識、理性（自主性）與智慧之間的關係，最後再從心靈的超越彰顯教育的理想。

▶ 第二節　教育的主體性

　　人為何物？所學何事？如何學習？均涉及人的特質。自古希臘以

降，人一直成為掌握教育發展的主體，文藝復興以降之人文主義更為人類的歷史寫下光輝燦爛的文化史頁。然而，隨著人類理性啟蒙的波濤洶湧，科學既是人主體理性發展的亮麗成績單，卻也是搜括人類心靈的大怪獸。人類的主體性在科學巨獸的宰制下，能否掙脫魔咒，彰顯超越教化的心靈功能，俾重拾智慧之光，乃教育哲學應深思的教育方向。本節旨在重現人的主體性與存在性的生命意義，更確立教育的德行本質乃需建立在心靈主體的自決和自省之上，方能達到超越心靈教化的理想。

一、人的特質幾希？

大哉問！這是個相當複雜，甚至無人能解的難題，卻又是教育工作者不得不去面對和瞭解的問題。兩千多年以前，蘇格拉底就要人類「認識自己！」這是件艱鉅的工程，也是艱深的學問。到現在為止，東西方的哲學家都無時無刻不在探索這個問題，答案卻迄今仍無法令人滿意。這或許因為人不是先驗或超驗的固定式，而是永無止息的未完成式。但是可以確定的是，人的肉體和精神可能會暫時分離，但終究要結合在一起，就算死亡也不例外。

柏拉圖認為人由情慾、意志和理性三者所組成，但是只有理性化的靈魂才能將軀體和慾望帶離「黑洞」（黑暗洞穴），讓人的靈魂獲得解脫。其弟子亞理斯多德基本上也同意靈魂才是一切的緣起和目的，而軀體只是靈魂暫時的歇息地。雖然辯者提出的「人為萬物尺度」的論述，為人類在宇宙中建立一席之地。相較於古希臘哲人的理性論，辯者的論點更為具體，也更容易讓人體驗和瞭解人在宇宙中的地位，但是，該論點如一刀之兩刃，也為人與人的社會，開啟永無止息的戰端，包括無止境的競爭、求同與求異之間永遠徘徊、以及對榮耀和完美無停歇的追逐 (Rosen & Wolff, 1999: 12)。麥金塔 (Alasdair MacIntyre, 1929–) (2006: 22–40, 51) 欲喚回古希臘亞理斯多德的德

行，姑且不論其是否可能，惟理性或德行是否足以糾正人類日積月累的積習？也是令教育擔憂之處，尤其台灣教育的主體性一向不彰，如何能抵擋慾望和世界潮流的侵襲，更是政府和所有教育工作者應嚴肅以待者。

　　要瞭解人的本質，一則可以從人在宇宙的地位中理解，另一方面也可以從人在社會的功能中掌握。辯者的萬物之靈說，將人的地位超脫在萬物之上，然而人與人之間的強弱勝負又如何分曉？蘇格拉底的「知即德」論，柏拉圖的「理性靈魂」說，亞理斯多德的「德行中庸」觀都強調理性的作用，也是基於理性的作用，人與人的社會才得以和平相處，正義也才得以維繫。

　　相對的，辯者的「人為萬物尺度」的主張，若無法解決分配的正義問題，則將把人類帶入弱肉強食的叢林法則，也將使人在宇宙的地位降到與其他動物相同的層級。若欲達成分配的正義，首要的條件需要人自己捐棄「己見」和「自私」。然而這對於自命不凡，但實質上卻相當平凡的人而言，是高難度的要求，或許這就是中世紀神學「入侵」的空隙。

　　當人把自己的理性交到神手上時，就是向神「承認」自己和其他動物並無二致，也貶抑了人在宇宙中的地位。一直到文藝復興時代，人類才又再度企圖從神的手中要回人性的主體和尊嚴，試圖重回人為萬物之靈的地位。如前所述，宗教改革是人類向上帝要「主權」，啟蒙運動則是人向人要「人權」：前者處理的是人在宇宙中的地位，後者則處理人在社會中的地位。前者是人向上帝索取智慧，後者則是人向自己爭取德行——愛自己甚於愛別人的博愛或大愛理性❼。

------

　　❼　「博愛」是宗教家的精神，「大愛」是 ͨ證 ͩ嚴法師人間佛教所提倡之喜捨無所求之「同體大悲、無緣大慈」的淨愛思想。兩者的緣起、理念和內涵或有不同，但皆在於提高人類之人文精神，以化解人在社會之紛爭，甚至確保人在宇宙之地位。前者遵循的是人的理性力量，後者呼籲的是

卡普藍 (Abraham Kaplan, 1918–1993) 認為人之本質應涵蓋其在宇宙和社會的地位，並將人的本質歸納出下列十五項特質 (Kaplan, 1977: 266–275)：

㈠人處在精神的境遇中 (mental situation)：此指人之所以異於其他動物之處，即是人具有精神層面和可以從事精神活動。

㈡人有能力透過語言，表達並傳遞訊息與承續知識。

㈢人是教師：人既需要不斷學習，卻也是自己的教師，由歷史的進化可以看到人類自我學習、相互教導的歷程與結果。

㈣意志：人可以熱衷於其想要的事，也可以毫不思索地為達成其目的而不擇手段，並採取任何可能達成目的的行動。

㈤創造：人不僅能適切地運用工具，以達成目的，亦能利用既存工具，再去製造其他更有用、更精緻的工具。

㈥人有自我認同的能力：自我認同讓人類形成族群，但是自我認同也讓人類藉以區分自我與他人。

㈦選擇：人有選擇與衡量其抉擇的自由。

㈧人是理性的動物。

㈨問題解決：如康德和雅斯培所言，人能提出其用理性無法解決的質疑，並再思考如何解決問題。就此而言，人不僅是物質的存在，不僅是理性的存在，更是形而上的存有。

㈩自我成就：如沙特 (Jean-Paul Sartre, 1905–1980) 之言，人的本質無他，自我成就其自己。

(十一)人是充滿潛能的，故應該透過教育活動開展人類的潛能。

(十二)人是身體與精神的總合。

(十三)人既是情緒的動物，也是理性的動物。

人的關懷感恩的謙卑情操。兩者均致力於將理性推到最高的境界，以成就並確保人成為有血有淚、有情有愛之行為、思想和靈性融為一體的「萬物之靈」。

㈯人是靈魂帶著軀殼的東西。

㈮人的存在先於本質。

上述卡普藍所歸納出來的十五項人的定義與本質，乃將若干過於廣泛或零散的對人的認識，重新整理出系統的概念，但是，歸納的方法是否窮盡所有人的特質，乃方法論上的缺失。讀者從上述本質中，雖可看到自我，但是卻也可以清楚地發現，上述十五項本質的總和並不等同於你、我，只能讓我們更細微的自我理解或相互理解。

雖然卡普藍企圖歸納人本質中具有之植物性、動物性和靈性，但是如上所述，歸納法的列舉式，一則無法窮盡人之本質，再則也無法掌握人之異於其他萬物，更無法道出人隨著時空與情境的變化，所呈現之不同面貌和地位的社會面向。

我們無妨採用卡普藍所歸納出來的人之本質，試著印證你周遭的人，你可以發現，的確不乏如卡普藍所歸納出來的人，但是我們依舊可以發現更多卡普藍所未提及的人之特質。總之，卡普藍上述所歸納出之人的特質，並不具普遍性，也難見其整全性，因為他從自然科學的歸納法出發已經預設人的本質不變，故無法看到變動的面向。

若欲釐清人之本質，無法只從實證的方法加以歸納，仍須回歸理性之推理和分析，更應該採取辯證的觀點，從動與不動者之間，更深層的掌握。此與教育研究一樣，需要意識到人在時空中的辯證性變動 (dynamic movement)，但卻共同追逐自由與理性啟蒙 (Ayers, in Ladson-Billings & Tate, Eds., 2006: 83)。可見人類的教育即在教導人類，如何在複雜中不迷失又能在辯證的變化中卻不衝突。

總之，人的本質並非理性和情性可以涵蓋的，縱令兼採理性與情性之特質，共同用以解說人的本質，也是徒勞，畢竟人是多元的、尚待開發的「不明體」。誠如歌德 (Johann Wolfgang von Goethe, 1749–1832) 筆下的浮士德一般，好像什麼都能，卻又什麼都不是；看似萬能，卻又無能；忽見聰明，轉眼又笨拙者。浮士德獨白道：

到如今，哎！我已對哲學，法學以及醫學，而且甚至還對神學經典都花過苦功，徹底鑽研。我這可憐的傻子，依然不見聰明半點。稱為碩士，甚至稱為博士，但是教起學生卻並不出色。我渴望著能發現聯結這個世界的偉大力量，如今我們仍舊茫然。因為離真正的知識相距遙遠，我知道我們一無所知，真令我肝腸欲斷。(引自 Popper，范景中、李本正譯，1997: 33–34)

或許人總是在知道得愈多之後，方發覺自己的不足。因此，人應該勇於面對自己的無知後，方可能進一步求知。所謂：知汝無知，是知也。如蘇格拉底之言，人只有反省到自己的無知之後，才會謙卑的敞開心胸去接納他人的意見。海德格 (1969) 於其《時間與存有》(*On Time and Being*) 一書，以自我表達作為人之所以為人的重要判準，可視之為對蘇格拉底所強調之「反省人生」的回應。海德格在該書中稱道：

人乃立足於當下的時空中。人立於此時空下，具有表達其對此時此地之知覺的天賦。如果人無法發揮此種被賦與的自我表達能力，便不能被稱為人。此時人的存在本身也就隱而不現了，人也就被存在所排除：即人在此種情況下，人也就不再是人了。(Heidegger, 1969: 12)

赫德 (Johan Gottfried von Herder, 1744–1803) 針對語言的反思能力，高喊：「意識這個字母的本意 (initial character) 就是靈魂的語言，人的語言由此創生。」(Herder，引自蘇夫安，1986: 35) 曾被譽為馬堡學派集大成，卻又自創以符號解讀文化哲學之卡西爾 (Ernst Cassirer, 1874–1945) 之《論人：人類文化哲學概論》(*An Essay on Man: An Introduction to A Philosophy of Human Culture*)❽即企圖將人類的生活

---

❽　《*An Essay on Man: An Introduction to A Philosophy of Human Culture*》一書，大陸學者甘陽譯成《人論》。作者雖然在留學英國期間曾參與英國教育哲學家討論尼采粉碎神，且代之以自由意志時對於卡西爾思想稍有涉

和文化現象，完全納入符號形式哲學中，俾為人文研究提供一個先驗的基礎。更確切地說，卡西爾認為，從符號化活動所創造出來的產品，就可以瞭解人類的文化，更重要的，人類的文化或符號，不是被動的接受外在已存的事實 (the given facts)，而是「人不斷自我解放的歷程」(the process of man's progressive self-liberation) (Cassirer, 1970: 228)。人類也是基於此符號活動，其經驗和思想的進步，也才能不斷地從符號的精緻化和穩固性中彰顯出來，故「人的符號活動能力 (symbolic activity) 進展多少，物理實在性似乎也就相對應地退卻多少」(Cassirer, 1970；甘陽譯，2003: 44)。

　　卡西爾對人類活動和文化的解讀，是假設人類處在自然科學的密閉實驗室，所以物理實在性和符號活動能力的關係就像蹺蹺板，當一邊加重時，則另一邊將相對地變輕。雖然此種文化人類學觀點，範限了人類潛能的發展，但是，若就教育活動言之，則亦有其相當的說理性。例如，人類經過教育之後，我們可以說，受教育的程度愈高，則其人性中的野蠻性將愈低，相對的，德行成分將愈高。

　　質言之，從卡西爾的分析，人之異於其他萬物者，在於拉大人類活動之物理表徵和文化表徵之間的距離。易言之，人類的精神活動愈興盛，則人的特質就愈彰顯。

獵，但未深究；關於卡西爾新康德學派的人文主義觀點，可以說始於閱讀甘陽翻譯的《人論》。於此特向其致意。卡西爾是德國猶太裔的富商之子，早年受業於新康德主義馬堡學派領袖柯亨 (Hermann Cohen, 1842-1918) 門下，不久便成為該學派的健將，1919 年任漢堡大學哲學教授，1930 年出任該校校長，後來從符號著手，研究人類文化的各種現象，包括神話、宗教、語言、藝術、歷史、科學等，終於自創文化哲學體系。雖然卡西爾也盡可能的窮盡物理與經驗世界的事實，其文化哲學體系也可以為人類文化提供先驗基礎，然而其鎖定之「符號功能」「符號活動」是否也將人類的活動，範限在康德唯心論的象牙塔中？或許這也是人類的有限性吧！

人的精神活動一方面展現在其對其他萬物的行動上，另一方面，則表現在人的社會活動上。雖然人與其他萬物存在不可抹殺的區別，但是此區別絕不應該成為生命價值高低、生命貴賤、生命完美程度之別的辨識器。相對的，人對於萬物應該抱持康德道德義務論的觀點──視每個生物皆存在其自身的價值。

教育的目的就是為了促使人類展現更具智慧和德行的行為。此觀點再度驗證蘇格拉底「知即德」的教育觀點迄今仍歷久不衰。海德格(1969)也強調，人不但具有自由表達的內在自我能力外，他也明確指出，人若不能自由地表達或放棄自我表達的能力，便不能再被稱為人。相較於卡西爾對人分析，海德格的話語顯得更為尖銳，但卻也中肯的指出人的主體性特質。

一言以蔽之，知識、理性、智慧與德行的追尋，均與人的主體性息息相關。故本章在論述超越教化的心靈前，擬先綜合學者對於人之自主性，即主體的道德性，以及知識和智慧等觀點，期能逐步梳理出檢視教育目的的合理性判準。

二、個人知識與教學內容

波藍尼 (Michael Polanyi, 1891-1976)(1962) 提出「個人知識」的概念，其中最重要的是將客觀的知識融入個人的責任感、激情和情感中。其認識論觀點提出個人知識的三大支柱，分別是個人性、默識性或冥思性 (speculation) 和附帶性。個人性知識指彰顯個人主觀之信念；默識性或冥思性知識則相對於言說能力而言，即指內心在文化生活中透過觀察和感知所喚起的情感反應，是非言述的知能；附帶性知識，指託付著知識探索者個人對該知識的信念和熱情（Polanyi, 1962: 299；許澤民譯，2000: 459）。

波藍尼即由上述的三大支柱，進而區分知識的個人性和主觀性：個人性知識指去接受那些被認為與個人無關的「東西」，其具有客體屬

性；主觀性知識，則完全從屬於個人，並完全與個人相關者（Polanyi, 1962: 302；許澤民譯，2000: 463）。舉例言之，「我相信 p 為真」，此乃個人的知識；「我希望 p 為真」，則為主觀的信念；至於「p 為真」則為普遍性知識。將知識如此確立的區分主客體和普遍性，有助於教師教學時分析知識的屬性，以及思考哪些知識或教學內容，可以開放讓學生自我思考？並思考，可以讓學生自我探索和自我思考的空間有多大？並以之設計課程和教學活動。

波藍尼所指稱的普遍性知識，若從自然科學的觀點言之，則該普遍性知識也未必為真理。因為實驗或自然科學大都立於某種假設之上，或驗證科學家們願意相信為真的原理；但是，波藍尼的普遍性知識卻建立在個人知識和主觀知識之上，近乎形上的先驗命題。易言之，波藍尼所指稱的普遍性知識，只有當「我願意相信 p 為真」的情況下，「p 才可能被驗證為真」，且 p 也才可能為真。

此觀點對於知識的界定未必真確，但是若將之用來解釋人與人之間的對話和溝通，則甚為貼切。再者，該觀點也可以說明人與人之間如何達成「視域融合」，以及何以要達成共識。若依照詮釋學的方法，人類需要從歷史和生活世界中，才能逐漸形成理解；泰勒（Charles Taylor, 1948– ）承襲海德格和高德美的理念，從語言和文化所扮演的角色，試圖重新建構自我與文化的關係 (Messer, Sass & Woolfolk, Eds., 1990: 19)。此觀點對教育甚具意義，因為教育活動就是個人和文化之間的辯證發展關係：個人成就文化，文化也提供個人成長的素材。

教育活動除了彰顯個人特質外，也應同時強調文化和社群的發展。此外，波藍尼和泰勒對知識、個人和文化的論點，也幫助我們更能理解，何以哈伯瑪斯主張，進行溝通之前，必須先建立理想言談情境，此乃指出個人、知識和文化的共融關係。

此從日常生活中，人與人之間的爭吵，可能被認定為對語言的誤解或不理解（知識）、認知的差異（個人），或文化價值觀（文化）的落差

所致,即可以清楚的理解個人、知識和文化之間的看似獨立卻又纏綿一起的關係。語言的理解猶如「p 是真的」的普遍性命題,只要懂得該語言和文法的律則,基本上應該就能「聽得懂」該語言。例如,對一位不懂英語的人說英語,那極可能產生誤解,如英語的 "deer",不懂英文而只懂台語的人聽了,就會認為他所說的是「豬仔」(台語發音),也因此產生了彼此對 "deer" 意涵的落差;至於認知差異造成的爭論或誤解,就不是語言的誤解,而是語言所承載的信念問題不同所導致的差異。

又如每個人對於「忠誠」一詞,可能所持的信念並不完全相同,故對話或語言溝通時,無論在對解讀「忠誠」的意義,或判斷「忠誠」的內涵上,均可能存在不同的解讀或各自的判準。此「差異」即屬於個人知識層面的不同,也是主觀的差異;至於文化或價值觀的不同,則屬於主觀情感認同上的差異,是個人知識和情意的呼應,故也最容易形成文化或價值觀的偏見。

解決上述三種溝通上的誤解,除了語言的不理解所致外,可以透過「善解」來化解因為認知差異所造成的爭吵,或透過「包容尊重」不同的文化價值觀,至於語言的無法理解,則需要雙方彼此學會對方的語言,更需要建立關懷的友誼關係,才能化解因為語言不通所造成的誤解。

波藍尼 (Polanyi, 1962) 在《個人知識》(*Personal Knowledge*) 中曾以手拿槌子去釘釘子的例子說明,我們對於外在世界的認知存在兩種知覺:一種是對於槌子的注意;另一種是對於釘子的注視。至於對釘子震動的注意,就屬於一種附帶性的認知,此種認知具有個別性特色,但是,正如行為學派的制約理論一樣,只有當老鼠「覺知」壓槓桿可以得到食物之後,壓槓桿才會成為老鼠覓食的工具,老鼠也才會對壓槓桿的行為產生個人主觀信念的意義,然後才可能形成老鼠族群共同認定該行為與結果乃具意義的文化。

但是,老鼠一旦學會該壓槓桿取物的原理後,壓槓桿將不再成為

老鼠注意的焦點，反而轉變成附帶焦點，因為屆時老鼠的整個焦點，已經從壓槓桿轉移到壓槓桿之後獲得食物的意義上（Polanyi, 1962: 56–64；許澤民譯，2000: 82–97）。由此可推，人類的知識也是需要等到能夠意義化之後，才能轉化到日常生活中。就此而言，要教導學生帶得走的能力，就需要教他們能夠意義化所學習的內容。而此種自行意義化的知識，就是波藍尼所稱之「教育的隱性或潛在知識」（hidden knowledge of education）（Polanyi, 1962: 103；許澤民譯，2000: 154）。意義化的知識也才能轉化為集體的文化。就此而言，教育欲提升人類的文化也必須從個人知識著手。

波藍尼也採用皮亞傑基模認知發展的觀點，加上其語言的學習歷程和結果觀點，解釋人類對語言的學習和運用。但是波藍尼採用「框架」（frame）取代了皮亞傑的「基模」。他 (Polanyi, 1962) 指出個人語言學習有三種方式：

㈠完全的接收：如兒童時期的語言學習；

㈡成人的創意學習：如文學家、哲學家、科學家、語言學家等；

㈢日常語言的學習：此種學習是不知不覺地重新解釋或修正。

此三種語言學習方式，分別對應以下三種框架：感知、觀念和原欲 (appetites) （Polanyi, 1962；許澤民譯，2000: 148; 159）。語言的學習促進個人知識之增長，但個人的知識屬於信念層次，人與人之間傳遞的訊息，也都只是信念，故人與人之間形成的價值觀或文化，也極可能產生視信念為真理的意識型態。

波藍尼特別依照信念傳遞的方式和效能，分出三種不同層次的信念：第一種是最容易言傳的信念；第二種是可以意會，卻不易言傳的信念；第三種層次，即以無法預期，卻又能有效表達的方式表達出來的信念（Polanyi, 1962；許澤民譯，2000: 173–177）；第三種層次的信念最深、最困難，卻最具有啟思性和創意。第一種傳遞信念的方式，可以和一般具體的指涉物相對應；第二種方式則較為抽象，屬於內在

心理層面的語言；第三種語言和其傳遞信念的方式，則猶如詩的語言或哲學的語言，雖難以捉摸，但卻蘊含豐富的情感和文化。

波藍尼所提的三種語言信念傳遞方式可以約略地對應於技能、認知和情意三方面的教學內容。完全接收方式的學習內容主要屬於技能方面的學習；第二種可以意會卻不易言傳者則屬於抽象認知的學習，如數學、邏輯和語文（尤其是修辭學）的學習；第三種學習內容則為情意和創意的學習，如藝術、文學等學科。

波藍尼的理論並非針對教育學而建立的，因此，未必能完整地解釋教育學的相關概念，其信念和知識的學習方式，也未必能與所有的學科都相對應，然而其對個別知識和自行建構的教學理念，提供不錯的語言、文化和學習的理論基礎。

例如，歷史學門的學習，兼重認知的史事成分，也具有強調情意的史識部分，故難以將之歸入某種學習內容或方式。再者，將教學內容或目的做技能、認知和情意三方面的劃分，主要是為了凸顯教學目的，也方便教師掌握教學方向和重點，卻非以之來限制教師教學的靈活性和彈性。故教師除了依照教學的預定目標，選定或編定教學內容之外，更應該考慮不同學習者的個別需求（包含學習起點和興趣、能力及情境等之考量），方進行教學活動設計，不應一味的照本宣科，否則，教師不但喪失教學主體的創意，充其量也只是位「經師」，而無法成為「人師」，更不會是「良師」。此亦從個人知識、語言和文化等面向，彰顯教學不但是技術，更是藝術的論述。

三、知識與學習

人類追尋智慧的前導車是知識的學習。如上所述，人乃智慧的追尋者，故應立於主體地位去追求知識。獲取知識的方法甚多，可能因人、因知識類型之不同而有異，但是經驗卻總是重要的方法之一。華郭遜 (Austin J. Fagothey, 1901–1975) 曾以人類從烤乳豬的經驗中所獲

得的畜牧觀念為例，論述人類初次經驗是奠定其日後行動決策的基礎 (Fagothey, 1972: 106)。該論述告訴我們，人類的經驗與知識的關係，是上下位階的關係，而且經驗的累積是獲得知識的重要過程和結果。此等說法較接近實在論與經驗主義或實用主義的觀點，兩者均主張：真知必須是人類能夠經驗到的事物，而經驗的累積也是人類知識增長的方法。

自亞理斯多德開啟經驗主義的小窗戶，其後的聖‧阿奎那 (St. Thomas Aquinas, 1225–1274)、培根、洛克、懷德海 (Alfred North Whitehead, 1861–1947) 以及羅素 (Bertrand Russell, 1872–1970) 等人，則更敞開經驗主義的大門，並試圖將經驗普遍化到和數學邏輯一樣的科學化和具客觀性，甚至夢想能將語言也像數學邏輯一樣的結構化、系統化，以免造成人與人之間，常因為訊息的傳遞和解讀有誤，以至於造成誤解或無法溝通。

上述學派的觀點，讀者可以自其著作中獲得更深入瞭解，也可以從國內外教育哲學的論著中，找到相關的資料。國內不少哲學界和教育界的學者們，皆已有相當深入的研究著作，中國也有不少相關的翻譯和著作，皆有助於讀者進一步理解。

於此，本書僅將個人閱讀後的若干心得，依照教育知識論 (Epistemology of Education) 的觀點，並扣緊知識、智慧與德行的教育目的之向度，將其中重大的學派❾表列如下，提供讀者或教育工作者教學之參考。

表 3–1 即以學派為主，將該學派之知識論概念表列出來；表 3–2

---

❾ 此所謂「重大的學派」指的是國內外教育哲學書籍中較常被列入的學派，但絕非指只有被列入者才是重要的。另外，如現象學、(後) 馬克斯主義、存在主義、詮釋學、後結構主義、批判理論等之現代和後現代的學派，本書另有專章較完整的闡述，在本表中除非為了刻意凸顯其重要特質外，不於本章表中列入，以避免贅述。

則再依照知識與該學派之知識論觀點，一起融入教學概念中，提供讀者作為對照哲學與教育哲學對知識詮釋和應用之異同。

表 3-1　重要教育哲學思潮之知識論概念表 ❿

知識＼學派	理性主義	經驗主義	實證主義	實用主義	分析學派	功利主義	自然主義	存在主義
共同要點	1.看重主體理性之功能。 2.重視理論性知識。	1.經驗方為真實存在者。 2.重視實踐性知識。	實驗和資料的歸納。	重視經驗的實用性。	釐清語言、概念和意義。	效益原則	抨擊理性，反璞歸真。	個體獨特經驗和生命意義的彰顯。
判準	1.理性思維 2.心靈啟蒙 3.以概念為依歸	1.觀察 2.經驗 3.以方法為依歸。	實證化和生活化。	實用。	澄清（說清楚講明白）(clarification)。	最大多數人最大的幸福	合乎自然	1.成為自己的主人。 2.彰顯存在的意義和價值。 3.具有主體性。
預設	普遍不變的客觀之知。	透過感官經驗認識世界和知識。	1.實際操作的經驗才是客觀之知，感覺的知識	1.實用的知識最具價值。 2.知識可以改善生	過去哲學的問題不是真善美的問題，而是語	人性會趨樂避苦	世風日下，民心不古。	1.科技和傳統消減個人獨特性。 2.個人的

---

❿　哈伯瑪斯認為從柏拉圖、亞理斯多德以降的學派日新月異，經院學派愈來愈無法解決實際問題，但仍對今天的思想產生不可抹殺的影響，而且也逐漸變形，並可歸納成下列四大思潮：分析哲學、現象學、西方馬克斯主義和結構主義 (Habermas, 1988: 3)。由此可知，哈伯瑪斯根本不認為有後現代思潮。對於此四個學派，本書將另闢章節討論，至於蘇格拉底以降之重要教育思想已經在第二章第一節闡明，於此僅針對知識和學習概念相關者簡要的表列之，提供讀者參考，因此並未針對各學派的各種觀點，只是統整的將該學派重要的關鍵思想提出，若讀者欲進一步瞭解各學派各別學者的觀點，可由表中代表人物的著作中去理解，並可參閱本書參考文獻，亦歡迎上作者網站閱讀相關文獻。若因此造成讀者的不便，尚祈海涵。作者網址：http://web.ed.ntnu.edu.tw/~t04008

		是不客觀的。2.無法解決倫理、美學、神學等非意識層面的問題。3.視客觀世界為一封閉體系。	活。		言、意義和概念的混淆不清。			生命掌握在自己手中。3.人具有自由意志。
代表*人物	Plato (427–347 B.C.), St. Augustine (354–430), René Descartes (1596–1650), Gottfried Wilhelm Leibnitz (1646–1716), George Barkeley (1685–1753), Immanuel Kant (1724–1804), Georg Wilhelm Friedrich Hegel (1770–1831)	Francis Bacon (1561–1626), John Locke (1632–1704), Alfred North Whitehead (1861–1947), Bertrand Russell (1872–1970)	Auguste Comte (1798–1857), Emile Durkheim (1858–1917)	Herbert Spencer (1820–1903), John Dewey (1859–1952)	Richard S. Peters (1919–), George E. Moore (1873–1958), Bertrand Russell (1872–1970), Ludwig Wittgenstein (1889–1951), Alfred J. Ayer (1910–), Gilbert Ryle (1900–1976)	Jeremy Bentham (1748–1832), John S. Mill (1806–1873)	Jean-Jacques, Rousseau (1712–1778)	Soren Kierkegaard (1813–1855), Friedrich W. Nietzsche (1844–1900), Karl Jaspers (1883–1969), Martin Heidegger (1889–1976), Gabriel Marcel (1899–1973), A. S. Neill (1883–1973), Jean Paul Sartre (1905–1980), Albert Camus (1913–1960)

*本表之代表人物為更清楚確認是何人，乃以學者原名出現，不再中譯。

知識＼學派	理性主義	經驗主義	實證主義	實用主義	分析學派	功利主義	自然主義	存在主義
方法	1.抽象思考 2.心靈活動 3.強調意識	1.感官與知覺 2.觀察 3.累積經驗。	1.排斥任何有終極目的的假設。 2.不斷觀察和實驗。 3.找出不同現象間的關係。 4.將資料排序 5.尋找方法	1.實驗。 2.經驗傳承由於重視兒童經驗，又被稱為進步主義）。	1.分析命題與概念之意義(Moore)。 2.分析語言結構，包括語句、文法、和邏輯形式(Russell)。 3.解決概念的兩難，並釐清概念；從語言的遊戲規則瞭解語言使用之脈絡(Wittgenstein)。 4.融合邏輯實證論和語言分析方法，將語言還原到最基本的敘述後，再區分、解釋和驗證命題的意義(Ayer)。 5.身心不能二分，並找出語句範疇的錯誤(Ryle)。 6.釐清目	1.只問結果、不問動機。 2.衡量效益多寡。 3.透過動機改變人之氣質。 4.培養自我管理和利他道德行為。 5.尊重各人意見之自由表達。	1.強調情感。 2.排除理性。 3.傾聽意識和心靈的呼喚。	1.體驗 2.自我超越。

					的 和 動 機 (Peters)。			
立論 基礎	1.心靈和理性的價值高。 2.理性和抽象思維方能掌握全面和永恆的真理。	1.物質改變。 2.具體經驗最真實。	1.方法與真實可見的世界方為真實的。 2.知識可分為理論和非理論兩種。	1.知識的價值在於實用。 2.學而優則仕。	知識真假是科學之事,哲學的角色只在於批判的澄清。	1.個人獨特性是人類幸福之必要條件。 2.社會對個人之管束應有限制。	自然狀況是人的快樂。	肯定人的自由和開放的可能。
教育 理念	心靈的自由活動勝於1切。	經驗是獲取知識的重要來源。	1.瞭解社會整體現象,教育活動不應脫離社會;學校生活即社會生活。 2.需要從不斷的操作和實驗中學習。	1.教育即生活。 2.生活即生長。	真知＝知其然(knowing that)＋知道如何做(knowing how)	民主教育:1方面尊重個人,另1方面適度的為他人著想。	自由自在為自己而活。	1.看到消極面,發揮積極面。 2.行動哲學。 3.重視自己的體驗和自我的存在價值。

資料來源:作者自行整理。

表 3-2　知識與教學關係對應表

學派 教學概念	理性主義	經驗主義	實證主義	實用主義	分析學派	功利主義	自然主義	存在主義
教育判準	1.絕對普遍的心靈從事有目的的活動。 2.追求終極之真善美的精神。 3.自省功夫。	1.經驗歸納。 2.資料蒐集和分類。 3.概念統整。	1.愛 2.秩序 3.進步	1.就業能力。 2.生活素質。	1.開展理性能力。知道所以(what)，又知道所以然(why)。	1.民主 2.自我理解 3.利己不損人	1.情感 2.自由 3.自然	1.主體性 2.自由 3.責任
目的	1.邏輯推理 2.永恆真理和善知識 3.理性直觀的心理能力。	1.行為改變（故亦提供心理學之行為主義的理論依據）。 2.改善環境。	理性與情性的永久和諧。	增強生活能力。	1.認知 2.道德 3.審美	1.追求最大效益。 2.培養民主情操。 3.追求社會正義。	回歸自由和自然	1.找回自我。 2.超越自我。
動機	1.自動自發的興趣。 2.自由意志的翱翔。	1.環境安排。 2.刺激條件。 3.賞罰法則。	完美是可塑的。	問題解決與生活需求。	讓學生可以快樂的學習。	趨樂避苦	自由快樂、無拘無束。	1.體驗孤獨。 2.看到希望。
歷程	1.邏輯推理。 2.批判反省 3.討論（論辯）	1.操作 2.觀察 3.資料蒐集 4.嘗試錯誤	由知性而德行；由德行而神性。	作中學學中思	教育乃開創學生生活形態的歷程。	獲得自由與快樂。	適性發展	1.悲喜交集。 2.充滿不確定性。
教材	1.文學 2.歷史 3.經典 4.數學 5.邏輯 6.菁英教	1.自然科學 2.編序教材 3.提供認知的工具	1.物質 2.知性 3.神性 4.德性	1.與生活經驗有關。 2.需要解決的問題。	1.語言 2.概念統整 3.價值判斷。	英雄事蹟。	自然生活中取材。	1.展現自我。 2.認識自我。 3.體驗犧牲

	育。	和資源。 4.經驗導向。						4.頓悟人生。
教法	1.問題解決 2.情境教學 3.啟發式詰問法教學 4.開放性問題 5.重視創意 6.腦力激盪	1.循序漸進 2.學生經驗 3.實作經驗 4.重視行為改變 5.採取賞罰策略 6.示範 7.習慣養成 8.熟練原則	1.經驗取向 2.實驗操作	1.善用工具 2.強調教育和職業生活的關係 3.勞動 4.問題解決	1.明晰的教學目的 2.清楚的教學理念 3.教和學都要具有意向(intention)。	1.建立民主法治的學習模式 2.尋找共同利益	1.尊重 2.自由	1.自我發現 2.自我創造與超越 3.自由規劃 4.體驗極限 5.開放可能性 6.珍視自我負責。
價　值	開發創意和智性。	提升環境適應之調適能力。	建立和諧有序的社會。	提升職業生活能力。	釐清各種相似的概念,以免混淆。	民主法治的公民素養。	適性發展。	潛能激發,擴大挫折受容力。

資料來源：作者自行整理。

四、知識、學習與教育改革

　　由表 3-1 和表 3-2，我們可以看到知識在教育活動中的重要性，但是不易看到教育理念中善知識的重視和智慧的彰顯。張楚廷 (2003: 212-214) 認為，廣義的說，知識與科學、真理乃至於文化之間並無差異，只是教育是孕育人文知識的聖地，因此在學習的對象、視角（即看事物的角度）、方法、形式、目的、追求和風格上有所不同。作者同意張楚廷認為教育是人文薈萃的觀點，但也認為其所區分的七大步差異，其實可以更簡約的歸納為對象、視角和目的的不同即可。因為目的不同，其所欲達成的方法和其展現出來的形式和風格便不同，而目的與追求是一體的兩面。舉例言之，教育活動中學習貝多芬交響曲的

對象、學習目的，和學習的形式，將不同於視貝多芬交響曲為經濟產物者，其對待貝多芬交響曲的態度和價值判斷。此也再度說明上表中所以不同哲學派別，對於教育、學習或方法，乃至於教育改革的策略，也會有所差異，也各有其所本之依據或價值觀。

分析學派著重各種相似概念的釐清；經驗主義則強調提升適應和調適環境之能力；理性主義則提倡人類創意智性的開發；實證主義、實用主義和功利主義則分別為建立和諧有序的社會、提升職業生活能力和具有民主法治素養的公民而努力；高唱返璞歸真，回歸自然的自然主義也只能讓個人適性發展；至於主張發揮個人主體性和自由意志的存在主義都只能積極的開發人類的潛能，擴大人類挫折受容力，讓個人自我超越、自我規劃其人生，並提升其生命的價值和意義，是否這些教育哲學家對於蘇格拉底所提倡之「知即德」的教育目的都忘懷了？還是束手無策？

亞理斯多德認定真實事物、知識與價值與人類的心靈是對立的；故其反對只教導理念，因為每種物質均同時存在普遍與殊異兩種特質：普遍的特質即為本質，殊異的特質則如大小、形狀、重量、顏色等彰顯物質因之特質者。物質的部分會改變，此猶如兒童會長成青少年；青少年會變成成人一樣，人的外型分分秒秒都在變動，人類的心靈也在成長，但是，是否人的本質存在某種永恆不變的「東西」？如理性或善知識。如果這些知識和本質存在，那麼教育又應如何協助人類彰顯或獲得此能力？此乃教育哲學家必須嚴肅思考的課題。畢竟理性和善知識乃維繫社會發展和文化延續亙古不變的普遍價值。

聖‧亞奎那是神學家，其堅信人類的身體因為有靈魂的附體，才使人類的物質與精神能夠相結合，所以他相信神才是真正的、純粹理性，人類的理性必須透過神的天啟方可能認識到真理。據此，教育若欲發揮智慧和善的德行，則沒有神的天啟是不可能完成的。此觀點若被接受，則在世風日下的台灣社會，教育功能又不彰之際，借助宗教

的力量或許也可以發揮教育無法單獨達成的功能。例如，對於男盜女娼、自私自利、無法抗拒金錢和權力的誘惑等現象，若能在教育活動中適時加入宗教的教義，對人性的薰陶和良心的洗滌應會發揮奧妙的作用。

　　若不借助宗教的力量，僅依賴科學的力量，教育是否能讓人透顯智慧和善的德行呢？培根認為方法乃獲取知識的不二法門，借助觀察理性便可將觀察所得歸納為原理原則。同為經驗主義的洛克，也在《人類悟性論》(*An Essay Concerning Human Understanding*) 指出人類的理念與知識乃被刻畫進去，而非主動產生出來。人心如白板 (tabula rasa) 就是其名言，所以「人類的經驗乃融合了感覺 (sense)、講理 (sensibility)、知覺 (perception) 和情緒 (emotion) 而成」(Kaplan, 1977: 264)。基於上述概念，洛克於其《教育論叢》(*Some Thoughts Concerning Education*) 一書中，探討有關學生行為、懶惰與賞罰等實際教學活動可能遇到的問題。歐陽教對洛克的賞罰論早有精闢的著作，讀者不妨自行閱讀，將有助於確立賞罰的類型，並思索如何拿捏賞罰，尤其在教育部三令五申反對體罰的情勢下，教師與家長應對體罰有更深的認識，對教育學生當會有所助益。

　　然而，智慧和善知識難道是由外而內被刻畫進去的嗎？作者抱持質疑的態度。石中英 (2002: 173) 在探討知識轉型與教育改革時也提及，雖然從事教育工作者對於教育理念並不重視，也不想去理解，但是，教育學者和教育哲學的研究者，卻必須意識到外在客觀經驗或知識的有限性，並真誠而批判地進行對話和論辯，以提高教育實踐的品質，並展現人文的風範。作者對此深表同感，尤其師資培育機構的教育工作者，更需讓知識與學習能夠結合社會和生活的面向，一則改造社會，再則改造心靈。總之，必須掌握各種理論和學派的優點，但更需自覺自己的內在立場和價值觀。懷德海的教育觀點多少展現此種結合內在生命存在和外在客體知識的觀點。

同樣偏重經驗主義的教育家懷德海在其《教育目的論》(*The Aims of Education*) 一書即承襲黑格爾的辯證法論點，雖然認為理解就是人類的經驗與被經驗的物質間的結合，闡述教育即生活之說，卻與洛克的意見相左，指陳教育不能沾染任何權威。他說:「教育唯一的科目就是生活」(Whitehead, 1929: 18)。但他卻反對以考試來區分專家與業餘者之別，更批評教育若以考試論學習結果，則教育便就是一種浪費 (Whitehead, 1929: 24–25)。此觀點為入學考試方案一改再改的台灣教育改革，痛下針砭。考試帶動教學並無大錯，錯的是國人濫用考試的結果，並對該結果作出具威權性的解釋，突顯權力的傲慢，漠視教育的主體性。

此外，懷德海在道德教育方面更賦與傳統新的意涵，指陳價值觀與習慣絕不能沒有傳統作基礎，但是傳統不是一成不變，應該隨時代的改變而更新。所以，他強調學生必須唸原典，也重視翻譯的貢獻 (Whitehead, 1929: 77–78)。他認為兼顧文學、技術與科學方為智慧的展現 (Whitehead, 1929: 64)。懷德海的觀點希望教育政策的制訂者能有所參照，以免讓教育改革總無法與智慧和德行之培養結合。

與懷德海觀點雷同的邏輯實證論者——羅素，其教育觀亦具有黑格爾的辯證色彩，既重視分析亦重視綜合。他 (Whitehead，引自 Kaplan, 1977: 299) 主張教育目的乃為了減輕貧窮與病痛，使世界更美好。雖然人有自由選擇的意志自由，若無法具有智慧，則其在減輕貧窮與病痛之後就可能會「飽暖思淫慾」。同理，若教育目的只為了減輕貧窮與病痛，卻未能化育智慧，則教育改革不算成功，也是失敗的教育。

哈理斯 (Kevin Harris, 1962–)(1979) 於《教育與知識》(*Education and Knowledge*) 一書討論到學校在知識的獲得所扮演的角色時，特別提及教育被政治宰制的可能性極高。我們無論從生活經驗的內容、理論的內容，甚至教育制度本身，均顯而易見的看到政治操弄的痕跡，即政策、課程、知識與學習中展現的意識型態。因此，哈理斯 (Harris,

1979: ch. 3–5) 語重心長地建議教育工作者，應該反思教育中的意識型態，尤其是若干迷思的概念或壓抑的現象，以免一直受到錯誤意識型態的宰制而不自知或自欺欺人。

哈理斯該論點提出的時間甚早，不過台灣的教育研究者是否時常反思教育理念、制度、政策乃至於實際教學上的不適切性？是否省思社會變遷、個人需求與權威合理性之間的關係？教育是否在反省之後有所改變？該改變是否提升人類自我、社會和文化的責任感？

上述問題不僅是教育政策的制訂者應該深思，也是教育工作者不可不深入討論而取得共識之處，此也是提升教師集體效能感的根本（中華民國師範教育學會主編，2005: 277），尤其師資培育機構更需要時時反思上述議題，也需要在課程中讓準教師們對於教育理論和實踐具有批判反省的能力，教育界更應該時常辦理此類的公共論述，以凝聚和推展適切的教育理念，俾讓教育得以在「既顧及生活經驗的雜亂性，卻也能關照到群體和社會的系統性和規律性」（于偉，2006: 165）而不至於混亂，又能發揮教育的人文性。此才是學習的精華，更是教育改革最根本、最狹隘卻是最重要的開端。

台灣教育改革的浪潮已如洪水般的「泛濫」，1994 年的課程改革並未見有審慎的評估，千禧年實施的九年一貫課程，相關配套大都在實施過程中受到抨擊或困難時，才做事後補救。當然教育改革工作本身就是千頭萬緒，尤其制度的更迭更需要理念的通透溝通和共識的建立，否則政策制訂者很難完全掌握可能的變數，無法訂出完整的相關配套，亦難以進行政策的評估（吳政達，2002），以至於教育改革的績效由誰負責？對誰負責？教育改革的績效是針對一定的標準，抑或對實施成效作評估？等亦未明確化。

針對現實的問題提出解決也是改革的一環，但是台灣教育改革的方向與內容是否已正中台灣教育之弊，仍存在爭議。以九年一貫課程之改革為例，我們可以知道政府為教育改革所花的心力和經費，其用

心是值得肯定的，至於改革的成效則非本書論述的重點。作者立於教育哲學的角度，提出個人的若干質問，就教方家。

第一、何以教改方案不斷出籠，政府或相關單位總無法說清楚講明白「為何改？何以要如此改？」若無法說明此問題，則不禁令人質疑，教育改革的方向是否成為政治或經濟權力角力後的結果。質言之，教育改革到底是針對人類理性的啟蒙而來？或者只為了因應社會對於升學、學歷、政治與經濟等的訴求？陳伯璋、盧美貴也對學校教育改革提出「知識再概念化」、「權力再概念化」、「學校文化再概念化」的思考方向（載於陳伯璋、許添明主編，2002: 172–174）。教育呼應社會和政治的需求，並不是錯誤，只是在因應社會需求和政治情勢的同時，教育的主體性不能迷失，否則教育將成為「牽著驢子走的父子」——人云亦云，不知所措，而且動輒得咎，不動也有錯。因此，進行教育改革時至少應思考：教育改革實施後真正的受益者和可能的受害者是誰？將更可能透明化教育改革的意識型態，也才更能符合社會正義原則。

第二、教育改革的必要性與急迫性依據何在？教育改革是不斷解決問題和實現理想的歷程和結果，因此教育改革是教育成長必經之途，只是在各種條件和需求的考量後，應該對教育改革的優先次序提出論證。全球化衝擊下，教育趨向提升其競爭力的改革，就是說明教育改革迫切性的一個例子（郭為藩，2004: 177）。又如因應外籍配偶遽增和台灣人口結構改變，導致學校人數減少所連帶產生的問題，也是教育改革過程中，屬於迫切性的議題，只是需要先建立教育改革迫切性的依據，否則教育的優先性恐會變成政府政策的「亡羊補牢」之舉。

第三、此次課程改革或入學制度的改變，或高中課程綱要制訂等的變革，其預期成效和具體的實施策略及步驟為何？對於實施改革過程中可能產生的問題有哪些？是否有解決之策？在教育改革公聽會上是否將各種可能的方案，皆開放讓專家學者和實務工作者參與分析和

政策和作法的論辯？對於無法獲得共識的教育改革，則為政者應該重新思考改革的合理性和內容，在彙整各方意見之後，重新將修訂的方案提交社會討論，直到獲得共識為止。在此過程中，教育學者應該扮演起草、修正與提出方案的主力，至於其他學界、或社會各界，則屬針對該方案提出論辯和意見者，就此而言，不是以教育學者為主力所提出的教改方案，不但否定了教育的專業，也否定教育理論應該和教育實踐結合的觀點。

　　九年一貫課程教改的主要重點在於培養學生帶得走的統整能力，此用意和觀點不但重要，而且也有機會改正國人長久以來「對受教育所抱持的現實目的」和「學習僵化的習慣」，然而如何改才可以達到此目的，可能就不是九年一貫課程的「專利」了。

　　一個問題的解決或目的的達成，並非只有一種方法，教育改革亦然。因此，對於該方法的利弊得失若未讓更多的人參與討論，則可能存在很多思想的盲點而不自知；若在未達成共識之前就貿然實施，則更可能會因為個人立足點之不同，和對教改目的的認識落差，以至於個人對教改的解讀不同，乃至於在作法上也呈顯各自為政的現象。總之，若未經過政策評估，也未透過公共論述以建立共識前，決策者就自行認定某種教育政策乃解決教育問題或達成教育目的優先的方法時，則將造成教師、家長和學生感到困惑或不解。此也是一種「賦權」的迷思（周淑卿，2004: 68）。

　　總之，教育若為國家的精神國防，則培養具有生存、生活和生計能力的學生是教育責無旁貸的任務。再者，教改也不應分民間或政府，台灣教育的目的均應講求對知識的真正理解，以及能讓學生將所學運用於日常生活中，故在教學時，實用性的轉化能力是應當受到重視的。當然亦不可輕忽個人特質的原創性表現，和營建美好社會的能力。例如，學校應教導學生能將物理課中學會關於槓桿的省力原理，用之於搬運東西，即是轉化能力的展現。同理，學生雖然已經學過電池和電

流使燈泡發亮的作用，不過一旦遇到停電時，大部分的學生都未想到利用該原理來製造亮光，卻呆坐等待電的來臨或抱怨停電，或只會點燃蠟燭。

不但學生如此，教師和家長也極少期待學生能利用學校所學的知識或技能來解決日常生活的問題，反而重視學生能否在考試卷上正確的答出「標準」答案，以獲取高分。可見教育提升學生營建美好生活能力的高低，都被化約為分數的高低。此正是台灣教育亟需改進之處。所謂冰凍三尺，非一日之寒，而且整個台灣社會與文化的價值觀大抵如此，故欲家長、教師與學生改變此等價值觀，還需要走一段很長的路。

教育是百年樹人的點滴工程，首要之務，就是讓社會對教育有正確的認識，故師資培育的機構應該更重視教育哲學啟發思考和反省批判的角色，教育哲學也應該培育教師具備建構自己教育理念的知能。作者在國內一直努力推展批判性思考教學的原因之一，也期盼能夠協助教師提升其建構與反思自己教育理念的素養，進而教師在教學時，不但可發揮創意，提升教學效能，更能培養學生批判性思考的能力，如此教育以人為主，以及所謂的「詩性智慧」⓫（歐用生，2004: 223）的開發和提升，均能有所助益。

涂爾幹認為，只重視理智的教育屬於狹義的教學；相對的，意志的教育才是教育的正途（Durkheim, 1977: lecture 22；李康譯，2003: 371–385）。同理，任教於哈佛大學的迦德納 (Howard Gardner, 1943–)

⓫　所謂「詩性智慧」(mythopetic) 指「個人最深層的經驗」，此等經驗因為潛藏於潛意識中，故存在若干神秘性和奇異性，因此，也被學校「正規課程」所忽視，但此等靈性的經驗和夢幻的心靈空間，卻可以從催眠的協助中，被開啟出來，包括感性、情緒、意向、夢想、喚醒和慾望等，因此催眠時可以透過故事敘述和年齡回溯的引導，讓學習者超越意識的認知，去探索更深層的超心靈的經驗。近年來台灣興起對創意的重視，因此，催眠結合批判性思考的理性思維，當可有助於創意能力的開發。

1991 年出版《超越教化的心靈》(*The Unschooled Mind*) 一書，也對美國教育界將「及格」與「真知」劃上等號的教育現象發出危機之嚎（迦德納著，陳瓊森、汪益譯，1995: 4–6）。此等教育認知化約的問題，亦與意義的理解與溝通有關，分析學派的教育觀點也因此而不至於被丟棄。

作者以發生在日常生活的實例來說明，相信讀者會更清楚地瞭解語言表達與意義的理解兩者間的關係。若欠缺明確的溝通，「迷思概念」(misconception) 更可能產生，因為迷思概念涉及高德美 (Gadamer, 1975) 所提及之「視域融合」(the fusion of horizon) 中語言、文化和理解的關係。

所謂「視域融合」，指溝通或對話雙方具有相類或理解彼此的前經驗 (pre-understanding)，即具有與對話內容相類的經驗。易言之，若對話雙方具有雷同的經驗背景，則對話或溝通時將更可能達到彼此的完全理解，否則誤解便可能發生。因為教育不只是知性的活動，更具有社會性（Durkheim, 1977: lecture 24；李康譯，2003: 416），故語言在教育活動中扮演舉足輕重的角色，同理，教育活動中，師生互動與教學活動的進行，皆需要此種視域融合，否則教學活動的進行可能會因為彼此的誤解和錯誤的解讀（林進材，2006: 67），遂導致教學成效事倍而功半。

例如，我們常發現教師指定作業或從事教學時，雖然已多次問學生是否理解，學生總是肯定的應聲答道：「是的！瞭解了！」然而當教師將教材略作修改後，卻發現學生不會作答，無法舉一反三，顯現學生並未真正理解，或學生和教師對於「理解」有不同的定義；相類的，當教師批閱學生作業時，赫然發覺學生所繳交的作業和教師指定的作業並不相同，交代一種作業卻產生多種版本的作業。這到底是怎麼一回事兒？最簡單的答案是：對話雙方彼此有所誤解，或認知、價值觀不同所致。這些例子除教學活動外，在日常生活中亦屢見不鮮。因此

就知識和學習的立場，不容小覷。

又如購買水果的客人要求新鮮、便宜又美觀的水果，但是賣水果的商人卻一心想把較差的水果先賣掉，並斤斤計較，想多賺點錢。顧客和商賈之間的角色本來就存在對立，但是兩者的對立和彼此的質疑，對兩者均會造成傷害，也必須找出解決策略。當此兩種需求和角色相互抵觸時，若規定買水果的人不能自行挑選水果，則除非賣水果的人能本著康德般的道德良心，童叟無欺，也不會在簍子表面上舖滿高品質的水果，但簍子下的水果雖然價格相同，但品質卻較為低劣，總之，買賣雙方的互信基礎必須建立，否則買賣雙方因為利益和角色的差異，將難以達成共識，以致於使買主不能自行挑選水果的規定，恐在互信基礎薄弱的情況下，難以成為買賣雙方共同願意遵守的規矩。

作者常看到國人在國外買水果時，不諳國外水果商的規矩，一到水果攤前就像在國內買水果一樣，挑三揀四的自己挑選起來，拿起這個，放下那個，鬧得水果商不但臉色大變，最後索性不肯將水果賣給這些人。雖然經過解說之後，國人理解遊戲規則，但因為國人並非該遊戲規則的參與者，故在不得不入境隨俗的情況下，作了妥協，但心中仍不平地嘀咕著：何以顧客沒有挑水果的權利，簡直坑人！如前所述，買賣雙方的價值觀所以未能獲得共識，乃因為雙方均未能站在對方的立場著想，且過於自我中心，如此一來，不是買者不買或賣者不賣，就是買者因身處異鄉，人生地不熟，語言又不通，只好將就的購買，但並未因此而改變其對該水果商的不滿。

上述種種雖是稀鬆平常的例子，但是教學中師生雙方也可能存在上述情形，此等現象若發生在教育活動中，則關乎師生關係、教學成效，以及教學方法的適切與否等問題。

英國倫敦大學的華戌 (Paddy Walsh) 教授是作者倫大博士班的同窗，他對於教育對話與意義的研究頗有見地。他 (Walsh, 1995: 3) 主張：語言乃在造就人類的思想……，且知識乃涵蓋於語言當中；若無法以

語言表達出來，就像一無所知的人一般。該論點與維根斯坦後期的語言觀點有異曲同工之妙。維根斯坦認為：言語所表達的不僅是意見，也是生活形式 (Wittgenstein, 1963: para. 242)。所以，師生語言的對話其實也涵蓋了各自的價值體系，因此無論學習或教育改革，需要考量受教者、施教者和該社會文化的價值觀。

　　除了語言的問題之外，教育改革尚須重視師生的自主性，因為語言表達之自主性涵蓋生命、思想與意志自由。誠如英國東英格蘭大學教授布里奇 (David Bridges)(Bridges, 1995: 3) 於〈個人自主性與實際能力〉(Personal autonomy and practical competence) 一文中所點出的觀點：自律與他律總是相對立且衝突的；具主體性的個人不但自己能在傳統的知識中選擇其所相信或肯接受的知識，也可以自行決定其所欲過的生活方式。此觀點猶如本書上述所舉的買賣雙方立場不同的例子。若我們同意此論點，則接著我們將遇到的問題是：教育的目的該引導孩子發展其潛能？還是該將孩子培養成具有某種生活能力的人？隨著後現代思潮的進入國內，此等原來就欠缺共識的教育理念，當下更是難辨適切性的判準。

　　一位具有自主性的人，應該能漸漸形成自己的價值觀，而且不但能自我反省、自我理解，包括理解自己的過去、現在與未來；也需要瞭解自己進步與發展的情況，自我反省乃達成自我實現不可或缺的一環。其實，自主性的教育目標，早在三十多年前就已經被視為教育的重要目的了 (Barrow & Woods, 1975: 97)，甚至於康德 (Kant, 2002: 125) 主張人類應該有其自身目的時，就已經是西方教育的重點了。只是台灣到現在為止，此等追求自主性的教育目的到底達成多少？是否被教育決策者所重視？仍有待努力。

　　若培養具自主性的人是重要且必須的教育目的，則教育該教導的是理性的尊嚴 (Dean, 2006: 228)，故不能止於知識的灌輸與記誦，而需要開發學生自我思考與創造其生命原創性的能力。此等教育目的直接

衝擊到教育活動中，教師的權威與教育的基本義務，也與傳統教育符應「止於至善」之既定目標略有相違：若就康德的純粹理性言之，則與止於至善的亙古理想並無衝突，但若就實踐理性言之，則需要在實際生活情境中，進行判斷並作決定時，則自主性就必須自我約束、自我規範，是結合自由和責任的意志和行動。此時，自主性的學習和對知識的掌握，將觸及知識權威、教師專業權威，以及學習自主的議題。

以下借用《超越教化的心靈》之書名作為標題，論述教育與威權之間的關係，期能有助於釐清教育在培養或激發人類智慧上所應產生的功能，更期對國內的教改方向的明確與合理能稍有助益。

▶ 第三節　超越教化的心靈──教育目的再彰顯

一、心靈的教化不能止於經驗或理性之知

經驗主義的學者主張，人類透過感官，將資料納入心靈的方法獲取知識。感官在獲取知識的過程中將不斷的分析與歸納資料，並將分析與歸納所得理出簡單的原理原則，此歸納所得的簡要原理，即為日後理解新事物的依據或方法。

若欲理解人類經驗與知識的關係，則上述的說法過於簡約，而且也只限於經驗主義一家之言，更何況經驗主義的主張，無論方法論或知識論仍存在爭論，然而在教育活動無論教育目的、課程與教材、教與學等的主張和立論，均與此論題相關。詳言之，若肯定經驗是知識與智慧的基石，則對於課程的設計，便必須立足於學生經驗，而非超越學生的生活經驗；教材內容亦應以學生的學習起點為準據，教法更該圍繞學生的經驗，並重視經驗的移轉，即採取「兒童中心」的教學理念，鼓勵教師讓兒童自行去摸索，俾從經驗中不斷學習和成長。

若人類的經驗是單一的，則將其運用於教學活動中，教育或許可

以因為經驗傳承，而容許使用灌輸式的教學方法。然而，人類是多元而複雜，經驗也非一元而普遍，故當人類的經驗既不是單一、普同，也不是如人飲水冷暖自知的多元雜亂與偶發性，則無論採取經驗主義或理性主義的觀點，教育和學習的方法皆應以辯證的思維處理，即兼顧有同有異，而不宜採取「全或無」的單一性原則。

除非我們能否證卡普藍與海德格對人所歸納之定義，否則經驗並不宜被視為人類獲取知識與智慧的唯一方法；縱令人是單面向的，經驗是普遍的，灌輸的教育活動仍應受到質疑，而且也需要更精細地討論和審慎地評估人類經驗的適用對象與範圍，尤其應重視教育的差異部分 (Tooley, 2000: 21)，方不至於造成以偏概全，或導致非教育或反教育。

總之，經驗是獲取知識的重要方法與來源，佀卻非唯一的方法。史且佛 (Samuel Enoch Stumpf, 1918–1998)(Stumpf, 1983: 299) 歸納康德的知識論後，指出人類知識受到兩種限制：一為經驗的限制；另一為認知能力的限制。認知能力與人之主體性有關，人的思想猶如三稜鏡，若只由一面望之，只能看到半個真理，故除了從經驗法則去瞭解外，亦應發展人類的主體性。一言以蔽之，批判性思考的教學應該持續推展，以提升人類主體理性的思維能力。若欲推展批判性思考的教學，則教師必須是位具有反省能力的實踐者 (Jordell, in Stromnes & Sovik, Eds., 1987: 144)。

看重人類主體理性本屬理性主義哲學家的特色。然而被列入經驗論者行列的懷德海也在重視具體經驗外，不忽視個人生命的律動。他 (Whitehead, 1929: 29) 宣稱：教育應具有生命律動，方不致僵化。質言之，教育不但需要尊重自主性，也要強調人類主體理性開放的各種可能性，這些不但可作為欠缺主體性之台灣教育改革的參照，也間接指出批判性思考教學的方向。無論政治和社會如何變遷，教育改革也應該再度強調德行的教育目的 (Gilbert, 2006: 68)。此似乎又將人類帶回

古希臘時期的教育氛圍。

柏拉圖是理性主義哲學家的開端，繼之者主要有中世紀的聖・奧古斯丁 (St. Augustine, 354–430)、文藝復興時期的笛卡爾 (René Descartes, 1596–1650)、文藝復興末期的巴克萊 (George Barkeley, 1685–1753)、啟蒙運動時期的康德、黑格爾等人，作者依照批判性思考教學的本質與理念，整理其教育理念，並歸納出下列七大主要特色，提供批判性思考教學時，作為補足經驗主義教育主張之不足的參考：

㈠教育目的旨在發展學生的心靈：此觀點亦認定較持久性的事物較具價值，因而課程的安排多半以古典的文獻為宗，自康德以降的意識哲學基本上以自我理解為出發點，並彰顯現代性之自我意識和自我決定之精神。

㈡教育所追尋的是真實普遍的理念：如上文所討論的，人一方面有主體性，另一方面也需要融入社會生活中，至於人類是否能從普遍的理性中解放出來，以呈顯個人之自主性 (Habermas, Hohengarten, Trans., 1988/1995: 149)，此皆需賴教育來完成，而批判性思考亦旨在培養具自主性自律的人。

㈢探尋真知的方法不在透過感官的經驗，而是透過理念所獲取的概念：人類獲取知識的方法一則因著知識客體之不同而有異，另一方面也因著認知主體的不同，而採取不同的認知方式。

㈣培養學生的心靈甚於其身體，故在教法上亦採用啟發式的教學，培養詰問、辯證與批判的能力與態度：啟發式的教學固然對於思考能力的提升很有助益，但思考能力的提升仍須要充實相當的背景知識，否則沒有知識的思考將是空的，批判性思考的教學和教育均然。

㈤強調自省功夫：理性主義者主張透過理性可以發揮人類自主自律能力；而從經驗獲得的資料則可以作為自省的素材。

㈥理性主義的教學內容著重抽象的思維，而非具體的操作，故教師在教學時扮演引導者的角色，以帶引學生自我思考：但是，學生學

習的風格也會有異，所以具體操作的學習方式也不能偏廢，教學時需要掌握因材施教的原則。

㈦理性主義者在教學過程中重視學生的自由意志，故也主張教學應充滿自由與民主的氣氛：雖然理性主義者偏重意識和精神的活動，卻偏廢物質和現實的活動（左業文、潘伯祥，1999: 227），但是真正的智慧不是象牙塔中的知識而已，而是能將知識轉化為營建美好生活，包括個人、社會和文化生活等面向。

理性主義者主張信心勝過一切，也強調發展理性思維能力，並重視整合性、全面性的理解，因而也常被視為培養菁英的教育。顯然的理性主義似乎已經忘了蘇格拉底的知即德的信條，反而偏重於立即性和實用性之知識和能力，和經驗主義的距離愈走愈近。

牛津大學的教授威爾森 (Wilson, 1979: 110) 曾強調，道德教育的重點不應只在教導學生認識道德規範的內容，而要關心其是否真正理解規範的意涵，以及該規範所以必要和適切的原因。威爾森的論點，指出理性主義者向工具理性色彩濃厚的中間路線靠攏，所產生的缺失。

理性主義的學者中仍有不完全忽略感官經驗者。康德與黑格爾即為其中的代表。康德在其鉅著中除了提出「純粹理性批判」之外，又提出「實踐理性批判」和「判斷力批判」即為明證；黑格爾雖以精神辯證為其歷史辯證的主軸，但仍強調變動性與發展性特質，同時在顧及思維面之際，仍考慮行動層面，黑格爾視倫理為生活顯現之觀點，即非完全源自理性主義觀點，而彰顯其對實際生活的重視，此乃黑格爾辯證方法與精神的必然發展。

二、超越心靈的教化有賴批判性思考能力的提升

教育活動常被視為具有專長者或較成熟者教導較無專長或較不成熟者「上施下效」之歷程與結果。無論此理念是否適切，但有不少人卻深信不疑，此由國內《教學原理》和《教育概論》的書籍中可以證

明。若此現象存在，則教師專業權威的適切性首需被反省：教師專長由誰來認定？教師專長有否普遍判準？教師權威是否必然存在？教師權威由何處呈顯出來？其呈顯的方式是否適切？教師權威是否已對學生之批判性、創造性和自主性能力產生負面的影響？教師權威在教育活動中所扮演的角色何在？教師權威對學生人格特質、生活價值觀和知識的學習有何影響？教師權威是否也及於教育政策的制訂？教師權威是否和學生的自由意志相抵觸？教師權威是否與教師的人格特質或情緒有關？

　　總之，檢視教師專業與教師權威之合理性，將有助於進一步確認，教育活動不應只是純粹的知性學習，不應具宰制性與灌輸性，更需要細心的保護學生的自由意志與自主性。如孟泰斯 (Godfred Meintjes)（Meintjes，引自馮朝霖審定，王智弘等譯，2004: 109）所言：當學生能對自己心靈的力量產生信心時，教育才不會受外力的壓迫。

　　若認為教育活動本身屬於專業活動，則教師本身本然地具有「專家」的角色與權威。然而此等將專業與權威劃上等號的理念，是否合乎教育啟蒙理性的目的？教育活動是否會因為教師權威的濫用而封閉了師生雙方價值觀交流的心扉，而使文化停滯？華戌也關心此方面的課題，他分析教育活動中的對話 (discourse)，俾便於教師反省與掌握自己對話的屬性，並釐清不同對話中含蘊的實質意涵，也藉此檢證專業權威使用範圍和內容的適切性。因之，他 (Walsh, 1995: ch. 4) 區分教育活動之對話為下列四大類型：理想型對話 (utopian discourse)、思慮型對話 (deliberative discourse)、評鑑型對話 (evaluative discourse) 以及科學型對話 (scientific discourse)。

　　「理想型對話」的內容猶如柏拉圖的「理型論」，討論的焦點止於理念的討論，不涉及實際的現象與狀況。此類型的對話用於哲學論題。該議題如，人類的善是什麼？自由意志下所做的決斷是否屬於道德的範疇？等；「思慮型對話」所論及的是如何達到最完美的境界？如何克

服目前的有限性？如何掙脫現有的束縛而讓理想達成？「評鑑型對話」
重在描述、分析與判斷，例如評鑑教育計畫是否可行？課程內容是否
適切？教學方法是否得當？至於「科學型對話」則主要透過科學的方
法找出教育問題的原因，並解釋問題發生的因果關係。前兩者的目的
在於為教育活動與問題開處方，並未兩綢繆地探究教育問題；相對的，
後兩者則偏重於對教育現象的描述與診斷。若就探討的對象而言，「理
想型對話」與「科學型對話」較著重一般性論題；相對的，「思慮型對
話」與「評鑑型對話」則以處理個別教育事物為焦點。華戍也將此四
大類型的對話關係以圖表示出來，作者將之引述如下，或有助於讀者
的理解（見圖 3-1）：

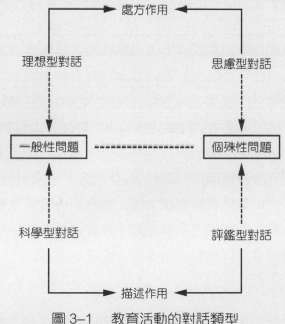

圖 3-1　教育活動的對話類型
資料來源：Walsh (1995: 59)

　　由上述分析，我們可以瞭解，每種對話類型均非單獨存在，而與
其他兩種類型緊密結合，例如，「理想型對話」與「思慮型對話」旨在

反省教育見解或論辯教育理念；至於為教育實際活動提供處方者，則「理想型對話」所形成的處方，可作為「科學型對話」的假設；「思慮型對話」所形成的處方，則提供「科學型對話」中科學檢證的對象；當「理想型對話」與「科學型對話」所處理的是一般性的教育問題時，「思慮型對話」與「評鑑型對話」則處理個別的教育問題。

　　華戌的四大教育對話類型說主要在處理理論與實踐的問題。析言之，「處方」不是一般日常語言中的處方，而是指理念的思索和確立；相對的，「描述」則屬於對於現象資訊的蒐集和整理。易言之，虛線上方的「理想型對話」與「思慮型對話」進行教育理論的思維和論辯；虛線下方的「科學型對話」與「評鑑型對話」則對於理論論辯的結果進行驗證，或彙整可能解決問題的方法，再依照問題的共通性和殊異性分別由「理想型對話」（共同性問題）或「思慮型對話」（殊異性案例）確立教育理論或選定解決方法。質言之，華戌乃立於教育理論指導教育實際活動之「上下」觀點以建立教育對話的關係，其雖企圖解決理論與實踐對立的關係，但卻因為忽略教育實踐對於教育理論的「指導」作用，而仍在其論點中透顯理論為高、實踐為工具的立場。「紮根理論」(grounded theory)❶❷ 或許可以化解此理論至上的迷思。然而華戌的教育對話類型應該有助於教師自省，並增進師生間對話的彼此理解。

　　以下作者將以師生實際對話為例，並分別將對話依照華戌的觀點區分為四大類型，方便讀者能將此理論與實際情況作一結合與比較，也可發現其利弊得失，也提供讀者舉一反三之參考。

■**教育對話實例一：大學的師生對話一則** ❶❸

---

❶❷　所謂「紮根理論」近幾年來在台灣教育界似乎很盛行，屬質性研究之方法，即藉由系統性搜集與分析資料後，發現或建構出理論。至於詳細的步驟可參考史特勞斯 (Anselm L. Strauss, 1916–1996) 之《社會科學家之質性分析》(*Qualitative Analysis for Social Scientists*)。

❶❸　教師於課堂上不宜批評其他科目授課情況，因此在理解的過程中所使用

師：大學生應該要有自己的思想，教科書只是個參考，其實大學中根本不應該存在「教科書」，真正的教科書就是你們每個人自己的心靈。（「理想型對話」）

生：我很同意老師的看法，但是如果我不唸教科書，期末考可能就會被當掉。而且我們大多數的學科所考的都在「教科書」的範圍內，不但要背，還要背得牢內容，否則是過不了關的！

　　（「思慮型對話」：師生之間雖皆有其理想，但兩者的理想卻不相同：教師所認知的是大學生的「社會責任」，而學生雖瞭解社會責任不可輕忽，但眼前更重要的「理想」就是「考試過關」，因為不過關什麼都是空談。）

師：你們在上那些學科時，有否向任課教師表明你們一定會自行閱讀相關資料？你們能否如此自律，並說到做到？任課教師是否也瞭解你們已經具備了教科書中的基本知識？教師是否瞭解你們對該門課的期望？（「科學型對話」：試圖瞭解和描述問題的現象，期能診斷問題之所在。）

生：教師甲在上第一堂課時就告訴我們，該科每週都有是非題和選擇題的小考，到了大學哪有人還考是非和選擇題?! 另外 A 科的教師雖然要求我們提出自己的觀點，但基本條件卻是在考卷上寫愈多愈好，最好將課本上的資料都完整的 "copy" 下來再去評論，短短的時間要寫那麼多，叫我們怎麼思考???

　　（「評鑑型對話」：學生也對教師的作法和要求進行評鑑，但卻未反省到此評鑑公允否？客觀否？很明顯的，純屬於學生對事情的判斷，與教師的判斷尚未有真正的「對話」。）

的言詞必須謹慎為之，本對話一則瞭解大學生學習的態度，再則也藉此「檢視」華戎的教育對話類型是否可行，均提供教師教學自省之參考。由於回答的學生不是個別的一人，而是一群，故亦未特別標出甲生或乙生。

師： 每位教師皆有其教學風格，你們若有意見應該直接和任課教
師討論，才能彼此理解而找到解決問題的好方法。(「思慮型
對話」)

生： 一片啞然……(融合各種對話的可能)

■教育對話實例二： 中學（職業類科）的師生對話一則

老師： 讀書的目的何在？(「理想型對話」)

甲生： 在於獲取知識，讓自己將來找到好職業，過好生活。(「理
想型對話」：據作者訪問小學教師的結果，發現現在的小學
生已經沒有人想當教師，甚至醫師，卻想當歌星或政治人
物，尤其認為當總統或立法委員都是很好的職業。)

乙生： 我爸爸是董事長，我家也很有錢，根本不需要我為賺錢去
唸書，我爸爸說，唸書只是為了有個學歷。(「思慮型對話」：
此乃針對掙脫現實的困境採取的行動方案。)

老師： 如果你要好好經營你父親的產業，也應該具備基本的經營
理念，否則可能無法好好經營你家的事業！讀書的目的除
了賺錢之外，就沒別的了嗎？(在此對話中，教師雖已經盡
可能的客觀，但仍未意識到應該自省「教師的觀點都是對
的」之價值觀，若教師不將此價值觀先解放，則師生的對
話仍無法在一個自由平等的情境中進行，因此此對話中不
僅存在對個別問題提出解決可能性的「科學型對話」，也有
對現象加以價值定位的「評鑑型對話」，此外，也接續了學
生乙之「思慮型對話」。)

丙生： 讀書的目的若不是為了賺錢，難道是像書上所說的：「做個
堂堂正正的國民」嗎?！(從學生不信任的眼光可以猜出學
生根本不相信學校或書上說的那一套，但仍與教師進行「思
慮型對話」、也加入個人判斷之「評鑑型對話」。)

丁生：如果讀書的目的都為了做個堂堂正正的公民，那麼為何社
　　　會上學歷愈高的人，所犯的罪行愈大？而且具有碩、博士
　　　學歷的官員也有不少貪官污吏！沒唸什麼書的人，也很具
　　　有正義感和愛心！（「科學型對話」和「評鑑型對話」）

戊生：現在的社會很亂，又很勢利，如果沒有錢就會讓人瞧不起，
　　　所以賺錢應該比讀書重要，如果讀書無法賺到錢，那讀書
　　　有何用！（「評鑑型對話」）

己生：就是因為社會很亂，道德淪喪，所以我們讀了書以後應該
　　　用來改善社會的風氣，這樣社會才會更好。（「理想型對話」，
　　　此時學生中有多數人做出噓聲，並有人敲桌子，班上一陣
　　　騷動。）

老師：（要大家安靜！）讀書的目的很多，有近期、中期和長期的
　　　目標，而且透過自己的能力，以適當的手段去賺錢，不但
　　　能自力更生，以減輕社會的負擔，也能奉養父母，盡一分
　　　為人子女的孝道，這不但有助於社會的進步，也能隨著你
　　　們做出的好榜樣，漸漸改變社會風氣，也許有一天，社會
　　　就會因為你們而更好了！（班上又一陣騷動和噓聲，教師苦
　　　口婆心採用「理想型對話」和「思慮型對話」，但似乎無法
　　　進入學生的價值觀中，師生之間的對話表面上談論共同的
　　　事，實質上卻毫無交集。此種對話若常在師生之間發生，
　　　則師生之間便易產生彼此的疏離。）

庚生：老師！您的話聽起來很好聽卻一點也不切實際，而且我們
　　　不喜歡老師說教的感覺。老師當初去唸書時，是不是就立
　　　志當老師呀？不知老師對社會有什麼貢獻？現在社會上不
　　　是都和老師一樣受過教育的人嗎？怎麼社會反而不如從
　　　前？！（「思慮型對話」和「評鑑型對話」）

（全班喧騰，老師莞爾一笑，無奈感一湧而上！）

　　由上述的師生對話中可以發現，華戎的對話類型可以協助教師自省教學語言的適切性和有效性，但是，也可以從實際對話中，看到經過科學和評鑑對話之後所提出之處方，也未必能發生作用。分析上述的對話，我們也可以瞭解處方所以未能發生作用，乃由於對話雙方認知或文化價值觀的差異所致，因此若欲從對話中取得共識，則在對話之前必須採用分析哲學的方法，先釐清對話中的關鍵語言和概念，否則會形成各說各話的情況。詳言之，每個人皆須盡最大可能，考慮個人需求和利益，思考各種可能性，如此方是對自主性的最大支持，及符合教育培養學生自主能力之目的 (Fletcher, 2000: 120)。一言以蔽之，教育的「理想對話」首應對話雙方解放自己的價值觀。

　　師生對話的形式未必截然相同，共識也可能永遠達不到，但是對話的雙方應理解對方的話語與意見，而非讓教育對話成為說服他人，或將自己的信念強加諸他人身上的活動。質言之，語言所涵蓋的經驗與思想，不僅及於個人內在生活世界，也反映其社會的規範，和主、客體間的關係，故從對話類型中也能判讀權威之所由自，亦有助於個人從被「普世價值」❶❹宰制的牢籠中解放出來 (Fletcher, 2000: 78)。

　　欲解放價值觀，除了借助傳統之理性啟蒙方法，以化解對「普世真理」(totalizing truth) 或「鉅觀理論」(grand theory) 的迷思概念外，開放心靈更是開啟自閉心靈、解放價值觀，尤其是挑戰「正統」權威的鎖鑰。

　　理解不是可以孤立的「認識」，也不是個人的具體行動，是人存在的一部分，人生也是在此不斷理解的組合解構和重建過程中進行著。

---

❶❹　「普世價值」或「鉅觀理論」乃指一種認定世界存在普遍真理，或認為採用某種理論即可以完全掌握世界的觀點，故欲尋求普世真理或建立此鉅觀理論，則需要採用普世的方法，而此普世的方法常常就是指自然科學的實證和實驗方法。

所以說，「人生幾十年的成就，都是由每一天的言行累積而成」（釋證嚴，2001, 2002: 192）。同理，只有不斷把自己「投射」出去，承認並意識到存在的新可能，人才作為人而活著；人與人之間的理解亦然，故理解是隨著情境和對話而不斷彰顯，故對話雙方心靈開放是相當重要的。

依格頓（Eagleton，鍾嘉文譯，1988: 82）也強調，對話雙方應抱持開放的心靈，此等態度也是教育工作者應具有的基本倫理。人不可能永遠與自己完全同一或同步，反而常常被拋擲到自己的前面，所以應該勇敢的承認自己的有限性，才能接受自我的存在絕不是已經完成的客體，只是個有新發展的未定局。人類的生活所以有希望，正是基於此未定局的可能性，此可能性也常為教育活動中的可塑性，也是人類潛能的開發。

若此，教學活動的主軸不應再以教科書為核心，更不應視教科書為唯一的學習內容，更重要的，要充分利用有限的學習時間，培養學生自我學習的能力。就此而言，教學不應偏限於教科書的內容，教師也不應總視學生為不成熟者，只強調及格與高分，卻忽略教育制度和活動都應該受到質疑，同時，教師應鼓勵學生盡情的、自由的表達觀點，更不用擔心學生自由表達將會挑戰教師專業權威，但是提升學生自主學習能力和批判反省能力時，教師自己必須不斷地學習，而不是一昧地在學生面前坦承無知和有限；至於班級經營方面，上課次序的維持不再是教師關注的首要重點，而應更在意學生是否真正投入學習之中。一位具反省力的教師應該常常自問上述問題，並藉之尋求改進教學品質之方。

三、開放心靈是超越心靈教化的指標

教師顯現於外的權威有其不同的意涵。舉例而言，凱撒 (Caesar) 帶兵時的軍紀良好，但是當這些軍紀良好的兵在凱撒死後由另一位將軍

帶領時，是否仍會如凱撒帶領時一樣的服從軍令，則就不得而知了。此問題的關鍵繫乎凱撒手下的兵將是因為凱撒的軍威而服從，還是凱撒的軍隊已經產生自律的軍紀而定。若凱撒的將兵皆是畏於凱撒的權威而不得不服從時，則可以想像一旦凱撒死後，將兵們就不會再守住凱撒的軍紀，除非他們再遇到一位像凱撒一樣有軍威而讓他們懾服的人。

師生之間的權威亦是如此。若學生服從教師的原因是基於其對教師發自內心的佩服，則此等權威似無不當處；反之，若學生只基於教師傳統或法理權威就絕對的服從，則學生不是昧於權威就是自欺欺人。路克等人 (Harold Loukes, John Wilson & Barbara Cowell) 也對此等盲目的服從提出批判。他們說：若只訴諸權威的管教，則學生將無法把規則納入其內在的價值體系中……故該讓學生看到規律背後的理由，而非僅停留於規律的內容 (Loukes, Wilson & Cowell, 1983: 46, 49)。此觀點明確的點出教育中主體性的不可或缺。

費爾巴哈 (Ludwig Andreas Feuerbach, 1804–1872) 以「能動性」(noesis) 和「受動性」(noema)❶❺解釋主體潛能的實現，頗可以用來解釋人與學習之間的關係（郭湛，2002: 49–55）。「能動性」與「受動性」的概念不僅可以解釋人類潛能的實現，也可以用來瞭解人與世界之間的關係。析言之，人類的內在慾望和需求激發人類為其理想而征服自然，然而自然卻也因為人類的過度開發和無盡的摧殘，開始反擊人類，電子科學的發展，基因科技的發現，對於人類社會既有的倫理已經產生前所未有的衝擊。緊接著狂牛症之後，2002 年席捲全世界的急性冠狀病毒 (SARS) 和禽流感，以及複製羊等一波波人類從未經驗的事件接二連三的發生，人類是否能夠掌控這巨大的科學巨人呢？對於人與世界（自然）的關係，教育又應該立於何種立場？扮演何種角色？

---

❶❺ 「能動性」指視人為其意識的主體 (agency)，故具有主動性，相對的，「受動性」則指一外在的客體。

　　若慾望 (appetite)、激情 (passion) 和理性是構成人類智慧的三大要件，則對於人本身和所處環境的探索都會運用到此三大要件，因此，教育活動也有開展人類此類知能的必要。十八世紀的休姆 (David Hume, 1711–1776) 於《人性論》(*A Treatise of Human Nature*) 雖然以機械論的角度闡述人類心靈的本質，隱含著人類心靈與自然界之間相互呼應的關係，但是其極端經驗論的不確定觀點，卻導致人類對於真理和世界的懷疑。因此無論人類如何開展自然，任誰也無法確立已被驗證者即為真理，此清楚地說明人類理性的侷限。若此，則人與自然之間最佳的相處方式應該是找到雙贏的方式。簡言之，人與自然必須和諧共存。為達此目的，教育一則應該發揚主動的心靈能力，另一方面也需要尊重人類尚無法望穿的自然。前者需要開展人類的理性，後者需要激發人類的愛心。

　　就教育活動言之，教師不僅應該讓學生知道所以和所以然，以及如何做的技術能力外，更需要重估人文主義的價值觀，別讓歷史因為人類持自我中心論的無知而終結。1989 年柏林圍牆的倒塌或許是人類發展單面向理性的警惕。資本主義社會結合科技的發達，造就社會的財富，卻帶來社會的不正義，此不正義不僅是人與人之間的不正義，尚包括人與自然環境之間的不平等對待。由此可推，教育對於人文之陶冶，如前所述，尚未能舒緩善念和慾望衝突所造成的緊張。此從教育活動中充滿的威權和教育所偏重的功利思想就可以看得很清楚。

　　若教育不讓學生理解規範的合理性，更不讓學生參與規律的制訂，只是不擇手段的要求教學成效，則舉凡關於生命律動的活動將被排除在教育範疇之外，繼之，透過思考、討論與論證等較花時間，卻有助於創造人類潛在智慧的教學就會隱而不現。易言之，教學將忽視學生的生命是否融入教材中，也不關心學生能否在學習過程中建構自己的價值觀，反而會沉迷於權力和利欲的追求。如此的教育又如何能引發人類的善性？

　　李察森 (Virginia Richardson, 1940–) (Richardson, 1997: 10–11) 於《建構論者的師資教育》(*Constructivist Teacher Education*) 一書的首章即提及，教師一開始可能尚難拋開其原來依照學生年齡而教的原理原則，也不易改變早已習慣了的「諄諄教誨」與「苦口婆心」等方式，因此，一旦遇到需要進行開啟學生情性的教育時，可能引發這些「在理念上尚未準備好」的教師在教學上產生理念的混淆，可能質疑自己是否正在從事教學？一言以蔽之，欲培養學生的人文素養，必須先培養具有人文素養的教師。有人文素養的教師需要具備的核心價值包括自由、公平和合理性 (Halstead, in Carr, Ed., 2005: 111)。此論點雖非新論，只是再唱古希臘的文雅教育——教育不在造就學生成為一本百科全書，而要培養其智慧和人性（德行），但卻也指出目前台灣教育在此方面仍有待加強。

　　文雅教育的核心雖是理性的開展，但卻不是「失心」的理性。波伯 (Popper, 1997) 所主張之「透過知識以獲得解放」之知識，不是記憶、背誦或為考試而死讀的「教科書材料」，而是需要透過論辯與對話方式求得甚解的、具個人生命脈動的「真知」或價值觀，此等價值觀猶如科學知識一般，必須不斷的接受挑戰。自英國劍橋大學退休的赫斯特 (Paul H. Hirst)，對於「文雅教育」也抱持不斷接受考驗，不斷追求進步，不斷自省與重建的觀點 (Hirst, in Barrow & White, Eds., 1993: 77)，此觀點明顯地並非只停留於古希臘文雅教育的意涵與內容，而加入現代自主性和公平性的概念，尤其是批判的觀點。

　　透過思維人類可以意義化原來毫無意義的資料，並使知識化為智慧。近年來所提倡的 ACT–R 學習法與批判性思考教學，乃將知識轉化為智慧的重要學習方法。所謂「ACT–R」法，即「理性適性法」(Adaptive Character of Through-Rational)，意指配合個人理性思維特質的學習方法。該法於 1993 年由安德生 (John Anderson) 提出（引自 Richardson, 1997: 69），主張學習應符合學習者認知性建構理念的模式，而且也是

最廣袤的記憶與認知方法。

依據安德生的主張，ACT–R 法主要奠基於問題解決教學理念，並透過做中學加深記憶。安德生將知識分為敘述性知識（如事實與概念等）與程序性知識（如技術性知識），其 ACT–R 法即整合此兩種知識。ACT–R 法雖然可以增進學生的理解，也有助於維持較長時間的記憶，並可增強問題解決的技術，惟 ACT–R 法對於價值觀的確立或人生觀的重建，仍難發揮實質性功能。因為 ACT–R 法並未強調將對話、論辯、比較、反思與解放置於核心價值觀的意識型態上，反而偏重記憶術與問題解決術，足見該法亦將價值體系的學習化約為技術面的手段，而非意義的審度，這也是其偏重技術，卻欠缺精神和價值觀確立所顯現的缺失。誠如脫米（Simon Tormey）和童憲（Jules Townshend）所言（Tormey & Townshend, 2006: 167），互補的平衡觀點必須兼顧技術面與價值性，此也是批判性思考所強調的辯證精神。作者近二十年來受到德哲哈伯瑪斯批判理論哲學思想的影響，也考察英美國家教育活動和政策等的教育改革之進行，尤其看到美國教育系統性地推展批判性思考教學的情況，反思國內教育的應興應革處，更確認批判性思考能力的提升與精神的培養，乃台灣教育改革的重要方向之一。

為建構批判性思考及其教學之理論，作者曾撰寫《批判性思考教學——哲學之旅》、《皮亞傑與批判性思考教學》等書，也在國科會協助下進行兩年的相關研究，並實地赴各縣市和學校，對教師、行政人員以及領導者進行理念的解說和實務的討論，不僅教育界，醫學界也對此相當重視，此等迴響對於作者致力於推展批判性思考教學的理念與實際而言，是莫大的鼓勵，尤其看到不少學者和研究生加入此方面的研究，倍覺欣慰。然而，批判性思考教學之推展需要更多人共同來參與，也需要形成有組織的團體來推展，期盼有興趣的學者或教育界同仁能共襄盛舉，使國內教育早日走出疏離、乏人味兒又功能不彰的陰影。

　　所謂「批判性思考」乃指一位具自主性自律能力者所從事之心靈辯證性活動。此辯證性的心靈活動計有質疑、反省、解放與重建四種過程與能力。此四大過程與能力猶如認知、情意與技能之劃分一般，並非各自獨立的活動，而是從事辯證性思考活動時所採行的步驟，故其在理念和本質上均是四位一體，是一個步驟緊接著一個步驟的綿密思考過程。

　　「質疑」在於對尚未有充分證據之理念或事物暫時「放入括弧」，以免因為一偏之見或驟下斷語而誤判真理。可見質疑並非為反對而反對，而是對真理的掌握抱持更審慎的態度。質疑既起，則需做積極有序的找尋證據，比較、分析理由與證據的合理性與正確性，此即「反省」的功夫。人類極易受到根深蒂固之價值觀或意識型態的影響，導致未能客觀審視證據與理由，因此在反省的同時，亦需把自己原有的價值觀暫時放一邊，以免影響我們的判斷，此過程稱為「解放」。一件事情、一個信念、意見、或是一個判斷，經過質疑、反省、解放的過程後，所採取的判斷應該是較為合理的。此判斷後所得的結論即納入價值觀的深核中，成為不易動搖的價值觀，此過程即為「重建」的活動。重建有三種可能性：㈠原有的價值觀再度受到肯定，此時我們對於自己何以持此價值觀也更清楚且確定；㈡修正部分的價值觀，即發現原來價值觀存在部分的錯誤並修正之；㈢完全更新原有的價值觀，此乃基於發現原來持有之價值觀是完全錯誤而更正之。

　　然而，有鑑於人類的有限性，批判性思考必須不斷隨著人類背景知識和所面對問題之不同，而持續的發展，並非一蹴可成，更非一勞永逸的能力。例如，對於一位不會開車的人，由於對車子的性能一無所知，縱令具有批判性思考能力，亦無法發揮該能力去修護車子。因此進行批判性思考教學時，不但批判性思考的方法需重視，背景知識的教導亦不可輕忽。上述之 ACT-R 學習法則，頗適合用來充實背景知識的教學，但批判性思考教學除了背景知識外，亦需要強調將所學轉

化至日常生活中的轉化能力。

　　本章自探討人之本質開其端，再結合經驗主義與理性主義觀點，點出知識與智慧間的關係，最後藉著省思教學中的威權，以及討論與對話的類型，引介 ACT-R 學習法與批判性思考教學，試圖衝破傳統教育之窠臼，找尋超越教化心靈的智慧。

　　楊深坑（楊深坑，1997: 184）亦指出：「人類在啟蒙的世界歷史過程中，原來意在解除神話、宗教、迷信，而勇敢的運用理性，來追求人格的自律與自主。」人類追求自律性自主的終極關懷雖是美好生活，但此自律性自主的人格特質，除了是成熟者的表現外，更是智慧和德行的再彰顯。雷德提及，

> 叛逆、不守規矩與開放對教師而言，均是挑戰。而且教師很容易在學生面前板起教師權威，視學生那些和傳統不同的行為或想法，是衝著教師權威而來的挑戰性舉動 (Reid, 1962: 155)。

　　若教師無法改變學生不可有叛逆行為的傳統理念，則要期待教育從傳統的知識教學，轉化到培養學生自主性自律人格特質與批判性思考能力，恐將因教師權威性意識型態的無法解放，而造成「認同與殊異相互撕裂」的傷痕（溫明麗，載於潘慧玲主編，2003: 5），也勢必緩慢教育變革的腳步。

　　綜上所述，台灣的教育需要重拾古希臘「知即德」的人文教育「原味」：追尋智慧和德行應該取代知識的儲存；再者，古希臘文雅教育的學習氛圍，將有助於讓學習不必受限於學校圍牆之內；教學的內容，也不必隨著教科書的「標準」答案起舞，甚至也可將考試短暫地拋諸腦後，讓超越心靈的智慧湧現在教育主體的生命中。

　　二十一世紀的文雅教育雖然可本著古希臘的本質，但形式上和內容上均需要以批判性思考不斷地省思，逐步建構課程與教學之合理性，如此才能讓回歸文雅教育的理念，並有助於解放人類長久被科技或物

慾淹沒物化或疏離的本質。質言之，如何能從傳統與現代的辯證中，找到去蕪存菁的辯證合，又能避免完全「回到從前」的窘境，端賴人類智慧的指引。

　　智慧的高峰經驗不會來自漫不經心的偶發、希冀或幻想，只是無論是否承認神或形而上之超驗理性的存在，人類總應不斷面對困境並解決問題；若能以理性解決問題，以情性書寫人生，則縱然不能完全擺脫科技命運的宰制，也會減輕困惑與痛苦，因為心靈是自由的，而自由乃人生最珍貴，且又是最持久的快樂與幸福。只是對於未曾經歷過人生無奈的人，不知能否體悟心靈的自由與自主所牽引出來的快樂與幸福！

智慧心靈的禮讚

河流總有上、下游：

下游，溪流匯合之所，

不是有容乃大，只是因為

那不經意的因緣際會，

與那不經心又任性的墮落，

使得陸地與山坡也有些沉淪；

當然

沉淪的陸地與山坡起先並無知覺，

但是這個麻木的不知覺，

卻得賠上近半生的生命，

去贖罪、去容忍、去受辱，

總之，安於天命的去承受。

任誰也看得出

這絕不是出於自由意志的

　　　贖罪、容忍與受辱，

　　　　　但是

　生活在這個連一隻螞蟻——一隻小昆蟲

　　　都是忙進忙出的平庸中，

　　　　在一年的四季裡，

　　有誰能專意地傾聽大地的怒吼？

　又有誰能為沉默的羔羊發出正義的吶喊？

　　　　不是埋怨大地的軟弱，

　　　　不是隱藏真理的投降，

　　更不是求助沉睡谷底的救世主，只是

　　　　努力的規避宿命的鎖鏈，

　　　　盡情的在幻夢中啃噬，

　　　　　　我明白

　　　夏日炎炎下烘焙過的乾沙

　　　　　是灼熱燙人的，

　就像以痛恨去戮殺命運中頻仍出現的瘋狂，

　　　　　　　最後

　　　野蠻並未阻止惡運的如影隨形，

　　　終於，終於我明白

　　恨火只會讓您二度死亡，只有

　　　躺臥在卑微、飄泊的苦範下，

　　　　貶抑地鏤刻心靈的不朽，

　　　　才能讓理性的心靈，

　烘乾犧牲者被蜇痛的斑斑血淚，才能

　　彰顯真、善、美、聖的神采，讓

　　　心靈的蒼穹永遠巍峨高聳！

>>>>

Chapter 4

教與學——理性溝通與生命交流

人生問題數籮筐
經驗回應論安詳
復說情性不再讓
愛情無理是瘋狂
化育智慧德在行
歡喜做來甘願償

[前 言] »»»

　　第二、三兩章已經闡明教育與哲學的關係、傳統教育哲學的重要觀點，以及教育目的，並將教育目的定位在理性、德行和關懷的追求，此理性、關懷與德性的總其成就是智慧；教育素質愈高，其所彰顯的智慧就愈圓熟。

　　如前所述，教育哲學乃由教育與哲學兩個獨立，卻又相互依存的學門結合而成，故由哲學的本質瞭解教育目的，或由教育活動本身掌握教育目的皆有其合理性。該章論及教育哲學和教育目的時，雖然也提及重要教育哲學家對教育內容和方法的觀點，並簡要的提出對台灣教育改革的淺見，但大抵立於知識論的角度，故本章從價值論的觀點，圍繞教學活動，闡述教育目的、教學和教師自省等課題，期能進一步釐清教育工作者的使命。

　　湯梅英 (2002) 從班級的微觀和教學的巨觀層面分析教學的概念，認為教學是雙方的活動，包括教和學。作者也同意湯梅英的觀點，而且本章基本上是立於教和學是一種師生之間的對話、交流和生命交融的基礎點出發，因此，教學更不是單方面的活動，縱令教和學存在獨自活動的空間，但那只是教學活動的前置性或後續性活動，而不是教學主體本身。金生鈜 (1997) 也提出「教學是一種對話」之說。

　　謝富樂 (Israel Scheffler, 1923–) (Scheffler, 1960) 主張教育活動應該在自由自主狀況下，為幫助年輕人具有批判能力 (critical power) 所進行的含有知性價值的活動。由此可知，謝富樂雖然沒有明確定義何為教育，但基本上他所強調的是知性價值的教學活動，他 (1960) 強調，教學活動必須能夠消除無知、臆測、拖拖拉拉 (procrastination)、不適切 (irrelevance)、健忘、笨拙與負面的能力或情緒。教育的知性活動不限於彰顯於外的行為，教師有時亦難以看出學生學習問題的癥結所在。

這也是何以教育或教學評鑑會走上行為主義之途。

行為主義旨在符應明確、具體和客觀的要求，但此等行為主義的作法卻無法評鑑學生內在心靈層面的發展，行為主義的教育和教學捨棄難以客觀評鑑的心靈世界，長此以往，教育乃被考試的方式和制度帶著走，加上「一年樹穀，十年樹木，百年樹人」的人力資源投資與資本主義社會所追求之快、狠、準的目標背道而馳，行為主義的教育和教學遂難免淪為政治與經濟刀俎下的魚肉。

然而無論教育或教學之途如何艱難，身為教育人絕對不能悲觀，更不能消極，反而需要本著教育的良知良能，為社會、歷史和文化擔負起造就理性心靈、提升德行修為的任務。水往低處流，人往高處爬，是人之常情，但是教學是師生生命交往的活動，師生不是利益的關係，不是爾虞我詐的關係，而是真誠以對，相互扶持的關係。

教育中有若干隱喻或口號可能因為其本質晦暗不明，乃至於被誤解、誤用或濫用，例如，杜威的「教育即生長」就常被質疑偷竊技術的高超，放羊的孩子只要不騙人三次，只騙兩次就不會被識破等，是否也是一種生長？另外，在台灣的社會中常有「不要輸在起跑點上」、「學琴的孩子不會變壞」等的口號，似是而非，極容易成為商業廣告的代言。為避免陷入隱喻或口號的操弄，教學時除了隱喻或口號的特質必須盡可能地呈現出來外，更重要的是在教學過程中必須提升學生的批判能力，成就其理性心靈，幫助他們意識到口號和隱喻的負面意義，而非一昧地在他們的頭腦中「塞入」一些資料或廢物。

質言之，我們需要重新思考：教學的定義和本質為何？教師如何看待教學？教學、社會、文化與個人發展之間的關係為何？教育工作者如何看待受教育的學生？教學是個人的學習和成長？抑或強化整體社群的社會化？教育孩子成為國家、社會與文化的傳承者？抑或追隨時代的浪潮走？教育應守住傳統的知識，傳承文化？抑或創造與更新文化？應鼓勵仿效與競爭 (emulation)？之獨善其身？抑或兼善天下？

教學主旨應是學習知能？抑或學習做人？學習知識內容？抑或學習如何學習的方法？以知識為本？抑或以德行為要務？是理解為重？抑或記憶為先？這些問題的思考點都與教育和教學的本質息息相關，也是本章論述教學時會觸及的重點。

第一節 教學精神的緣、援與圓──教書 vs. 教人

　　如上所述，教學是一種相互對話、彼此成長、經驗分享、共同追求人類生活進步與文化發展的活動，對話、分享的內容不是一元，而是多元、複雜且具變動性。然而教育中的對話必須符應教育理性啟蒙和人文關懷的本質，故教育的對話不同於日常語言的情境式和偶發式對話，而是有目的、有價值、也具有認知意義的理性活動。

　　因此，教學活動無法像實驗或實證科學一樣地可以完全掌控，或有普遍的規律可循，尤其關於心靈成長的部分，就更難拿捏，也無法作整體性 (totality) 的把握。所以，教學活動難以避免地將存在若干因為人或環境因素所造成的扭曲、失誤或失敗，而無法達成教學預期的目標。此一則彰顯教學的複雜性，另一方面，也突顯教學主體（人）的多面性和動態性。以下從教書與教人的觀點闡述教學的多面性和動態性特質。

一、教學的多面性與動態性

　　教學活動猶如人的一生，隨時都存在危機和轉機，而危機與轉機不是絕對的，而是一體的兩面，惟看人類如何化解危機。任何社會的變革，教育政策的更迭易制，課程的改弦更張等，都可能導致教學的變革，也都可能為教學帶來危機；但這也是教學創新的良機，因為教學若一成不變，很容易成為一池死水，教育將喪失生命動力，教學也將無法彰顯生命互動的活力；相對的，一旦原來教學的方法或內容遭

受衝擊且必須有所變革時，教學將重新注入新思維、新生命。這就是何以教育需要時時交流，以維繫教育新生命與動力的主因，尤其在資訊科技發達、知識爆炸的今日，人與人之間的交往雖可不受時空的限制，但人與人之間的關係也因為機器代替人工而愈加疏離。然而教育活動畢竟是人的活動，也是理性的交流與情性的交融，故更需要掌握教育的本質，方能發揮教學的真正精神；否則一旦教育場域中充滿「好為人師者」、「人人是我師」或「書中皆真理」的悖論時，教學就更容易因為欠缺清楚的方向，或濫用毫無自主的思考和批判，導致反教學或反教育的現象。若如此，則教學者和學習者都可能只為了眼前的私利，或逞一時之快，或趕時尚，遂難以發揮睿智的判斷。人生的本分和社會角色責任也可能頓時喪失。此即教育何以需要擔負社會道德之維護和文化發展之因。

然而教學的面向猶如人生百態，多而複雜，若欲建立某種規範為其依歸，實為不易，甚至不當，但是教學活動不能完全沒有章法，因此本章特別採取批判性思考的方法，試圖在規範與複雜之間找到一個教和學都需要且可接受的通則，以深入剖析教育活動中兩個最重要的部分──教與學，期能找出解決與因應教育危機之道，讓師生在教學活動中不僅能分享知識、創造知識，更能交流生命，豐厚文化。

教學應該超越方法。此所謂「超越方法」是隱喻的概念。質言之，教學不能像實證科學一樣的變成沒有生命的活動或只是製造產品。易言之，教師不能視學生為客體，而應尊重、並啟迪學生的主體性，如此教學活動較不容易陷入佛瑞勒所說的「存取式教育」(banking pedagogy)，視學習為儲存知識的活動；相反的，教學應是批判的歷程和結果，在此歷程中，師生的活動是透過廣義的對話而達成理念和心靈的交往與溝通。

透過對話可產生下列四大功能：

第一，突破僵化和權威。

第二，作為自我意識型態或價值觀解放的觸媒。

第三，避免師生雙方關係決裂或兩敗俱傷，而營造雙贏的先機。

第四，有助於營造人文和民主的組織文化。

質言之，教學活動中若不再對知識權威存有迷思，不再視教師是絕對權威的表徵，也不再要求學生服從權威，反而培養學生為自由思考的自主性自律者，則師生之間的理性溝通與心靈的交流便可以自然地發生，此時師生關係雖然也屬於廣義的政治關係，但卻不再是壓迫者與被壓迫者的不對等關係；縱令教學活動雖仍以「教科書」為本，但已不再視其為不可超越的唯一真理，如此也可以避免無謂的「講光抄」或「背多分」的刻板活動；反之，教師不僅能以學生為主，且更能視學生為教師，彼此分享知識、經驗與生命。教學活動不再只是單一而是多元、多面向的涵蓋生活的各個面向的活動，並隨時出現蘇格拉底式的詰問和對話。如此一來，教學不但因為豐富了生命的多元性，也因為生命的多元交流而生動活潑，更因為與生活結合，故不會流於「死」讀書卻無法自己形構價值觀的現象。

從下述龜兔賽跑新版本的寓言故事中，我們更可以獲得教學應該是師生雙贏的活動，且在此雙贏活動中，更憑添諸多生命共振產生的無法預測的智慧交會和深厚的師生情誼。

新版龜兔賽跑

從前，有一隻烏龜和一隻兔子在互相爭辯誰跑得快。他們決定來一場比賽分高下，選定了路線，就開始起跑。兔子帶頭衝出，奔馳了一陣子，眼看自己已經遙遙領先，心想：縱令自己在樹下坐一會兒，放鬆一下，然後再繼續跑，都不可能輸給烏龜。此念頭一閃過，兔子很快地在樹下就睡著了，而一路上笨手笨腳走來的烏龜不知何時已經超越過兔子，而成為最後的贏家。等兔子一覺醒來才發覺自己輸了。

　　這個故事給我們的啟示是：緩慢且持續的人會贏得比賽；自傲草率而輕敵的人終究會嘗到失敗的苦果。這是從小伴隨我們長大之龜兔賽跑故事的版本。(但最近有人告訴我一個更有趣的版本，也與本書所強調之教育理念相呼應，故轉述於此，供大家一起思考教學的真諦和意義。故事是這樣發展下去……)

◇

　　兔子當然因輸了比賽而倍感失望，為此他做了些缺失預防工作(根本原因解析)。他很清楚，自己之所以輸給烏龜乃因太過輕率，過於輕敵、大意和散漫。如果他不認為一切都理所當然，自己是不可能被烏龜打敗的。因此，他去找烏龜要求再舉行另一場比賽，而烏龜也同意。

　　此次兔子全力以赴，從頭到尾，一口氣跑完，領先烏龜好幾公里而贏得比賽。

　　這故事的啟示是：動作快且前後一致的人將可勝過緩慢且持續的人。

　　同理，若在你的工作單位上有兩個員工，一個工作速度緩慢，但能按部就班，且相當可靠；另一位則是動作快，辦事也算牢靠，那麼動作快且牢靠的人會在組織中一直往上爬，也會比那位緩慢且按部就班辦事的人陞遷得更快。總之，緩慢且持續固然是不錯的員工，但動作快且牢靠將更勝一籌。

　　(這故事還未到結局。這下輪到烏龜自我反省失敗的原因及解決的策略。烏龜很清楚，若照目前的比賽方法，他是不可能擊敗兔子的，如果你是烏龜，你會怎麼做呢？)

◇

　　烏龜想了一會兒，他決定找兔子再進行另一場比賽，但是他提出要由他來選擇比賽路線。兔子也同意，於是另一場比賽就這樣開始了。

　　兔子記取自己曾經歷的教訓，於是他從頭到尾一直快速前進，一點都不敢輕敵，也不敢怠惰，一路高速奔跑，直到碰到一條寬闊的河流時，兔子傻眼了，因為比賽的終點就在河對面幾公里外的大樹下。

　　兔子呆坐在那兒，一時不知該怎麼辦。不知坐了多久，烏龜從遙遠的地方正姍姍而來，他爬過兔子眼前，「撩」入河裡，不徐不疾地游到對岸，終於贏得此次的比賽。這故事給你什麼啟示？如果你是兔子，你會心

服嗎？你會怎麼辦？

　　從此故事，我們瞭解，要能獲得最後勝利的首要之務是先辨識出自己的核心競爭力，然後找出適合自己競爭力的競賽場所或類別，以充分發揮自己的專長。

　　因此在工作場域中，若你是位能言善道的人，則獲得勝利的方法就是設法為自己創造自我表現的機會，俾出類拔萃。反之，若你擅長分析，則你可以對公司先進行若干讓公司發展或勝出的分析報告，讓自己有機會為公司立下汗馬功勞。總之，開展自己的優勢（專長），不僅能讓自己事半功倍，也能創造服務社群的成長和進步。

　　（本節所闡述的龜兔賽跑的故事尚未結束。）

　　經過數度的比賽後，兔子和烏龜成了惺惺相惜的好朋友，他們也很客觀地自省，也清楚地瞭解彼此在比賽中可以獲勝的關鍵。同時，他們也發覺，他們的勝利總是建立在他人的失敗中，而且如此下去，比賽將會永無止境，到最後可能因為執著於個人的勝利而破壞彼此的情誼。因此，他們討論的結果，決定再賽一場，但是兩人合作組隊，和自己的紀錄競賽，不是和對方比賽。他們一起出發，兔子扛著烏龜一直跑到河邊，然後由烏龜接手，背著兔子過河。到了河對岸，兔子又再度扛著烏龜，最後龜兔一起抵達終點，而所用的時間比起前幾次都來得短。他們終於體會了，自我實現的真諦。

　　讓自己擁有堅強的核心競爭力，爭取優異表現固然不錯，但除非能與團隊成員同心協力，藉著自己的核心競爭力，彼此提攜、相互協助，否則一時的成功更可能讓彼此的關係更為對立、衝突或疏離；更何況「人外有人、天外有天、能人背後有能人」，能欣賞他人優點者才是真正的領導者，也才能發揮人性真正的光輝。團隊合作的本質彰顯出關懷和權變領導的精神，同時，人是有限的動物，個人的能力必須在團隊和長期的願景中適切的發揮，也才是社會之福。教學不只是知識或技能的習得，更是人品的提升，故尤其應彰顯人文素養。

　　從上述故事的省思中，我們感佩兔子和烏龜在遭逢失敗後，都沒

有就此放棄追尋成功所做的努力：兔子決定更加自制，改進自己的缺失，烏龜則選擇改變策略；而最後他們都體會到團隊合作才是真正的成功。

同理，當我們失敗時，有時更需要自我反省、自我惕勵；有時則需要改變策略，嘗試不同的抉擇；更應記取，人是社會動物，不能離群索居，應該彼此合作，相互疼惜，不是互相傷害。師生之間、同儕之間更應如此。尤其今日社會道德淪喪，短視之風披靡之際，教育更應該在教學活動中揮舞人文的大旗，彰顯生命的智慧。

進行教學時，要能採取師生對話的方式進行，進而達到生命的交流，必須具備先決條件。析言之，引發師生對話的條件如下：

㈠建立良好的師生關係：即亦師亦友，或相互信賴的關係。

㈡確立對話的共通性目的：即對話的目的不是自我彰顯，而在於除蔽或真理的追求，即透過對話，讓真理更為彰顯。

㈢對話必須在師生對等的情況下進行：此所謂「對等」指師生心理上的彼此平等，以及相關背景知識的可對話程度，此亦是詮釋學所強調的「視域融合」之境。易言之，師生之間要能彼此對話，有賴對話所需要的背景知識達到某種程度的彼此相當，否則不是難以對話，就是一方的知識權威可能壓抑另一方的自由思考。就此而言，不是所有的教學活動都是對話，教師必須瞭解，對話的教學不僅教師心中要有學生為主的概念，也應該努力協助學生具備與教師對話所需要的知識，和語言溝通的技巧和能力。如此才可能免除因為背景知識的差距，造成對話雙方產生階級的不平等。

㈣自省與批判能力的提升：對話的雙方都必須自我提升，理性地自省，開放自我的心胸，尊重他人的理性思維，並不斷解放與重建自己的價值觀。此猶如羅素 (Bertrand Arthur William Russell, in Slater (Ed.), 1997: 69) 所言：信念是獨斷的，因此需要批判，但是在批判的同時，我們也需要尊重和容忍他人的信念，就此而言，批判的基礎在於

反躬自省。一言以蔽之，沒有自省，即沒有批判。

批判鼓勵彼此的對話，對話也暢通批判的管道。以對話取代講述的教學概念，其中隱喻的意義多於被視為原則的價值，但對話的教學的確清楚透顯出教育的本質不是目的和手段的關係，而是相互理解的歷程和結果。在此對話過程中，不是個人的獨白，而是價值觀或意念的傳達，也是主體存在的彰顯，更是心中有「他者」的具體表徵。此等觀點即「把自我視為他人，並由之意識到自我、且不斷反省自我，並逐漸瞭解與開展自我」(Bakhtin, 2001: 308) 的人文精神。

當教師視教學為對話時，教師的理性已經意識到教學活動不再是「壓迫者與被壓迫者的關係」(Freire & Macedo, 1995: 22)，而是融合關懷和德行的交往，是生命與心靈的交往，而不只是語言的交換。由此可知，無論教師的提問或師生間的對話，均不能只是單向的「溝通」，應是生命經驗的交流與相互成長。此已清楚地彰顯：教學不是客體的複製或灌輸，而是互為主體的生成和創生。總之，沒有對話的教學，就是沒有主體、沒有思想的機械活動：教師猶如掌偶人，而學生就是教師手中操弄的木偶，課程、制度與教材都只是教師操弄木偶的劇本。

微觀言之，非對話式的教學活動大抵可以歸納出下列四類師生教學關係：

㈠教師決定學生的期待、學習進度、內容和目的。

㈡教師是學習的規範者，學生是該規範的遵循者。

㈢教師是學習示範者，學生則為模仿者。

㈣教師是教學的編配者，學生則為編配內容的執行者。

此等教學的現象在台灣俯拾皆是，尤其當教學已淪為製造「會考試」的好機器時，無論在教師的意識中，或在其已然習慣的教學行為中，將明晰地透顯教師心目中的優質教學，就是找尋有效讓學生能熟練操作、擅長記憶的工具，而不是為了啟迪學生的思想，因此教師自然也就不認為教學應該是一種生命的交流和創生。

波姆 (David I. Bohm, 1917–1992) (Bohm, 2004) 提到：對話不是去分析事物，也不是去贏得爭論，或只是交互意見，而是一種自我反省、自我解放，以及相互理解的活動。一言以蔽之，沒有對話，就沒有溝通；沒有溝通，就沒有生命；沒有生命就沒有真正的教育 (Freire & Macedo, 1995: 377)。此外，金生鈜 (1997) 也認同「教育就是對話」的觀點，楊潔、崔國久、夏匯賢 (2003) 雖然未特別強調教育活動的對話性，但也從語言教育的人文觀點出發，主張教育的人文精神應落實以理解、溝通和關懷為核心的生活與行動。若教育即對話，則教學的多面向和動態性更清晰可見，此多面向和動態性正涵蓋個人與文化的理性辯證活動。

二、教學的理性與情性辯證——「知、覺、思、行、盼」的教學模式

好的教學不是教書，而是教「人」。什麼是教人呢？「教書」與「教人」有何區別？又有何關係？以下以一篇改編的故事——「湯老師的緣、援、圓」來彰顯兩者的不同與其關係，也藉此論述教學活動中情性的效用雖大於理性，但理性卻是不可或缺的要件。

湯老師的緣、援、圓

湯老師是一位和大多數教師一樣，重視學生成績表現的小學數學教師，三十歲左右，教學態度認真。這一年，湯老師接了五年三班的班導師，已經開學一個多月了，她發現有位學生的數學成績總是班上最後一、兩名，多數科目的成績也都常常不及格。當時讓湯老師印象深刻的是，該同學的卷子上總是或多或少被教師用紅筆劃上一個大大的「×」字。

湯老師心中的教育理念指引著她必須帶好每位學生，因此她曾刻意找出額外的時間為該位成績差的學生進行補救教學，然而成效一直不彰。

主要的原因是泰迪根本已經喪失學習意願，上課也不愛說話，很少和同學打交道；而且由於泰迪的衣服總是髒兮兮的，因此願意和他作朋友的同學就更少了。

湯老師為瞭解這位學生的學習狀況，曾詢問泰迪：是否需要教師的協助？是否心中有什麼事？但是泰迪總是沉默以對……然而湯老師並沒有因此而放棄，反而更積極地去思索解決問題的對策。為解決泰迪的學習問題，首要多瞭解泰迪問題行為的癥結。於是湯老師將泰迪從一年級到四年級的成績，以及導師對泰迪的評語都蒐集起來，仔細的看了一遍又一遍，湯老師驚訝地發現：泰迪從一年級到三年級的成績都名列前茅，導師給他的評語也都是「品學兼優」、「聰明懂事」、「樂於助人」、「自動自發」、「積極樂觀」等，但是到了四年級時，導師的評語上卻寫道：「泰迪母親的去世對其打擊很大，父親也不太理會他，他變得鬱鬱寡歡，若不即時輔導，恐對泰迪產生不良影響……」此時湯老師更明白了泰迪的情況以及其行為背後的「結」。從此，湯老師不再在泰迪的考卷上打「×」，取而代之的是寫著「加油！」但是泰迪的成績並沒有因此而有所進步。

（事情的轉變，發生在那年的聖誕節……）

泰迪在教室中送給湯老師一份用舊報紙包裹著的禮物，其他小朋友的禮物都是用緞帶綁得漂漂亮亮的，全班小朋友看到泰迪送給老師的東西後，大家都竊竊私語並偷偷在笑，小朋友都認為，怎麼可以送老師這麼「隨便」的禮物？但是湯老師不但沒有任何不悅或鄙視的表情，反而當著全班的面拆開禮物。

舊報紙中包裹著兩樣東西：一樣是用了剩下四分之一的香水，另一樣是掉了數顆珍珠的老舊項鍊。但是湯老師毫不猶豫地隨即將項鍊掛在自己的脖子上，打開香水在自己的手腕上滴了兩滴，並當著全班學生的面快樂地說：「謝謝你，泰迪，我很喜歡。」全班同學相當驚訝，頓時教室一片鴉雀無聲……。

當天下課後，泰迪似乎刻意留在教室中，等同學都離去後，他才羞澀地走到教室前面，對著湯老師說：「湯老師，您今天好美，很像我媽媽的味道。」湯老師微笑點頭。

兩年後的聖誕節，湯老師接到一張署名「泰迪」的卡片，上面寫著：「湯老師，您是我這一生中遇到最好的老師……我會繼續努力的……」以後每年的聖誕節，湯老師都會接到這樣的一張卡片。

時光飛逝，一轉眼十年的光景過去了，湯老師又像往年一樣收到一張筆跡熟悉的卡片，只是這回卡片上多了幾個字：「湯老師，我已經大學畢業了，您是我這一生中遇到最好的老師，雖然在求學過程中，我仍會遇到困難，不過我一定會努力去克服的，我也會更努力的⋯⋯」

光陰似箭，又過了六年，湯老師早已退休。有一天，有位風度翩翩的美少男帶著一位溫柔婉約的女子出現在湯老師面前，湯老師正在納悶：這兩個人是誰的時候，男的開口說：「老師！您好！我是泰迪。這位是我的女朋友安娜！特地來感謝老師。我已經考上律師執照了，這些年來，在我心中永遠有一股力量支撐著我，那就是老師您的愛，一想到您，我心中就會感覺我的母親在旁邊鼓勵我，您是我一生中遇到最好的老師⋯⋯。」

泰迪的眼睛紅了，湯老師的眼睛也紅了⋯⋯泰迪臨走前告訴湯老師，他要結婚了，想邀請老師當男方的家長代表，出席婚禮，湯老師毫不猶豫的答應了。

送走泰迪後，湯老師再拿起一疊泛黃的卡片，一張張地看著，每一張都代表一個生命的成長，湯老師的眼淚忍不住掉了下來，但是心中浮現的是喜悅和欣慰，想想自己差一點就毀了一個孩子，回想起來，仍令她心悸不已⋯⋯

泰迪結婚那天，湯老師戴著當年泰迪送的珍珠項鍊，也擦上了那瓶香水。婚禮結束後，泰迪用雙手擁抱著湯老師，在湯老師的耳朵邊說：「湯老師，您是我的再造父母，沒有您，就沒有今天的我⋯⋯」湯老師說：「泰迪，你錯了，是你教導了我，是你教我如何教人，而不是教書⋯⋯」

兩人相擁而泣⋯⋯

從上述龜兔賽跑的寓言和湯老師的故事中，我們可以明確地意識到，教學是一種理性溝通與生命交流的活動，而此理性溝通與生命交流，涵蓋知、覺、思、行、盼五個後設概念：「知」偏重從對話、理解、生命和人格中，透過批判性思考能力的培養，達成知、情、意的教育目標與邁向真、善、美、聖的合理人生；「覺」的部分強調覺有情，即情感的交流和感受；「思」的部分重視以開放態度辨別與實踐對話的民

主精神，俾解放獨白理性隱含的權威或威權；「行」的部分主要著重方法、技術和策略的運用與熟練；「盼」的部分就是對人性善的期待，以及對教育抱持的希望和奉獻的激情，俾能堅信「天生我才必有用」的適性教學及有教無類的信念，永遠不輕易放棄任何一位孩子。有計畫且全面性的培植具有創造思考的人力已蔚為世界教育改革的潮流，所謂「教育改革的最終目標是培育出富思想的國民和學習者，使其能在每日所做的事務中，進行良好的批判思考」(Adler, 1986)。

為進一步釐清教育工作者理情兼顧的教化使命，並提供初學者能熟練地引導師生對話，也能適時有效地建立對話的氛圍，本書從「知」、「思」、「覺」、「行」、「盼」的面向，提供簡約的原則，作為教師於孕育師生對話氛圍時的參考：

首先，就「知」的層面，宜強化師生對話的意願；「覺」的層面，則透過真誠與良善動機，贏得彼此的信賴；「思」的層面，旨在激發師生平等與民主多元的文化意識；「行」的層面，則在不斷反思中，逐漸開放心胸，培養寬容和恢弘的氣度；最後，「盼」的層面，則樂觀、積極地堅守對話的理想。若能如此，則教學方能透過制度的建立、教師的專業提升，及教育氛圍的組織「慣習」(habitus)，來確保教學對話的適切性，並在教學活動中體悟對話乃從理解、關懷、理性啟蒙，而提升到知識與生命的融合與創生，此歷程與結果正是教學化育人格的極致。教與學是教育活動的主軸，教學精神的極致應該是尊重、信任、關愛與自主，而不是讓我們的學生又聾又啞。

上述教學即對話之理念的闡揚，以及民主對話氛圍的營建，即體現人文化育中知、覺、思、行、盼的多面向精神。北京師大的肖川也指出（肖川，2003: 35）：

> 真正的教育只能建立在尊重與信任的基礎上，建立在寬容與樂觀
> 的期待上。真正的教育存在人與人心靈距離最短的時刻，存在於

無言的感動之中。讓年輕一代在人性的光輝裡，擁有一個關懷的人生，這應是良好教育努力達成的一個目的。

有鑑於作者對教育本質和目的所持的價值觀，本書在探討教育哲學的定位和教育目的之後，從理性和情性面來剖析教和學的本質和精神應該呈顯理性和情性的融合。同時，此等教學即對話，或教學即智慧交流和生命融合的觀點，也有助於補救當前教育與價值傾向分離的危機。以下從認識論基礎鋪陳教學的危機，並論述教學效能繫乎教師對教學的不斷自省。

第二節　教育與價值的危機

隨著傳統家庭結構的改變，也牽動教師的角色。教學不再只是一種有目的的行動或系統化的行為，更應該是行動研究和反省思考產生的生命活力（溫明麗編譯，2003）。此意味著現代教師不僅應該是位高效能的教學者、良好的班級經營者、學生心理的諮商師、學習環境的設計者與學習成效維護的工程師，更應該是社會心理學家和哲學家。

一、教學必須彰顯教師智慧而不是知識權威

本書基於對現代教師角色的此等認識，指出教學活動乃師生理性的溝通與生命的交流：理性的溝通乃追尋真理與智慧增長的必要歷程；生命的交流則為真理與智慧形成與創造的交會。質言之，在追尋真理與智慧的過程中，師生雙方都可能面對抉擇與未能準確預測的困境。在教學過程中對此困境或危機所抱持的態度和處理的方法，即顯現教師的教學理念和其教育價值觀。

本節首先論述教育危機能否轉化為轉機，端賴教師教育理念的價值定位是否適切；其次，為解決教育理念的價值危機，緊接著上述的

教學理念，繼而提出批判性思考教學的理念，以強化教師養成自我反省、自我解放其意識型態的能力，並在教學活動中培養學生批判性思考的能力和態度；最後，本節也將指出教育不只是傳承，更應透顯教育的主體性，及其推動與創新生命本質的實踐活動。

教育活動若欠缺主體性，則容易受到經濟或政治的宰制，成為金錢或權力的奴隸；教育若淪為工具理性，則教師的教育理念和教學活動勢必違反教育理性啟蒙和人格化育的本質；更甚者，凡抱持錯誤教育意識型態或推展獨斷意識型態的教育工作者，均將成為阻礙文化進步的罪人。教師更應時時自省，自己是否有意無意地在教學中，凸顯知識持有者的權威，甚至濫用或誤用教師的權威。「人類一切的追求都是愚者所促成的」（唐斯著，譚逸譯，1978: 17），此言不僅再度強調蘇格拉底「知即德」的主張，也透顯教育追求德行與智慧生活的精神。

每當社會發生搶案、槍殺、強姦、亂倫、貪污等亂象時，教育總成為眾矢之的，默默承受來自各方面的指責。何以社會大眾總在社會發生亂象時，才發現教育應該發揮撥亂反正的功能？但大眾卻在平時又視教育為幫助人類滿足生活需求的墊腳石，卻不在意教育已經忽視其提升人類品德的責任。此現象可以從教師、學生，甚至是家長均僅以「考試」結果論斷教育成敗的價值觀中可見一斑。或許此正是人類理性的盲點。

身為教育工作者或準備進入教育職場者，難道要眼睜睜地讓教育的惡性循環持續下去？一旦此考試成績掛帥的盲點已經阻礙教育的發展，而教育決策者與教育工作者仍不知或無能撥亂反正時，則教育危機已然浮現。「危機」是個富戲劇性的語詞 (Haydon, 1993: 1)。它具有表面的意涵，也具有深層的意義；它猶如一齣戲，有其表面的情節，但在情節之後又常隱藏更具啟思性的深層意涵。危機和轉機可被視為一體的兩面，端視如何化危機為轉機。教育活動的危機處理也記錄著教育成長的足跡。因此，深入剖析教育活動中的教與學，並化解教育

與其本質分離的危機，實為因應教育危機之道。

　　「價值觀」指概念的架構，尤其是社群成員概念的基本架構，而且具有一定程度的恆定性。舉例言之，國內今日青少年的飆車不但違法，也被認為危害社會安全，但是對於「飆車是危害社會」的觀點是否為一「標準化」的普遍性價值觀呢？恐怕不是。至少在青少年眼中，飆車反而是勇於冒險的精神體現，也是一個符合「時尚」的作法，更是該次級團體中的主流價值觀。此即說明傳統社會與青少年價值觀的差異。無論個人或社群的價值觀，或同或異，法律與道德均為價值觀的表徵。教育活動即在幫助個人與社群形塑價值觀。

　　二十一世紀，隨著資訊科技的發展，數位時代縮短了世界的距離，全球化的趨勢也因此銳不可擋，多元價值觀也隨著全球化成為時尚，卻也加大了人與人之間的心理距離。教育若輕視此等趨勢的變革，將使國家發展在邁向國際化之際，產生價值混淆的危機。一言以蔽之，價值觀的偏差將導致社會不穩定的危機。若欲導正偏差的價值觀，非一蹴可幾，需要從價值觀的釐清或行為習慣的養成開始，這就是何以教育需要強調批判性思考的另一原因。

　　作者造訪德國時，發現該國政府公然地在公園中為青少年設立飆車、讓機車騎士可以任意變化騎術的練習與表演場地，同時也有教練專門訓練他（她）們，當中也不乏少女參與。德國政府認為，與其讓青少年「偷偷摸摸」的飆車，或騎著機車到處亂撞，尋求刺激，以致釀成悲劇，不如光明正大地滿足其精力過剩與好勇逞能和喜歡冒險的特質和欲求，莫因為一昧禁止，反而使事態愈發嚴重，造成社會更大的危機。但任何政策也不是一味地開放，需要結合各種配套措施，方能呈顯開放之優，又能避免開放之弊。

　　德國的思維方式或政策能否在台灣實現不得而知，但可以確定的是，台灣的教育政策業已逐步在開放，例如開放髮禁、禁止體罰等，但此等政策不是流於迎合青少年，就是偏重防堵甚於疏通，更重要的，

確立政策之輕重緩急的價值觀並未形成共識，在未建立因應的配套，就貿然實施的結果，不但會變成頭痛醫頭、腳痛醫腳的急就章現象，更可能使教育未蒙其利先受其害。

例如，開放髮禁是學生的最愛，卻是學校和家長的擔憂。教育政策之所以開放髮禁的理論基礎過於薄弱，亦未獲得普遍的共識，也導致實施的困難或衍生其他問題的情形。「零體罰」也是另一個單面價值觀的政策。該法的立意不可謂不良善，但卻又因為忽略對教師專業的尊重，也罔顧學生的多樣性，導致學生、教師和家長之間意見的分歧，以及學校落實該政策的不易：教師在法的規範下，為了自保，可能回到「教書」而非教人的層面；不同家長也對零體罰在不同時候有不同的微詞，在價值觀未能建立共識時，每個人都可能只立於個人利益去思考問題和對策。

教育是百年大計，需要更謹慎、更多元地考量其應興應革，讓理論與實踐之間能獲得平衡，也讓教育活動無論政策或法令如何改弦更張，都不會違背教育啟蒙人類理性，提升慧命情懷的本質。因此，任何教育政策的制訂皆須為政者三思而行。

在台灣立法高唱「零體罰」之際，英國卻明文規定教師可以體罰學生。作者並非強調要向外國人看齊，而是呼籲，教育政策的制訂應多做哲學的思考：區分政策之本質性與工具性目的之異同──本質性目的立於教育的精神和理念為之，具有發展性和持續性；相對的，工具性目的則只為了解決目前教育問題去尋找立即的、暫時的手段，只適用於處理迫切性和偶發性問題。但是，無論是為了本質性目的或工具性目的，最好的政策皆需要經過公共的論述，避免流於個人獨斷或一時興起的決定，或只是抒發個人壓力的舉措。如此，教育政策才不至於淪為「政策吃人」的威權。

同樣一件事情，在不同的國家，何以出現兩種完全不同的法律規定？國內嚴法禁止的飆車，德國卻公然贊同，並列為學生的一種能力、

毅力和勇氣的表現。表面觀之，台灣的青少年可能「畏」於政府的取締與懲處，不敢公然飆車，然而飆車的危機意識並沒有因為政府的嚴格取締，而讓青少年真正意識到並內化為價值觀；反之，青少年的陽奉陰違反而已對生命和社會安全造成更大的危機。作者心中思忖著：何以德國能，而台灣不能？何以德國對於飆車能接受，卻又無法接受吸毒或販毒的合法性？其中的價值判斷依據何在？是否具合理性？合理性的規準是否具普遍性？

　　作者認為，此根本癥結乃導因於價值觀的不同：由於價值觀的不同，所意識到的危機也就不一樣，處理危機的對策因而也不同。此乃社會邁向多元化的寫照。價值觀的多元並非本世紀的產物，早在古希臘時期即已存在多元的價值觀，此從古希臘多神論的觀點可見一斑，歐洲文明的珍貴遺產即彰顯於其獨立思想、個人創見和對神聖的隱私生活的維護（韓少功、韓剛譯，1990: 350）。

　　中國社會長期處在封建體制下，國人的價值觀雖然也自漢朝董仲舒獨尊儒術開始，即將價值觀定於儒家一尊，但是人類的自主性和獨特性自由意志，迫使定於一尊的價值觀無法恆久地維繫不變。漢朝董仲舒雖然為「定於一尊」立法，但此價值觀並非個人意志的抉擇，也非社會的共識，而是透過政治權威下達的指令，故雖具有合法性，卻仍無法因為具合法性就具有合理性。此即說明何以主流文化未必是唯一的價值觀。

　　質言之，中國文化雖然致力於將儒家思想轉變為人類生活準則的唯一規範，卻仍遏止不了個人主體意識的開展，所以，迄今我們雖然可以看到台灣文化深受儒家文化的影響，卻也能看到台灣或中國文化並非只有儒家文化，更融入了來自世界各國的文化。尤其近年來，外籍配偶的大量移入，更對台灣本土文化造成衝擊，政府亦積極輔導外籍配偶的生活及其子女的學習（王世英、溫明麗等，2006），此亦彰顯政府和社會對多元文化的重視。

　　多元價值觀能否成為推動文化的助力，端視人類對異文化所抱持的態度。若對價值觀抱持理性的態度，以開放和包容的態度面對異文化，而不以主流文化自居，並視其他文化為次等文化，且有意無意的邊緣化該文化，導致所發展的只是一元的、獨斷的，卻不是多元的社會或文化。然而就生物學的發展觀言之，多元異質的文化對生物適者生存與優勝劣敗應該是相較有利的，人類的演進亦是如此，愈是多元，愈見異質性，其發展的可能性愈大，消亡的可能性也相對較低。

　　文化發展法則與生物學的觀點相通，異質性愈多，則生物同時被一次滅亡的機率就會降低。同理，人與人之間的相處，若能互相欣賞，相互包容，各種不同文化彼此交融，則文化不但可以多元並存，文化之間也可以彼此吸收和融合，對於本土或外來文化的發展都是優點，而且這也才是多元文化真正的精神。教育中的多元文化也應該兼顧個人自由意志和社群共通性的面向。

　　目前台灣的學校不乏展現多元文化色彩。例如，學校中有外籍配偶子女的新移民，也有不同族群的原住民學生；此外，學生因為不同社經背景、不同語言、不同性別、不同種族、不同學習風格或型態等，均構成學校的多元文化（溫明麗等譯，2005：第五章）。學校中的多元文化中，有些文化的差異來自遺傳，有些則來自社經地位，有的則由學習成就所造成。面對此多元文化的學生，教師可能面臨需要採取融合，抑或以主流支配的方式，讓學校形成一共同性的「主流文化」的兩難價值抉擇，即如何善用學校的多元文化，讓文化的融合彰顯多元文化之美，又讓多元文化能維繫其主體性，發揮多元文化因為融合發揮豐厚的人文精神，此才是教師教學智慧的彰顯。

　　教師的專業除了展現在教學之外，也展現於課程設計上，尤其在課程設計上所彰顯出來的理念，更展現出教師的教育觀。處於後現代狀況下，為因應全球化的趨勢和時代變局，課程設計的主要目的在於提升學生批判思考、圓熟生活、自愛愛人和自覺覺人的智慧，故課程

設計亦應涵蓋此等內容，教師本身也應該朝此方向努力。教師的智慧主要包括以下五大知能：

第一，積極培養學生接受新思維的能力。

第二，提升學生解決和敏銳的意識問題的能力。

第三，協助學生更多元的建構自己的生活，並能往真善美的方向擴展視野。

第四，培養學生批判性思考的能力，讓他們能適切的規範自己的需求和慾望，避免淪為科技的奴隸。

第五，培養學生尊重他人文化的胸襟，及理性地融合他人文化優點的能力。

綜上所述，終身學習將成為全民共同的課業，具辯證性特質的批判思考能力，更是面對多元文化和全球化不可或缺者。其實此能力也是強化自身，免於陷入科技牢籠，並從心靈上過濾媒體和雜多污染思維源的濾網。然而，世界上沒有一步登天的成就，人類的文化和人格的圓熟，也必須仰賴教育點點滴滴的耳提面命和苦口婆心的諄諄教誨，尤其絕不能把學生教育成自私自利，目中無人，無法傾聽他人意見，也無法與他人進行理性溝通，更沒有能力去愛他人的「洞穴人」(the man of cave)。質言之，無論是宏觀或微觀層面的教育價值，皆以人為主體，且融入其生活的社群中，進而在含蘊個人人格素質的同時，開展人類社會和宇宙的文化。

二、民主與主體性是確保理性溝通與生命交流的要件

語言是教學主要的媒介，但是不同語言的人彼此之間極可能產生誤解。有個笑話說：學生對於英語感到納悶，因為當教師說："Deer" 時，其意義居然不是他們所認識的「豬仔」(閩南語發音)；而學生日常語言所說的「豬」，在英文的發音卻成了「屁股」(Pig 的發音和華語的「屁股」發音雷同／諧音)。另外在網路上也有關於 "English" 一字的詼諧

語言，學生們透過諧音唸該字，例如「應給利息」、「陰溝裡洗」、「因果聯繫」、「應改歷史」、「英國裡去」、「應該累死」等，這些雖然只是笑話，但是教師若使用學生難以理解的語言進行教學，則勢必影響學生學習成效，更可能造成師生關係的緊張。語言是文化不可或缺的一環，語言都如此容易被誤解，更何況融入多元價值觀的文化，就更可能引發誤解與獨斷了。

如上所述，學校中雖然強調多元文化，但在實際教育活動中，教師卻常常讓主流文化「支配」著學校的文化走向，也讓主流文化成為唯一被認同的價值觀，因而也有意無意地排除了其他文化發展的可能性，此就是一種文化的宰制。

學校中若存在主流文化，又未讓其他文化有相同發展的機會和空間，此時學校文化並不是真正的平等，也未盡到提供學生正向、公平學習環境的責任，以至於讓處於不同文化者之間，欠缺均等發展的機會，此也是身為教師者必須注意的事實。教師必須謹記：若學生處於不公平的學習環境，則學生在該文化中的學習，已經受到不公平的對待；不公平的對待，也將影響多元文化的正向發展，導致不同文化之間無法真正的尊重、欣賞，和相互學習。

由此可見，學校教師應該對不同文化的學生持相同的尊重，也應該讓每位學生有相同的表現機會，但此並不表示學生在學習過程中，必須採用相同的教學方法或教材，反而需要提供個別化教學，以適應其個別需求，這也是英國本世紀以來教育改革強力推動的「適性教學」(personalised learning)（NCSL, 2001；劉慶仁，2006），此其實是中國教育強調之「因材施教」及「有教無類」的精神。例如，處理自暴自棄的學生和教導精熟導向的學生，教師所使用的教學方法和教材或有相同處，但更應注意學生不同的背景和需求的差異，如此才是重視學生主體性的教育理念，也才是真正落實重視學生個別差異之教育。

目前台灣社會外籍配偶人數遽增，外籍配偶的家庭社經地位或其

子女的學習成效，都可能受到異文化的衝擊，故若台灣社會不尊重外
來文化，或刻意將之邊緣化，則多元文化的社會不可能建立。不同文
化之間可能彼此對立，甚至彼此為爭取文化的主流地位，而破壞社群
之間的和諧。若學校中發生此等情況，則所謂的「主流」文化最後將
壓迫非主流文化；同理，主流文化的發展也將壓縮其他文化的發展；
再者主流文化也可能無心去理解非主流文化的優點，甚至對之抱持負
面情緒的價值觀，對之視而不見，也忽視其與主流文化差異所產生的
正面意義，遂擬透過政治力和文化霸權將之消滅於無形，此時非主流
文化猶如被殖民的文化一樣，將喪失其主體性。

　　從台灣的歷史即可以看到此等殖民文化的足跡，無論是被荷蘭人
統治時期，或被日本人統治的皇民化時期，台灣的文化均屬受忽視或
刻意被壓抑的異文化或邊緣文化。台灣既然曾經有被殖民的經驗，就
更不應該讓文化歧視的現象重演，應讓多元文化有個健康發展的正義
沃土，彰顯台灣人民包容、寬厚的文化素質，才是教育素質的表徵，
也才是民主教育的進步。那麼在教學活動中該如何突顯文化的素質與
民主教育的精神呢？

　　首先，在教育活動上，無論社會、學校或個人，均不應對原住民、
外籍配偶子女或其他弱勢族群抱持鄙視的陳腐心態，反之，應積極地
協助這些人融入本土文化，並在融入本土文化後發展該文化的優點，
使該文化成為豐富台灣本土文化的一環。具體言之，教師於教學時可
以視學生特殊需求，提供符應其特殊需求的學習或補救教育，一則縮
短彼此之間的文化落差；再則也相互吸收彼此的文化之美。

　　作者於此要強調的是，對不同文化的接受，並不表示對該文化毫
不質疑地完全接受，而只是尊重其存在的價值，至於是否接受？哪些
要接受？則仍需個人或社群進行自由論述和自決的判斷，如此才是主
體和民主的彰顯，否則也是一種權力的宰制。教育文化如此，教學活
動本身就是一種文化的營建和重建，更需要積極提升民主素養和捍衛

個人主體性，方有助於多元文化的燦爛發展。

我們可以理解，一個不被主流者所認同的價值觀，主流或強勢文化極可能對之採取強迫的方式；更甚者，還會刻意壓縮非主流文化的生存和發展空間，讓非主流文化完全失去生存和發展的空間。另一方面，弱勢文化所以難以發展，也未必都是主流文化的強權所造成；相對的，若被視為「弱勢」或「非主流」的文化，無法自我認同，活出自己，則縱令其不受主流或強勢文化所強迫，該文化也會因為缺乏自信心、無法自我認同而喪失其主體性，從而範限該文化的發展。

以學校中特殊需求的學生為例，依照教育機會均等的觀念，學校輔導特殊需求的學生的方式，除了提供該生特別的需求外，也期盼其能回歸主流 (mainstreaming)，融入一般的教育，此才是最符合正義和教育機會均等原則的作法。但是此理想真能落實嗎？教育機會均等所顧及的平等或正義，需要將決定權交給學生，不是幫學生作決定。例如，身體殘缺或肢體障礙的學生若勉強讓其和一般學生一起上體育課，反而是一種不平等，也不符合教育在使個人發揮潛能的目的。因此，對於特殊需求學生的處理，除必須考量學生的特殊需求外，更需要尊重學生自身的決定，此才是具主體性的教育。

杜威在《民主與教育》(*Democracy and Education*) (Dewey, 1966: 144) 一書中指稱：一盎司的經驗甚於一噸的理論 (An ounce of experience is better than a ton of theory)，此意即真正重要的是主體的自我體悟，而非不具生命意義的抽象理論。質言之，教育應該彰顯的是批判的主體性，縱令對他人認定為非比尋常的重要理論，我們都需要經過質疑、反省、解放的過程，再確立該理論的適切性，此批判思考的能力與態度，正是知識所以能不斷成長的根本 (Strike, 1982: 75)。自由表達與質疑均是一種批判性思考能力的展現。因此，教學時，教師應多鼓勵學生提問和自我探索。

總之，教學活動必須培養和提升批判性思考能力（肖川，2003:

57)，如此方能有助於具生命主體慧命的知識不斷增長，師生生命的交流也方能順暢。反之，若教學過程中一味地讓學生只以自我為中心，表達自我，無法彼此分享知識，則教師應該警覺到教學可能因此無法系統性的傳遞知識，更可能流於技術性的「教書」，而非人格化育的「教人」。但是「教書」並不能等同於理性溝通，因為「教書」只是知識或經驗的傳遞，「理性溝通」則為主體價值的交往；前者沒有創生力，後者則具有生命力和知識的衍生力。

樓朗 (John Loughran) (Loughran, Ed., 1999: 216) 指出，當教師擔憂其教學成效是否不彰時，至少顯示教師認同其教師角色之核心責任在於達成教學的預期成效。教師之核心責任除了協助學生習得已經安排好了的課程或系統化的教材外，更需要協助學生自我實現，故適性教學是必要的，而具有高度專業素養的教師，應該知道如何兼顧系統性知識和啟迪學生的主體思考能力，並能隨時關注學生的個別差異和特殊需求。一言以蔽之，涵蓋民主精神的教學，應鼓勵學生提升質疑、反省、解放和重建價值觀的能力，俾營建民主、多元的學校文化，此已清楚地點出民主和主體乃多元文化教育的指標，更是提升教師專業素質的里程碑 (Grimmett & Dockendorf, in Loughran, Ed., 1999: 100–101)。易言之，教師具批判性思考不但是教學主體性的彰顯，更是多元文化之民主社會不可或缺的能力和態度。總之，師生雙方都需要習慣質疑、反省和接納各種不同的意見，方不至於淪為象牙塔的學習，或受制於已經編派好了的教材，以至於無法彰顯教育的自主性和和諧度。

由上可知，教師自我價值觀的定位和自我反省對教學具相當影響力，而教師之批判性思考能力的高低，乃其是否會受制於正式的課表和教學內容，或苦惱於無法掌控教學之多樣性和變動性的關鍵。質言之，師生在教學過程中需要不斷反省與解放自己，教師更應習慣於鼓勵學生展現反省和解放的能力和態度，體悟「愈多質疑、愈深入理解」

(more questions, deeper meaning) (Russell & Bullock, in Loughran, Ed., 1999: 138) 之啟發式教學的精髓；反之，批判性思考能力較低者，其教學極可能淪為「教本」教學的奴隸，而將教學深鎖於單面向思考的象牙塔。簡言之，批判性思考雖非構築人生的唯一方法，但其不斷發展的特質將有助於降低主體之錯誤意識型態，進而能確保人類思想和行動的不斷開展和向前邁進。

"Bildung" 意指強化學習者內在的原有能力 (innate power)，並促進其人格發展，俾培養其自我學習、自我教育的能力，此自我教育和自我學習的目標即指德行的生活 (Lovlie, Mortensen & Nordenbo, Eds., 2003: 2)。析言之，人格價值觀的形成便是在自我與社會互動過程中不斷開展而成熟。故若學習者的自我主體性在教學過程中完全被封殺，自我的發展受到壓抑，甚至無法生存，此將形成教育的「新希特勒主義」，完全抹殺個人存在的價值，自我教育的可能性也將成為海市蜃樓。教學活動必要的理性溝通和生命交流也將只是空談。此時若教育讓學生為了生存，迫使自我臣服於學校「集中營」式的管理，並成為喪失主體性的俘虜，則此等社會表面上似乎維繫住主流的價值觀，但骨子裡卻將喪失人文社會的多采多姿 (Lovlie, Mortensen & Nordenbo, Eds., 2003: 49)。更重要的，人類的文化將可能因為此種心中無他者的獨斷性，導致個人認同和文化斷層的浩劫。

中國文化大革命就是此等獨斷抹煞歷史和文化的寫照。教育工作者怎能對此等反教育的思想和行動坐視不管？怎可不未雨綢繆？但是該如何做才能捍衛教育的主體性和人文性？總之，民主和主體是教育維繫其人文性的指標；教育的人文性是教育發展的基石，而人文教育的核心就是批判的理性和生命的關懷。

教育是點滴的工程，教師手上握著的不是一把「芝麻開門」的萬能鑰匙，而是打開學生智慧心門的鑰匙。此鑰匙就像集中營裡俘虜們心中的意志，確保生命的內在動力掌握在自己手上，這就是批判的潛

能。質言之，唯有具有質疑、反省、解放與重建之批判性思考能力者，才能適切地區分合理與霸權，敏銳地感受自我中心的排他性危機，也才能用心地審視文化符碼深層背後所隱藏的意識型態，並遠瞻教育的未來。

因此，為確保人文教育和批判思考教學的成效，教師必須做到下列三項任務：

第一，激發意識覺醒：在教學活動中，教師應該讓學生「意識」到他們自己手中，握著一把打開自己心門的鑰匙；這是一種思想解放的教育，幫助學生意識到生活總在不斷地變動，也喚醒他們自我發現新世界 (McLaren & da Silva, in McLaren & Leonard, Eds., 1993: 75)。

第二，強化自信心：讓學生不但無畏於打開心門，更能促進自信和自願。為達此目的，教師必須讓學生體驗打開心門的意義和價值，因此教學活動應該被視為生命的交流，教學方式也宜以對話式和蘇格拉底詰問法，或問題為導向的啟思性為上策。對話具有摧毀宰制的力道，也能彰顯社會經濟和政治潛藏性的權力 (McLaren & da Silva, in McLaren & Leonard, Eds., 1993: 52)，因此也更能呈現自我的主體性。

第三，不斷充實知能：讓學生精熟各種打開心門所需要的方法和相關知能，俾自我解決其在學習、對話、反省和解放上可能遭遇的困境 (Pangle & Pangle, 1993: 7)，俾自我實現、自我超越。

上述作法均需要教師對學生多加鼓勵和多方關懷。顧武 (George D. Kuh) (Kuh, 2005) 等人也強調：舉凡批判性思考能力、問題解決能力、有效溝通能力及公民素養等能力，均有賴教師在人文環境下，透過鼓勵來強化，故人文教育環境的營建對教師視學生為主體之推展是不可或缺者。

教師若要具備上述專業知能，則師資培育的課程就必須培養準教師們具備樂觀積極向上的思想，並有能力開啟學生的心扉以進行對話、論辯、和問題解決。在此過程中，舉凡邏輯思維、因應突發事件時的

情緒控制、適切的背景知能等均是優質教師的必要條件；此外，教師也需要能具有理解學生心理發展特質、學習風格、社群行為模式和詮釋學生社群文化價值觀的知能。簡言之，此等兼顧情意和思考的全人教學 (wholistic approach)，即優質教師的重要知能 (Novak, 1979: 21)。

依據費爾德 (Richand M. Felder) 和索羅門 (Barbara A. Soloman) (Felder & Soloman, 2005) 之研究，學生的學習風格可分為四大取向，每個取向分為兩個相對應的類型，計八種類型。分述如下：

㈠行動型與思考型 (*Active vs. Reflective*)

行動型學生是比較主動的學習者，可以說是行動派的學生，此類型的學生比較喜歡和同學打成一片，一起學習，也比較樂於幫助同學，是個實行家。相對的，思考型學生比較內向，但擅長思考，比較喜歡有創意和自我設計的學習活動，因此也比較不喜歡合作或團隊的學習，比較喜歡單打獨鬥。對於思考型的學生而言，記誦和不斷的講解會讓他們感到厭煩，故教師對這類學生解說時，必須提出論點的全貌，對於細節部分他自己就會理解的；至於行動型的學生，則凡事能讓他動手做一做應是最好的學習。

㈡感官型與直覺型 (*Sensing vs. Intutive*)

第二大類的學生則屬於感官型和直覺型的學生。感官型的學生比較富有感情，容易憑感覺做事，因此在學習上也比較喜歡與真實世界結合的內容，那些需要抽象思考的知識，對感官型的學生是難以掌握的；相對的，對於直覺型（或稱直觀型）的學生，則比較擅長超越時空的冥思，直覺也未必立於經驗之上，因此，這類學生在學習時，比較不喜歡臨摹或精熟式的學習，喜歡發揮自己的想像力和創意，也常不按牌理出牌，但是卻也比較沉穩、內斂，思考較為成熟。

㈢視覺型與聽覺型 (*Visual vs. Verbal*)

　　第三大類屬於視覺型或聽覺型的學生。視覺型的學生學習時，若能以圖呈現出來，則其學習成效將會比用文字呈現的效果要來得好；相對的，聽覺型的學生則比較喜歡文字或口語的敘述，而不喜歡看圖操作。做筆記是視覺型學生的專長，而聽覺型的學生因為喜歡文字和語言，所以口才和口語表達能力會比視覺型的學生來得優。教師可以從學生喜歡聽音樂或喜歡看電視，推論出學生學習是屬於聽覺型或視覺型。

㈣線性型與全貌型 (*Sequential vs. Global*)

　　線性型學習的學生擅長直線型知識或問題的推論，因此此類學生總是會按部就班，一步一步的學習，比較不會顧及全局，但卻可以步步為營；相對的，全貌型的學生，比較能夠掌握全部，他們可以從全部推敲出各個部分。線性型的學生雖然能夠舉一反三，但其所進行的是屬於同質性的推論；相對的，全貌型的學生在學習時，對同類型的學習比較容易厭倦，也比較擅長辯證性的思考。

　　總之，學習風格不同，並不表示學習的優劣。學習風格是瞭解學生學習習慣的方法之一，此測驗結果只能作為參考，實際的觀察和深入的訪談才能更確實的瞭解學生的學習習慣和形成該學習行為的原因，俾進一步提供學生更有效的學習，或協助學生改變其學習風格。簡言之，瞭解學習風格的目的在於提升教學效能，但是沒有熱誠的教學，只是模仿式的蛙教書。

　　教學如用兵，要能知己知彼，才能百戰不殆。因此，教師必須瞭解學生學習的特色和習慣，才能採用適切的教學法，以提升學生學習的效能。畢竟，教材是死的，但人是活的，故學習的風格不是不能改變，而且不同學科、不同的學習起點行為也會影響學生學習的風格，

故教師對於學生的學習風格一則只能作為瞭解學生的參考之一，不能將學生定型為某種類型；再者教學最重要的是有教無類和因材施教，若無法適性教學，則將難以提升教學成效。

瞭解學生學習動態的方式很多，最簡單的方法之一即將學生歸類，再從類別中分出異同。本書融合上述學生的學習風格，以及學習的態度和認知的方式，將學生的學習類型歸類為想像型 (why style)；分析型 (what style)；行動型 (how style) 和互動型 (what if style)，以瞭解學生學習的風格。此四大類型分別對應的學習特質也呼應於「思」(thinking)、「覺」(feeling)、「行」(acting)、「盼」(wishing) 四種學習活動，此學習風格均旨在促進「知」；只是每種學習類型不是單純的一種活動，此亦說明學生學習的模式並非都是單一方式，學生也會依照學習內容的難易程度，教師教學的風格，以及教學的情境和同儕的次級文化等因素而有所改變，甚至摻合不同的學習特質。但掌握此四種類型與四類活動，將更有助於教師進行適性教學。

例如，想像型的學生學習美感或藝術課程的表現會特別優異，但教師不能認定該類學生的學習除了想像之外，就沒有其他學習特質，只能說，想像型的學生在藝術或需要抽象思考以外的學習，較難以彰顯其長才。此猶如迦德納❶的多元智慧一般，一個學生也可能同時擁有多種學習特質。圖 4-1、表 4-1 所示可提供教師深入認識學生、設計課程與教材和教學活動之參考。

------

❶ 迦德納是美國哈佛大學教育研究所發展心理學教授，1979 年起參與哈佛大學教育研究學院零點方案研究計畫 (Harvard Project Zero)。該方案主要探討人類潛能的本質與其實現。後來迦德納依據該研究成果，提出其多元智慧理論。

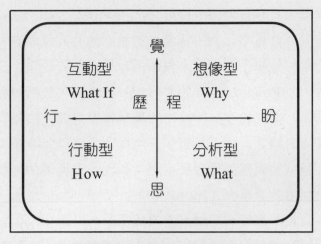

圖 4-1　學習風格分布圖──思、覺、行、盼
資料來源：作者自編

表 4-1　學習型態特質

分析型	"What" style（思＋盼）	擅長分析、敏銳細微、深思熟慮
互動型	"What if" style（覺＋行）	滔滔不絕、善於辯論、旁敲側擊
行動型	"How" style（行＋思）	身手矯捷、快人快語、追求實效
想像型	"Why" style（盼＋覺）	想像力豐富、具前瞻性、追根究底

　　教學活動本身即為一種道德活動，故教學活動應該尊重學生的自尊，喚起學生自我反省、合作學習的意識，並提升學生參與社會活動的能力。佛瑞勒 (Freire, 1970) 從被壓迫者的角度提出，教育應該激發學生的自主性，鼓勵教學應該是一種知性對話的過程，對話的師生雙方彼此的心態是謙卑的、開放的、更是合作的與相互欣賞的，而不是對立的。析言之，教學者和學習者彼此之間對於對話的主題，並無固定的發展，也無須事先預定對話的範圍，可由師生共同進行生命的交流，讓學生在一個自主、自由的民主情境中，盡情地自我表達，彼此腦力激盪，創造生命的活力。此即人文教育精神的展現。

　　牛津大學的教授普林 (Richard Pring) (Pring, 2004: 13–16) 呼籲教師應該發揮其教育專業，力排眾議，對適切的教育理念應有所執著，才是教育之福。他舉例強調民主氛圍的教育既要有規範，又要維護學生的自主性。他 (Pring, 2004: 15) 曾描述一位藝術科教師對藝術教學定下嚴格的標準，但他也在其所訂出的專業標準之餘，激勵與讚賞學生提出異於成人的觀點，而不是對學生所提出之違反其專業標準的觀點完全封殺。這樣的教學對學生的主體性和創意是何等的激勵，學生的自我也受到相當的尊重。

　　試想：當教師進行有關蝴蝶之美的教學時，學生不但無法感受蝴蝶之美，反而對蝴蝶相關的訊息產生焦慮或厭煩時，此時教師該如何引導學生欣賞蝴蝶之美？若教師不顧學生的感受，只一味地壓抑學生的情感，強將蝴蝶之美的「概念」灌入學生腦中，則詩意和美的情懷不但不會產生，該藝術教學還可能抹殺學生的創意，甚至產生師生關係的嫌隙。可見教師的專業不僅包括教學的知能，更重要的是專業精神和專業理念。

　　目前台灣社會仍籠罩在標榜明星學校和分數掛帥的氛圍中，試想，若家長因為擔憂學生無法考上其心目中理想的學校，乃極力要求學校教師針對有利於「考試」的科目進行爭取高分技能的教學，卻不重視學生的人文素養和品格德行，此時教師該如何自處？學校的校長又該如何獨排眾議，讓家長和學生接受「人文教育才是教育真正核心」的主張？抑或只追求符應家長與社會的需求，或一切以家長和社會的價值觀為唯一的辦學和教學依據，而放棄對教育專業理念的堅持？此即考驗教師的專業堅持。

　　若教師在教學過程中重視學生的人文素養和品格德行，則在其教導學生知識或技能的同時，他會樂於和學生分享或探討為學處事之方。如此的教學不但不會影響學習成效，更有助於學生將所學隨時轉化為其未來社會生活和職場就業的能力，只要假以時日，社會將會重新認

同和肯定教育的專業。質言之，教師專業精神的展現繫乎其清晰的教育理念及對教育理想的堅持。此亦是「知其應為，知其不可為」的思辨能力和教育專業行為。身為教師的你是否感同身受？抑或只是搖頭嘆息：一切只是空談？作者認為，如何取捨，在乎一心矣。

　　教學活動不是知識的存取 (banking) 與灌輸，而是智慧的增長與生命的交流，故應該開通學生的「心眼」(mind eye)。「心眼」是思維和價值觀，乃智慧之德之所繫，也是理性溝通的重要通道 (Paivio, 1991: 253)。然而教學也需要充實學生的知識和技能，以提升其具體且立即可爆發的生產力 (productivity)。此等教學可以依照知識、理解、應用、分析、綜合、評鑑等不同層次的知能，而有不同的教學方法、策略及知能的評鑑方式，但是教學的終極關懷仍不能偏離教育之實踐意義的目的——即重視人格化育和追求德行智慧的理想。

　　教學不應只是「服從」和「順從」，應該邁向對話、論辯和溝通的模式：對話使教學不再成為知識的灌輸，也不會淪為記誦的活動；論辯更能激發學生內在的自主性和創造力；溝通更容易開展轉化能力，若能在日常生活中養成理性論辯的習慣，則有助於培養學生對彼此價值觀進行反思，樂於自我解放並不斷重建具有共識的價值觀，如此教育展現的是活力，是生生不息的文化創生和發展。在邁向自主性對話和理性論辯與心靈溝通的歷程中，學生的心理發展將猶如愛瑞克森 (Erik Erikson, 1902–1994) 所分析的人格發展歷程，由最基本的信任（1 歲以前）、自主（1–3 歲）、主動（4–5 歲）、勤勉（6–11 歲）與認同（12–18 歲），到親密（18–35 歲）、創造力（35–65 歲）與統整能力（65 歲以上），逐步成就學生圓熟的人格。青少年的心理發展正處於認同期，其視自我和團體認同為第二生命，故教學應配合學生心理的發展，多透過對話與溝通，以幫助學生從自我生存的追求，導向關懷他人的社群生活，進而在自我認同與社會認同中不斷的自我超越、關懷社群與奉獻社會。

　　總之，教育工作者面對社會的多元價值觀，應具有理性及開放的心胸，唯有教師具備有容乃大的民主素養，於教學時方能接受學生的個別差異，並認同學生的多元思維和提問，並建立良好的師生關係，落實因材施教和有教無類的理想。就此而言，師資培育課程中，教師要充分激發學生的主體性及批判性思考能力，並讓學生體會「能為他人活一分鐘勝於為自己活一輩子」的生命意義。此並不是要學生棄倫理於不顧，只是要在培育思考能力的歷程同時強化學生的自主性，並發揮其在社群生活中的同理心和關懷情，具備與他人建立互為主體性的知能。

　　易言之，教學活動是一種意識覺知的歷程與結果，故也是意識型態的不斷解放與重建，教學活動不應該只是知識或技能的傳遞，而是彼此的對話 (Anderson, Bazter & Cissna, Eds., 2003)，以及價值觀的交流和權力的分享。李康納 (Thomas Lickona)（引自溫明麗編譯，2003: 94-97）指出，自尊、合作學習、道德反思和參與決定是道德發展的指標，就教學為一種師生對話的意義上而言，具相當的啟示性，此即強調教育應該重視誠實、同情、勇氣、仁慈、自律、合作、勤勉等能與他人和諧相處的德行，並提升整體社群的競爭力和生產力 (Lickona, 2006)。李康納的觀點和普林的觀點具有共通性 (Pring, 2004: 49-60)，均提醒教育工作者與教育決策者，莫陷入道德教育和職業教育二分的謬誤。

　　英國課程改革方案——紐菲爾人文課程計畫 (Nufflield Humanities Curriculum Project)，就是強調教師在學校與教學中遇到爭議的論題時，應盡可能保持價值中立，以免傷害學生的學習品質 (Haydon, 1993: 5)。保持價值的中立就是容納多元價值，也是降低個人意識型態的具體作法，如此也能為自我反思提供靜思的空間。教師在教學過程中能否保持價值中立繫乎教師對教育專業的執著與其民主素養之高低。基本上，教師至少需要有能力、有意願、並具有理性思維

的習慣和態度。因此，師資培育的職前教育階段首需培養準教師們具備批判性思考的素養，並於在職教育中持續強調並提升其對教育專業的肯認和對教育理想的堅持。

批判性思考能力和態度 (disposition) 的培育，不只透過「教育哲學」一科，亦可單獨設立「批判性思考教學」科目為之，更重要的，師資培育機構的教師們皆需先具備批判性思考的素養和相關的教學知能 (Steutel & Spiecker, in Marples, Ed., 1999: 63)，無論何種科目或領域的教學，教師皆有能力將批判性思考融入其教學活動中。此猶如將人文素養融入教育活動的道理一樣，皆在幫助學生培育其提升民主素養與自主思考能力。

教育界乃至於整個社會若能正視批判思考的價值，教育改革若能強調提升教師批判性思考能力和哲學素養的價值，並鼓勵每位國民養成批判性思考的習慣，則處於多元價值的台灣社會，人民將比較不會是非不辨，真假不分，更不會誤以為混淆各種價值觀而各自為政就是價值觀的多元，或視多元價值等同於為所欲為。美國（美國陸軍月刊社，2004）不僅在教育界，甚至在軍隊的培養上，均已經將批判性思考列為現代軍官不可或缺的能力，並已通令致力於批判性思考能力的培養。此再度驗證批判性思考對民主社會多元價值文化的重要。

今日青少年對性的價值觀甚為開放，不但在聖誕節當街擁吻，更有在情人節眾目睽睽下創金氏世界紀錄的長吻。更嚴重的，性觀念開放之後，開始偷嚐禁果的年齡逐年下降，甚至低於十二歲。隨著數位時代的來臨，網路援交等種種駭人聽聞的事件，層出不窮，怎不叫人扼腕與悲嘆：此到底孰之過？教育是否該為此社會道德淪喪負責？反觀社會百態，色情行業充斥，有以辣妹跳熱舞來招攬生意，有以摸摸紅茶店誘惑顧客，還有跳鋼管舞、檳榔西施、公關公主、公關牛郎、情殺事件等社會千奇百怪的現象，不一而足，我們不禁要再質問一次：是誰讓社會付出如此龐大的成本？是誰應對社會的腐化負起責任？教

育對此社會的墮落應扮演什麼角色？能發揮何等功能？又採取了哪些
措施？

　　對於台灣社會道德的淪喪，教育界的朋友和社會人士已經愈來愈
多人不想再看電視，也不想再閱報，然而教育工作者真的能夠像鴕鳥
一樣，將頭埋在沙堆裡，就以為可以粉飾太平？人類如此脆弱，人性
散漫至此，又有何資格再高唱「人為萬物之靈」？難道只需仰賴大學生
數量遽增、升學壓力舒緩的教育政策，即能提升道德，讓社會腐化現
象銷聲匿跡？作者對此作法抱持保守的態度。

　　雖然早在 1960 年代就有學者 (Archambault, 1967) 高唱，回歸盧梭
的自然主義教育，豐富孩子的心靈，丟棄實用主義的工具性價值，可
見對教育可以淨化人心的功能，仍抱持樂觀的看法，此也是作者對人
性和教育的殷殷期許。作者堅信，若家庭、學校與社會都能攜手合作，
為學生打造一個正向的生態學習環境，無論硬體設備的公平性、對學
生自尊的維護、學生自我實現環境的創造，以及發展學生對團體的向
心力和凝聚力，啟動其自愛愛人的心理動能，則教育淨化人心的功能
將可以彰顯出來。此淨化人心之功，就是一種文化的表徵 (Tolstoy,
1967: 105)。

　　上述林林總總關於多元社會的價值危機，也牽動台灣教育政策、
教學內容與教學方法的危機。此等危機再度勾起作者對德國哲學的眷
慕之情。德國教育家費希特 (Johann Gottlieb Fichte, 1762–1814)(Fichte,
1992: 136–145) 於其《告德意志全體國民書》(*Addresses to the German
Nation*)❷ 中，以對教育充滿自信與殷盼的口吻，勉勵德國的民眾一起

---

❷　《告德意志全體國民書》乃費希特於 1807 年 12 月 13 日到 1808 年 1 月
　　24 日之講演內容，其主要內容扣緊三件事：第一，維護德國主權，以激
　　發國人之愛國心；第二，將高尚的人格與道德情操等同視之，以激發德
　　國人發揮為國犧牲的榮譽感，這些道德情操包括奮鬥、犧牲、耐心和毅
　　力；第三，呼籲仿效羅馬帝國時代將自由留給後代子孫的獨立自主的神

為歐洲建立一個自由統一的文化而努力，他在講詞中大聲疾呼，此必須德國人民靠自己才能做得到；他也指出，要完成德國建國的理想，必須先建立一個全國性的教育制度，形塑德國人民自立、自強、自信的共同民族性。德國人民自立、自強和自信的民主精神，是目前台灣教育需要重新檢視和建立的價值觀。培養此等精神的方法不一而足，其中提升國民批判性思考能力，也是提升人民自立、自主、自信、自強的良方，作者肯定此理念，並已長期致力於此教學活動的推展，盼望更多教育界伙伴一起加入此推展批判性思考教學之行列，再造台灣教育端正人心之功。

在費希特《告德意志全國書》出版前不久，康德曾提倡啟蒙與批判的哲學思想，並發表《永久和平論》(*Perpetual Peace: a Philosophical Sketch*) ❸。康德 (Kant, 2004: 1–11) 在該文中，以維護國家自由為訴求，呼籲整個世界必須超越民族與國家界限，訂定有效的國際法，規定任何國家均無權使用武力去干涉另一個國家的發展。康德的理想就是自由人文教育的鉅觀化目的，即教育若能培養具自主性自律，且能與他人和諧相處的個人，則世界和平並非不可能。

聖精神 (Fichte, in Jones & Turnbull, Trans., 1992: 136–145)。

❸ 康德的《永久和平論》建立在幾個前提上：第一，和平毋須有任何條約的限定；第二，無論是交換、買賣或無條件投降，任何大大小小的國家皆需要是獨立的國家；第三，戰備的任何武器皆需加以廢除；第四，國家的債權不應成為摩擦的因素；第五，國家不能被強行介入 (Kant, 2004: 1–11)。此觀點與費希特的觀點有異曲同工之妙，兩者皆重視獨立自主的自由公民德行的重要性，無論對國家或個人，但費希特強調的是德意志國家主義至上的理念；康德則呼籲世界的永久和平。就教育的價值言之，兩者宣稱內在的自由意志與主體自由精神乃確立國家和世界和平和獨立自主的要件。無疑的，教育必須培養如此的公民素養，才能確保國家的獨立自主和人民的自由和發展。總之，國家需要愛去呵護，教育因此也需要激發人類的大愛精神，而不是自私的小愛。

　　若康德的理想能實現,則今日世界任何國家也不用受到來自經濟、政治或文化等霸權的文攻武嚇。質言之,康德《永久和平論》的重點乃從鉅觀的世界觀著眼,若將該精神轉化為微觀面的教育活動,則提升個人人文和倫理素養即教育本質的回歸。易言之,教育應該發揮個人自律、自主與尊重的民主精神,才能盡其帶領與改造社會的責任。

　　德哲黑格爾在其《法哲學》(*Philosophy of Right*)❹一書中以其《精神現象學》(*The Phenomenon of Spirit*) 的「絕對精神」,來處理國家法律和振興民族精神。他 (Hegel, 2004: 1–13) 認定國家具有神聖不可侵犯的絕對地位,只有在國家第一的理念下,方存在政治自由,故個人若欲獲得自由就得服從國家是神聖不可侵的概念,此皆為促進德國人民民族意識高漲的重要理念──德意志所追求的民族不是一般的民族性,而是一種具有高尚品質的民族性。此高尚品質若依照費希特、康德和黑格爾的哲學推衍,則高尚品質包括自由自主、愛國和堅忍等德行;自由自主則包含平等、尊重和和諧等內涵。德意志的民主概念已成為世界公認的人權指標,也是國家進步的實質內容。台灣若欲落實民主國家,則無論個人、社群或國家,均需要致力於提升人民自由、平等、自主、堅毅、尊重和愛國的情操,尤其自由乃德行的基礎,但自由不能沒有規範更不是心中無他者,此亦是民主教育應該把握的概念。

　　1949 年於漢堡大學教評會 (The Senate of the Hamburg University) 立下的「備忘錄」(Memorandum) 也已確立德國教育的最高指導方針是

---

❹　黑格爾的《法哲學》一書,以其絕對精神辯證論述具體財產和抽象意志之間的客觀倫理生活為兩者的辯證合。而家庭中的婚姻、財產、孩子等皆因為愛而成立,但卻不能因為愛而失去物質生活的安全性,而孩子是延續家庭的唯一途徑,所以孩子有權使用家庭財產接受教育,當然公民社會也是不可或缺的,國家更是倫理生活落實的理想地 (Hegel, 2004: 1–13, 1–23)。

「自由」，並明確指陳，自由必須凌駕在任何政治考量之上 (Robinsohn & Kuhlmann, in Phillips (Id.), 1995: 16)。此備忘錄的精神奠定了德國教育重視自由、和諧和穩定之民主教育政策。當年德國被盟軍占領時提倡之「民主教育」的具體判準，亦可作為今日民主教育政策的指導方針。其主要措施如下：

第一，促進教育機會均等；第二，厲行免學雜費政策；第三，落實九年國民義務教育❺；第四，推行學校行政民主化；第五，實施重視公民責任和民主生活方式的公民教育；第六，提升教師的學養；第七，增進國際瞭解與健康教育 (Robinsohn & Kuhlmann, in Phillips, Ed., 1995: 16–18)。受教人數的增多、受教機會的擴增，雖是教育改革的重要措施，但是除了量的增加外，質的提升更是教育改革不可輕忽的工程，邁向全球化的二十一世紀更不可不重視人品的素質。

人品素質的良窳端賴教育品質的提升；教育品質改革的重點就是提升受教者的價值觀。價值觀包括個人思考人生規劃的面向、判斷事物的依據、衡量事情是非對錯、好壞優劣的判準等。總之，是一切信念、行為、情感和思考的依據和定位。教育品質的改革就是要受教者有能力提升思考的品質、精確化判斷的依據、並省思信念的適切性，尤其是意識型態的合理性。若能如此，則教育將可發揮帶領國家進步和社會發展之功，而不會成為國家經濟的負擔，或淪為政治或宗教的附庸。

嚴格言之，教育包括兩個主要概念，一為生活的目的，另一為心

---

❺　自 1995 年 6 月 30 日以後，德國的義務教育從六歲開始到職業類科的十八歲均為義務教育，但因為各邦不同，有的邦維持九年 (Mecklenburg-Western Pomerania, Saxony-Anhalt, Saxony, Thurningia)，有的邦則為十年 (Brandenburg)，有的甚至延到十二年（Brandenburg，但另外延長的是職業訓練教育）(Robinsohn & Kuhlmann, in Phillips, Ed., 1995: 266)。

理變革的律則，此兩大概念涵蓋自由和社群正義 (Russell, 2003: 1)，亦彰顯教育所維護之個人自主性和社會正義的崇高價值。歐美國家追求自由、和平與社會正義的公民素養不遺餘力，主張對民族精神與個人自由的抗爭，透過理性論辯以建立共識。作者於此無意諂媚外國的月亮或西方的僧侶，然而西方國家的民族性受古希臘以降之理性論辯思想的影響，相較於亞洲國家，其對理性啟蒙思潮較為敏感，也對理性持較高的評價。

反觀國內的教育家和哲學家的理性似乎只用於從事學術論辯，甚至連學術論辯都無法將人與事分開，自由自在地進行理性論辯，如此的學術風氣又怎能盼望知識分子樂於承擔社會改造與政策變革的使命感？然而此風潮一起，教育界和學術界就難免淪為任人宰割或政治附庸的角色。此可從近年來台灣教育改革中教育專業人士的低參與率、政府的教育改革不重視教育工作者之意見可見一斑。

就理念層面言之，教育應與生活結合，且應有助於改善人類的生活。學校是社會機構之一，故學校需要和社會融為一體，而非孤立於社會之外。反觀台灣的教育似乎與社會疏離了：教育被視為只是校園圍牆內的活動，甚至於連圍牆內的事都已經無法掌控在教育工作者的手中，教育與學術的自主已經乏人問津，教育專業明顯地被無情地踐踏，如此的教育氛圍正鮮明地標示著教育和社會生活疏離導致的重大危機。

雖然教育不是國家建設或世界和平的萬靈丹，但一旦教育功能不彰卻又乏力變革時，則教育活動已經乏善可陳。展現教育功能最基本的活動是教學，故教育改革的首要對象乃師資培育機構的教學和師資，師資培育機構的教育改革勢必成為全國教育改革的馬前卒。俗云：良師興國，此之謂也。

若依據馬斯洛的動機階層理論 (Abraham Maslow,1908–1970)(1971)（參見圖 4–2），教師專業的提升也需要顧及教師生理、安全感、

歸屬感、自尊、求知慾、審美感的需求，才能進而在教學活動中提升
自我實現，並在以後的教學活動中引導學生達到自我實現的境界。

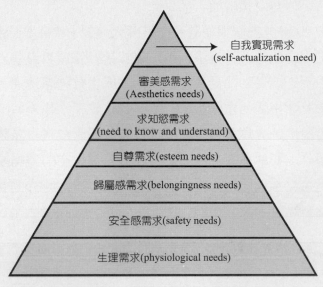

圖 4-2　馬斯洛的需求層次論
資料來源：作者自行整理自 Maslow (1971)

　　目前台灣不少具備教師資格的準教師們無法在教育崗位上奉獻所
學，卻成為找不到教職的「流浪教師」或稱「待職教師」，但是各大學
教育學系、教育學程中心、師資培育中心等卻多如牛毛般地林立著。
理想上，讓所有人都具備適切的教育理念，將對社會發揮正面效果，
乃教育之社會責任的展現。然而若在政策上讓受教育的學生所學非所
用，或所用無法維生，則該政策的適切性將備受質疑，決策者更需要
自省下列問題：師資培育的制度要返回計畫教育模式？抑或由市場運
作決定其存廢？師資的專業認證是否由國家統一確定？抑或由地方政
府或各學校自行決定，並各自聘任？教育專業的內涵應為何？又應如
何評鑑和維護？

　　教育政策不是作者個人之力所能左右，但教學成效是教育哲學探

討的重點，教學成效的提升也是教育工作者自我省思的專業倫理，因此本節擬反思師資培育的方向、內容與教法的適切性，俾為提升教學成效指出適切的方向和內涵。

作者於 2006 年上學期訪問台灣某師大修習「教育學分」的數班學生（亦包括研究生修習教育學分者）關於其對修習教育學分的意見後發現，其中不乏感受到「受益良多」者，但也有抱怨連連者，作者將其中與教學改進相關的重要意見，歸納彙整如下，作為教師教學自省之參照，也提供師資培育機構改進課程與教學之參考。茲歸納學生對修習教育學分主要的負面意見如下（作者考量文字的流暢度，將學生表達之意見在文字上已稍作潤飾，並顧及研究倫理而不列出授課名稱、教師和受訪者）：

1.擔任某科目的教授，其教學態度認真，學術研究能力也相當高，所提供之參考書的內容也甚為豐富，只是專業味道十足，一篇文章中充滿好多的專業術語，書後的參考書目更是密密麻麻……我們相信教授要求我們閱讀的文章一定是篇夠水準的好文章，但是看第一行就知道不是有兩、三把刷子的人，是無法讀懂它的，難怪我們不但看得一頭霧水，也不知道讀了它對我們的教學又有何實質上的幫助。

2.有些教授在上課時總是說：「兩學分的課程，我無法教給你們太多東西，有些東西只好你們自己多讀、自己去研究……讀書本來就得靠自己，老師只是將你們引進門罷了，一切的修行就只好靠你們個人了！」教授的一番話我們都同意、也明白，但是，既然知道這些資料是具有某種程度的人才讀得懂的東西，為何要強迫我們生吞活剝呢？我們好納悶，也好失望。我們多麼希望教授們能指點我們一些如何面對教育改革，如何把學生帶好，如何教得又好又有效率，如何考上教師資格等的方法、技術與知識……雖然我們瞭解，教育理論對認識教育是很重要的，但是我們

迫切需要的是那些比較具實用性的東西，而不是學術氣味濃厚的
「老古董」……

　　總結上述兩組同學修習教育學分相關學科的心語，內心感慨萬千：
一方面能體會學生的心聲，另一方面卻也能瞭解為人師者的用心與難
處。但是，身為師資培育工作者，我又能為學生面對的困難做些什麼
呢？師資培育機構的價值定位是否也在師資培育政策開放後遭受空前
的衝擊？此衝擊不僅關係師資的良窳、教學方法的革新，也引發師資
培育機構的招生、課程與教學等該何去何從的危機？

　　質言之，師資培育機構的定位影響其教學目標的設定、教材和教
學方法的選定，甚至是辦學的方針等。析言之，師資培育機構是否仍
要維繫其培育師資的唯一目的？抑或要轉型為綜合大學？若維持原來
師資培育機構的「育師」目的，則從市場機制觀之，愈來愈萎縮的就
業市場和就業率，使得一流學生就讀師資培育機構的比率勢必降低；
若師資培育機構欲轉型為綜合大學，則師資與設備所需的經費從何而
來？更重要的，一流的綜合大學需要有一流的師資和設備，師資培育
機構要如何尋覓一流的學術研究人才？又該如何提升現有的師資成為
一流的教師，俾確保人才培育的品質？

　　上述問題不但與教學和研究息息相關，更和教育政策有關，但都
是教育哲學需要思考的議題。無論師資培育機構是否轉型，提升師資
素質都是必走之路。本章繼之針對如何提升現有師資的素質，反思教
學革新的方向，提供讀者共同思考師資、教學與社會文化發展的關係。

▶ 第三節　教學的價值定位與省思

　　如何教？教什麼？迄今仍難有定論，如此，擬實施的教師分級制
度涉及的指標恐也會產生信、效度的爭議。這就是人文與社會學科不

同於自然學科之處：自然科學容易找到客觀、普遍斷定真假、好壞的判準；人文與社會學科判斷客觀具體的判準極難建立；再者，人的複雜性和價值的多元性，不適用自然科學的「因果」普遍律則。理論上，教育需要兼顧有教無類和因材施教的原則，然而如何找出好壞對錯的普世判準，則非但不易，恐也不可能，充其量只能建立原則性判準，此原則性判準的背後理性就是人對教育所抱持的「價值體系」，教學內容的定位、優劣教學方法之斷定、乃至於判定整個教育體制或活動的良窳均屬之。

　　學校教學的目標在於提升通識能力或增進受教者之專門知能？教學方法應否提升受教者人性之內在性主體價值？抑或只強調以行為改變技術來促進其就業能力等外在工具價值？教育價值應否優先符應個人需求？抑或應以社會需求為主，個人為輔？等問題，無不涉及價值觀的定位。若學校機構無法釐清此等價值觀，則辦學將難有明確的方向，如此也將造成教學觀無法定位的價值危機。

　　若將追求真、善、美、聖設定為教育目的，則知識論對應於「真」，價值論對應於「善」和「美」，形上學則對應於「聖」。作者認為，教學活動既涉及知識的真假認定，也與為人處事、待人接物之善與美的內容和精神有關。如第二章所討論者，知識論中不同學派對於真理和追求真理的方法或有所異，但不應獨斷地認定用以處理自然科學知識論的原則，即可以直接用來處理人文與社會科學所面對的價值判斷。一言以蔽之，價值觀的定位不僅和知識論有關也涉及方法論。我們總習慣追求確定性和真理，但也需要學習接受不確定性和暫不下決定。

　　本節立於教學的過程和結果，分別從內在價值和工具價值，以及如何統合通識能力與專門知能、個人需求和社會需求等兩兩對立的概念，釐清教育工作者的教學觀，期能有助於教育工作者透過行動研究而自省、重建並合理地定位自己的教學價值觀。

一、內在價值與工具價值孰重？

　　教育目的或教學目標應重視內在價值或外在的工具價值?「內在價值」乃重視道德或情意等目標的理念，工具性價值則指強調行為或實用性知識或技能優先的觀點。作者於授課時曾拋出此問題讓學生討論，大部分學生會尋求兩者兼顧的答案，卻難以提出思考的準據。無論內在價值或工具價值，基本上教學活動應兩者兼重，但本節的重點不在論述是否應兼重內在和外在價值，也不在判斷兩者如何取捨，而擬探討教學活動如何培養學生具備確立內在價值或外在價值之適切性判準的能力。

　　無庸置疑，無論課程如何安排都很難令每位學習者完全滿意，尤其是思想性的課程更是如此。此一則因為思想性的課程本身即具有理性論辯的本質，再則學習者本身的需求亦如價值般的具多元性，因此爭議在所難免。但是價值的多元並不表示共識無法達成。羅爾斯 (1971) 提出「反省性均衡」(reflective equilibrium)❻，其用意猶如康德一樣，以直觀理性建立「無上命令」(categorical imperative) 的原則，卻又企圖抽離康德先驗理性的抽象概念。然而他提出一個大家均一無所知之「原初狀況」(original position) 的假設，並讓每個人都在此「無知之幕」(veil of ignorance) 下作決定，希望在此假設下所作的選擇，能比較符應個別需求，但卻未刻意預先為某個人的利益而設立，藉此讓個人自由意志的選擇過程至少合乎平等原則，此即維繫社會公正、合理、合法

---

❻　「反省性均衡」反省性均衡不局限於兩難情境的解決，也不僅澄清自己的想法，而是以自己的直觀作適當的選擇。此方法主要在情境不是很明朗的情況下，來來回回地質疑和推敲，俾找出讓我們有所依循的適切原理或律則的方法。羅爾斯《正義理論》(*A Theory of Justice*) 即採用「反省性均衡」的方法，提出「公道即正義」(fairness as justice) 的觀點，讓正義逃脫康德形而上無上命令之先驗道德律則的冷酷。

的「程序正義」。

教師教學目的未必與學生學習需求的價值觀相同，此教和學的價值觀會影響教學成效。教師依照其專業判斷設定教學目的，學生的學習需求則多屬個人主觀的判斷。就以教學目的應以內在價值為重或工具價值為先言之，師生之間對於何時、該以何種價值為重、何者為優先，教和學時所占比率多寡等觀點，均可能因為價值觀的不同而有所差異。

如前所述，修習教育學分的學生認為如何考上教職、如何在教學表現上出類拔萃等外在工具價值的學習內容才是其學習時優先考量的要件；相對的，授課教師則認為外在價值建立於內在價值之上，外在價值因人而異，內在價值則是培養良師且在有限修業時間內首需掌握的方向。教學的專業信念告訴教師：培育良師不是灌輸給學生多少知識和技能，而是開啟其內在既存之良師的價值觀，更何況工具性外在價值的知能可以從自學或經驗中獲得，但內在價值的涵化，則需要人格的化育和潛移默化方有以致之。孰重孰輕？孰先孰後？應已相當清楚。然而，學生能否因為知道而接受，進而也認定以內在價值的陶冶為先，則是教師專業智慧的一大考驗，也是何以教師需要建立其自己的教育理念的原因。

「教育哲學」就是一門協助學生建立其教育價值觀的學科，故其內容涉及教育目的的再省思，包括何為教育？教育是內在潛能的激發，抑或知識和技能的傳承、學習與再創新？教育目的是否具普遍性？若教育目的旨在協助學習者建立美好的生活，則教育是否協助學生開展更大的自由和能耐，去選擇和營建其認為美好生活的內容？另外，教育所安排的課程內容到底應以培養菁英，抑或「有教養的人」（包含獨自生活的基本知能、社會生活的公民素養，以及內在生命的提升和美化）為主？教育活動中的應然和實然如何取得辯證合？教學活動是否符合自願性？又符合哪種自願性？教學歷程是否公平？教育公平性的

內涵為何？由誰來訂定？教育公平性是客觀的判準，抑或符合人文性？此皆是教育哲學的主要內涵。

　　無論從教育目的推演出來教育的樣貌，或從教育制度、教學與社會現況析離出來的教育現實，教育哲學對於教育本質與教育價值的探詢，不外乎圍繞於人、社會與文化三個面向，教育缺失的檢討與批判，也是立於此三大層面言之。

　　總之，教育是否兼具適性（個人主體發展）與正義（弱勢者的公平發展）？教育能否回歸「德行」的人格化育？彼特斯論教育的三個規準和赫斯特七大知識形式的教育內涵是否已經足夠讓一個人過美好的生活？是否也有能力因應社會生活的種種問題？是否就能提升文化品質？這些以理性為主，未提及教育愛的知識形式或教育規準是否完足？是否能讓師生於教學活動中呈顯教和學的快樂？學習所獲得的知能是否能轉化為德行？目前的教學是否能改善教育欠缺人味兒、缺乏主體性和責任感、教育功能不彰的缺失？

　　繼之，當教學被視為強化知識與能力的活動，也是激發個人生命與社會文化意義的活動時，自由人的理性教育與社會人的職業技能能否兼顧？私德與社會正義的維護如何可能？個人、經濟及政治權力等外在價值與內在價值間如何取得平衡？易言之，教學內容以何種知識最具價值？評價教學成效的依據為何？教學評鑑是否已經涵蓋上述教育的本質與目的？質言之，無論對於教育持何種價值觀，針對上述問題，教育哲學不僅需要思考教學目標如何涵蓋個人發展與社會價值觀，也需要調和學生權利與教師專業間的衝突，以及知與德之間的拉鋸。

　　綜上所述，民主教育彰顯教育為實踐科學的形式之一，若欲透過優質的教學來落實民主教育，則教育目的需要兼顧知識與德行，而教學活動需要涵蓋社會價值與個人發展，至於教材內容需要顧及文化共通性和個人主體性。除此之外，任何教育制度均不應剝奪個人發展和文化創生的空間，教師的教學也應該融合傳統文化、社會現實和個人

理想於教學設計和教材中，俾讓教育價值的合理能兼顧理想之可欲性和可能性，也能考量現實之可行性。同理，立於自由和平等的民主教育之教學活動，亦應能符應個人與社群、知識與德行、基本知能與主體個殊需求的動態性和多樣性適性教學，如此方能立於正義的基礎上再造生生不息的活力。

　　沒有知識論的教學，就像沒有月光的夜晚，看不見東西；沒有價值論的知識，就像沒有方向的船，不知駛向何方。欠缺合理的教育價值，教學也無法達成生生不息的人類目的。教育的過去需要反省、現在需要批判、未來需要創造，因此教育哲學應探討思考性教學的實施及革新，誠如哈伯瑪斯 (Habermas, 1992: 35) 所言：教育哲學能幫助人類透過理性的過程，依照適當的程序，成功的解決問題。由此可知，教學不僅重視外在工具性價值的活動，亦是內在價值彰顯的活動，兩者的輕重沒有定論，視教學者和學習者之個別差異和教學情境之多元可以動態地調整。本書再度強調：沒有情感就像沒有血淚的人一樣。雖然邏輯和數理是相當實用的能力，但卻不是生命，批判性思考才是真正具主體性者的生活。

二、批判性思考統合價值兩難的抉擇

　　大凡從事思考性教學的先決條件是民主的教學氣氛，自由討論或對話的氛圍，以及對主體意識的尊重。質言之，思考性的教學是智慧的啟發，更是存在的追尋。然而，因為進行思考性教學之際，傳統教學時「教師講，學生聽」、「教師教，學生記」之井然有序的班級秩序難以維持，故從事思考性教學的教師若未能修正教學的價值觀，則恐產生不知所措，或甚至無法接受學生自由表達其意見而放棄之。同理，家長或行政人員也可能無法接受上課時學生不是正襟危坐，而質疑啟發式教學的成效，尤其對於那些根深蒂固地認為「教師認真講，學生努力抄」才是良好的班級秩序和優質教學的家長或教育行政者，更堅

持以班級的秩序來「預測」或「論斷」教學的成效，就此言之，通識能力不會是持此價值觀者的最愛，只有專門知能才能被其視為教學的「合法性」內容；相對於內在價值和外在工具性價值言之，通識能力猶如內在價值的內容，專門知能則相對應於外在工具性價值，兩者孰輕孰重，如同上一節之論述，沒有一成不變的原則可以依循。

　　教育是良心工作，若要從當教師而富甲一方，幾乎是不可能的事，因此若想要賺大錢者要早點改行。家母每次看到我在讀書與寫作時，總是又疼又惜地抱怨：「何必那麼辛苦呢！寫書也賺不到什麼錢，也不需要賺這麼辛苦的錢。」她老人家關心兒女身體健康的心，我可以理解，但是我卻無法因為她的關心而改變自己的習慣與嗜好，有時也會產生內在的價值衝突：我應該奉父母之命？抑或依循個人的自由意志？

　　卡謬 (Albert Camus, 1913–1960) 曾說：人生本是荒謬，而解決荒謬最好的方法，就是去擁抱荒謬！話說回來，人生是什麼？人生該怎麼過才有意義？應無普遍的答案。為人師者最快樂的是獲得學生的青睞。學生感激的告白，就是教師的成就感，此時再辛苦也都不苦了，而且還會有如遇知音之感，那也是一種人生的高峰經驗，此等經驗雖不至於教人生死相許，倒也能讓人更無怨無悔的投入與奉獻 (Maslow, 1968)。可見好的教學不只是教師的責任，窩心的學生更是促使教師教學更認真的良方。此亦說明個人需求與他人之間並非毫無瓜葛，反而是息息相關。教育工作更是如此，教學時，教師固然應該考量學生的需求，但是學生個人的需求亦無法脫離社會的需求。然而當兩者衝突之際，孰重孰輕，則是教育價值的另一種兩難。

　　思考性教學的目的在於幫助學生發展其思考能力，並建立自己的價值觀，故通識和專門知識不是二擇一的問題，而是在不同情境，所需要具備之能力比重上的不同。通識能力是全人和統整專門知識不可或缺的一環，思考性教學要能成功地進行，教師必須具有思考能力，因此教師教學自我反省能力的提升，將有助於培養一位精益求精、具

思考能力的教師，實現其優質教學的理想，此思考能力即通識知能的展現。一言以蔽之，教師如何在個人需求和社會需求、通識與專門知能、內在價值與工具性外在價值衝突下，取得適切的平衡，此不僅是教育價值觀的呈顯，亦彰顯教學融合個人與社群的藝術。

由此可知，一位優質的教師不僅需要具備豐富的專門知能，也需要是位行動研究者，投入教育問題的研究，並常常自我省思，不斷增權益能，如此，教學不僅是一種技術，更是一種藝術。在技術與藝術之間仍須建立在動機與成就的關係上，因為動機與成就之間的關係密不可分，而動機更是促動學習的重要因素，教育價值的抉擇不是魚與熊掌不能得兼的問題，而是兩者如何相輔相成的藝術 (Wang, Haertel & Walberg, 1993)。在此價值抉擇之際，批判性思考能力是不可或缺者。質言之，若教師具備批判性思考能力，則其對於教育價值的抉擇將會有所本；同理，若教育能培養學生批判性思考的能力，則無論學生的學校生活或社會生活上的價值抉擇，也都較能清晰明確。

以下作者以一親身目睹的現象，訴說家長對教學所抱持之扭曲的意識型態，也藉此論述批判性思考能力是化解價值衝突的良方，進而分析從事思考性教學宜掌握的原則和注意事項。

「副校長」的教育理念

記得作者仍在小學任教時，有位家長因為有事沒事就到學校來察看，不是檢查校園的整潔，就是到各教室去「查堂」，並到各教室查看教師上課情形，也會監管學校的用水與午餐的菜色、衛生和秩序等，看到不滿意處，還會立即處理，並向校長反映，尤其惹得全校教師不高興的是，只要他一看到教師們的教學不符合其「視為理所當然」者，就會當面指正該教師，並指導教師該如何進行教學，他也因此被教師們戲稱為「副校長」。

話說有一次，某位教師正採用討論式教學法進行社會科的教學時，這

位副校長正好「查堂」至該教室，發現該班級學生不按座位坐，教師也不在講台上講課，反而在教室中四處走動，也無一學生正襟危坐，數人一組，不但分開學習，還各自自由的「說話」，教師不但不約束學生還分別和學生們「聊天」，有時也會和學生們笑在一起，整個教室就像菜市場一樣鬧哄哄的吵成一片。雖然學生有的在紙上寫了些字，有的講、有的聽，但是卻左看右看，一點兒都不像上課的樣兒，於是他駐足該教室，以瞭解真象，最後他認定教師根本沒好好在「教書」。副校長看了好一陣子後，再也受不了，於是衝進教室，指著教師興師問罪：

副校長：你上課不上課到處走來走去，不但沒管好學生的秩序，你自己還和學生一樣隨便在上課就和學生聊起來，你拿政府的薪水卻不做事，你對得起國家嗎？！

教師愕然而不悅地說：我不是正在上課嗎！是您隨便走進教室來擾亂我的教學，您知道嗎？請您不要干預我的教學，也不要妨礙學生的學習。

副校長不以為然地說：你這哪算是教學？學生都在講話，你也是！

教師說：您根本不懂教育，我使用的是社會化教學法，學生正進行分組討論，不是亂說話。您根本不懂，請您趕快出去，我要上課了。

副校長仍聽不下教師的解釋，更忿忿地說：你再強辯我就去告訴校長。我明明聽到你和學生談到看電影的事，我還聽到學生在劃「跳格子」的遊戲圖，你怎麼可以睜眼說瞎話，我已經告訴你，你不但不立即改進，還說我胡說八道，我說的都是有憑有據的事實。

教師說：我不要跟您說了，反正怎麼說也說不清楚，我簡直在對牛彈琴，您要去告訴校長就去吧！

副校長一見教師對他的指正無動於衷，便直往校長室告狀去了。

副校長向校長說：剛才我看見三年甲班的教師，她上課不上課，卻和同學們一起聊天，有說有笑，整個教室到處亂糟糟，教師不但不教課本，學生也都一堆堆的嘻嘻哈哈。我要求她改進，她不但不改正，還頂嘴。您必須親自去管一管，否則我就向教育局告狀。

校長當然瞭解該位家長的觀點，於是笑笑說：教師這樣做一定有她的道理，我們要尊重教師的專業。

副校長提高嗓子說：哪有什麼道理，上課就是要好好上課，怎可大家七嘴八舌的只管講話，教室像菜市場一樣，鬧哄哄，簡直不像樣，教師不在講台上講課，學生學什麼呀！如果您再不去管一管，我明天就真的到教

育局去告您和那位教師。

　　校長無奈地笑笑說：您先別動怒，我不是不管，只是據我瞭解，教師應該正在進行某種以討論來進行的教學方式，教學內容應該就在討論的題項中。教師主要要讓學生動動腦、多思考，並且自己去找答案。

　　副校長不屑地說：哪有人上課不教書，光讓學生自己講話，小孩子上課就是要學習，不是開班會，怎可在上課時間討論？如果每位教師都讓學生自己找答案，那麼我們要教師做什麼？教師不教，學生怎麼可能會！校長怎麼可以包庇教師？

　　校長耐心地解說：這種討論也是上課的一種，是一種讓學生思考的教學方法，可以啟發學生的自我思考，也可以提升學生解決問題的能力，是相當不錯的教學法啊。

　　副校長幾乎按捺不住脾氣地大聲咆哮：您胡說八道，您沒看到現場的情況，您沒有我清楚教室的狀況，他們根本不是在討論事情，更不是在上課，有的學生還在上課時玩劃格子的遊戲。上課如果都像這樣，我的孩子何必到學校來上課？教師站在講台上講的時候，一樣也可以讓學生思考啊！我在家也會問我孩子問題，我的孩子也會思考，但是讓幾個學生們在一起隨便講話，這樣教師反而不知道學生是否在思考！如果上課只是讓學生瞎摸索，那麼學生只要在家說話、玩遊戲就行了。校長！您今天要是不去管一管，以後的情況可就更不得了了。學校大家有樣兒學樣兒，最後每位教師都不教書，只讓學生講話，那學校就完了，就要關門啦！

　　校長只好打圓場敷衍地說：好好，別生氣，我知道了，我會仔細瞭解這件事情，您現在可以回家去了。

　　副校長一副心有不甘地說：我才不回去呢！我還要去看看有沒有其他教師也沒在教書。

　　校長站起來，拍拍他的肩膀，無奈地笑笑！

　　上述是真實發生的趣事，也是思考性教學不易推展的原因之一。思考性、探索式的教學，旨在鼓勵學生自由表達其想法，但是若教師、行政人員或家長的腦袋瓜兒不改變，加上社會與文化的壓力，那將會使教師最後臣服於「眾人的價值觀」，而將其在學校或研習所習得的教

育新知和教育專業存在理想與學術的象牙塔中，卻無法落實。如果教學的氛圍如此，則學校教師的專業成長、在職進修，將形同虛設；更重要的，教育不但未能帶領社會進步，反而被社會的沉重傳統價值觀所束縛，讓教師受到錯誤意識型態的打壓，又在教學上感受到無力感，此勢必嚴重打擊教師的社會地位和其專業自尊心。此是否也顯露師資通識能力的不足？或教師尚無法將專業知能轉化為抗衡社會錯誤意識型態的力量？

　　果如此，則師資培育過程中無論是通識能力的培養，或教師專業知能的提升，均不能一知半解，應該深入理解到可以將之轉化至解決所面對之問題的能力。舉例言之，教師對於教學法的理解，不能止於知道如何將教學方法運用於其教學活動，更應該深入理解其中的原理原則和哲學思維，才不至於誤用或避免誤解，並能獲得家長的認同，進而尊重並信賴教師的專業。

　　1978 年，藍帕德 (Magdalene Lampert) 曾透過田野的參與觀察研究，參訪過從事建構教學的學校，該研究專案的目的在於讓教師瞭解什麼是「建構式教學」(Lampert, 1978, 1990)，但他當時也遭遇上述作者遇到的現象，即其建構教學的理念無法受到家長的認同；同理，黃毅英 (1994) 也曾以數學一科為例探討建構數學的可行性，並附上蘇格拉底與曼諾的對話，強調探索式教學的可行性。然而教師進行建構教學時，是否只掌握建構教學的方法而未能真正把握建構教學的理念？若只懂得方法，則教師如技師，遇到無法解決的情境時，教師極可能恢復原來慣用的教學方式，甚至拋棄建構教學，以呼應社會的反應。若教育決策單位也因此宣告「建構教學已死」，則是否為正確的舉措？

　　建構教學與作者十餘年來極力推展之「批判性思考教學」的理念在本質上有異曲同工之妙——其中之精神、目的與特質大同小異，均在激發學生自我探究、自我學習的精神，並提升解決問題與建構自主性思考的能力，讓學習成為有生命、有思考的探索活動。下文中，作

者從藍帕德所從事之有關「建構教學」研究專案之特色與精神，歸納如下的特色，俾讓讀者據此比較其與批判性思考教學之相似處。

依照該計畫專案的說明，所謂「建構教學」至少包括下列四種不同的內涵 (Lampert, in Richardson (Ed.), 1997: 84–85)：

第一、企圖轉移教師教學時的注意力，即在教學中專注於學生如何思考問題，尤其在數學科、自然科學與音樂科等教學時，教師要掌握學生如何思考，學生如何形構其該學科的知能，及學生進行該學科知識之思維邏輯。

第二、研究者並不直接告訴教師任何關於建構教學的理念，只要求教師在其所從事的數學、自然科學與音樂等科目之教學中，自行將所用到的知識與教育理念統整出來，自行形成一種教育理念或理論。

第三、不提供教師實施建構教學各種可能的方法，但要求教師自行設計與研發實施建構教學的方法；因此在讓教師瞭解建構教學時，培訓者只要求教師必須依照學科或年級分組每週召開研討會，並將教學心得與困難提出來討論，並共同思考解決之策。

第四、教師為解決其教學問題，故也需要從事行動研究，以瞭解其所面對之學生的想法，並解決教學時面對的問題。

作者相當讚賞這個培育建構教學種子教師的研究，它不僅鼓勵教師透過「做中學」以瞭解「建構教學」的真正意涵、精神與方法，同時也使教師本身成為一位自我建構其教學理念的人，更是一位行動研究者。此種方式的特色在於培訓教師「學會」如何進行建構教學的同時，也讓教師自己建構自己的教學理念。此亦是一種將通識與專門知能融合一體的方式。作者於進行批判性思考教學時，大抵也採取與此相類的方式，讓學生自行體會什麼是批判性思考，讓教學者和學習者均成為批判性思考者，既學會批判性思考教學的知能，更提升師生批判性思考的素養。

以下簡述作者個人的教學經驗，一則提供有志於研究批判性思考

教學者參考，讓批判性思考教學能因為更多人的共同參與和心得分享而更臻理想；另一方面，藉此搭建與讀者論述的平台，進一步確立批判性思考教學的價值和追尋更適切的教學策略。

　　由於作者的專業領域是教育哲學與倫理學，在台灣師大所教授的課程也大都是此類課程，因此就以教授這幾門課時採行批判性思考教學為例，進一步闡明上述藍帕德培育建構教學種子教師的理念，與作者採行之批判性思考教學的作法，兩者均是將通識能力與專門知能適切融合的方法。在說明此等精神之前，作者必須強調，批判性思考教學並非僅能限於哲學領域的教學，同理，批判性思考的教學也不限於何種年齡層才能學習。相對的，進行批判性思考教學的重點是，教師應將教學科目的專門知能與批判性思考教學融合起來，因為批判性思考能力與該領域之背景知識兩者間具有高度相關，此與通識能力和專門知能間的關係一樣，是相輔相成的，而不是相互排除的。

　　以下闡述批判性思考教學的方式與步驟，與讀者一起分享，並期望對批判性思考教學有興趣者共同來推展：

　　第一、利用點名時，採用蘇格拉底的詰問法：一方面瞭解學生背景和對課程的需求，另一方面理解學生的教育理念和思考方式，並試圖藉著不斷質問，讓學生洞識到自己所知有限及其思考的盲點，借此激發其近乎「生鏽」的腦筋重新動起來；

　　第二、上課時要求學生先預習並準備問題，於上課時進行討論與論辯：若學生無法提出問題時，教師便提出問題讓學生討論，並思解決之策。在此過程中，教師所以讓學生提問的原因在於瞭解學生的背景知識，俾便教師隨時補充；而且也提供機會讓學生自省，並試著自行解決問題，同時與其他同學分享彼此的想法，俾收視野擴展之效；

　　第三、鼓勵學生自由表達並進行對話與論辯：此過程包括口頭報告與讀書心得報告。口頭報告以問題討論與論辯為主，書面報告則旨在訓練學生言簡意賅地表達自己的想法，勇敢地挑戰權威的理念。此

過程主要為瞭解學生理解教材的程度，亦訓練學生語文表達能力，尤
其是用其口說其心的能力，並比較自己與他人觀點的異同；

　　第四、進行問題解決：此過程屬於批判性思考能力轉化至解決日
常生活問題的階段，一般於上課達一半以上時方進行，其目的在於提
供學生跳出課程或教材內容，將課堂所學到的知能實際用之於解決其
日常生活面對的問題，也提供學生練習批判性思考的機會。

　　依據作者的教學經驗，剛進行批判性思考教學時，學生會覺得教
師不甚通人情，而且有股咄咄逼人的壓迫感，因為無論學生怎麼回答，
教師總可以指出該答案不夠周全之處，教師總是有一籮筐問不完的問
題，因而學生在上課時，總覺得神經有點緊繃，覺得教師欠缺人味兒，
難以認同。但若教師知覺到學生感受的壓力到某種程度時，教師就應
該適時地同理學生的感受，並可利用課餘時間加緊概念的溝通，也可
透過非正式溝通讓學生瞭解教師的用心和對學生的關懷。

　　一言以蔽之，批判性思考必須建立在愛的基礎上。這是實施批判
性思考教學者應謹記的要訣，也是使批判性思考教學不致讓學生誤解
為「吹毛求疵」或「為批評而批評」的必要條件。作者記得有位學生
曾在修畢作者第一學期的課後，告訴作者他修課的收穫。他說：

> 剛開始上老師的課時，我告訴家人：「我今天遇到一位很奇怪又
> 刁鑽的教授，她竟然可以花兩個鐘頭的時間點名，而且讓每位同
> 學都被『秀』得一塌糊塗，沒有人幸免，連班上辯論社的老將都
> 被她問得無言以對……我們真的很怕上她的課，她似乎什麼都
> 懂，我們似乎怎麼回答都不對，卻又不能不回答，因為她會提問
> 題引你回答。上這一門課沒有人會打瞌睡，也不敢打瞌睡。我們
> 上完她的課就像放下千斤頂一樣的鬆了一口氣。」
> 但是逐漸地，每次上課，我們都有倒吃甘蔗的感覺：從一開始的
> 莫名其妙到中途的又愛又恨，最後反而覺得真過癮。從未上過這
> 麼充滿刺激又獲益良多的課程，希望所有的課程都能如此具挑戰

性，既能讓自己看清自己，又能讓自己的思考更敏銳，思維邏輯也更縝密。

聽了上述告白，除了高興之外，作者進而反省今後該如何讓學生能在較小的壓力下學習（雖然作者也認同，學習過程中的適度壓力是需要的）。另外，亦有學生於上了數堂課（約六至八堂課）之後，興沖沖地跑來告訴我：

> 修了老師的課後，我和同學及家人聊天、討論問題時，都會試著
> 運用老師上課所教的內容和方法，沒想到同學和家人都很驚訝地
> 對我說：「為什麼這學期你修課不過短短的幾週時間，但思想卻
> 變得相當犀利，分析起事情來也頭頭是道，思考事情時也大多能
> 面面俱到。到底是怎麼回事兒！你是怎麼能夠把一件事情看得那
> 麼多面、那麼透徹？」老師！我聽了這些話，心中好感激老師的
> 教導，讓一向懶得動腦，又不瞭解自己如何思考的我，有勇氣自
> 己動腦思考，並自由自在地說出自己的想法和感受。下學期我還
> 想繼續修老師的課！

上述只是作者部分實務經驗，以下歸納類似的經驗，將批判性思考教學、問題導向教學、探索式教學，及反省性教學等以「學生為中心」的思考性教學原則臚列如次：

㈠以學生的學習帶動教師的教學，因此必須瞭解學生學習風格。

㈡營建開放的教學氛圍，以鼓勵學生自由表達自我的意見，甚至對知識或權威提出質疑和反省。

㈢任務導向的自我負責，一方面彰顯學生主體自主性自律的德行；另一方面，強調教學是一種「工作－成效」的概念，即重視教和學之歷程與結果。

㈣建立自我成長的指標，以因應學生的個別差異，也發展學生的多元智慧。❼

　　簡言之，上述這些啟發性和思考性教學，主要在於破除學生死讀書的方式。欠缺親自思考和用心體驗的學習，猶如留在沙灘上的腳印，隨時都可能被海浪沖失。就此而言，教和學都應該被視為主體「存在」的方式進行才夠深刻，也才能讓教學展現生命的主體性和活力。

　　上述教學策略可以歸納出下列教學步驟：

1. 引起動機。
2. 瞭解目標。
3. 探索內容。
4. 記憶知識。
5. 統整概念。
6. 付諸行動。
7. 再度強化。

　　此外，思考性、探索性教學的課程設計需要把握下列兩大面向：

㈠需要考量學生學習成效，不能只為了探索和興趣，而不顧學習的進展和成效

　　這也是教師欲實施思考性教學時常發生的困擾，因為教師通常認為，思考性的教學比傳統講演式的教學更費時，故也特別擔心教學進度的問題。然而事實是，教師既意識到教學時間不是教師單方面可以掌控的，因此，更需要事先瞭解學生的背景知識和其學習的起點行為，也需要對課程和教材相當熟稔，並能靈活隨機應變，隨時有能力化腐

---

❼　迦德納 (Gardner, 1999) 修正後的多元智慧包括語文 (linguistic intelligence)、邏輯數學 (logical-mathematical intelligence)、空間 (spatial intelligence)、身體動覺 (bodily-kinesthetic intelligence)、音樂 (musical intelligence)、人際關係 (interpersonal intelligence)、內省 (intrapersonal intelligence)、和自然 (naturalist intelligence)、精神或存在 (spiritual or existential intelligence) 及道德 (moral intelligence) 等。

朽為神奇，將資料整合入其教材中，且於教學時能掌握教學目標與重點，也不會因為被學生的問題和思考帶著走，而無法將學生的問題拉回教學重點。

㈡配合學校計畫並善用社區資源

教室中的教學不僅是小社會，更是家庭與社會的連結站，因此教師從事思考性教學時，不可範限於「教科書」中的既定知識，應該將學習拓展到家長的價值觀和社區文化；易言之，思考性教學必須落實「學習即生活，生活即學習」的概念。在教學過程中，應強化想像力，因為想像乃美感教學的重要因素，想像可喚醒我們內在沉睡的心靈，尤其那些已經被遺忘在潛意識中的能量和記憶 (Samier & Bates, 2006: 47–48)，亦將透過想像重新浮現，也有助於超越時空地發揮創意，並引領抽象思考的前進。思考性教學之所以有助於開發創意，乃因為思想可以超越現實社會之故。

教學是師生多方的互動，不是單方的傳授和接受。一開始進行思考性教學時，由於學生不太熟悉教師的教學模式，或不懂得如何進行思考，因此會比一般的教學來得更費時，但是一旦學生瞭解思考教學的模式後，學生的學習速度便可以超越一般的教學，進度也可以躍進，故教師不必對思考教學開始時產生的進度緩慢過於擔憂。簡言之，教師若欲有效進行教學，則不但需要深入理解課程內容和教學的原則，更需要瞭解學生的學習習性，方能適切地設計教學模式，安排教材內容，靈活彈性地善用教學方法，俾讓學生在學習中獲得成就，乃至於樂於學習。

▶ 第四節　教師自省與教學創新

生活就意味著觀看，人類的觀看被兩條線所侷限，其中一種是強

光，使人看不見；另一種是徹底的黑暗。持極端主義即意味著立於命題或範圍的邊界，不論藝術或政治之極端主義的激情，其背後均掩藏著求死的渴望（韓少功、韓剛譯，1990: 113）。教學本身是個具有生命動態的歷程，因此，教師與學生都是不斷成長的個體。

人之所以能不斷成長乃因為改變，改變本身的原因很多，就人之主體言之，最鮮明的特徵就是思考。質言之，人之所以為人乃因為能夠思考，而思考中最深沉的部分就是對自我的反省。大抵言之，反省他人並不太難，但是要一個人自我反省，則不是件容易的事。蘇格拉底以「知汝無知」自詡，不但未受到世人歧視，後人反而大加讚賞，並引以為殷鑑。畢竟，知道自己無知，又要能對他人承認自己的無知，是真正懂得自省者才能做到的事。

師者，不只是經師、人師，更要是位良師，所以教師必須不斷的自我成長，才能因應時代和社會的變遷。教師本身時時反躬自省，並以身作則，專業知能不斷精進，否則難以為學生提供具前瞻性的啟迪與引導。就此而言，教師不僅應該隨時掌握時代脈動，更應該立於自己的崗位上，反省和檢證教育的專業或專門知能的理論，並致力於將理論運用於處理教學活動之實際問題。

近年來，教育研究著重行動研究，強調教師本身必須針對自己面對的問題，尋求問題解決的策略，強調以問題為導向的教學(problem-based teaching and learning)。問題導向的教學與行動研究是一體的兩面：教師有能力進行行動研究，則其進行問題導向之教學時，更能協助學生意義化問題、掌握問題癥結、並廣泛尋求問題解決策略。

問題解決教學主要的特色如下：

㈠培養主動發現問題的習慣。

㈡提升自我解決問題的能力。

㈢成為終身學習者。

㈣開發多元發展的潛能。

㈤結合理論與實踐。

由上可知，教師的角色多元且複雜，除必須瞭解政策、法令、課程、教材、教法外，更需要瞭解學生的個別差異，因此，不但需要引導學生如何學的習慣和能力，教師本身也需要是位能掌握如何學的終身學習者。以下就教師終身學習的立場，以及教師的教學責任，提出教師本身必須是位行動研究者、自我省思者和創新者三方面，重新詮釋、反省與定位優質教師的角色。

一、教師本身必須是位行動研究者

如果教師本身想從事思考性教學活動，則教師本身必須足夠瞭解學生、理解課程、掌握社會與文化的脈動，因此教師不斷研究與進修乃不可或缺的一環。什麼是行動研究？

卡爾（Carr, 1995；溫明麗譯，1996）在《新教育學》一書中有專章討論，作者於此不再贅述，僅綜括地闡述其含意如下：行動研究不僅僅是一種研究方法，它乃行動者本身重視自己所面對的問題，並試圖解決之，因而採取各種可行的方法，找出問題的癥結，以對症下藥的整個過程與結果。由此定義可以瞭解，不能將行動研究等同於質性研究或量化研究，更不能視之為教育研究法的一種，因為其目的在於理解行動者本人在教學時所發生的問題，並試圖解決之，故其所採用的方法應視問題的性質而定，而非一成不變，舉凡能解決問題者，均是其進行研究的目標。行動研究不但有助於解決問題，更有助於教師自我成長，尤其對教育理念的澄清與重建均有助益。

以下作者舉一篇學生自己從事批判性思考教學與自我省思的教學心得為例，一方面證明具批判思考能力的教師應有能力形塑其教育理念；再則也由該篇報告中看到教師本人對教學問題進行行動研究後之心得。下列數位同學中有教育行政工作者，如教育局的科長、校長、主任與組長，也有學校的教師，他們將一個學期以來在各自崗位上發

現的問題提出來共同研討，並將其進行研究的成果撰寫成報告，本書以「教學中的新發現──看山還是山否?」為題，將之做部分修改、潤飾和融合後鋪陳如下，期能見證教師是位行動研究者之理念。

教學中的新發現㈠──看山還是山否?

　　據說，光復初期到台灣負責接收的軍人，看到台灣百姓家中牆壁上裝個水龍頭，開關一轉，水便自動流出來，十分方便。回家後，他也去買個水龍頭裝在牆壁上，不過任他怎麼開，水都沒流一滴出來，最後他便將此水龍頭拿去找水電行的老闆理論。

　　以現在的觀點而言，您會認為那真是不可思議，或者甚至只是個笑話而已。但是您也一定可以想像，水電行的老闆無論如何也難以向這位軍人清楚地解說自來水路的複雜系統，老闆就算是舌燦蓮花，該軍人還可能認為是水電行的老闆故意將壞的水龍頭賣給他，又不肯換，所作的狡辯之詞。除非水電行老闆以經驗主義的方法，將牆壁敲開，讓該軍人親眼目睹，證實自己所言不虛，否則恐怕事情會在雙方各執一端的情況下，難以善了。

　　教師的教學亦是如此，教師認為理所當然的事，學生卻錯愕得不知所以然。如果教師只是把上一代的經驗傳承給下一代，那麼，教師只不過是扮演影印機的角色，然而一再影印的結果，一定是一次比一次不如原稿清楚，而且縱令再清楚的複印，都是缺乏創新和自我的生命。教育亦然，影印方式的傳授知識只會讓一代不如一代，最後社會不但不會進步，反而會漸漸退化，或許有讀者已深深感受到台灣一代不如一代的人才荒之社會危機。果如此，則非但不是教育所期望的，還是反教育的現象，畢竟教育的終極關懷是要幫助人類建立更美好的生活，而不是當個知識的存取行庫 (bank)。

　　於此前提下，教師有責任瞭解教育的對象──學生，尤其是學生的人格特質、習性、潛能、心智能力、學習風格等。教師若欲瞭解學生這些特質，就得瞭解學生生命活動的行為表現與其內在思想，否則就會像故事中的軍人一樣，沒有瞭解牆壁內的水路體系，只看到表面的水龍頭，故也難

以理解學生整個人的興趣、特質和起點行為，尤其是學生的思想體系更非一時半刻可以掌握的，需要教師耐心觀察，細心呵護和建立良好的師生關係，方可致之。

　　哲學的本質是愛智，因此，若教師擁有哲學素養，一方面可以提升自己的智慧；另一方面也能協助學生增長智慧。師生的智慧相互精進，社會便能更進步。除了個人的成長外，社會進步也是教育需要發揮的功能；提升教學效能即意味著提升學生的能力，也隱含著社會的進步。就此而言，掌握學生的本質，提升學生的內在智慧、從事有作用的行動研究等均為教學努力的目標，亦是教學不是「教書」，而是「教人」的行為展現。

　　「智慧」不是個容易理解的名詞，但是從事教育工作的教師應明白，學生是活生生、具自主性能力、有生命力的「人」。傳統教育多少視教育為達成「功名利祿」的工具，或作為為社會培養人才之所，甚至對家長而言，教育活動應該設法使學生變得更聰明、更快速的「功成名就」、「光耀門楣」，但卻因為過於重視此立即性的利益，而忽略了長遠卻重要的德行和人格化育的價值觀。

　　進步主義的教育哲學強調以學生的本質為中心，致力於將學生的智慧激發出來，但是到底何種方法最有效？如何設計課程方得當？則並無定論，這更突顯教師需要常常「在思考中學習，在經驗中成長」。「在思考中學習，在經驗中成長」正是增進批判性思考能力的法門。

　　教師若具有較高能力的批判性思考，那麼在教學的過程中就較不會輕易地受到課程進度、法令、規章與制度等的束縛，更不易淪為達成社會之工具性目的的手段；對於學生問題的處理也較能夠投入的從事研究，以找出真正的問題癥結，不致停留於「土法煉鋼」式的常識取向，或完全依賴科學或心理學的測驗量表與統計分析，而會善用各

種量表，並瞭解學生的生活史與其周遭的社會互動情形，如此不但可以掌握問題的癥結，也使師生之間的情誼有所增進，更可實踐杜威「教中學、學中教」(learning by teaching, teaching by learning) 的理念。

教學中的新發現㈡──看山還是山否？

　　新竹縣關西鎮有位范姓的農夫，生了十個小孩，其中六個擁有博士學位，四個擁有學士學位。有人說是因為范家的風水很好，而不是范姓夫婦善於教養小孩。我們聽了很感興趣，想一探究竟，遂去造訪范先生，想瞭解其言行、個性與觀念是否具有特殊的教育風範？或真的只是風水之說？得到的答案是：「庵亞莫氏（我也不知道）」。我們心想，也許范姓夫婦就像柏拉圖所說的，人的天賦與生俱來，他們只是比其他人留住更多關於如何教育孩子之記憶的人，所以范氏夫婦雖「知道」如何教養孩子，但並未特別去學習如何教導孩子，只是順其自然地照著自己的「意識」去作就是了！

　　布袋戲中有個「怪老子」，從小習得許多武功，不但熟能生巧而且功力深厚，無論遇到何種勁敵，他都劈哩啪啦兩三下就打得人家落花流水，人家問他：您使的是什麼招？其答案也總是一貫的「不知道」！

　　在這兒我們要提的是：范姓農夫的「不知道」與怪老子的「不知道」，存在不同的層次。前者是「真的莫名所以」的不知道，但後者卻是「精熟入化」後的不知道。人類對事物的理解基本上可以分為「看山是山」、「看山不是山」與「看山還是山」的階段。本文中的軍人可以說是「看山是山」的層次，范姓農夫則為「看山不是山」，至於怪老子則為「看山還是山」的階段。

　　具有批判思考能力的教師並不表示他們什麼都知道，做什麼事都對；同理，並不是從事行動研究之後我們便一定什麼都知道，學生的問題都能圓滿解決，但是我們能確定的是，經過批判思考的行動研究之後，對於教育的本質、意義、內容與方法等，我們會有更精熟的理解。最根本的，在我們的教育理念中再也沒有什麼是「問題學生」，因為每個人都是獨特的具自主的主體，社會就是這些主體的組合，因此，組合的方式不一而足，

> 組合的方式也是千變萬化，問題的產生是必然的，我們再也不怕問題的發生，我們更怕的是問題隱而不顯，而我們又無力發掘出來，以至於延緩了解決的適當時機。

　　看了上述行動研究的報告，個人內心除了欣慰之外，更體驗到卡爾與凱密斯 (Stephew Kemmis) 等人看重並鼓勵教師進行行動研究的原因：行動研究旨在確立問題的癥結，並解決問題。此與批判性思考教學異曲同工，而且具批判性思考能力的教師，也有助於提高其對問題的敏感度，確立問題的核心，及尋求問題解決的策略，並比較解決策略之適切性，以形構與重建自己的教育理念。期望有志者能共襄盛舉，為台灣教育的活力與創意貢獻一己之力，則台灣教育的亮麗願景指日可待矣。

二、教師自我省思是增權益能的良方

　　誠如上一節所言，質疑、自省、解放與重建乃一體的概念，因而教師的自省亦可說是一種教師的自我解放 (Giddens, 1991: 21)，其所關注的除了實際改進教師的教學效能外，更關切教師所持的教育理念是否合理，教師本身是否為一具自主性自律者，且在教學過程中是否擁有民主社會的自由觀 (Parker, 1997: 31)。一位具自省能力的教師也必須是位具批判性思考能力者，因為教師本身若不具批判性思考能力，則可能使自己的自省能力停留在某一點上，而不是鍥而不捨的不斷的反思。

　　教師的自我反省一則應顧及社會實利的價值觀，如重視效能、普遍性、科層體制與簡易法則的歸納等；同時，教育工作若除了是技術與知識的累積之外，更該有價值觀的澄清、自主自律能力的提升與美好生活的追尋，那麼教師的自省活動就該深入意識型態的解放、民主

的素養，為達此目標，教師的自省也必須是自行從事行動研究，所以教師的自省也因此常被與批判性思考、行動研究相提並論。

帕克 (Stuart Parker) 於 1997 年綜合整理而撰述之《後現代世界的反省性教學：後現代教育宣言》(*Reflective Teaching in the Postmodern World: A Menifesto for Education in Postmodernity*) 一書中對於所謂的反省性教學 (reflective teaching)、批判性思考、理性的教學等名詞作一釐清。他分析：反省性教學並不等同於上述的名詞，但是因為反省性針對的並非個別的人，而只是公眾，故雖然採取批判的觀點，也必須與他人協調與對話，故不完全等同於批判性思考 (Parker, 1997: 31)；但是由於反省性教學必須包含富彈性、嚴格的分析與對社會狀況的理解，故若從事反省活動時，教師本身必須具開放心靈、負責任與熱心投入教育工作的人格特質與態度才可以 (Parker, 1997: 31)。更重要的，反省性的教學必須教師本身是位具自主性自律的人 (Parker, 1997: 32)。

質言之，「反省性教學」乃具反省能力的教師對其教學作自省的功夫之謂也。但是何以他未採用其他名詞，主要乃因為反省性教學與實在論 (Realism) 所強調的自然科學精神的觀點對立：以「反省」反擊經驗之歸納法則之實用性的不足。一言以蔽之，反省性教學即對教學過程與結果中所呈顯之工具理性的拒斥 (Parker, 1997: 3, ch. 3, 4)，此與作者提倡之批判性思考教學其實有異曲同工之妙。可見帕克心目中的「批判」只是針對自然科學與作者所稱之「批判性思考」關注到整個人的生命和社會與文化之美好和合理性不甚相同。相對地，作者所稱之「批判性思考教學」則與帕克之「反省性教學」的精神大同小異。

此外，帕克更利用一章（第四章）的篇幅將反省性教學的來龍去脈闡述得相當清楚，為協助讀者在清楚其緣起與發展過程之後，更易掌握其精髓，作者僅就其所歸納者轉譯如次 (Parker, 1997, 32–33)：

第一、反省性教學運動 (movement) 緣自杜威及當代的熊恩 (Donald Alan Shön, 1930–1997)。

第二、反省性教學運動也受到波伯的否證科學論之影響，因為反省性教學也關心透過驗證與調查而追尋真理的課題，其實此課題自杜威至熊恩亦一直關心此問題。

第三、啟蒙教育的計畫興起自康德與黑格爾的哲學，繼之有哈伯瑪斯的批判理論與法蘭克福學派，以及於 1986 至 1992 年將批判理論實際用之於教育的英國學者卡爾和凱密斯 (Carr & Kemmis, 1986)。上述學者之教育論著的共同特色是，在一個民主與對話的社會，企圖透過發展人類之自主性與理性，使個人得以自工具理性的牢籠中解放出來，不必受到科技、社會科層體制與工具—目的性之社會觀的壓制。

第四、啟蒙教育所強調的民主特質也在英國教育學者彼特斯、赫斯特、迪爾登 (Robert F. Dearden, 1934–2005)，以及懷特夫婦 (John & Particia White) 的教育論著中，分別自知識論與倫理學的觀點被強調。

第五、此外女性主義教育家與自由論哲學家，包括佛瑞勒、包爾士 (Samuel Bowles) 和紀提士 (Herbert Gintis) 以及馬克藍 (Peter McLaren, 1948–) 等人也都大力提倡解放的思想。

第六、1989 年至 1991 年間，文特 (Richard Winter, 1943–) 與依理歐特 (John Elliott) 提倡的行動研究，更有效地指引教育實踐活動，行動研究也因此使學界對反省性教學的研究更具系統。

第七、保羅 (Richard Paul)、利普曼 (Martin Lipman) 與恩尼斯 (Robert Ennis) 等人自 1984 年鼎力推展的批判性思考運動，使每個人，無論小孩至成人的理性發展更具潛力；其後彼特斯與希給兒 (Harvey Siegel) 等人的著作，也企圖為理性思維與合理性建構起哲學的基礎。這些都有助於反省教學之發展。

綜上所述，我們可以推知，反省教學的主旨雖然在於追求人的自主性，自工具理性中解放出來，並確立理性的權威，但是此並不代表具反省性能力的人都應是價值中立者。其實任何人都不可能是位價值中立者，除非你不用思考、不具生命的活著；相對的，欲從事思考活

動的人更需要有自己的價值觀，並時常檢視自己的價值觀，尤其在此多元價值的社會中，更需要以詮釋學的角度深度的瞭解整個社會的大狀況，並對我們所面對的可能衝突情境下判斷。

教師的教學亦然。社會既是個價值多元的社會，那麼學生與教材也應是多元的，因此師生彼此之間任何時候都應該是互動的主體；此互動之後可能產生變動，而且每次的變動都具其獨特性，此亦是民主社會教師對個人的尊重。同理，基於每次變革的獨特性，教師更應採取行動研究，以對每個個案得以深入研究與理解，進而思改進之道，此一則可改進理論之實用性；再則也可能創造新的教育理論。此亦是卡爾與凱密斯透過解放意識型態與自我批判，企圖為受到扭曲的教育理論與實踐「撥亂反正」的見地 (Carr & Kemmis, 1986: 31)。

如果教師們憐憫一個稚嫩心靈的創傷，遺憾小小心靈受到的詛咒，不忍心聽到迷途羔羊無助的哀嚎，擔心大野狼與印度虎的侵襲，害怕非洲獅的霸氣與魔掌，那麼，請讓我們與學子們共同營建一個堅強、聰慧的心靈堡壘，且讓此心靈所負載的蜜糖不輕易的流出，永遠等待為受到毒汁與殘酷摧殘的創傷，抹上寧靜與自信的草藥，使一切苦厄均得在心靈的蜜汁中重新洋溢智慧的香味！目前的教育能否做到如此，事實擺在眼前已不言可喻，因此，讓從事教育工作的我們先做起，首先堅強我們的心智，提升我們的思維與批判能力，再以我們的能力與熱情去滋潤一群需要攝取批判思考養分的種子，讓他們都能在自由的大地上呼吸新鮮的空氣。總之，要達成上述目標，教育就該有所創新，不能再沉浸在僵化的意識牢結 (ideology) 裡。

除了反省性教學外，問題導向的教學及批判性思考教學，均強調教師的自我反省能力，而且其前提在於認定：具有自我反省能力的教師才可能教導學生自我反省。此等教學的共通特性是：啟思性、積極性、自願性、認知性、轉化性、實用性及創意性。啟思性，強調教學歷程中的理性啟蒙；積極性則指探索和好奇心；自願性，則指涉教和

學之主體自我意識的決定性和自由度；認知性，偏重理性層面的知識面向；至於轉化和實用性，則皆強調將所學運用在日常生活中，以解決個人生活所面對的問題。至於創意性，則一方面重視理性以外之冥思性理性和想像力，也肯定知識的創造和建構，更凸顯教育的主體性地位。以下就教學即創新，論述優質教師的角色和教學行動。

質言之，一位和蘇格拉底一樣具有反省性能力的教師，其教學過程中必能展現高歸納能力；其教學時所使用的語言不但清晰，而且也合乎邏輯性；並善於在教學中透過提問，激發學生思考；甚者，其所提出的問題大都具有多面向、擴散式思考特質者，此指教師本身不但能舉一反三，也重視學生的學習必須舉一反三。總之，就理性思維層面，教師必須是善於運用邏輯分析事理、習慣於探索理由和證據，而且不但行動有計畫，也能鎮定面對變化，並求不斷的發展。相對的，在態度和人格特質言之，則教師心中坦蕩蕩地省思自己的意識型態，放下我執，不斷地反省自己的動機、情感和行動，力求自我修正和自我重建。正因為如此，教師自身就是最佳的終身學習榜樣。一言以蔽之，教師本身對於自己及其教學都具有願景，因此不至於沒有方向，更不會隨波逐流。

三、教學即創新

「教學即創新」(teaching as innovation)，不同於杜威所提的「教育即生長」，它不是口號，而是教師與學生在教與學過程中展現的自主性所呈顯出來的過程與結果。「教學既是一個技術，更是藝術」的境界，描述教學歷程中師生生命互動的光熱和美。由教學中碰撞出來的智慧火花，正是「教學即創新」的極致。吳清山 (2002) 強調，創意教學中教師所扮演的角色，是知識啟迪者，而不是知識灌輸者；是知識領航者，而不是知識操控者；是知識分享者，而不是知識傳遞者。

繼之，若創意教學既需彰顯教學的藝術，也要展現教學的具體成

果，則創意教學和批判性思考教學一樣，必須兼顧人文和「工作─成效」的概念。再者，教學中無論教學理念的更新或重建、教學方法的變革與設計、教材的安排與策略運用、教學媒體的設計與資源的應用、班級的經營、教學設計與計畫的適才適所等，只要教師能明確掌握理念，有心發展，則在教學過程中的任何環節皆可以展現創意。總之，教學即創新，展現了人文的脈動，此不僅是理念的倡導，也是行動的實踐，更是成熟智慧與藝術的融合。創新需要理性，也需要想像，更需要用心和激情；創新不但涉及個人，也涵攝組織，故亦有助於加速組織的改弦更張，不斷超越，以及持續向前邁進。

荷蘭法學家格洛修斯 (Hugo Grotius, 1583–1645) 在 1625 年出版的《論戰爭與和平法》(*On the Law of War and Peace*) 主張每個國家均應有其自主權，而且他指責那些殺害戰俘與平民者，也撻伐那些摧毀軍事以外的人民與財產的行為都是不道德的（唐斯著，譚逸譯，選自格洛修斯著，1978: 85）。由格洛修斯之論點，我們可以瞭解，他雖不反對以戰爭來維護國家的安全，但是他仍主張以寬宏、人道與和平、仁慈的態度來處理國際間的紛爭。他明確的宣稱：

> 如果有人認為我對我們自己時代的任何紛爭有任何看法的話，不管那些已經發生的爭端，或是預見其即將發生的也好，那對我是不公平的。（唐斯著，譚逸譯，選自格洛修斯著，1978: 83）

何以作者要提出格洛修斯的論點呢？因為長久以來台灣多少受到中共「不放棄武力犯台」的威脅，若就格洛修斯的論點而言，那不是道德的行徑；再者，此種現象亦可引申至教育環境中教師與學生之間的懲處關係。試想，當班上有一位學生被教師懲處時，教師是否有「殺雞警猴」的動機？此舉是否也讓其他學生都摒息以待，等待教師下一步的發落？想想，此時整個班上籠罩的是恐懼，甚至對教師心懷敵意，整個教室的氣氛是緊張的，在此種狀況下，我們從表面上看到的現象

是秩序井然，但實質上該肅殺的教學氣氛已傷害了師生之間和諧與愛的關係。若有學生對此種緊張與恐懼的氣氛無法忍受，學校能否保護學生，使其學習和自我發展不受到壓力或脅迫？學生是否也有權利要求在一個沒有壓力與恐懼的氛圍中學習？此正是本書呼籲教師實施思考教學時，應同時自我反思之要點之一。其實教師的自省不只是在進行思考教學時方需要，而是任何時刻都得常常反躬自省，如此，方不致造成「我不殺伯仁，伯仁卻因我而死」的無心之過，遂對學生造成傷害。

每位教師大都明白自己雙肩上承載著學校與社會賦與的期待與責任，但是教師們卻也常常處在應該符合社會與學校（行政單位）的期望，或依照學生的需求與發展而教的兩難情況。前者的目標是普遍的，而後者的需求卻是獨特而個別的 (Richardson, 1997: 95, 97)。此種衝突是教師角色期待與角色衝突引發的兩難。每位教師都期望其所教的學生學有所成，教師不願意看到學生因為學習而受到過多的挫折，更不希望學生對其教學感受到挫折後的反應是放棄或輟學；但是教師也必須使其教學能符合行政科層體制（升學與學歷制度）與社會文化價值體系（能考上就有出息，就高人一等）的要求，兩難困境於焉產生。

此兩難對於服務有年的教師而言，或許已經在煎熬中做出選擇，也可能在麻木中從眾，或隨俗地依循著資深教師的足跡而行。但是教育活動的主體是具生命的主體，因此不但每年、每月、每日學生與教師均在不斷地變動，社會的價值觀也時刻在變動，有多少人能預見此變動不居的未來？而又有多少人能同意先知者所預言的未來？

試想：哥白尼在十六世紀所證明的論點：地球不是靜止的，它是每天繞著地球的軸心做自轉，並且每年繞太陽公轉一周。此論點的提出，不但未使當時信奉托勒密天體運行論者改變信念，而且仍認為哥白尼的觀點是荒誕詭異的，因而哥白尼的發現遲了三十年才公諸於世，這是人類的損失。設若哥白尼的論點因為不被社會接受，甚至被人類

批鬥，以至於永遠深埋地下，則人類不是活生生地葬送了偉大智慧的光輝嗎! 看到李迪卡斯 (George Joachim Rheticus, 1514–1574)——這位年輕的德國青年——努力勸哥白尼發表其《天體運行》(*De Revolutionibus Orbium Coelestium*)，真令作者對此有血氣、有洞見、有膽識的年青人刮目相看，同時也對於哥白尼將此書獻給教皇保祿三世時附上的短箋，有些鼻酸，此也時常警惕自己，應努力開展受教者的自主性能力，而且切忌抹殺學生的自主性和創意。

該動人的附箋是這樣寫的 (唐斯著，譚逸譯，選自哥白尼著，1978: 42)：

> 我曾長時期的猶豫不定：我是否應將寫好的有關地球運行的證明公佈發表呢? 抑或最好學畢達哥拉斯的榜樣——他常將他的哲學秘密以口頭方式告知他的親友——我幾乎被迫把完成的作品全部拋棄，因為在世人的嘲弄下，我有理由預期人們將以標新立異以及反動的封號，加諸於我的理論。

這個活生生的情節不禁讓我又想起莎翁 (William Shakespeare, 1564–1616)《哈姆雷特》(*Hamlet*) 劇中宣誓為父報仇的哈姆雷特在「服膺誓言為父報仇」與「復仇是否為魔鬼的誘惑」之衝突理念下，內心的那分煎熬，與上述教師面對的價值選擇的衝突相較，實有過之而無不及。他說：

> 死後是存在，還是不存在——這是個問題：究竟要忍受這強暴命運的矢石，還是要拔劍和這滔天的恨事拼命決鬥，才算是英雄氣概呢? 死——長眠——如此而已，闔眼一睡，若是能完結心頭的痛苦和肉體承受的萬千驚擾，那真是我們要去虔求的願望。
> (Shakespeare, in Harrison, 1978: 933)

如果將我們承受的痛苦與哈姆雷特的苦比較一下，我們的苦又能

算得了什麼呢！同理，教師在面對上述的壓力與衝突時，切忌退縮，因為身為教師者不僅要為自己而活，也要為自己的家人而活，更背負著為學生與整個社會文化的發展而活的使命，因而面對嚴峻挑戰時既無權，也不能輕言放棄。那麼該怎麼做呢？卡爾於其《新教育學》中曾歸納四種教師處理學生與教育問題的方式，分別是「常識取向」、「科學取向」、「實踐取向」與「批判取向」（Carr, 1995；溫明麗譯，1996: ch. 2）。簡言之，此四種方法都是教師遇到教學問題時，可能也可以採用以解決問題的方法。

　　所謂「常識取向」指的是一般人常會在遇到問題之後就採取最簡便的方式，因為只要去請教長輩，透過他們的經驗傳承就可以解決問題了；「科學取向」指的是遇到問題時，會尋求科學方法，如一些測驗量表、實驗等方法找出問題癥結，並驗證假說，以確立解決方略；「實踐取向」則偏向瞭解整個班級與學校內人際互動的情況，以及學生生長的過程所形成的人格因素，並努力解決問題，並且在此問題解決過程中，教師思考的面向已自點、線而擴延至面的層次；最後的取向，也是這四種解決方式中最受卡爾與作者青睞的方法是「批判取向」，此取向的特色不僅將問題癥結的可能層面，自學生個人擴展至班級、學校與師生關係、同儕影響，甚至考慮學校圍牆外的社區，及整個社會與文化價值觀對教學可能產生的影響。由上可知，批判取向的方法實質上已涵蓋了常識性、科學性與實踐性取向的解決方式，因而該取向也是值得我們推介的。

　　如上所述，教育改革的先決條件是教師教學價值觀的改變。以下作者擬以一實例彰顯台灣教育何以需要革新，甚至已經到了不革新不行的地步了。

　　小蟲是位對自然科學相當有興趣，也具有幾分科學探究天賦的孩子，雖然只是個八歲大的小孩，但是他卻對自己的能力、性向、喜惡有相當明確的認識。以下是有一天作者在下課時間無意聽到之一段小蟲與班上同學的對話：

　　小蟲：你們誰知道蜻蜓在水面上做什麼？

　　小明：誰不知道，牠們也會口渴，當然是在喝水囉！

　　小華：不是這樣啦！牠們是因為太熱了，在水上戲水。

　　（大家看看小蟲，只見小蟲直搖頭，笑而不語。）

　　小冬：蜻蜓是在找尋海藻當食物，同時也和魚兒在玩耍。

　　（小蟲仍是搖搖頭。）

　　小安：小蟲自己也不知道，否則他為什麼不告訴我們？

　　（小安的一句話，迅速轉移了同學們的思路，於是大家七嘴八舌的指責小蟲的不是，並認為他戲弄了大家。此時教師剛好走過，明白情形後……）

　　教師：小蟲，你也別太堅持，同學們說得都有道理。

　　小蟲急得如熱鍋上的螞蟻，直搖頭，口中唸唸有詞，終於在一本昆蟲小百科中找到正確答案，指給大家看，並興奮地說：你們看！蜻蜓在水上是在產卵。老師您和同學們說的都不對啦！

　　又是另一個下課時間……

　　小康：放大鏡借我用一下。

　　小蟲：我才不要。

　　小康跑去告訴教師：老師！小蟲好自私，我要向他借放大鏡，他卻不借給我。

　　教師將小蟲叫到面前問：小蟲，你為什麼不把放大鏡借小康用一下？老師不是教過你們，同學之間要和睦相處，相親相愛，互助合作的嗎！有時你也需要其他同學的幫忙呀！何況放大鏡借他用一用也不會壞掉，你為什麼不借給他呢？

　　小蟲：我不是不借給他，是他的手太髒了，會弄髒我的放大鏡，所以

我才不借給他的。老師，您不是也常告訴我們要愛乾淨、愛整潔嗎！像他那麼髒，我怎麼可以把東西借給他?!

　　上述的兩節對話，明顯告訴今日為人師、為人父母者，你的孩子已經不同於我們那個世代的孩子了。猶記當年我們仍是孩童時，師命不敢違，父母之言不敢抗，最多只敢在心中嘀咕；權威在我們稚嫩的心中是高聳不見頭頂的大巨人，而且在我們生活的時代裡，這種巨人比比皆是，因此，我們被教育成「要成為有為的人，就得先學會順服長者」；否則不是不孝，就是不敬。我不清楚當時的師長和父母們知不知道孩子心中的想法，與對他們權威的恐懼，但是我所看到的是，當孩子有自己的思想，想要自由作決定時，大多不會受到認可，除非孩子的想法或意見與長輩們的觀點不謀而合，否則會被視為叛逆。長久下來，孩子與父母或師長之間形成一層隔閡膜，孩子也學會對長輩採取敬而遠之的態度。但是師長也不笨，他們敏感得很，都能感受到孩子與他們之間的疏離。那時他們應該有點兒失落感吧——我推測！因為他們感受到孩子雖然在表面上不頂撞他們，但是骨子裡卻是像展翅而飛的大鵬鳥，隨時希望能把他們拋諸腦後。如今權威猶存，唯接受威權的對象卻是長硬翅膀，原以為隨時可以遨翔於自由天空的鳥兒，因為時代的劇變，原期望能展現威權者，卻仍被範限在新時代「養兒育女乃父母天職」的責任中，變成上有父母及師長威權，下有子女及學生威權的「夾心餅乾」。

　　可別小看這些威權，如果你一生中都沒有遇到此種狀況，不是太幸福或太年輕（或夠老），就是適應能力相當好。但是，不管你是否已經熬過來了，都希望千萬別忽視上文中「現代兒童」的兩小節對話。

　　回想一下：你可曾「理直氣壯」向師長「討個公道」? 你可曾有那麼多的自由彰顯你的自主性? 你可曾為了爭取真理或正義而受罰（當

然這是你所認定的真理與正義，也未必就是真理與正義，只是師長的價值觀仍無法說服你）？你可曾只因為未照著師長的指示行事，就被認定是不聽話的壞孩子？你是否曾因為未能聽取或接受師長的「諄諄教誨」或安排，而師長又拿你沒辦法時，就遭受師長的冷嘲熱諷——即一方面懺悔自己不會教書、不會教養子女，才會教養出這樣忤逆不道的學生或子女，一方面卻總是數落你的總總不是？此時達爾文的進化論和皮亞傑的調適說都會派上用場：為了生存，你開始學會不頂嘴、口服心不服（反正沒人看到你的心），但是心中卻一直盤算著如何充實自己的實力，只期望飛黃騰達。

年輕人所以可愛，乃因為他們那種明知道外面的世界有大風大浪，自己也可能滅頂，但是只要為了理想，仍會樂觀地期待沒有權威壓頂的「自由日」遲早會來臨，因此，抱著豁出去的勇氣和毅力，顧不得生命面對的苦頭或危險，只有心底深處堅定的良知呼喚：只要給我自由，讓我自主，我願意承受一切的苦難與折磨。小小心靈對自由、自主的殷盼，猶如再度奔流的火山，一發不可收拾。然而此等激情若缺乏智慧，很可能轉變為瘋狂。試想：今日社會中多少亂象的製造者或被社會認定為無知的青少年，其成長的心路歷程表面上看似單純，骨子裡卻可能是其一生中艱辛難熬的心理夢魘。我們從教師能否對學生的心底暗礁足夠敏感，也說明教師對學生關愛的程度。

也許每個人的命運、遭遇與適應能力都不同，因而教師不能認為只要能一視同仁便是公正。誠如李察森所言：無論何種教師在任何班級中，都得接受學生會有不同想法的事實，而不能以為學生會如數學般的具有普遍相同的特質 (Richardson, 1997: 103)。從上述的對話及心路歷程的成長經驗敘說中，讀者應更能肯定本節所宣稱之「教育即革新」的真諦。教育若無法革新，則如一湖死水，不但不會有生機，也不會再長出生物來，反而會被細菌污染，成為一池污水。果如此，則教育將應驗倭那克 (Mary Warnock, 1924–) 所指出的：1960 年代以降，

教學的必要性和成效已經受到大眾質疑 (Warnock, in Barrow & White, 1993: 16)。

語言是人之異於禽獸者幾希的一種特質，也是教學活動中不可欠缺的要素。語言存在其自我的規範，所以人類在學習語言時，不但必須學習其不變的內在語法 (syntax)，更需要學習會因為人為而改變的語意 (semantics)。語法，隱含結構之間的邏輯性；語意，則涉及語言的情境脈絡，也是人類思維的展現。就教育的文化和人格化育而言，後者更為重要。科技語言也是一種語言的結構體。因此，我們可以說，科技語言有其內在不變的語句結構，但是科技語言仍可以有因人而衍生出來的不同意涵和功能，因此，每位使用電腦的人都可以使用用相同的電腦，卻產生不同的產品，也可以使電腦因使用者的不同展現不同的功能和意義。

二十一世紀已經是數位的年代，電腦科技產品幾乎無孔不入，不久的將來，不會操作電腦者應該會被時代所淘汰。有朝一日，電腦能否完全取代人類所從事的一切事情？或者人只要坐在電腦前，或將之握在手中，即可走完一生？教育是否也會因為電腦科技的發達，以及資訊傳播的更迅速、便捷，而讓知識更豐富，也讓品格更高尚？這些都是數位時代的教育應該認真思考的價值定位。

喬姆斯基 (Avram Noam Chomsky, 1928–) 生於 1928 年，1955 年榮獲賓州大學博士學位 (Ph.D., University of Pennsylvania) 隨即任教於麻省理工學院 (Massachusetts Institute of Technology)，他對於風行美國甚久之行為主義提出批判，其論點被稱為「認知革命」。

認知革命主要論述人類語言的學習絕非如行為主義者所主張的，乃經過行為的制約反應而來；相反的，他主張語言有兩種結構：一種具有殊異性 (species-specific)，另一種具有共通性 (species-uniform)。前者屬於深層的結構，後者則相較地淺碟和浮面，故也易於改變。析言之，人類學習語言時乃學習語言的共通性結構，也就是所謂的「語法」

或「句法」，但是人類在學習語法或句法之後，即可以隨著不同的情境和互動，逐漸衍生出不同的語意。易言之，人類必須學習的語言不是不變的語法，而是聲音和句子，以及其所衍生的意義，更進而自創語意。

相對於行為主義而言，「認知革命」隱含內在思考能力和思維邏輯的大改變。舉例言之，依照行為主義的觀點，教學旨在建立刺激與反應之間的連結；相對的，認知學派則認為，教學不只是建立刺激與反應的連結，也需要教導人類衍生知識，更需要教導學生將所習得的知識意義化，如此，教育和人類方具有自由主義多彩多姿的人生。上述兩種不同的語言觀也呈現教師對教學活動不同的理念，隨此理念的不同，教材、教法和評鑑也將隨之有所差異。

電腦科技的學習亦同，除了電腦程式設計師外，學習電腦科技時，大多數人只學習語言內在深層結構以外的電腦操作、資料搜尋和處理，以及資訊的組織和知識的管理和創新。對於下列深層結構的認知問題，如程式語言和電腦的操作及知識管理之間的關係為何？人腦中是否也有像電腦一樣不易或不可改變的深層結構——或被稱為「內在意識型態」或潛意識的東西存在？又這些潛意識或內在意識型態的內涵為何？人類如何瞭解它們？仍需要進一步探索，方能知其所以然，並進而有系統的成為教學內容。

另一方面，若將人腦對比喻為電腦，則思考猶如軟體，頭腦猶如硬體。如此一來，設計電腦者就如同創造人類的「上帝」！姑且不論上述的比喻是否適切，重要的是，教育能否因為電腦的發明，而更瞭解人類心靈的結構和運作？教育又如何在掌握人類心靈的結構和運作之後，更有效地進行教學，並進而使人類的文化生生不息？以身心二元對立論的觀點為例，結構論者企圖整合身心二元的對立，尊重人類心靈具有自由意志，也肯定身心彼此必須互動和協調，故也提倡透過人類身心間的不斷衝突和協調，以締造文化，此身心衝突、協調的過程

即被視為認知的革命。

　　總之，若行為主義探討的是人類外在行為的形成和改變，則認知理論強調的則是人類心靈和思考模式的運作和創造。縱令是科技時代，教與學應該顧及學生行為的改變，更應該教導學生如何學，並提供學生自我思考的空間和自由。畢竟，教學猶如喬姆斯基的語言學一樣，部分知識是內在的、固有的、普遍的，但仍有絕大部分的知識必須由人類不斷創造衍生出來，因此，教育除了重視技術性層面外，更不能忽視批判的思考能力——即思考如何思考的能力 (thinking about thinking)。

　　質言之，建構認知的教育理念不僅著重認知的結果，更重視認知的過程。只是人類心靈的黑箱，迄今仍停留於哲學家和認知論者的假設，基因科技的發展是否有助於解開人類心靈的奧秘，讓人期待！但無論如何，人類必須時時保有能自我思考的心靈和能力，方得以創造生命的意義和孕育文化的價值。

　　於此，作者再度呼籲：教育要革新，教師的頭腦與心靈應該先革新；教師的心靈要革新，質疑、反省、解放與重建原有的價值觀則為當務之急。要做到上述的批判態度，開放的心靈是其先決條件 (Parker, 1997: 122)。質言之，教師本身要能先放下傳統或法理權威，莫讓意識型態或偏見扭曲了自己與他人或學生坦誠溝通與理性論辯的內容，如此，才不致產生「上有政策，下有對策」的假性溝通與表面共識，也方不至於傷害師生之間的情誼。

　　後現代的理論雖不見得完全正確，但是後現代所標榜之社會多元性、差異性與衝突性之理念，有助於教師解除那些沉澱於意識型態中的文化權威。猶如傅柯談論啟蒙時所強調的：任何一個人都不能輕易地以一般情況被評量，因為一般情況包含的層面過於廣泛（Foucault, 引自 Harplham, 1994: 534）。作者雖不完全同意傅柯的觀點，尤其就教育論之，每個人都應被視為具獨特性的主體，但是教育目標卻必須存

在某種程度的共通性，否則教師無法確定學生是否已具備基本的背景知識，班級教學也無法進行。傅柯此種後現代的思想為台灣守舊保守的教育觀，投下「窮則變，變則通」的激石，然而教育的革新應如黑格爾辯證法中所言，透過差異而後取得綜合性的重新認同才具有發展性，如此，我們也才能說危機即是轉機。析言之，教育活動中產生的任何變動都是革新與創新的契機，若欲掌握此契機，除有賴人類的天賦和機緣外，教師教育理念的圓熟，與提升學生批判性思考能力的教學成效，均是關鍵的因素。

　　本章首先針對台灣教育的現況提出教育與價值觀的不合理所產生的緊繃現象；其次，藉著強調思考性教學與鼓勵教師自省，論述思考教學與教師自省是協助師生建立合理價值觀的可行性與合理性途徑，若再輔以教師的行動研究，則將更有助於落實兼顧因材施教與有教無類的適性教學。若教育能如此向前邁進，則教育工作者將不會因為時代的脈動、社會的轉變、師生的主體性、文化的多元性與差異性，而自亂陣腳，因為師生能從不斷進行思辨與問題解決中，創造出教育與生命的新契機。

　　若欲理解社會的脈動，哲學思想的掌握就相當重要，下一章將扼要闡述科學啟蒙運動以後之重要的教育哲學思想，並藉「維尼小呆熊」的啟示，精簡與通俗化教育哲學的理念，為建構本土教育哲學奠定基礎。

言語非古典制約理論足以解釋，
乃受制於語言內在具體的結構。
　　——*Avram Noam Chomsky*

Chapter 5

>>>>>

精簡化教育哲學——維尼小呆熊的智慧

對毛毛蟲來說，
牠生活的那片葉子就是牠整個世界。
——改自趙克非譯 (2002: 97)

[前 言]》》》

　　蘇格拉底的名言：知汝無知。此看似簡單，卻隱含相當繁複的意涵，這也是何以世人要確認自己無知是件困難的事。人的自知與否可以詳細分析如下：

　　首先，無知可以分為兩類：一為如蘇格拉底般，知道自己無知；另一為自欺欺人。

　　自欺欺人又可分為：沒有意識到自欺欺人或知道自欺欺人。人之所以沒有意識到自己自欺欺人可能有兩種原因：一為從眾的行為，即社會價值觀並不認定該行為為自欺欺人；另一種是不知道何謂自欺欺人，也從未思考何為自欺欺人。

　　至於何以要自欺欺人？可能的原因如下：一為面子問題；另一為在己存有，為展現自己的存在。

　　自欺欺人者的心態也可細分如下：一為擔心被他人識破自己是自欺欺人，這種人會用更多的謊去圓第一個謊，而且會比較欠缺安全感，也因此較不容易信賴他人；另一種人並不擔心被他人知道自己是自欺欺人，此等人所以不擔心或害怕他人識破的理由至少有兩種：一是因為大眾都是愚者，故無法識破被欺騙，政客或某些媒體也有此等想法；另一種則是因為自己有恃無恐，縱令他人知道自己自欺欺人，也不能採取任何行動，因而說謊者也就無所畏懼。

　　小熊維尼，為英國兒童文學家米奈 (Alan Alexander Milne, 1882–1956) 1926 年所創之故事的主角，迄今已家喻戶曉，目前與其故事相關的書籍和產品，更為世界創造不少財富。

　　本章所以藉維尼小「呆」熊作為彰顯精簡化教育哲學的素材，主要原因有二：第一，如上述分析，任何看似簡單的概念，其實常隱含著諸多豐富的內涵，之所以我們未能意識到該繁複的意涵，乃因為我

們的相關背景不足，故無法有更多元、更深入的詮釋，此將在本節中闡述維尼小「呆」熊的故事時說明之；另一方面，維尼小「呆」熊如老子的哲學般，其思想、語言和行徑雖簡約，但卻處處透顯「大智若愚」的精神。大智若愚乃蘇格拉底以降，哲學可以融入人生的捷徑，更是哲學的最好境界。教育哲學和教育活動皆然，因為若理論或教學過於艱澀，則難以達成效果，更違反教育活動的本質和目的，同時，為突顯哲學雖簡要卻義蘊深遠的本色❶，本章刻意稱呼維尼熊為「小呆熊」，以表達作者心中對於維尼熊的佩服與尊敬，及心中所夾雜著的真摯愛戀。

　　哲學與教育哲學總給人一種深奧、艱澀的刻板化印象。每每有人一遇到學哲學的人，就會不假思索的嘀咕：好難的學門喔！其實任何學問都有其深奧難懂，甚至難解的瓶頸，哲學或教育哲學也不例外，不同的是，哲學與教育哲學是生活中不可或缺者，也是人人隨時隨地都在運用，但卻極可能並不自知者。猶如人聽不懂動物的語言，就認定動物沒有語言一樣，都只是一種誤解。

　　此種對哲學的畏懼和刻板化的迷思，自《蘇菲的世界：哲學的史事》(Sophie's World: A Novel About the History of Philosophy) 一書問世後，多少已破除了部分視哲學為深不可測的觀點，即社會對於哲學或教育界之於教育哲學，已不再完全認定其猶如在暗室中抓黑貓的窘狀——看不見、也摸不著。

　　相較於其他教育學科，大多數學生仍認為教育哲學是較為抽象、較不切實際、較無法直接運用至教學場合的學科，因此也認為教育哲

---

❶　網路上已經有人將維尼與哲學結合，設計出相當不錯的問卷，讀者若有興趣，可以自行上網登錄，並進一步理解維尼與哲學 "Quiz-Winnie-the-Pooh-Philosophical Genius!"。網址為：http://www.fun-trivia.com/trivia-quiz/Humanities/Winnie-the-Pooh---Philosophical-Genius-98531.html

學多流於理論、理想和空談，加上諸多教育哲學的書籍，因為某些現實的因素，難免術語雜陳，甚至聱牙難懂。作者從事教育哲學研究與教學多年，有感於此，乃致力於將教育哲學精簡化，期教育哲學能深入每位教育工作者的生活中，因此自在英國留學時邂逅維尼熊後，就受到啟迪，也有此企圖，如今只是將多年來的企圖落實罷了。

若教育分析哲學家彼特斯的話沒錯，那麼每個人在受教育的過程中，都必要接受哲學的薰陶，師資培育機構更需要為那些擬為人師者設立教育哲學的課程，其目的不只在增加準教師們的哲學素養，更在於協助其建立起自己的教育價值及精神典範，並增進其檢視教育活動之合理性，及透過行動研究修正或建構教育理論的態度和能力。

記得作者於英國留學的最後一年（1992 年），英國〈泰晤士報〉曾介紹過《蘇菲的世界》一書。該書以一種和小朋友談論哲學的方式呈現，試圖生活化抽象的哲學理念，此對作者的鼓舞甚大，但是該書的主角並不熟稔華人世界，可能難以想像在台灣受教育的小孩，要能源源不斷地提問，在習慣與能力上均嫌不足，這也促使為精簡化教育哲學的決心又打下一劑不得不作的強心針。

作者或為了打破一般人對哲學和教育哲學的刻板化印象，又受到《維尼小呆熊》(*Winnie-the-Pooh*) 該書的感動與啟示，遂更迫切地嘗試精簡化教育哲學 (simplified but delicated philosophy of education)，期能引發更多人對教育哲學的興趣，並帶動教育哲學研究的風潮。

▶ 第一節　道與機緣：兼論維尼小呆熊簡傳

作者「認識」小呆熊說起來是上帝的指示，也是佛的因緣。

已記不清打從何時開始，小玩具熊早已成為作者個人生命的一部分，更不知道是何原故，我總是像小孩兒般對小玩具熊產生一分特別的情懷；不可思議的是，他們在我生活中扮演著重要的角色——是我

生氣時宣洩的無辜對象；是分享我高興得意時的最佳夥伴；是我孤獨時的親密戰友；是我心中鬱悶時最佳的聽眾。每當我需要他們時，他們總在我身邊，寸步不離、靜靜地與我共同承擔凝重的沉默……雖然他們從未接受過任何輔導或諮商的課程與訓練，但在我心目中，他們不但能討我歡心，而且永遠忠心耿耿，無怨無悔，無私奉獻，一心要當他人的貴人，也是我赴英留學期間時時刻刻伴我渡過喜怒哀樂、甜酸苦辣的伴兒。

　　返國後，我迫切地希望把我在英國認識的這位摯友介紹給台灣的讀者，也期望維尼小熊能在台灣落地生根，遂利用本書讓他與讀者結緣。以下介紹這位我在英國認識的朋友——Winnie-the-Pooh。

　　一個偶然的機會，作者在英國街頭的櫥窗中發覺維尼熊的存在——一個乍看之下笨笨的，但是雙眼炯炯有神的小呆熊。在牛津街的櫥窗中邂逅維尼小呆熊的那一刻，永難忘懷，我倆有種似曾相識的感覺，他那純真的臉龐猶如尼采精神三變中的嬰兒神色。若真要用一句話來形容，那就是「純純的蠢」——是我人生中曾經擁有的存在——深深地懾住了我的目光。駐足許久，終於決定將維尼小呆熊帶回家。

　　回憶當時在商店凝視他的那種悸動，迄今每次看到他那短小卻臃腫的身軀，仍在心中烙下不可磨滅的痕迹。數年後，再度赴英，遍尋書店，終於發現一本維尼小呆熊的「傳記」，整整絕版二十年的書，竟然在 1993、1994、及 1995 年再度連續問世！就像老奶奶的洋裝，再度包裹小孫女的身體般，成為當紅的流行時尚，再掀風潮。

　　也許英國人很健忘，也許認定為隻小玩具熊寫傳記是「無聊之舉」（以世俗的眼光評斷之），但是小呆熊終究是經得起時代的考驗，而且歷久彌新。維尼小呆熊自 1926 年問世後，曾經沉寂長達五十年之久，終於在 1970 年，小呆熊的傳記再度出現在市場上，可惜風光的日子不太長。自 1973 年之後，維尼小呆熊再度被充斥「工具掛帥」的社會風氣所遺忘，直至 1993 年，小呆熊終於結束其孤獨的二十年。

細細品味小呆熊的一生，猶如咀嚼無數現代人一生的寫照，愈陳愈香，也可以重新詮釋，回味無窮。只是在燈紅酒綠的現代世界，能夠像小呆熊這般默默忍受孤獨寂寞者又有幾人？人生像維尼小呆熊般處於被動的時間是否總是多於自主性自律的時光？人類是否已妥善掌握了自我存有的自主性？維尼小呆熊的沉默，是否也是蘇格拉底無言式控訴的重現？這些問題都可帶領我們進入哲學的思考，進而思考教育的目的和教學活動及其歷程和結果。

為了多瞭解維尼小呆熊，1996 年夏天，興奮地再度翻閱其傳記，頓然發覺，愈理解維尼小呆熊，就愈意識到他的憨厚與人性的純真；愈瞭解維尼小呆熊，就愈體會其不平凡的智慧——他那大腦袋瓜兒與平躺時仍高過頭部甚多的腹部，充滿了人味兒的人文哲學的厚實，也給教育提供極佳的適性和智慧追尋的典範。維尼小呆熊的一生有笨拙、有荒謬、有聰慧、有友誼、有理性……雖有人性的欺騙、自私、貪婪與虛假，但他最後終會自呈真相。此猶如蘇格拉底與世無爭智慧的重現、柏拉圖理想國的實踐、亞理斯多德德行論的代言、十七、八世紀經驗哲學與理性論的融合，更是康德、黑格爾、尼采與存在主義的化身，也提供現象論、詮釋學與批判理論實現與發展的空間。但對於上述的哲學思考，維尼小呆熊都能在輕鬆、簡明地闡述中衍生新意。

翻閱維尼小呆熊的傳記，有個念頭掠過心頭：透過維尼小呆熊傳記中的事件、語言與其一生的事跡及其背後的思想，應可呈顯中、西哲學思想與民族性。牛津大學教育系的教授威廉 (John T. Williams) 其實已捷足先登了——他將維尼小呆熊的傳記與哲學結合，出版《維尼小呆熊與哲學家們》(*Pooh and the Philosophers*) 一書，精簡扼要地闡述教育哲學中的「大智慧小應用，小智慧大應用」（陳雅汝譯，2004: 5），他期望為世俗激發純真的閱讀樂趣與人文智慧。

作者當時的感受是既失望又興奮：失望的是，自己只停留於空想，但是勤勉的英國人卻積極地付諸行動；興奮的是，我的構想不再只是

幻想，也不必冒著被教育界或哲學界嘲弄嘻笑的無奈，可以更具信心地將維尼小呆熊的人生哲理與人文智慧，大膽地進行創造性詮釋或批判，俾實現將教育哲學精簡化、生活化的理想。哲學與生活息息相關的理念，已隨著電腦資訊與數位化的蓬勃發展，逐漸脫離被認為不切實際的嘲諷；更隨著後現代的多元性價值體系，毋須再面對那些認定精簡化與生活化哲學是鄙俗不堪者的責難。但是，這並不表示教育哲學可以完全拋開專業化的學術鑽研，因為精簡化與生活化教育哲學最重要的意義，在於能夠帶領更多人進入教育哲學的殿堂，進而打開學術象牙塔，找回失落的哲學本色。

雖然威廉已透過詮釋維尼小呆熊的思想與行動，將其對哲學的精簡化具體展現出來，但是那是威廉對維尼小呆熊的理解，任何人都有重新詮釋的自由；再則站在威廉的肩膀上，加上與維尼小呆熊培養的特殊情誼，應可以與其產生另類的「視域融合」，並從而建構出新的人生啟示。如此總算也一圓「為己存有」的夢：期教育哲學不再生硬難嚼，並將教育哲學的人文與智慧之愛，透過對維尼小呆熊言行的詮釋，抒發教育活動不可或缺的知識傳承與創發，以及無私的教育愛。教育活動沒有愛與德的滋潤，知識的慧命將喪失創造的熱情。

維尼小呆熊故事書一整套，計二十本，本章特別選擇最具代表性的兩本書——《玩具熊的基本認識》(*The Ultimate Teddy Bear Book*) 與《維尼小呆熊》作為描述人性、探索知識、判斷價值與懷抱希望的素材。此兩本書的作者是一對夫婦，前者為先生的作品，後者為太太的傑作。作者自此兩本書中體驗不少人生哲理。以下陳述維尼小呆熊的獨特行徑與讀者分享，讓讀者也有機會詮釋與分析維尼小呆熊的哲學，俾為不斷超越的人生鋪陳沈穩的踏腳石。

本節有關維尼小呆熊的傳記，均取自柯克瑞 (Pauline Cockrill) 所著之《玩具熊的基本認識》一書，讀者若有興趣認識其他的玩具熊，或進入熊的生態世界，亦可自行從中搜尋。

　　維尼小呆熊是世界上赫赫有名的玩具熊。除了有數百萬冊書以其名字為書名外，迪士尼樂園也為他拍攝了三部影片，描述其一生的著作，至少被譯成 22 種語言，其知名度與《蘇菲的世界》相較，有過之而無不及。維尼小呆熊所以成名的原因，和世界上許多成名的文人、藝術家、哲學家、科學家、音樂家、數學家、或畫家一樣，多少也需要靠著點機緣。

　　維尼小呆熊誕生於 1921 年，為柯克瑞夫人——麥藍 (Alan Alenander Milne) 所生，她是《維尼小呆熊》的作者。1921 年，麥藍在英國最有名的名牌店哈洛氏 (Harrodds) 為其子羅賓 (Christopher Robin) 購買週歲生日禮物，維尼小呆熊就從那天開始和羅賓生活在一起，羅賓也是該書中唯一真正的人類。

　　維尼小呆熊最初的名字是愛德華，由華納公司 (The Factory of J. K. Farnell) 製造並命名。最後所以被改名為維尼小呆熊，乃緣自倫敦動物園中一隻非常惹人喜愛的熊寶寶——維尼，並融合羅賓最喜愛之一隻名叫蒲芙 (Pooh) 的天鵝結合而成，遂有今天盛名遠播、耳熟能詳的「維尼小熊」之名。作者所以稱其為「維尼小呆熊」，乃因為其行徑看起來總是呆呆的，但他其實是「大智若愚」的最佳寫照，這也是何以其哲學帶有老子色彩之處。

　　維尼小呆熊真正的家位於羅賓家後院的樹洞，那個地方是羅賓最喜歡去的地方，如果羅賓還活著，他是位白髮蒼蒼的八旬老翁，維尼小呆熊現在住在紐約的國家博物館，長得「有點」胖——當他彎下身子時，看不到自己的腳趾頭，一年到頭都穿著一件紅色的小背心，他的身子就被那件幾乎快被他的胖肚子撐破的背心緊緊地包裹著。從很多圖片中，讀者都可以一睹其廬山真面目。當讀者看到他時，都會像羅賓一樣的喜歡他，等到再深入瞭解發生在他身上的故事，我們將會更喜歡他，也會被他那充滿傳奇、善良、純真、憨厚又聰慧的一生和思想所吸引。

　　以下作者簡述數則維尼小呆熊的故事，再自故事中詮釋其生命哲學與思維方式，藉此扣緊維尼小呆熊與精簡化教育哲學間的環扣，並見證精簡化教育哲學的可能性與必要性。

第二節　維尼小呆熊的生命與思維──人性、悟性與情性

我只是隻沒頭沒腦的小呆熊，凡是稍長的拼字都會惹得我煩心！

(I am a bear of very little brain & long words bother me!)

一、人性多複雜，悟性與情性相交融

　　上文是維尼小呆熊常掛在嘴邊的名言。維尼小呆熊所言不虛，他曾因為同情沒人為灰驢 (Eeyore) 祝賀生日，希望讓孤獨而自怨自艾的灰驢脫離悲傷，重新燃起對生命的希望，於是馬不停蹄地費盡腦筋為灰驢張羅生日禮物。他在家中翻箱倒櫃，籌措一份禮物，好不容易備好禮物後，他「自覺」自己所學不精，連「祝你生日快樂」都不會寫，於是去找貓頭鷹幫忙，結果自認聰明有加，又是博學之士的貓頭鷹為維尼寫下的竟是 "HIPY　PAPY　BTHUTHDTH　THUTHDA BTHUTHDY" (Milne, 1995: 75)。再者，當貓頭鷹用嘴巴舔著毛筆在寫這些字時，維尼還在一旁露出一副羨慕的眼光，貓頭鷹看到維尼投來羨慕的眼神時，倍覺驕傲，於是告訴維尼說：這上面不只寫「祝你生日快樂」，還加上「愛你的維尼敬上」。

　　維尼聽了更是欣喜地讚不絕口，他對貓頭鷹說：您真行，這麼長的字，我是怎麼也寫不來的，多虧了您。貓頭鷹一臉不可一世的樣子說：你可知道，寫這麼多字要耗掉我多少的墨汁與寶貴的時間 (Milne,

1995: 75)。

　　看到上述維尼和貓頭鷹的一席對話，閃過讀者腦海的可能有兩種想法：一種是終於瞭解，何以維尼會被稱為小呆熊；另一種想法是，維尼「不知為不知」的純真態度，以及欣賞他人優點的心胸令人折服。但是，相對的，你也會發覺：現象不代表真相，這也是現象及詮釋學努力的方向──挖掘真相，達成適切的理解。因此，不能只看維尼小呆熊的一面，也需要挖掘其他的面向，包括維尼和貓頭鷹互動的行為，及其背後的價值觀，才更能掌握真相。

　　維尼自覺無知，又肯請求他人協助的謙卑，是德行的表現；相對於貓頭鷹的「自以為是」，更顯出謙卑與自傲的區別。但是，無論多麼聰明，或多麼具有自知之明者，有時也可能忘了自己的無知，而犯了盲從眾人或文化價值觀的錯誤。例如，讚賞他人是德行，但言過其實就是諂媚。然而在教育活動中教師是否教導學生如何區辨「言過其實」與德行？教育教導學生謙卑之德或該多說好話，教師的用意原無錯誤，只是若未教導學生如何區辨或思考德行背後的真諦，則文化和社會大眾的想法，極可能被未具區辨真假與是非的學生視為理所當然的合理價值，並奉為圭臬。此猶如維尼一樣，只知道受到他人的協助應表感恩，對他人的才能應能欣賞，卻無力辨別是非對錯，以至於雖無意諂媚，卻行諂媚之實。由維尼和貓頭鷹的對話中，已經看到心地純真善良的維尼，知所感恩，卻昧於無知乃至於行為諂媚。然而事實真的是如此嗎？

　　依照現象學還原本質、放入括弧的方法，我們應該先放下對維尼和貓頭鷹的論斷，才能進而往下追尋真相和事情的本質。首先我們要問：諂媚和自誇是否為人之本性？同情是人之本性，抑或後天習得之同理心？是理性的發揮，或情性之催促？自知是悟性，還是習性？自我欺騙或被外物蒙蔽，是悟性尚未發揮，抑或受內在情性與外在物慾所迷亂？悟性是完全普遍的真？權變的智謀？抑或是真誠的自愛愛人？

這些都是相當深奧的哲學論點，也是判斷教育活動是否適切重要的思考點，然而維尼卻自然地將之顯露於日常生活中。

如果欲教育教導孩子如何自我思考，則維尼對貓頭鷹的讚賞，無論是非對錯，均應讓維尼會有機會再度反思自己的行為，俾不斷修正自己的價值觀。相對的，若我們只教導學生如何操作的知識，則學生只知其一，不必要知其二，此時學生不但容易因為不甚理解而犯錯，也容易成為錯誤意識型態的打手而不自知，更無力自我反省，也不習慣自我超越。維尼能否自我修正，在故事中沒有交代，但是，我們從維尼自知自己笨而謹慎行事的處事態度可以推知，總有一天，他會發覺自己曾經犯的錯誤，也會努力不懈地學習和成長。維尼謹慎的行事態度可從下則故事中證得。

二、人性如太極，悟性、情性如乾坤

有一次，維尼為了幫灰驢找尋失落的尾巴，去造訪貓頭鷹，而在抵達貓頭鷹的住家時，發現門上貼了兩行字「必要者，請按鈴」，以及「若沒必要，就請敲門」(Milne, 1995: 43–44)。維尼對著該兩行字，從左邊唸到右邊，又從右邊唸到左邊，只為了避免犯錯，或漏掉任何一個字，而作出對他人造成不便的行為。

這個故事看起來稀鬆平常，意義非凡。各位想想：什麼時候，你會對擬造訪者家門上的告示如此慎重？通常有兩個可能：一則因為好奇；再則因為慎重。前者不是基於對他人的尊重；後者可能因為尊重或畏懼：尊重是一種個人的修為，也是對他人的重視；畏懼則可能有求於人，故不敢犯下任何錯誤，或因為懾於對方的權威，造訪者心生自我卑下之感而不敢造次。

就維尼言之，他雖沒頭沒腦，但也不是畏懼權威的人，縱令對方很權威，維尼也不會對權威有所知覺，這就是所謂的「心中無此概念，就無法認知該概念」之知識論的理性主義思維邏輯。同理，學生所以

無法理解教師的語言，不是聽不懂教師的話，而是教師話中的概念無法進入學生的腦中，因此，有效教學的教師必須用學生可以理解的概念，逐漸引到學生欲學習的內容，此與蘇格拉底強調，小孩子也可以學畢氏定理的道理是一樣的。

維尼既不是因為畏懼權威，才將貓頭鷹家的告示來來回回地唸兩次，其所以擔心有何遺漏的原因，就是對貓頭鷹的尊重。此推斷也可以從他視貓頭鷹為椰林中很聰明的一位再度獲得證實 (Milne, 1995: 43)。我們常教導學生應該彼此尊重，在民主社會中，不論是否同意他人的觀點，都要尊重他人表達意見的權利。維尼沒有教條式的說教，但教條式規訓背後的理念，卻深入他那腦容量很小的腦海中，並在生活中不假思索地直接反射出來。此給道德教育很好的啟示：猶如亞理斯多德之言，德行需要不斷練習，並養成習慣，然後才能內化為價值觀，並在生活中反射性地「做」出來。透過想像，上述反射性的德行隱隱浮現出維尼紳士的形象。

人與人之間的相處如此，師生之間的關係亦然。教育或企業界不斷發展領導與經營管理理念，試想，哪種領導或經營理念可以不必涉及尊重？質言之，尊重乃為人處事不可或缺的德行，尊重是對他者的重視，也是自我謙卑的行為表徵。一位懂得謙卑的人，不會是粗俗者；相反的，我們從維尼身上看到的是位紳士所表現出來的，尊重態度和翩翩風度，更重要，德行與受教育、學業成就並無相關，此啟示對台灣教育受升學主義和學業成就迷思之困，因而忽略道德教育的現象具有暮鼓晨鐘之功。

尊重是人性？是悟性？抑或是情性？道德學家、教育學家可能對此有諸多研究與不同的論述，但若從中國《易經》觀點言之，則可以清楚地看到，此三者並非彼此衝突，而且可以融合一體，但在不同情境下，卻又可以千變萬化，無所不在。質言之，德行之所以令人尊貴不是行為的表徵所致，而是行為背後的價值觀和心態發揮的作用。中

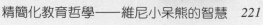

國《易經》以乾坤兩極儀為本，從而四象、八卦因時因位，不斷變遷，而演變出易中不易的至高法則。若以人性譬喻太極，則情性與悟性為人性之兩儀，從而演變出認識論、價值論，並落實在生活世界中，基於此變與不變的通則，人類的一言一行變化多端，雖無法窮盡，但卻可以被認識。舉凡可以被認識者就可以被教導，由此可推，情性與悟性皆可以教導。美國提出的「不讓任何孩子落後，或不放棄任何孩子」(No child left behind) 的呼籲，於此也獲得邏輯上的支持。

　　1952 年諾貝爾和平獎得主史懷哲 (Albert Schweitzer, 1875–1965)，是位出生於德國的人道主義者，也是位懸壺濟世的醫生，有「非洲之父」之稱。他猶如維尼一般，並未特別研究生命倫理，只以「真誠」對待自己和他人，並以之表達其對生命的虔敬和尊重，以及對生命的勇於承擔。他曾區分善惡人生之差異。他認為：善，是保存生命、促進生命，並使可發展的生命實現其最高價值；相對的，惡，則是對生命的毀滅、傷害與壓制 (Schweitzer, 1969)。就史懷哲的標準，維尼彰顯的是善的生命，道德教育亦應落實此善的生命。

　　無論從中國哲學的《易經》，老子的《道德經》，或從維尼故事的啟示，哲學的共通性就是「愛智」。「愛智」一詞，自古希臘以降就意指人類理性運用，以探求事情的真相。本來極其簡單的事，但是一旦把「探究真相」加上「追根究底」，可能就沒完沒了，也變得複雜了。然而將事情「複雜化」不見得就能彰顯真理；反之，「簡單」也不表示欠缺思考。同理，當討論教育哲學時，也未必需深入各種哲學理論，而不可或缺的則為質疑、詰問與反思，以及對自己、人類和自然的關切之情。例如，討論要如何看待學生？要如何讓學生學得快樂，學得有成就感？等教育問題均可以討論，可以嘗試，卻未必要依據艱深的理論去討論。教育即生活，生活即哲學，若教育無法融入生活中，則教育將會因為一直依賴各種理論，以至於喪失自己的主體性。此也是教育「學」，迄今仍難成為一門受學術界認同的獨立科學之因。

教育若無法走出自己的路，只是一味依賴理論來解釋，或停留於解決教育問題，則教育學的發展將會步上工具理性的窮途末路。本書所以強調精簡化教育哲學，除了期盼引導教育界袪除教育哲學艱深無用的刻板化印象外，也試著藉精簡化，將教育哲學「倒回」生活中，進而從生活的思索與問題的解決，建構教育理念，以奠定教育學的基礎。一言以蔽之，這就是一種「教育哲學的轉折」(philosophical turn of education)——由繁化簡，由抽象而具體，由天上而人間，由冥思而生活化。

三、從知汝無知，開展關懷倫理

人是否與天俱來也具有與知汝無知相對的天性——即自以為是而不自知？世界上至少有兩種人：一是如維尼一樣的小呆熊；另一則為自以為是，如貓頭鷹的人。在教學過程中，教師是否都以貓頭鷹自許，而視學生如維尼小呆熊？此觀點是否有益於教育活動的進行？抑或是違背教育啟蒙理性，開展人性、悟性與關懷之情性的本質？

維尼小呆熊想為灰驢做生日的動機令人感動，一份同享被愛與愛人的喜悅浮上心頭。每次想到維尼悲天憫人的天性，都不禁讓我不斷自省：今日社會，雪中送炭者有多少？教師的心靈是否已被世俗的社會價值所污染，以至於只能善待「優秀的好學生」，卻未曾意識到，真正的教育應照顧每位學生？應視每位學生為具主體、且能自我決定，並自我負責的人？在教育的場域中，在民主如今日的時代，是否仍有學生正默默地忍受教師或社會的冷落？是否弱勢者愈發被主流文化邊緣化？為師者是否能如維尼小呆熊般，意識到學生對愛與關懷的期待與需求？

下則故事 (Milne, 1995: 63–68) 將維尼的善之德和關懷倫理顯露無遺，也點出教育愛及關懷倫理的場域與精神。

有一天早晨，維尼仍舊如往常一般，快快樂樂的出門。半路上他遇見垂頭喪氣的灰驢，維尼熱心地詢問小灰驢何以不開心。（因為要幫助他人，總該找到問題的核心和癥結，以免事倍功半。）

小灰驢傷心洩氣的對維尼說：人世間真是世態炎涼，沒有人關心我，也沒有人對我好，更沒有人在乎我的存在！

維尼說：怎麼會呢？人生應該快樂些！

小灰驢說：誰說我不快樂？今天是我最快樂的一天，因為今天是我的生日。小灰驢（甩著他的尾巴）告訴維尼說：你看！我有那麼多禮物！

維尼順著小灰驢的尾巴所指，左望望，右看看，但是卻不見任何禮物。於是他呆坐在小石頭上想：這到底是怎麼回事？這簡直是要我猜謎語嘛！我是最不擅長猜謎語的。

最後維尼只好對小灰驢說：那就快樂起來吧！

小灰驢嗚咽的說：我當然是要快樂起來，因為今天是我的生日，只是沒有人記得今天是我的生日，更不用說有人會送我生日禮物或生日蛋糕、生日燭光了！如果那樣，我又如何能不傷感呢？

這一席話聽得維尼一頭霧水，因為他實在搞不懂小灰驢到底是傷心，還是快樂？也無法確定是否有人送小灰驢生日禮物？但是他告訴小灰驢說：你在這兒等等我吧，我會盡快的回來。（原來維尼最後想：無論是否有人送小灰驢生日禮物，他都要趕回家去看看有何禮物可以送給小灰驢，因為只有他送禮物給小灰驢，那麼他至少可以很清楚地知道小灰驢有生日禮物。）於是他飛奔回家，而且在回家的路上，凡是遇到任何人，包括小豬豬、小兔兔等，他都不斷地播送小灰驢生日的訊息，並要求他們一起為小灰驢準備禮物，他甚至為了讓小灰驢有更多禮物，讓小灰驢感受到大家對小灰驢的關心，於是，維尼不同意別人在他為小灰驢準備的禮物上簽名，維尼決定不作這種會減損他人快樂的順水人情，他要求每個人都要親自為小灰驢準備生日禮物 (Milne, 1995: ch. 6)。

　　由上可見，維尼雖然頭腦不夠聰明，但行事卻總能謹守原則，只要能讓他人快樂的事，他都不放棄，也都會有所堅持。

　　教育在教導學生明辨是非之後，是否也能陶冶出知所堅持的人格呢？這也是終身教育不能只限於職業知能和休閒活動的訴求，畢竟，最重要的不是知識和技能，而是那種能一輩子與人為伍的「吾一汝」關懷關係的價值堅持。

　　上述這段小插曲，不僅顯現人類自我防衛的機轉一旦開啟，也可能產生自欺欺人的行為，並如鴕鳥一樣，自己製造幻象，並強迫自己視幻象為真相，俗云：鴕鳥遇敵時便將頭埋在沙中，就自以為敵人也看不見牠，就是無知的自欺欺人行為。另一方面，我們也從灰驢身上看到，灰驢的幻象能否欺騙他人並不重要，重要的是，自己終究無法欺騙自己。小灰驢的行徑也是人類心理自卑心的源頭。但是，維尼並沒有因此戳破灰驢的謊言，反而希望讓此謊言成真，期能平復灰驢內心的創傷，並從感受他人的關愛中，重燃小灰驢對世界的信心。

　　如果維尼真的很笨，他又怎能如此深刻地識得灰驢的內心世界？如果維尼真的很笨，他又怎會堅持每個人要自己準備送給灰驢的禮物？如果維尼真的很笨，他又如何能瞭解灰驢心中的創傷？如果維尼真的很笨，他又如何能想到將謊言轉變為真實，是讓謊言消失最佳的策略？維尼的作法，不是出自一般西方理性主義的觀點，相反的，女性主義者，如季麗根 (C. Gilligan, 1936–) 和諾丁 (N. Noddings, 1929–) 等人，道德不只是理性，更應該包含關懷倫理 (Gilligan, 1982)，尤其應該發揮「同理心」，用同理心來回應人我相處的彼此照護和責任 (Gilligan, 1988)；並強調道德不能與自我疏離，不能離開生活和自我存在的意義 (Noddings, 1984)，沒有固定的模式，但卻如維尼的行徑一樣，心中自有規準，並以之作為堅持價值判斷的動力。

　　從現象學的描述言之，表面上，小灰驢並沒有任何生日禮物，而且也看到他對沒有生日禮物這件事在意的程度，甚至到自怨自艾的境

況；再從語言來瞭解，維尼確實聽見小灰驢明確的告訴他，「他有好多禮物」，雖然維尼一點都看不到這些禮物。看來小灰驢企圖自欺欺人的生日禮物，猶如國王的新衣。但是，維尼更深一層的與小灰驢達成視域融合，因此，他採取現象學和存在主義的方法，努力要讓這些看不見的禮物「彰顯」出來，而且不是虛幻的存在，是扎扎實實的真實存有。由此可見，維尼已清晰地洞識小灰驢的自卑與自怨自艾；同時，維尼也因為瞭解小灰驢愛好面子的心態和其深受文化意識型態制的影響，故他既未揭穿小灰驢的「假面具」，反而為小灰驢張羅生日禮物，期能讓小灰驢真正快樂起來，以作實真相，去除「假相」。試想：這是一分多麼充滿智慧，卻又讓人覺得大智若愚的大無畏精神。維尼此舉一則成全他人，再則也在知識上讓理性與經驗的認知達成一致，以避免爭議。簡言之，維尼所做的是，讓認知與道德的價值判斷合一，顯現「和諧」，而使自己和他人都能快樂地生活，處處顯露出智慧和胸襟。

　　反思今日教育活動，有多少教師殘忍地拆穿學生為了維護其自尊而編出的謊言？又有多少人的努力只是為了使他人快樂？身為教師能否具有維尼般大智若愚的智慧之德？教師是否具有義無反顧，一切為學生著想的教育愛？教師們只要捫心自問：當教學遇到困難時，是否會如小灰驢般受自卑心的作祟，而不願勇敢地面對事實？或礙於情面，不願承認自己也需要他人的關懷？教師是否瞭解學生對於夢想的期待？是否能有維尼般的智慧和愛心，努力幫助學生圓夢，而不是自以為聰明地去戳穿孩子的夢？

　　愛是教育活動互動的泉源，但是愛絕不是在嘴邊說說便罷的「口號」，而要付諸行動，甚至是默默耕耘不求回報的舉措和思想。在維尼小呆熊的身上展現出教育愛的極致，他不浪費唇舌，毋須做任何解釋，只要努力去做就對了。無論他能否邀請其他人一起來為小灰驢作生日，但至少他已從自己開始做起，畢竟自己是最能夠掌握，也是最能彰顯道德主體性的部分。

　　教育改革不是一蹴可成，因此，受資本主義及功利思想的影響，教師們對於教育改革常抱有「無力感」，忘了滴水穿石足以產生撼動山河的巨大力量，維尼身體力行的積極行動力，提供教師至佳的典範，於此以維尼的行徑和教師們共勉：教育改革不是靠教育行政單位，也不是依賴家長，而應該由教師自己先做起。

　　另外，維尼對於生命所抱持的是老子反璞歸真的態度 (Cockrill, 1996: 56)，因此，他對於小灰驢那一大堆自欺欺人的說詞感到費解，但並不反對，只以鼓勵代替爭論真假，因為其目標不在爭論「孰是孰非」，而在讓大家都能快樂。

　　相對於維尼，小灰驢的境界止於世俗物欲的認知，故他不但無法體會維尼的「無爭」，更如鴕鳥般的自我欺騙，也想騙他人以保住自己的面子——雖然事實上沒收到任何禮物，卻又甩尾巴告訴維尼，生日禮物就在他尾巴左右兩邊。這種國王新衣的遊戲，維尼表面上費解，骨子裡卻清楚，維尼真誠的想方設法要讓小灰驢有件新衣裳，此一則因為他瞭解小灰驢無法承受那種沒有掌聲的日子；另一方面，維尼認為，幫助灰驢較好的方法不是和他一起欺騙別人，而是讓灰驢的謊言成為真實。這些高貴的情操與智慧，不但顯露深厚友誼的關愛之情，更是為人師者、為人父母者、為人朋友者應該積極培養的人格特質與品味。

　　維尼故事中唯一的人類是羅賓。當小呆熊到處呼籲，要大家為小灰驢張羅生日禮物與生日宴會之後，羅賓突然傷感的提起，你們都為小灰驢準備了禮物，那不就只有我沒有為灰驢準備禮物嗎？此時維尼打破尷尬說：你當然也準備了送給小灰驢的禮物，難道你不記得了嗎？你所送的就是那個……那個……羅賓此時方破涕為笑。原來維尼空瓶子上的圖案是羅賓畫上去的 (Milne, 1995: 80)。

　　這是一則小插曲，但是它所彰顯的意義卻如此深刻地輝映著令人感動的溫馨友誼。羅賓的心情，代表人類不服輸的心態，就哲學而言，

此指出「普遍性」是存在的。至於維尼與朋友「分享」，以及其和羅賓「分工合作」的成品，更是友誼的詮釋。在此次生日禮物事件中，維尼對灰驢、對動物園中的朋友、以及對羅賓的關懷之情是普遍的，但是維尼表達關愛的作法卻是不同的，此也是哲學上「一」與「多」的辯證關係，維尼清楚地教導我們，一與多並非對立，也不衝突，而可以權變，但都能達到和諧的愉悅，也是快樂和幸福生活的指標。

何以維尼堅持要每個人為灰驢準備禮物，卻容許羅賓以「搭便車」的方式，送灰驢禮物？這正彰顯易經變與不變的人生哲學觀，也是一與多、普遍與殊異的辯證思維。在教育活動上，此亦是適性教學的真諦，既能有教無類，又能因材施教。總之，適性教學不是依照教師或權威的標準去劃分，而是讓學生自我彰顯，考量學生的需求和潛能，最好能讓學生自我決定、自我承擔，俾促進其自我存在的意義和價值。

教學活動亦是此種師生相互合作與分享的過程與結果。雖然近年來的社會急遽變遷，「天地君親師」的傳統教師地位已經節節敗退，教師不但需要自行組織教師會，以求自保，甚至還不惜和行政、學生或家長對抗，名為維護教師的尊嚴和教育正義，但如此做真的是為教師發聲嗎？抑或反而走入權力蹂躪的「遊戲規則」中，成為霸權大傘下的棋子？教師組織或教師要求參與行政運作，是否真能維繫教師尊嚴？抑或只是滿足少數人對權力的渴望？從維尼故事之老子的無為和無爭哲學，已經清楚地顯示：真正的尊嚴不假外求，而應如存在主義所言❷，教師必須將自己內在的生命發揮得淋漓盡致，讓教師人格感召的魅力在教育的氛圍中生生不息，愈陳愈香，如此才是贏得教師尊嚴的上上之策。

無論家庭、學校或社會教育，都一再教導世人尊師重道，中國古

---

❷　存在主義認為，生是被拋擲的，人無法決定，但是出生之後的人生，則掌握在自己手中。要成為怎樣的人，完全可以由自己決定，當然自己的行為後果，也要自己承擔。

籍也告訴我們「教學相長」的道理，這些世道與古籍雖被傳誦和教導，但其真正發揮的成效卻迄今未顯。相對的，維尼小呆熊的一生，以及他與羅賓的短短對話，卻清晰而毫無保留地將此人際相處之道，師生相待之方均自然而深刻地鏤刻在人的心坎兒上。例如，維尼小呆熊尚未將話說完，羅賓已經意會出維尼的心意，這就是人與人之間的信賴和相知，是一分默契，更是一分交心。友誼的最高境界就是朋友之間默契的形成，會心的一笑縮短人與人之間的距離，也鞏固友誼的深層基礎。同理，師生要能成為一輩子的朋友，就要彼此交心、相互信賴，進而相互提攜和欣賞。師生關係如此，人際的相處亦然。此也是化解今日社會「朱門酒肉臭」、「各掃門前雪」之社會價值觀的一劑良藥。

羅賓在洪水救援事件中的表現，並未比維尼小呆熊「高明」，維尼在真正危險之際，不再如往常一樣地藏拙，也不用擔憂受到羅賓的嫉妒，此乃羅賓與維尼友誼深厚的寫照，不像人類一定要等到將死之際，才能放下猜忌，才能自我反省。由此可見人類與動物一樣，都具有亞理斯多德所說的動物性❸，但人類超越動物的理性卻常常晦暗不明，維尼小呆熊的故事就是要透過真情關懷和感動擦亮人類蒙塵的理性。

羅賓對一週來洪水不斷升高的災害，只能呆坐在屋內擔心，也為受到洪水傷害的園中朋友感傷，卻仍不知所措 (Milne, 1995: 125–127)，「焦慮」、「無知」顯現動物性的表徵，但是我們不禁要問：人的理性在哪兒？羅賓身上嗎？還是維尼身上？甚至園中任何動物在某些情境下也都可能能彰顯理性？如果我們對於理性採取廣義的定義，則園中的動物和羅賓，都會在不同的情境下表現理性的思維和行為。例如，維尼的大智若愚及最後兼用歸納與演繹法，加入創意，製造出船來救助在水中受難的朋友 (Milne, 1995: 127)；小白兔推論出維尼的頭所以會被夾在蜂蜜罐內的原因 (Milne, 1995: 24–25)；灰驢透過 "to be or not to be" 的方式，以確立自己尾巴一定存在某個地方的思維 (Milne, 1995:

---

❸ 亞理斯多德將人性分為植物性、動物性與理性三種。

40)；貓頭鷹在門上自訂訪客規則 (Milne, 1995: 48)；小豬看到維尼「戴著」蜂蜜罐的頭時，透過經驗法則，創造出新字 "Hoffalump" (Milne, 1995: 63)，以表示驚訝和新奇；袋鼠精於跳躍 (Milne, 1995: 87) 等，皆顯示理性的功能。

人之相處，貴在相知，維尼和羅賓之間的對話不多，總能恰到好處點到為止，就是此境界。維尼小呆熊提醒羅賓的話，也都是「撞鐘、扣鐘」式的既不太過，也不太少。其中的一則是洪水過後，羅賓正在尋找是否有人失蹤，卻一直未看到維尼，突然維尼出奇不意地出現在羅賓背後，他倆的一番對話如下 (Milne, 1995: 128)：

> 「我在這兒！」維尼說。
> 「你怎麼能到此處來？」羅賓問。
> 「乘船而來。」維尼說。

在此對話中，維尼並沒有說出事情的整個歷程和細節，羅賓也未深究，但彼此的關切都在聊聊數語中道出兩人相知之深。教師們，當我們回答學生問題時，是否話太多，甚至剝奪學生思考的空間？要切記：話多有礙思考！ ❹

羅賓與小呆熊短短的兩三句對話中，不露痕跡地展現亞理斯多德的中庸哲學觀。該書作者對於友誼與中庸原則的拿捏真是又高深又巧妙！人或有好為人師者，自以為對學生不斷地諄諄教誨是盡其天職，殊不知過與不及皆為師者所忌。過者成為嘮叨，不足者又被責為「教不嚴，師之惰」。但是「恰到好處」的提醒或教誨，都比不斷耳提面命更能讓學生接受，也更能建立師生良好的溝通管道，也提供學生更多自我思考的空間。為人師者，應該自省，修改一向「多話而嘮叨」的

---

❹　教師之所以話多，給學生的答覆常多出學生要求的，此背後的價值觀隱含著，教師認定學生有很多無知，而自己卻無所不知。此信念將是形成權威的意識牢結。

刻板印象，並將教育愛流露於無形……

理性與情欲之爭

維尼回家為小灰驢找禮物時，翻箱倒櫃的，終於發現一件最理想珍貴的禮物，那就是他最喜歡的蜂蜜。維尼興奮地拿起那瓶不太大瓶的蜂蜜，想趕忙去見小灰驢，並以之作為小灰驢的生日賀禮，安慰小灰驢沮喪的心情。

豈奈日正當中，維尼走在半路上，走著走著……他累了，也餓了。於是他聽到他心中一個強而有力的聲音告訴他❺：該吃中餐了，維尼！

維尼看看錶，走到樹蔭下，心想：「只要」稍作休息後再上路也不晚，豈知不休息還好，一休息那股來自內在的聲音愈來愈響，並不時地催促著他該吃點東西了。維尼小呆熊禁不起內在那股聲音的誘惑，他想：內在的聲音是對的。他的確也走了好長一段路了，而且也著實餓了。如此一想，轆轆飢腸更咕嚕咕嚕地響個不停。（人想做任何社會或良心不同意的事時，大抵都會給自己一些藉口，讓自己有理由抗拒社會的超我 (superego)，而人的自我就是調解超我與內在自我需求間的媒介。）

於是維尼又自我安慰地告訴自己：想想，自己有多麼幸運，在豔陽高照的酷暑中，有的人可能因為忘了帶吃的東西而餓得發慌，但是他卻聰明地帶了一小瓶蜂蜜出來，所以他不用擔心餓肚子的問題！

於是他將蜂蜜的瓶蓋打開，陣陣蜂蜜的香甜，撲鼻而來。維尼最後仍受不了誘惑（當時他早已經打算把該蜂蜜作為送給灰驢的生日禮物了），於是吃了一口蜂蜜，想解解饞即可。

怎知道吃了第一口之後，他覺得肚子更餓了。蜂蜜是他一生的最愛。於是他告訴自己：也許我可以把蜂蜜吃掉，再把瓶子洗乾淨，一樣也可以作為小灰驢的生日禮物，因為小灰驢可以用這個瓶子來裝很多自己喜歡的東西；這樣，我不但吃到了蜂蜜，小灰驢也有個有用的瓶子作為生日禮

---

❺ 此猶如存在主義講求的意志的力量。其實這是自我意識的力量，並非外在於自身。存在主義所以強調「意志即力量」(will to power)，由意志可以產生力量，我們都可以經驗到，但看我們是否能「意識到」。

物，不是兩全其美嗎?! 想到這裡，維尼為他的道德負擔和「良心」苛責，找到落腳的庇護所，於是維尼放鬆地坐在樹下，無憂無慮、快樂地吃起他豐盛的蜂蜜午餐。

　　依照功利主義「最大多數人最大幸福」的道德判準原則，維尼處理自己與灰驢禮物的決定，乃因為他兼顧了自己與他人利益，並試圖將傷害減到最輕，即一方面解決自己的嘴饞與飢餓，同時也維持為小灰驢尋找禮物的目的，這可能不是最佳的對策，卻是「兩全其美」之策。「兩全其美」似乎是人類最常用的處事和解決紛爭問題的原則。

　　另外，維尼的故事也常出現理性與情性之爭的兩難困境。當人類的理性無法克制情性的誘惑時，人類的理性會想出滿足情性或欲望的另一套「說辭」，甚至於將情性與欲性合理化。功利主義的道德原則是否也是理性與情性衝突下妥協的產物？是否理性戰勝情慾？抑或情慾駕馭著理性？何者為合理？此乃個人價值觀和文化價值觀的對立與辯證。此處所言之理性與情性的對立與辯證，除了指個人內在理性與情性之衝突外，也指個人理性與情性的不一致，可能因為個人利益與他人利益相違而產生衝突，若能每人各退一步，或有人自願放棄需求，則都是一種辯證合，也為此對立找到新的和諧點和新的價值共識。教育活動亦然，因此，教師若視學生為具主體的人，就應該留給學生自我思考的自由，讓其有機會建構其自我價值觀，而不是一昧地給予「正確的答案」。畢竟，無人能確認形上的普遍之知，只能透過不斷的辯證，逐漸逼近形上的真理。

　　在我們成長的歷程中，教育教導我們：只為自己著想的「自私」行為是不道德的。但是在現實生活中，又有多少人能像康德一樣的嚴以律己，謹守「良心」道德，以維護社會正義，最後甚至達到世界永久和平。中國道德哲學也是勸人嚴以律己，寬以待人，老子《道德經》

對於勸人不應自私，也提出：「自見者不明，自是者不彰，自伐者無功，自矜者不長」（老子，1971：24 章）的警語。以此告訴世人，大眾無法容忍自私的人；那些眼中只看到自我利益者，也無法見容於天理；同理，自以為是，而不知自省悔改者，其行徑亦不會受到世人的愛戴，那些自我宣揚和自我吹噓功德者，其功名也無與日月一樣歷久不衰。呼應此警惕自私的道德價值，《道德經》32 章的「知止」和 33 章的「盡己」，也提出適切的舉止，教人如何適切自處與修德。老子曰：

> 道常無名，樸雖小，天下不敢臣。侯王若能守，萬物將自賓，天地相合，以降甘露，人莫之令而自均。始制有名，名亦既有，夫亦將知止，知止所以不殆，譬道之在天下，猶川谷之於江海。（老子，1971：32 章）
>
> 知人者智，自知者明，勝人者有力，自勝者強。知足者富，強行者有志，不知其所者久，死而不亡者壽。（老子，1971：33 章）

由上兩章可知，無論理性或情慾，道，至神至妙，不可名狀，卻有渾全之妙理，此也是萬物生成之理。就實際層面言之，無所謂大小與尊卑，均須依循混沌無名之樸，遊心於無名。縱令是王侯，亦守此樸，若能守之，則四海自然來歸，誠如天地陰陽虛靜之相合，則無論親疏遠近，未有不守此樸之理，而施仁義之風者。總之，天地萬物，無論有形（如情性），或無形（如理性），若能立身清靜，養真抱樸，則天地之化育，盡其道、盡其心矣。

智者，亦須明察人情之是非，但機智不可外露，需要抱樸還淳，少私寡欲，心德自怡；若只是講求情慾，則只是血氣之力；若不止念，則必有覺，而貪求煩惱熾盛，故凡修行之人，需要明心正覺之理性，方能產生不為外力所誘惑之自在定力。故有德者，應常具道眼，常懷道心，方能心不妄貪，隨境自適，因此能知足而富。質言之，只要道德隆備，則縱令身貧，卻能志不貧，且有志者需要有所堅持，任何威

權也不能奪其志，一心志慕清虛，窮源造福，磨礪身心，則人雖有生死，其人格卻能與天齊。故真正的無爭，乃順其自然，但在能夠順其自然之前，需要理性之自我控制，甚至借助外力之法治來規範，但最終的目的均旨在達成理情合一，游刃有餘，而不受限於理性或情性。屆時，人類將不必再擔心，捨己為人是否都是正確之舉？善意是否可能被扭曲？的理論和實際之間的落差。

作者同意奧地利精神分析學家佛洛依德 (Sigmund Freud, 1856–1939)❻將自我分為本我 (id, libido)、自我 (ego) 及超我，並讓自我去處理本我與超我之衝突的理論，該理論提出之「潛意識」觀點，對於理解行為背後之價值觀有一定的助益❼。教學過程中教師必須與學生共同討論自我應該在何時、對何事、採取何種原則，而非只單純地告訴學生，其處理與調適的準據。此再度顯現啟發式教學與「灌輸式」教學之不同：前者是教書匠的作法；後者才是正視活生生具主體性之人存在和尊嚴的作法。此乃今日台灣教育該努力之處。

德行為教育的核心，教師的權力來源，除了專業知能外，更應該基於對學生的關愛，對教育的使命和責任感 (Winter, in Rhode, 2006: 159–165)，因為關愛、使命和責任，形構溫特 (David G. Winter) (Winter, in Rhode, 2006: 159) 所說的「溫馴的權力」(taming power)。

現代理性教導人類產生主宰的權力；後現代理性則教導人類發揮溫馴的權力。從維尼小呆熊的例子，一則彰顯現代理性必備的簡約，再則更藉著維尼小呆熊彰顯的「軟性智慧」，觸動人心對人與物深層的

---

❻ 佛洛依德出生於捷克摩拉維亞 (Moravia)，是猶太裔織品商人之後，四歲時即移居維也納。

❼ 佛洛依德採用自由聯想和與意識對話的方法，抨擊傳統心理學對意識的觀點，提出「冰山理論」，並發展瞭解人格的理論。此外，佛洛依德到法國學習催眠治療術之後，其出版《夢的解析》(*The Interpretation of Dream*) 一書，指出夢是通往冰山的潛意識之途 (Freud, 1913)，更常被後來的催眠理論所引用。

愛與情感。教育活動對此兩者不能偏廢，既需要簡單快捷，又需要讓人能回味無窮的智慧和德行。此等德行和智慧，需要建立在自主性自律的基礎上，但是卻不能脫離社會的系統結構。教育工作者必須認真思考：要成為馴獸師，或成為軟化心智的激勵者（趙克非，2003: 123），俾讓學生如嬰兒般可以自由自在地發揮其無窮潛能。

質言之，權力如水，亦如火。水火本身並無善惡好壞，端視人類是否心存善念，是否善用？維尼小呆熊故事中展現的「人性」，驗證和諧社會是可能的，也說明消除社會不公平的良方除了理性外，更需要愛、包容與寬恕，如老子之無為思維的軟性智慧。

社會進展主要的三個階段分別是從消除正義到正義的維護，從維護正義到個人不斷地邁向完美，從個人不斷的邁向完美到社群不斷地邁向完美等三個階段。啟蒙理性處理正義的問題；愛、包容與寬恕則擔負維護正義和邁向完美之責。因此，不是理性與情性孰重孰輕的問題，而是兩者該在何種情境下如何行事，及如何將此兩者融入生命，成為生命的一環。

下節將由闡述與詮釋維尼小呆熊的故事，彰顯理性思維所蘊含的自我存在、語言溝通及愛的外顯行為與內在價值，也為下一章探討教育哲學的新取向，預先提出生活實踐面向的思維軌迹。

▶ 第三節　理性思維的展現與語言的轉折

上節中簡短兩則維尼小呆熊的故事，突顯隱藏於人性深層或背後的理性與情性，也探討與個人認知與社群道德（自己與他人）的議題。本節繼之探討理性思維的形上奧妙與必要性，再度強調教育應發揮理性啟蒙與關懷至情的人文功能。在此過程中，也隱約地彰顯分析哲學、存在主義、現象論、詮釋學與批判理論的教育理念。

自我存在與溝通理性的意義

有天早上，維尼邊走邊哼唱著歌，不知不覺走到兔哥哥的家門口，他想瞭解一下，大家平常都做些什麼事兒，於是他在兔哥哥的家門口停下腳步，把頭伸進洞口問道：「有人在嗎？」（但是傳來的是一陣沉寂）

於是，他又更大聲喊道：「有人在嗎？」

（終於有人回聲，而且並不是很善意的回應）「沒有人在啦！你不必如此大聲的嚷嚷，其實當你第一次出聲的時候，我就聽到你的聲音了。」兔哥哥似乎沒好氣的回答道。

（維尼並沒有因為兔哥哥的不悅而生氣，也沒有記恨。一般人在此等情況下，可能選擇離開，或與對方不再交往。但是維尼並沒有選擇這樣做，相反的，他展現包容和處處為他人著想的待人處事態度，心平氣和地盡可能達成他原定的目的。這雖是稀鬆平常的事，也常發生在我們身上，但是我們的自尊心似乎相當脆弱，因此也極容易被傷害，為了維護受傷的自尊，人類的防衛機轉開始運轉，乃有情緒、衝動的反應，甚至形成對人與對事的偏見，或意識型態。此等價值觀的沉痾，常讓人類無法冷靜地善用理性，合理客觀地判斷事情的真偽，更為人與人之間的相處築起一座高牆。人何其不智啊！然而我們卻又常常無法自省這些迷思，也不勇敢的批判意識型態，反而找藉口掩飾錯誤。請看維尼處理這等事情的方法多有智慧。）

維尼不顧兔哥哥的口氣，邊將頭探進洞中，一邊又喊著：「大哥！有人在家嗎？」

兔哥哥還是不悅地答：「沒有！」

此時維尼再度把頭縮回洞外來，側著頭在想：不對吧！這兒應該有人在家才對，否則怎麼會有人對我說：「沒有人在家！」（想到這兒，維尼運用其理性推理確定何為真之後，再度把頭探入洞口。）

他向兔哥哥問道：「兔哥哥，是你嗎？」

兔哥哥以另一種不同於剛才的聲音答道：「不是！」

（兔哥哥似乎試圖想藉聲音的改變，掩飾自己是小白兔的身分。人類

不也常常如此，不是不知道該為不該為，但是在做不到時，卻又常不敢勇於面對，反而選擇欺騙或逃避責任。）

　　維尼又問：「但是那應該是你的聲音呀！」

　　兔哥哥回答：「不是我！聲音像我也未必就是我！」

　　（兔哥哥的邏輯涉及真理的普遍性問題，由此可以知道，何以他會被視為該動物園中最聰明的人！只是聰明和智慧之間還有一段距離！）

　　維尼再度將頭縮回來，並陷入一陣更深沉的沉思中……

　　（試問：有多少人在此等情境下，還能如此冷靜地運用理性思考真假對錯！）

　　維尼再度探頭進去問：「你可否告訴我，兔哥哥在哪兒嗎？」

　　（因為只有聲音，無法完全確定是自己的耳朵對，還是對方的回答才對，維尼也因此並沒有立場堅持自己是對的，理性告訴維尼，雖然對方的說法和自己的認知不同，但也應尊重對方的認知，這就是今日台灣欠缺的民主素養。）

　　兔哥哥說：「他已經去拜訪他的好朋友維尼了！」

　　（兔哥哥難道試圖使用「調虎離山」之計？總之，他應該不想見到維尼！維尼是否意識到了呢？若尚未意識到，則是否就意味著維尼的笨呢？抑或更顯得維尼高人一等，不和他人一般見識的智慧？）

　　維尼非常訝異地說：「但是我就在這裡呀！」

　　兔哥哥說：「哪個『我』呀？」

　　（隨著成長與發展，人的自我認知不斷改變，此處也呈顯「我」不是普遍的概念，而是不斷更新變化的歷程；此外，就分析哲學的角度言之，兔哥哥是對的，「我」如何定義，在他與維尼之間尚無共識，故再繼續進行溝通之前，必須先釐清定義，才不至於產生彼此的誤解。）

　　維尼答道：「我，就是那個維尼小呆熊啊！」

　　（A=A 的邏輯是絕對正確的，但卻無法進一步說明意義。）

　　兔哥哥仍相當迷惑而驚奇地問：「你能確定你就是維尼熊嗎？」

　　（兔哥哥一直停留在分析哲學的概念和語詞釐清歷程中，期能從語言和概念的釐清中，確立事實的真相。）

　　維尼說：「我很確定！」

　　（自知雖然不易，但是相對地，自我認同應該是更接近真理的，此也是何以 A=A 不但沒有邏輯的錯誤，而且也是普遍的真。）

此時兔哥哥只好無奈的說：「那就進來吧！」

當兔哥哥看到維尼時，他說：「維尼，沒錯！的確是你！」

（兔哥哥的話中並不真誠，因為他一開始就知道站在門外的是維尼，此猶如分析哲學，只能進一步釐清事實，卻無法創造更多的真理。另一方面，兔哥哥所以需要如此釐清事實，一則可能真的如他下文所提的，要把事情弄明白，但是另一方面，也可能為了他另外的目的，即轉移焦點。分析哲學有其大用，但是否也會有讓人感覺到轉移焦點的缺陷，值得進一步討論。）

維尼問兔哥哥道：「你剛才認為我是誰呢？」

兔哥哥說：「我不知道。你知道住在森林中，總要事事小心才是！」

（這是否也是分析哲學的自我辯解——話總該說清楚，若不先將概念理清楚，則一切的論辯都是多餘，也可能白費功夫。如何評斷？留待讀者定奪。）

　　上述對話深藏著分析哲學、理性主義和經驗主義的認知、現象的還原本質、和對自我認同的哲理，同時，也將資本主義社會的疏離現象描述得入木三分。

　　如上所述，兔哥哥在尚未完全確定洞穴外的是維尼之前，他便不肯讓任何人進入屋內一事，猶如台灣教導孩子不要理會陌生人的搭訕一樣，這正是現代台灣社會，尤其生活於都會區人民的寫照，這些孩童危機維護和安全考量的教學，已經取代了傳統的「敦親睦鄰」和「友善待人」的道德教育。可以想像，當綁架事件接二連三的發生後，有哪家的父母親願意冒著讓孩子冒險的危機，教導子女當他人有難時應盡可能伸出援手。悲哉！此又再度勾起小時候師長們一再提醒：「小心！隔牆有耳，匪諜就在你身邊！」的諄諄教誨。

　　今日的「自我保護教學」，對這群未成年的小孩心靈，是件多麼殘忍的事。在恐懼當中長大的孩子，潛能的發展會受到壓抑。不幸的是，當我們所面對的是一個無法立即改善，又是我們無力改變的環境，那

麼最簡單而不必求於人的方法，就是自我調適與自我改變（當兔哥哥由洞內傳來不友善的應聲時，維尼表現出耐心與冷靜以對，便是自我調適與成長的好榜樣）。此亦是人類面對大自然挑戰與神的考驗後，能開創出科學啟蒙時代的動力因。

人類掙脫控制的動力因，可大至對整個宇宙的改變，小則為內在自我的重建。而這些動力因的成果，現在已經成為教育活動的教材。因此，為了人類本質的彰顯，人類不能將學生侷限在歷史的故紙堆中，應該深入心靈深處的靈動性（趙克非，2003: 95）。質言之，教育不但要教學生何為危機，也要教導學生如何區辨危機，但更應該教導學生意識到活躍的生命力。

再者，兔哥哥與維尼彼此確認「誰是誰」之認同的方法，並非科學的認證，而是獨白式的對話和心理學的認同理論。該對話隱含的是，建立共識前，對話雙方必須彼此信賴對話內容的真實性。此與批判理論第二代的學者哈伯瑪斯 (1987) 所談的「真誠性、真實性」之有效宣稱的溝通要件，有異曲同工之妙。此現象與「兩人」開始的對話之初，事事防著他人的心態形成強烈對比。

若就哈伯瑪斯溝通行動理論 (Habermas, 1987) 的觀點，兔哥哥與維尼的對話，就是在建構「理想言說情境」，兔哥哥和維尼也試著從溝通行動中獲得共識。事實告訴我們：真理的共識終能獲得。哈伯瑪斯 (1987) 所稱之「理想的言談情境」，乃指對話雙方不但彼此處在相等且自由的言說情境，並且對話的原則，亦必須符合溝通規準之可理解性、真理性、正當性與真誠性的四大有效宣稱，如此才能進行理性論辯，真正的共識也才可能達成。透過如此的理性論辯之後所建立的共識，才是民主社會彼此尊重，以共識作為建立法規之依據，也對道德命題的適切性，開闢一個公開、公平之自由論辯的場域。

讀者可以試著檢視兔哥哥與維尼熊的溝通性對話是否符合哈伯瑪斯的溝通規準。

　　雖然在兔哥哥和維尼對話之前，彼此並未達到交心的共識，尤其兔哥哥的行為更顯示對維尼的排拒，但是當雙方開始對話後，維尼並未因為兔哥哥的霸氣而驚嚇後退，他的堅持也破解兔哥哥外顯的霸權，所以維尼一而再，再而三，冷靜以待，溫和地表明自己的身分與來意，於此開始扭轉原初不對等的對話地位，而變為對等的關係。由此可見，對等關係的建立，不只依賴對方，最主要的仍有賴個人心態的轉變和理性的認知。

　　兔哥哥和維尼的對話，存在兩大層次的理解性規準：一為語言理解的層面；另一為對自我存在的理解層面。首先，雙方均曾採用語言分析法，試圖從定義中確認彼此語言表達的真正意涵。例如，當維尼問："Is anybody at home?" 時，兔哥哥雖斬釘截鐵地回答："No!" 卻又說他早已聽到維尼的嚷嚷聲。

　　由語言分析的概念可以解釋此等表面上看似矛盾，其實卻透顯更謹慎欲追求真理的態度。兔哥哥對於維尼語言內容的理解，是透過「文字」意義的分解，而非依照語言中之文法規則來理解，更非從日常語言的觀點去理解，故當兔哥哥認為自己是 "Rabbit"，而非 "Anybody" 或 "Somebody" 時，就不難理解他對維尼問話所做的否定回應，在語詞分析上並無錯誤。此猶如說，「我是蘇格拉底」這句話並不等同於「我是人」。可見語言分析雖然有助於釐清概念，但也會限制人與人之間的對話和溝通，更可能影響人際關係。如果不是維尼如此有耐心，如此理性和冷靜，有多少人可以忍受兔哥哥執著於僅對「語言」的解讀與分析，卻在行為上閃躲的「巧佞」行為。

　　日常生活中，若都採取兔哥哥說話時「吹毛求疵」的用語，則很多事情恐都難以進行討論，反而停留在對語言意義的爭議，甚至因此壞了溝通或對話的友好關係。此亦是語言分析學派及邏輯實證論者企圖解決之因對語言意義的解讀不同所導致誤解的問題。若停留於解讀語言，將妨礙對話的進行，但人類的語言是否真能建立一套如自然科

學，或像數字或邏輯符號一般，具普遍性的共同規則？此問題連維根斯坦到最後也不得不承認，語言有其如自然科學般具普遍性的規則，但是語言同時也存在約定俗成的「遊戲式」規則。語言的遊戲規則不具普遍性，它會因著人、事、時、地、物等語境 (context) 的不同而有異。若此，則語言的理解應該同時考慮語言所指涉的語意、內容和說話情境，故邏輯實證論期找尋客觀、普遍的語言數學符號化的理想注定要失敗。

理解基於詮釋之視域融合，視域融合也不能只靠語言的分解，更需要在經驗上和價值觀上求得公約數。此說明兔哥哥和維尼之對話若只企圖從語言分析邏輯達成共識是困難的（維尼所以三番兩次被兔哥哥不同的聲音所混淆，正說明此論點），而需要加上聲音的辨識、熟悉與認同，還需要考量平日彼此的相處之道和情誼的深淺關係。

在該對話中，維尼也曾做如下的邏輯推論：

大前提：兔哥哥出門去拜訪的人是維尼熊。
小前提：我就是維尼熊，我也正是兔哥哥所說要拜訪的人。
結論：那麼，維尼現在談話的對象就是兔哥哥沒錯了！因為兔哥哥正在拜訪我。

上述只是亞理斯多德三段論法的應用，維尼熊所做的推論看起來是多此一舉。從理性和日常經驗言之，維尼與兔哥哥的對話大多荒謬而多餘。然而該對話為民主社會樹立一個對話雙方應摒除各自「意識型態」之公共論述的良性典範。

自我認同也是近代哲學的重要議題。首先為自我存在的確定性發難的人，是法國理性主義者笛卡爾，其「我思，故我在」的判準，無論康德、黑格爾或海德格等人仍然遵循之，並作為確認自我存在的規準。康德在其《純粹理性批判》與《實踐理性批判》中提及的超驗理性與「無上命令」，黑格爾《精神現象學》中所提的「絕對精神」，以

及海德格「此時此地之自我存有」(Da-sein) 等，都是在找尋自我認同的確定規準。自我存在的問題既抽象又複雜，難以用言語表達清楚，但是兔哥哥與維尼熊的對話，卻輕輕鬆鬆地點出此概念。以下簡要分析存在與認同之變與不變的概念如次：

言歸正傳之前，作者先敘述一則小故事。

據聞從前有位人稱「呆子」的人，有一天，他想為自己買雙皮鞋，又唯恐皮鞋的尺寸不符合自己的腳，於是他在家裡東量量，西量量，經過多次比對後，他終於放心的拿著量好的尺寸，到鎮上的鞋店去買鞋。鄉民莫不笑他愚痴：他不相信自己的腳，反而相信自己所量的尺寸，連店老闆也拗不過他的堅持，只好依照他要的尺寸拿鞋子給他。當眾人都取笑他時，他說：我的腳有時大，有時小，但是我量的尺寸永遠都不變，我當然要依我量的尺寸來買鞋，而不是靠我的腳來試穿鞋子。

至今我們還會以此笑話來譬喻那些做事本末倒置、捨近求遠的人。然而若從科學的知識論之，該名「呆子」才是真正具有科學理性的人，因為他要找尋的不是殊異的、會變動的「真實」，而是自然科學所追求的「普遍性」。然而，凡具有生命者都可能存在變動性。「變動性」(becoming) 是亞理斯多德哲學的特色，也是經驗主義遭遇的困境。那麼，如何在變動中找到「不動的動者」，即屬確定自我存在的形上問題。

當兔哥哥以不同的聲音回答維尼的問話時，維尼問兔哥哥：「那應該是你的聲音呀！」兔哥哥正在找尋那個不動者，故他的思維邏輯如下：兔哥哥所以質問，『那不是我的聲音?』的邏輯如下：即「並非由我發出來的聲音，就表示是我。」簡言之，「我的聲音≠我」。

兔哥哥與維尼熊隔著山洞對話的過程，可以視為「認識對象」與「自我認識」的認知和認同行動。人皆有偏見，人類理性的功能即顯現於祛除偏見。若就詮釋學言之，偏見並非一無是處，而是前一階段的「啟蒙」或「理解」，這種先前的理解，對生命是有意義的 (Horn, 2005:

55)。生命意義的探索是迪爾泰精神科學的主要概念，即探討如何掌握與解讀生命中的「經驗」和「自我理解」。再者，從語言和詮釋的觀點，語言是生活形式的展現，語言的生活化已經改變了分析哲學和邏輯實證論者，企圖數學化或邏輯化語言的期許，因為一旦語言不再具有演算的本質，而是交往的媒介，則語言將如同生命一樣，是活的，而且語言也不再只是傳遞訊息的工具，其本身具有自我決定的主體性。如此一來，人類則透過語言達成彼此的理解與共識；另一方面，語言也深植於人類的意識之中並成為文化的一部分。語言本質的改變就是「語言的轉折」(linguistic turn)。質言之，兔哥哥與維尼的對話不僅是對溝通條件、公共論述、人際關係之語言表達，更是對認知對象與自我認同之彰顯與確認。

聰明與智慧之別──小袋鼠蒙難

　　在《維尼小呆熊》一書第七章曾經描述一個「反串式」的情節，在該情節中，維尼不再扮演受人欺侮的角色，而是在兔哥哥的引導下，與豬小弟「討獵」小袋鼠 (baby Roo) 的頑童。兔哥哥所以想要獵捕小袋鼠，乃為了戲弄袋鼠媽媽對小袋鼠無微不至的照顧。無微不至的照顧是教育工作者對學生的責任，但是，必須掌握「過猶不及」的中庸原則，否則就是控制和宰制。在此過程中，袋鼠媽媽是否為真聰明？

　　整個討獵行動起因於維尼對於「來自何處」的好奇 (Milne, 1995: 83)（此除了明示，人來自何處的形上命題外，也隱含著人類探索或冒險的行動，均源自好奇心）。有一天，維尼看到袋鼠媽媽帶著小袋鼠到處跑時，相當驚訝，他心想：每個人都把家當放在家裡，為什麼袋鼠家卻與眾不同？更奇怪的是，維尼看到自己一個口袋也沒有，便思忖著：如果想和袋鼠一樣，把所有的家當都帶在身上，該怎麼辦才能做到呢？後來，他遇到了豬小弟……

　　維尼將心中的納悶對豬小弟傾訴：「豬小弟呀！我今晨看到一隻很奇

怪的動物，她將家當完全帶在身上。豬小弟啊！依你看，如果我也要把所有的家當都帶在身上，那麼我至少需要幾只口袋？」

豬小弟答道：「十六個吧。」

兔哥哥說：「不止，應該十七個。不！十八個，還有一個要放手帕。」

（經過一段長時間的沉思）維尼突然說：「十五個。」

兔哥哥一向自命聰明，因此當他一聽到維尼說出與自己不同的答案時，他簡直暴跳如雷，無法相信自己的耳朵，他問：「什麼？！你剛才說什麼？」

維尼怯怯地答道：「沒什麼，我是算了算你共有十五位家人，所以我的意思是說，如果你也要像那隻奇怪的動物一樣，把家人全帶在身上的話，需要十五個口袋才行。」

這件事的風波就這樣平息了下來，但是豬小弟卻接著提議，大家一起跟袋鼠媽媽開個玩笑，作弄她一下，看看袋鼠媽媽是否真的能看管好她的小袋鼠（此正提醒所有不放心孩子的家長們，和要求把學生管得緊緊的教師們，盡速放下掌控他人的權力慾吧！因為沒有人可以或有權利完全掌控其他人。莊子「在宥」篇即清楚地指出：「聞在宥天下，不聞治天下也。」❽（黃錦鋐註譯，1983：142）的道理）。

兔哥哥一向是這個動物園的領導，因此，他以領袖之尊，擬定了計畫，召集了豬小弟與維尼，並向他們宣布計畫的詳細進程，以及個人需要擔負的責任，這個計獵小袋鼠的行動，可以說是個合作達成組織共同願景的行動。

兔哥哥有板有眼的唸著他寫的計畫書，其邏輯堪稱縝密，詳細的思考邏輯如下：

第一、袋鼠跑的速度比任何人都快；

第二、袋鼠媽媽的眼光從不會離開小袋鼠身上；

第三、（由上可推）所以，我們必須花一段時間才能追趕上袋鼠媽媽；

第四、（思慮）當小袋鼠跑出袋口的同時，豬小弟能立即跳入袋鼠媽媽的袋子中，因為豬小弟的身體大小和小袋鼠相當，袋鼠媽媽就不容易發覺，她袋子帶的已經不是小袋鼠了；

---

❽　「在宥天下」指聖賢若能放任無為，讓百姓自由自在，則天下清平。反之，若立教以統治，人將迷失其心性，則天下亂矣。

第五、但是，豬小弟跳入袋鼠媽媽口袋的同時，我們需要先想辦法讓袋鼠媽媽的眼光離開小袋鼠才行（以免袋鼠媽媽看到跳入她袋子中的是豬小弟）；

第六、如果維尼能一直和袋鼠媽媽聊天，就能分散她的注意力（就可掩護豬小弟）；

第七、最後，由（跑得快的）兔哥哥將小袋鼠快速帶走，那麼袋鼠媽媽就不會察覺她口袋中的小袋鼠是否有差異。

豬小弟聽了兔哥哥縝密的計畫後，仍憂心忡忡的說：「萬一袋鼠媽媽發現了，我該怎麼辦？」

兔哥哥說：「那簡單，只要我們三個人同聲說『阿哈!』就得了。」（表示承認大家是為了好玩，開開玩笑罷了，沒什麼大不了的事，所以請袋鼠媽媽也不用追究。動物的世界和人的世界一樣，總有人拿別人開心，並做一些損人不利己的事，而且一旦發生問題時，大家又想大事化小，小事化無，而不願嚴肅的面對問題，擔負責任。社會上這種人愈多，社會正義就會相對的減弱）。

豬小弟說：「是的，但是……」

兔哥哥問道：「豬小弟你還有什麼問題嗎？」

豬小弟說：「只要我們三個都這麼說，那就沒問題，我怕的是，如果只有我這麼說，我就會很心虛。」

（此也說明「盲目群眾的心理」，一個人做壞事，這個人會擔心害怕，大家一起做懷事，就好像壞事已經不再是壞事。這就是民主和民粹的差異：民主有其自由、主體和互為主觀的概念；民粹則不分事情的是非，只問人數的多寡，多則對，寡則錯。）

維尼說：「『阿哈』到底是什麼意思？」

（為了瞭解真正的語意，維尼開始思考定義的問題。）

兔哥哥說：「那就表示我們都知道小袋鼠在哪兒。對了，維尼，你知道你可以做些什麼事？」

維尼摸摸鼻子，搖搖頭（一副沒頭沒腦的樣子，這除了真的一無所知外，也意味著兩層意思：第一，維尼根本不想依照兔哥哥的計畫去做，因為他從來沒想到要作弄人；第二，他雖不願意，但是在群眾和威權之下，他也不敢說「不」）。

兔哥哥說：「你就負責和袋鼠媽媽談些詩詞之類的話，或隨便聊聊!」

（即擔負把風和引開袋鼠媽媽注意力的任務。）

　　三個人的計畫和任務分配底定後，便出發了。等他們追上袋鼠媽媽時，看到袋鼠媽媽正在野外教導小袋鼠練習跳進其懷中的口袋，看來她們已經練習有一段時間了，此時，袋鼠媽媽正催著小袋鼠趕快回到她的口袋中，她準備帶小袋鼠回家了。（這個場景猶如媽媽催促著愛玩的小孩回家一樣，也像教師一直呼喚著學生趕快進教室一樣，總是有一方殷殷催促，另一方卻一再拖延。）

　　兔哥哥見機不可失，趕緊催促維尼，要他趕快按照計畫和袋鼠媽媽寒暄。

　　維尼或許是心虛，或許也是情非所願，支支吾吾的說：「嗨！袋鼠媽媽，您對詩詞可感興趣？」

　　袋鼠媽媽答道：「幾乎沒什麼興趣。」

　　這下可慘了，因為袋鼠媽媽只擔心小袋鼠，無心和維尼聊天，袋鼠媽媽不斷地呼喚著小袋鼠的名字，要她趕快回到袋中來，以便早點回家。兔哥哥看到此景，就向維尼使了個眼色，要他趕緊隨便說些搪塞的詩詞。

　　維尼一時情急，就對袋鼠媽媽說：「我剛才在路上作了篇小詩，我現在就唸給您聽聽。」

　　兔哥哥接著說：「是呀！聽聽看吧，我相信您會喜歡那首詩的。」

　　豬小弟也附和著：「是的，是的，您一定會喜歡的。」

　　兔哥哥接著又說：「您必須專心一意的聽！」

　　豬小弟又說：「否則，您可能會漏掉詩中某部分的內容。」

　　兔哥哥催促著維尼：「您準備好了吧！可以唸出來讓我們大家聽聽！」

　　維尼只好清清喉嚨，然後開始唸。

　　（輿論的力量常使人忘了自我的堅持和原則，因此教學時更應該讓學生學會如何在面對輿論時，能夠冷靜理性的自我思考，這就需要培養批判性思考的能力。）

　　那首詩是這樣寫的（聽起來像首胡謅的打油詩或兒歌，但卻蘊含艱深的哲學義理）：

　　　※※※

　　星期一，太陽好大，我想了許久許久；
　　現在到底是不是真實的一刻，

　　那個是什麼？什麼又是那個？

　　（當我們問：「這是什麼」時，就是屬於知識論的認知活動，要辨別
何為真，何為假，並思考認識真假的方法；此外，陽光也隱喻著，走出柏
拉圖洞穴後看到的真知）。

　　　　　　※※※

　　星期二，天上下著冰雹，下著雪，
　　我感到愈來愈冷，
　　幾乎沒有人曉得，
　　是否那些就是這些，這些就是那些。

　　（此雖也是認識對象，卻只認識一個誰也無法驗證真假的知識，即形
上之知，能認識此形上之知者就如同康德的純粹理性。純粹理性所能掌握
的形上之知，並不像經驗之知一樣的明確，而是灰濛濛的混沌之境，或許
是像柏拉圖所說的「理型」，是經驗無法清楚認知的對象。）

　　　　　　※※※

　　星期三，晴空萬里，
　　我卻無所事事，
　　有時我真懷疑，
　　誰做什麼事，做什麼事的人是誰，
　　這句話是否是真的。

　　（此隱含判斷該不該做？適不適合做？誰適合做的？價值判斷問題。
維尼已經清楚的點出，道德的終極關懷是「晴空萬里」的光明面，自然美
麗，因此，無論個人或特殊情境是否有不同的行為，但並不能表示，這些
個別行為的規範也是各自獨立的；相反的，個別性也必須以光明、自然、
美麗的晴空萬里為其依歸。一言以蔽之，道德具有普遍性規準）。

　　　　　　※※※

　　星期四，天氣開始轉涼，
　　樹上沾滿片片灰白色亮晶晶的霜，
　　有人很容易就看到，
　　這些霜是有人的──只是誰是這些人呢？

（此亦是形上的命題，大自然無一不屬於神的，但是，神是誰？如何認知？雖然有人可能真的「看到」，但卻無法驗證啊！亮晶晶的霜片，也隱喻形上學的千變萬化，如易經一樣，也如「道」一般，不可道也）。

※※※

星期五——

（探討了知識論、價值論和形上學，維尼再也想不出要再探討些什麼，而此時袋鼠媽媽也不想再聽星期五到底會發生什麼事，一心惦記著要小袋鼠跳回她的袋中來。此猶如哲學探討到形上學之後，若不轉彎，也就難以再繼續探索下去。）

※※※

袋鼠媽媽幾乎聽不下去了，繼續呼喚著，要小袋鼠趕緊跳回她的口袋中。

兔哥哥看了很心急，用手肘推了一下維尼，要維尼繼續和袋鼠媽媽談詩詞，維尼靈機一動，很快地轉了話題，

維尼說：「您可曾注意到那兒的那棵樹？」

袋鼠媽媽說：「哪兒？」（但仍不忘邊問邊呼叫著小袋鼠）

維尼用手指著袋鼠媽媽背後的樹說：「就在那兒啊！」

但是袋鼠媽媽無動於衷，因為她所關注的，仍是小袋鼠該回家的事。

（此猶如學生對於不感興趣的事，總是聽者藐藐，要引發學生的興趣，一定要「正中下懷」，否則將事倍功半。）

兔哥哥接著說：「您實在應該看看那邊那棵樹。至於小袋鼠，我看還是讓我幫您抓回您袋中吧？」

維尼也接著說：「我看見有隻鳥兒在樹上，牠該不會是條魚吧？」

兔哥哥說：「你所看到的應該是鳥，除非那兒真的有魚。」

（由此再度驗證兔哥哥所以被認為是最聰明，就是因為他會運用邏輯思考。邏輯思考就是理性思維，運用邏輯思維能力也就是一種理性能力。）

豬小弟說：「那是隻鳥，不是條魚。」

維尼說：「是白頭翁或者是山鳥？」

兔哥哥說：「這倒真是個問題，到底是白頭翁還是山鳥？」

直至此時，袋鼠媽媽方轉過頭去看看身後的樹叢裡到底有什麼。正當

袋鼠媽媽一轉頭，說時遲，做時快，兔哥哥與豬小弟已按照計畫行事了。當袋鼠媽媽再轉過身來時，她看不到兔哥哥與豬小弟，於是她問維尼：「他們跑哪兒去了？」

（袋鼠媽媽的轉頭看，正是「眾口鑠金」的行為，人在此等情景下，也常會喪失理性，至少會分神。因此人必須隨時注意修身養性，保持心情的平靜，所謂「平者，水停之盛也。其可以為法也，內保之而外不蕩也。」只要心平氣和，就不會心猿意馬或意亂情迷。就此而言，教育需要培養學生虛靜的心態）。

維尼說：「大概臨時有事走了！」

袋鼠媽媽低下頭去問：「小寶貝，是你嗎？」（躲在裡頭的豬小弟低聲的哼著回答）。

確定小袋鼠已經回來了，袋鼠媽媽便向維尼道別，並飛快跳躍著把小袋鼠帶回家。害得躲在裡頭的豬小弟昏頭轉向，像搭雲霄飛車，又驚又怕！真後悔呆在裡頭，但已經後悔莫及了，也莫可奈何了。

「錯中錯」——假戲真做，盡棄前嫌的理性

當袋鼠媽媽回到家中後，她很快地發現了袋子中的不是自己小孩，她想到，這應該是兔哥哥、豬小弟與維尼的把戲。於是她當機立斷，決定來個將錯就錯，整整這些惡作劇的朋友。也讓這些人嚐嚐「自食惡果」的滋味兒！

於是她對豬小弟說：「今天這種天氣洗冷水澡恐怕不太好，寶貝啊！我去給你準備熱水洗澡，你自己也準備洗澡了！」

（此叫做以其人之道，還治其人之身）

此時豬小弟急了，他心急地說：「我不是小袋鼠，我是小豬！」

袋鼠媽媽刻意不理會豬小弟的哀求，還是把他丟進浴缸中，並拿出一塊肥皂，準備好好地為他洗澡。

豬小弟在浴缸中更氣急敗壞地大喊：「我不是您的小袋鼠，我是豬小

弟，難道您沒長眼睛，不能分辨出來，我根本不是您的小袋鼠嗎?」

　　袋鼠媽媽說:「我昨天教過你扮鬼臉，你最好不要亂扮鬼臉，否則將來長大了，會長得像豬小弟那麼糟，那問題就大了!」

　　在浴缸中的豬小弟一輩子從未洗過澡，更何況袋鼠媽媽還用絲瓜布用力地搓得他全身好痛，連身體也幾乎都變色了。

　　他實在痛苦難忍，於是又大叫:「我真的不是您的小袋鼠，我是豬小弟。」

　　袋鼠媽媽說:「閉上嘴! 否則你會滿口都吃到肥皂。」(說著說著，更用力搓洗豬小弟的身子)

　　豬小弟說:「我知道，您早就知道我不是小袋鼠，您是故意要整我的，對不對!」

　　袋鼠媽媽說:「當然知道囉! 不過你最好給我閉嘴，否則你會吃到更多肥皂泡沫。」

　　豬小弟無可奈何，只好任由袋鼠媽媽搓洗，再也不敢開口。就在此千鈞一髮之際，羅賓進門來了。豬小弟看到羅賓就像看到救星般，苦苦的哀求著羅賓:「你一定要主持公道，告訴袋鼠媽媽，我不是小袋鼠。」

　　羅賓左瞧瞧，右看看，很仔細的瞧了又瞧，然後搖搖頭說:「你不可能是小袋鼠，因為我剛才看到小袋鼠正在兔哥哥家玩得很開心呢!」

　　袋鼠媽媽說:「真有趣! 我怎麼會犯這樣的錯誤呢?」

　　豬小弟說:「您看吧! 我早告訴您，我不是小袋鼠，我是豬小弟。」

　　羅賓再看看豬小弟，再度搖搖頭說:「啊! 你不是豬小弟，因為我所認識的豬小弟並不是這種膚色。」

　　(羅賓使用的邏輯如後: A 不是 B，但是不能因此推論～B 就必然是 A，因為～B 有太多可能性，除非加上一個「非 A 即 B」的條件。故他說，「你」不是「小袋鼠」，「你」也未必就是「豬小弟」。)

　　批判性思考不僅重視對真理檢證的理性，也不能忽視慈悲原則 (principle of charity) (Bowee & Kemp, 2005: 47)，此乃基於批判性思考的終極關懷在於讓人生活得更好，更合乎理性。若欲人生活得更好，則人不能離群索居，總之人的美好生活必須兼顧個人與社群。人與人

之間的相互對待，不僅需要邏輯的思維，也需要對真理執著，更需要對他人包容、諒解、協助和關愛，這就是慈悲的原則。

維尼的一生，無論對任何朋友，他都以真誠態度待之，並盡可能地伸出援手，此皆充分展現維尼寬容和慈悲的道德情操。然而，若從相對的角度思考，則維尼的行徑是否為亂世中的自保之道？是否為了讓自己贏得更多的貴人？亂世中要藏拙，因此維尼認知到，只有傻頭傻腦、裝瘋賣傻的人才可以逃避世人的注意，也免除自己因為才華洋溢或機運亨通而遭忌，並處處遭人暗算或傷害的下場。世風日下、人心不古的時代，有才華者未必受人欣賞，有能力者也未必出人頭地，有時這些人中之龍反而成為眾矢之的，最後可能莫名其妙地身敗名裂或蒙冤而死。歷史上多少忠肝義膽之士，因為不懂得藏拙之道，也因為不會玩兩面手法，更因為不願意同流合污，以及不懂得自保之道，最後落得出師未捷而身先死的悲慘下場。維尼小呆熊的無私、知足、包容與感恩，可作為有才能者修身養性之典範。

莊子言：「世俗之人，皆喜人之同乎己而惡人之異於己也。同於己而欲之，異於己而不欲之者，以出乎眾為心也，曷常出乎眾哉！」（黃錦鋐註譯，1983: 146）這正是社會所以無法超越平庸之因。有鑑於此，學校教育不宜只將重點放在「大同」，應多鼓勵學生勇於開展其個人的特殊才能，如此社會才能多采多姿。

維尼的行徑也暗諷資本主義民主社會成功的為人之道就是大智若愚的低調作法，因為只有當大家都已經「陣亡」❾後，人類的才華才不會因為鋒芒太露而遭受打壓；而且只有在「真人」面前才可以顯露

---

❾ 此所謂的「陣亡」，指在一陣洪水侵襲之後，大多數人都已經奄奄一息，也都受到慘重教訓，此時只有維尼因為機智地透過推理和創意，自創其「船隻」，乃至於可以逃過被水淹死一劫，當眾人議論紛紛，認為維尼必死無疑之際，他卻出現在大家眼前。當時只有羅賓相信維尼一定可以逃出此劫 (Milne, 1995: 123-130)。

聰慧的真相，也方不致慘遭「士未捷而身先死」之下場。如果社會風氣敗壞如斯，則世態炎涼將可想可知。但是，作者仍要強調，無論維尼是否為自保，都無法否定他一路走來始終如一，無私助人的德性。維尼此一致性的助人行徑，不論出於天性或基於理性或情性，均值得教育奉為圭臬，並據之以化育公民社會的人民。

》》》》

Chapter 6

教育哲學的新取向——存在主義、現象學、詮釋學與批判理論

偉大的真理是供人批判，
而不是供人膜拜的。
——尼采 (Friedrich Wilhelm Nietzsche)

［ 前 言 ］ »»»

　　記得小時候，博學多聞、足智多謀、能言善道、謹慎細心、毅力恆持、無窮愛心、品行端莊、仁智兼備、儉樸清高等特質，常被用來稱讚並要求教師人品的高度，教師在中國的傳統被譽為「榜樣」，所以培養師資的機構也用「模範」(normal) 自許，所謂「師範大學」(Normal University)，北京師大的校訓即以「學為人師，行為世範」來惕勵師生們，無論在品格或行為上均要多所自律。師者無論在台灣或中國人的社會早已建立起清高廉潔、耐勞吃苦、博學多能的社會角色期待。因此，學校教育也一向期待學生能具備高風亮節的操守。然而所謂「好學生」、「優質學校」的內涵和指標，也隨著時代向科技邁進，以及資本主義講求績效和自由競爭的思想變革而有所改變。

　　教育改革是教育思潮的風向球，績效責任和功利主義等經驗導向的思潮，強調實際運作與工具性操作的教育價值，因而也帶動教育評鑑的風起雲湧。由此可見，教育政策的背後透顯著決策者的教育哲學觀和其思考邏輯。析言之，不重視哲學思考的決策者，也極少能深入教育的底層去思考教育政策應興應革的方向，反而容易受到經濟、政治、社會與文化等因素的影響，甚至可能成為金錢與權力角逐的棋子。

　　世風日下，民心不古，揮動民主主義大旗，並假借資本主義「自由競爭」之名，行霸權和宰制之實者有之；高唱人本教育改革，卻成為政治權力或經濟效益的僕役者有之，且不論其對教育決策者產生的負面效應為何，均已對教育主體性有所傷害。此等現象隨著資訊科技的發達，以及全球化、地球村的浪潮衝擊，加上二十一世紀後現代思潮的蓬勃發展，使社會價值導向講求利益、權力、立即效應等工具性價值的意識型態愈趨明顯；相對的，對於堅守教育應啟蒙理性、講求人文、重視人格化育的理論，則逐漸被邊緣化，此是教育的危機，也

是教育哲學式微的徵兆。

　　本章以「教育哲學的新取向」為章名，旨在闡述存在主義、現象學、詮釋學與批判理論的教育觀點，期能為教育哲學的逐漸邊緣化提出發聲的依據，更呼籲教育活動能回歸以人為本、重視主體、珍視人性、強化人格陶成之本質，因此並非否定存在主義之前的教育思潮，惟期盼教育工作者能提升教育哲學的素養，重振教育回歸人本質的價值觀。由此可見，本章所稱之「新」，乃相對於現代化教育思潮的工具效應，及後現代思潮中的自我中心主義「流行趨勢」而言，既不走回傳統的素樸哲學，也不隨現代化起舞，代之以辯證方法處理自然生活與社會實踐生活之對立，俾為教育追求美好生活的理想指出適切合理的思路。

　　有鑑於此，一般教育哲學著作討論的觀念主義、唯實主義、經驗主義、理性主義、實用主義等教育思想不再贅述，而從存在主義、現象學、詮釋學與批判理論等觸及現代與後現代教育思潮的教育變革，重新省思教育本質、教育目的、課程與教學等教育政策與教育研究之適切性，期能為教育哲學的未來激盪出一個更具人味兒，更關照主體性，並能兼顧理性和關懷的樣貌。

　　本章首先扼要地統整傳統教育哲學的主要觀點、研究取向和發展脈動，期讀者能透過掌握教育哲學發展脈絡，進而從自身的生活世界中，藉著存在主義、現象學、詮釋學與批判理論之教育思潮打造的橋樑，深入體悟不同教育理念所涵攝之「人」的真諦。

　　簡言之，本章所謂的「新取向」不是探討教育本質、目的、政策、教學或課程等新議題，而是對教育價值看法的另闢蹊徑，一則從存在主義、現象學、詮釋學和批判理論之觀點，凸顯教育思潮脈動中的創造性詮釋；再則提供作者與讀者間視域融合的「先前理解」，並藉此淡化教育被工具理性化的色彩，以喚醒教育工具理性化了的「錯誤意識型態」。

　　本書不是教育史的專著，作者本身也不是從教育史的觀點掌握教育哲學的脈動，故也排除以時間序列闡述的作法，但基於教育哲學「發展」的時間性和延續性，本書採取「假借」與「轉注」筆法交代教育哲學的發展，也排除以斷代史的方式呈現。

　　分析哲學所探討的議題雖然無法帶動教育往前發展，但卻直指教育的核心概念，且該概念或議題迄今仍有助於教育工作者對教育語詞和概念的掌握，教育決策者或對分析哲學所關切之教育目的、教育本質等概念及其涉及的教育議題不夠明晰，則恐將影響其教育決策的合理性。故本章擇取分析哲學作為新、舊取向的分水嶺應具有合理性。

▶ 第一節　傳統教育哲學主要流派——分析哲學的轉折

　　若提到哲學，必會提到蘇格拉底；若論及教育哲學，則分析哲學功不可沒。分析哲學是首度為教育哲學發聲且被哲學認同為其分支的學派。

一、分析教育哲學的興起

　　北京師範大學教育系教授石中英 (2001) 於 2000 年曾到英國倫敦大學教育研究院訪問，當年他關切的就是兩個主要議題：一為民主教育；另一則為教育哲學的發展脈絡。返國後，他隨即發表《知識轉型與教育改革》一書，利用分析的方法和批判的視野，透視教育與知識的發展脈絡，為教育改革注入「人文」和「本土」的血脈；並於 2006 年又翻譯融合思想流派和發展脈絡的《教育的哲學基礎》一書，總算初步為其關注之教育議題，提出嚴謹的研究成果。

　　就西方教育哲學言之，除古希臘以外，雖然美國教育學界於 1950 年代已經提出「思辨哲學」的概念，但較早從分析教育哲學觀點省思教育的仍以英國的彼特斯為最具代表性。他成功地延續維也納學圈❶、

實在論、邏輯實證論及日常語言學派的觀點，並將該理論和方法用以處理教育活動中的概念和語言的問題，更使其建構的理論受到哲學界的認同，並納為分支。

簡成熙（載於邱兆偉主編，2000：第六章）從分析哲學的知識論、形上學、道德論與社會和藝術哲學的相關概念與語言，導入教育分析哲學中關於概念的分析、教育的定義、教育口號、教育隱喻、教育目的、教育規準、教學相關概念、博雅教育及自由主義的課程觀、乃至於教學過程中涉及的社會控制等層面，對教育的相關理念、概念和實踐，進行分析哲學的概念和語言分析，期能透過對分析哲學的闡述和批判，重新整理分析哲學的教育和教學理念。

以下本書將從各種分析哲學與相關的分析教育學者的理論中，扼要地歸納分析教育哲學的發展及精神，並從此概念的分析和釐清，搭架存在教育學、現象學、詮釋學和批判理論教育學之理念。

---

❶ 維也納學圈之興起，乃徐力克 (Moritz Schlick, 1882–1936) 於 1922 年到維也納才開始，因為由若干哲學家組合而成，並於 1929 年在柏林學圈的協助下於布拉格發表「科學的世界觀——維也納學圈」(Wissenschaftliche Weltauffassung, Der Wiener Kreis; A scientific world-view–The Vienna Circle) 宣言，故名之，當時參與討論的常客為卡納普 (Rudolf Carnap, 1891–1970)、佛格 (Herbert Feigl, 1902–1988)、蘭希 (Frank P. Ramsey, 1903–1930)、格德 (Kurt Gödel, 1906–1978)、漢恩 (Hans Hahn, 1879–1934)、卡拉夫 (Victor Kraft, 1880–1975)、紐拉斯 (Otto Neurath, 1882–1945)、魏斯門 (Friedrich Waismann, 1896–1959)、甚至波伯和凱森 (Hans Kelsen, 1881–1973)、維根斯坦等人，後來陸續於哥尼斯堡 (1930)、布拉格 (1934) 聚會討論大會事宜，終於 1935 年於巴黎召開第一次大會，陸續於哥本哈根 (1936)、巴黎 (1937)、英國劍橋 (1938)、美國麻省 (1939) 等召開大會。其實維也納學圈的成員們早在 1907 年代就已經開始探討科學哲學與知識論的問題，後來維根斯坦也參與該討論，並探討其作品《邏輯—哲學論叢》(Tractatus Logic-philosophics) 的語言命題之原子論觀點——命題如原子，一個命題只能有一個分析 (Murzi, 2006)。

二、教育分析哲學的內涵

　　分析教育哲學，顧名思義，乃採用思辨、分析觀點，提出共同可以遵守和進一步對話的規範，避免彼此因為對語言使用不同而產生誤解，甚至無法進一步進行理念的溝通和理論的建構。微觀言之，若教學是語言的活動，則分析哲學無疑地直接、間接地影響師生的互動和教學成效。舉例言之，「體罰」、「教育鬆綁」等都可能因為語言所承載的文化不同而產生誤導，也導致溝通上的不良；再則如「實踐」一詞及「理論與實踐的關係」❷等，也是教育上常會作不同解讀的概念，因此若能先澄清該語詞和概念，確立該概念的意旨，將有助於理念的順暢溝通。

　　然而，分析哲學家若只從個人對教育知識、價值或形上的理念演繹出教育目的論、課程論、教學論等，乃至於針對某個領域，如「道德」領域內進行概念、信念、語詞及命題的分析，如黑爾 (R. M. Hare, 1919–2002) (1952)，雖然能強化教育哲學的主體性，但卻可能因為欠缺實證的分析或證據，反成為「個人一把號，各吹各的調」的紛雜論述 (Peters, 1973; Hirst, 1983)，無法達成分析教育哲學擬透過語詞、命題和概念的澄清而達成共同遵循的規範，進而彼此對話和溝通的目的。由此我們可以說，分析教育哲學對於教育語詞和概念的釐清，除了分析之外，也具有批判的性質和方法，例如，對行之有年的用語提出質疑，並進行反省，再給予規範或定位。哈佛大學謝富勒也認為分析教育哲學具備批判的精神和方法，他 (Scheffler, 1964: 4) 說：

---

❷　理論與實踐的關係，是相輔相成，抑或各自獨立，或彼此毫無瓜葛？若此概念無法獲得共識，則對於教育是否為一門實踐哲學，也將產生爭議。基本上，本書在探討教育本質和目的時，即採取教育理論和實踐為辯證的關係，即兩者可能有獨立存在的部分，亦可能存在對立的可能，當然教育學者追求的是兩者相輔相成關係的教育哲學觀。

教育哲學的目的，在於透過分析的方法，對教與學、德行與理論、教材和技術、及教學方法之適切性、教育命題之論述、假設和論斷進行檢證和判斷，俾釐清並改進我們對教育概念的掌握。

簡言之，分析教育哲學不僅致力於建立教育哲學的傳統，更為教育理論與實踐建立共通性規範，俾能讓教育哲學真正成為一門學術。謝富勒也為分析教育哲學貢獻良多，其《教育與哲學：現代讀本》(Scheffler, Ed., 1958) (*Philosophy and Education: Modern Readings*) 和《教育語言》(*The Language of Education*) (1960) 更有穩固分析教育哲學之學術地位的貢獻。前者將分析哲學實際應用到教育的分析中；後者則指陳教育口號和隱喻隱含的非教育活動及權威等的教學概念與教育定義，為分析教育哲學與後分析教育哲學開啟批判的里程碑，因為教育分析哲學若止於定義或意義的釐清，而不深入口號和隱喻的內在權威和社會、文化之歷史，則可能難以完全彰顯該語詞或定義的變化歷程與真諦。

彼特斯分析教育哲學主要探索教育的概念，尤其是倫理、教育規準、教學和學習、責任、權威、與師資培育等均已成書❸，並分別強

---

❸　彼特斯主要的著作如下，而這些著作也成為研究分析教育哲學必讀的經典：

Peters, R. S. (1966). *Ethics and education.* London: Allen & Unwin.

Peters, R. S. (Ed.) (1967). *The concept of education.* London: Routledge & Kegan Paul.

Hirst, P. H. & Peters, R. S. (Eds.) (1970). *The logic of education.* London: Routledge & Kegan Paul.

Deardebm R. F., Hirst P. H. & Peters, R. S. (Eds.) (1972). *Education and the development of reason.* London: Routledge & Kegan Paul.

Peters, R. S. (1973). *Authority, responsibility and education.* London: Allen & Unwin.

Peters, R. S. (Ed.) (1973). *The philosophy of education.* Oxford: Oxford

調，若欲掌握教育的本質，則不能混淆教育使用的語言和相關概念，需要清楚地分析，求明確地理解，由此可見謝富勒主張深切「認識」教育口號和隱喻的批判方法和精神也對彼特斯的理念有所影響。基於此觀點，分析教育哲學家也曾企圖客觀化教育語言，清晰地陳列語言的邏輯、字義和語法等，以適切地描述其意義與其相呼應的事實真相。但是教育語言和概念畢竟不同於科學或數學的語言和符號。

雖然教學活動需要透過語言達成相互理解的目的，以確保教學成效，但其語言也因為人的多元性、複雜性，而異於自然科學的單純性。就此而言，教學活動之語言和概念的分析，比對知識論、價值論或人性論更為根本，也更為複雜。但是語言和概念若模糊不清，則以該語言或概念所論述的理念或概念與概念之間的關係均不可能清楚；同理，教師透過語言、教材透過文字等所欲達成的教育目的也不可能達成。分析教育哲學所以具有開展教育理論與實踐的意義，乃因為其透過分析、驗證和批判，除釐清語言和概念的表面意義外，更深入語言和概念的歷史和文化，批判被視為理所當然的概念，並檢證教育語意和意義之晦暗不明處。就此而言，分析教育哲學的方法論和知識論，已經為教育詮釋學奠定理解的初基，此說明教育分析哲學扮演其後之現象學與詮釋學之思想橋接者 (bridge) 的角色。

雖然此作法表面上無法開創教育的新理念，但從更深層與長遠的觀點言之，則具有精益求精的科學精神，以及釐清語句所隱含的邏輯關係，期能精確地表達語句和概念，此等作法有助於檢證與再確立概

University Press.

Peters, R. S. (Ed.) (1976). *Role of the head*. London: Routledge & Kegan Paul.

Peters, R. S. (1977). *Education and the education of teachers*. London: Routledge & Kegan Paul.

Peters, R. S. (1981). *Essays on educators*. London: George Allen & Unwin.

念之真實性。因此，相較於其傳統各種不同學派（如理性主義、經驗主義等）的教育哲學觀點而言，分析教育哲學除具備思想的傳承性和開啟性外，更具批判性與革命性。

三、教育分析哲學的再省思

由於分析教育哲學直接分析和檢證教育活動使用的語言和概念，因此，其促使教育哲學的發展不再停留於哲學論點之應用，轉而直接觸及教育理論與實際活動。可見分析教育哲學已經帶動教育哲學方法論的轉變，也讓教育的研究再回歸教育的本質。然而，基於教育活動的多元性、複雜性與動態性，故分析教育哲學對教育的研究也相對地缺乏系統性。如歐陽教 (1999) 即從分析哲學的觀點，分析哲學與教育關係、形上學、知識論、倫理學、美學、哲學心理學、政治哲學、宗教哲學、教育目的、教育內容、教育方法、師生關係、傳統教育與兒童本位教育等；簡成熙 (1999) 則分析理性與教育人的概念；李奉儒 (2004) 分析教育與哲學、教育意義、目的、知識、教學、灌輸、情緒、自律等均是其中一例。

此外，分析教育哲學強調對教育口號進行檢證的方法，除了概念的釐清外，更能挖掘隨著口號帶出的情緒或操弄；同理，相較於口號而言，隱喻彰顯明確的意識型態。例如，「不放棄任何一個孩子」，既表示一種期望，教育決策者即可透過此口號，要求教師奉為圭臬，並以之作為賞罰的依據，此時我們很清楚地看到，口號存在被操弄的空間。相對的，隱喻較乏系統性，也無一定的形式，但卻能將抽象的意義具體化、生活化、簡易化，讓該概念更接近人的生活，因此也較容易被接受、能將抽象的意義具體化、生活化、簡易化，讓該概念更接近人的生活，因此也較容易被接受、被理解，但因為一個概念從抽象到具體，從複雜到單純化，從理論到生活化，均經過詮釋的歷程，故也需要對之進行分析和檢證，以免產生詮釋上的誤解或扭曲。

　　舉例言之，「教育即生長」的隱喻，也可從正面或負面來詮釋，若不深入分析，可能誤解該隱喻，甚至扭曲該理論之本意。質言之，教學活動或教育活動中的概念、口號和隱喻等都可能因為理解的差異，產生不同的認知，甚至阻礙進一步的理念溝通和討論。

　　分析教育哲學雖然也強調要合乎科學性，但是卻較強調語言和概念的釐清甚於教育研究的系統性，故難免流於片段；且語言與文化如影隨形，能否達成分析教育哲學企圖追求的「客觀化」，值得商榷。又對語言和概念的分析是否會因為語言命題、假設和語句的複雜性，以至於永無止境，反而停滯教育哲學理論建構的腳步，讓教育哲學的發展總是在原地踏步而無法前進，端賴分析教育哲學在釐清相關概念時，是否對詮釋和分析進行反省與批判。

　　無論教育分析哲學是否達成其釐清概念、檢證意義的目的，其試圖從知識論、倫理學、政治哲學或哲學心理學等層面，建立分析教育問題或教育概念的理論基礎，檢證教育理論的哲學假設，或搭建教育和其他相關學科之關係等功能，均對開創教育實踐層面之研究或對教育實踐問題的分析，奠定新的里程碑，只是教育分析哲學的分析方法是否限制其對於實踐問題的解決力道，仍有待努力。一言以蔽之，教育分析哲學可以「動口」，點出問題的癥結，但卻未必能「動手」去解決問題。

　　總之，教育分析哲學的研究凸顯被忽視之教育概念和議題，故有助於喚醒大家對教育目的與本質的更深刻理解，此乃教育分析哲學對教育哲學的主要貢獻。例如，小學生寫作文時，都會寫為什麼需要受教育；家長也都清楚孩子應該到學校受教育；求職者也瞭解要展現受教育的成果，此即因為眾人對於「小孩應該到學校受教育」的命題並無異議，也接受該社會或法的規範。

　　但是教育工作者或研究者應該深層地理解下列問題：教學的知識該如何選擇？哪些是課程與教學中必要的內容？如何區分教育與非教

育活動？教育目的何在？教育內容的選擇與分類的依據為何？學生何以需要學習數學、自然、社會、人文、藝術等科目？學校中是否應該直接教導職場上所需要的能力？教師採取古代的「師徒制」進行教學是否較符合因材施教？教學中的知識和教師權威是否合理？宰制或灌輸何以是不合理或違反教育的活動？教育該以實用為導向，抑或人品的涵化為優先？教育活動是否需要激發學生自己去思考？教學是否需要考量學生的心理發展？課程與教學該如何處理學生在文化、社會和知能上的差異？課程如何定義？教學、課程和課程理論之間的關係為何？課程研究與教育研究是否有別？如何從目的、內容和方法及動機或意向性 (intention)，確定教學是否流為灌輸？教學與訓練有何異同？教師或教育決策者是否需要反思自己的信念和態度？師生教育活動中是否需要自我決定？教育何以需要培養學生自主性自律的能力？何以師資培育需要考量自由與民主的規準？何以教育活動需要維護社會正義？教育活動除了理智的培養外，何以需要加入美感並合乎德行？

　　「好的教育」之判準是否具普遍性？是否任何人均有權利或能力去代替他人下判斷？若此判斷不具普遍性，則人類又如何確保其所下的判斷永遠正確無誤？此與「真理」的判斷異曲同工。因為人類的理性或能力畢竟是有限的，但是人類卻無法因為判準不具普遍性就擱置判斷，故只能依據現象的表徵、深層的理解，並盡可能考量其歷史因素。此一則呈顯教育分析哲學的不足，再則也指陳詮釋與批判教育哲學對理解教育的不可或缺。

　　總之，合理性判準的暫時性不足，尤其當判準可能受到權力或意識型態的牽制時，更需要明確地交代判斷時的信念、態度和思維邏輯，並開放討論和論辯的空間，讓暫時性的共識或合理性，有機會透過公開、公平和透明的遊戲規則，重新受到批判，俾尋求更多人的認可和最大公約數的共識，讓教育觀點和研究更能符合正義，也較不會產生壓抑和宰制的結局。

　　然而教育分析哲學的思考並不夠完足,至少仍未能解答下列困惑:

　　㈠依據教育思潮進行研究和判斷的結果,是純粹針對個人的外在行為? 抑或涵蓋整個人? 若已經涵蓋整個人,則我們又何以能洞識另一個人的內在生命?

　　㈡人類是否有權拒絕接受他人的判斷? 他人的判斷對個人改善其生活,邁向美好生活是否真的有助益? 此等判斷是否合乎正義之德? 是否侵犯個人穩私?

　　㈢人類存在的意義和對於「美好」的定義是否已經存在普遍性,抑或有待逐步發展? 人是否一出生就具有判斷的理性? 抑或宇宙之間早已存在牽引人類發展的無形原則? 人類美好生活的圖像是否在人類出現之前就已經確立,而人類只是依照該冥冥中的既定律則而運行?

　　上述問題在日常生活中日復一日的發生,只是我們常常被更具體的生活問題所圍繞,因此這些稀鬆平常卻難解的問題,就常被拋諸腦後,久而久之,便被視為理所當然,也不再被視為是該深思或待解決的問題。除非這些問題再度造成生活或教學上的困難時,才會再度浮現出來,再受到熱烈地討論。例如,九年一貫課程之前實施的學科教學,哪些是被視為重要的學科? 哪些是考試中必考的學科? 哪些是必須記誦的知識?上述問題在教育圈中或已具有某種程度的共識,例如,不會有人質疑九九乘法表是否該背,也沒有人認為國文不應考作文,當然也少有家長會質疑教師懲罰學生的動機。這些沉靜已久的議題,近年來都逐漸從民間、教育行政機構,乃至於學校內部和教育研究機構的教育研究議題中浮現出來。

　　人的行為很奇妙,一個現象或議題是否會成為主流,一則因為主流含蘊的固有價值,但是,多數主流乃因為量的多所致,只是量的增多不必然皆屬理性的判斷,反而可能只是群眾的盲從。社會現象如此,學術研究亦是如此。所以我們可以從教育史的發展中看到,不同的時空,受到青睞的教育理論或教育研究的議題也不甚相同。這種因時空

或外在因素而形成的現象，也使教育流失其主體性，且經日積月累後，此等現象更進而將人從教育活動中疏離出來，最後，教育、知識與人之間便再難以看到生命的脈動。

　　教育問題本是日常生活中的問題，但是因為某些問題未受重視，或被塵封已久，乃至於被視為如木乃伊般不被置喙的議題，但不表示這些議題不重要或毋需解決。若欲讓此等問題重新被關注，最簡單的方式就是回到蘇格拉底的詰問法，即批判性思考教學強調的質疑和反省，只有不斷地質疑、再思索、再反省、再剖析、再詮釋和再批判，教育問題才不至於成為僵硬的化石，教育也不至於成為不切實際、不食人間煙火、故步自封，但卻被經濟、政治，乃至於文化主宰與制約的布偶。質言之，教育活動需要經常被檢視，教育工作者只有不斷地自省，才能轉動自主性的齒輪，展現教育的生命力。

　　試問：何種教育原理和實踐活動與哲學的思索無關？教育行政決策者若不假思索，就依著呼聲的大小決定政策的方向，教育又怎能確認變革的方向和意義？教育政策的良窳與對錯亦有待接到大眾的質問和挑戰。同理，若課程的設計和教學活動的安排和評鑑欠缺自我省思的機制，則無法思考學習的本質、學習成果評定的意義、內涵和方法，如此一來，課程研究與教學設計又如何確立其符應學習者的需求？

　　綜上所述，教育理論的建構、教育原理的析離、課程的研究、教學活動的設計、教材的選擇準據等，每項均需思考知識的內涵、定義和方法；教育活動亦需兼顧德行和幸福生活的內涵，故教育活動便需要觸及人主體存在的本質、意義和價值。

　　作者無意貶抑教育行政、政策、課程或教學之價值，只是強調教育哲學與教育行政、教育政策、課程與教學之研究的關係至為密切。至於教育心理學、教育社會學等亦可視為教育哲學的一支，只是其探索和關切的教育面向，不完全和教育哲學相同，各學門偏重不同的焦點：教育社會學雖有微觀和鉅觀之別，但其所關注的仍是「社會」的

動向和內涵，不對形而上之預設和知識（教材）的判準作全面性的鑽研，而著重於構成社會、文化、階級、權力、利益等議題；教育心理學則著重在行為和心理的關係探討，雖論及學生的需求，如動機和興趣，也探討教師的風格和人格特質，以及道德和行為的發展等面向，卻不關注教育本質相關的議題。其他的教育學科也都有其各自的著重點，但大多從效益論的觀點出發，未能反省本身的知識論、方法論，甚至形上學的適切性，這也是教育學發展至今，雖有形形色色的教育相關學科成為「學門」，但卻仍難以自成一個完整的體系，無法獨自涵蓋整個教育領域。

　　教育哲學的研究相較於其他學科或領域而言，較為廣袤，而且對於上述問題的思考，大都曾在教育哲學的專業領域中探討過，因此也形成教育哲學的不同流派。在教育研究過程中，我們努力為教育問題提供科學基礎的答案。但是科學基礎的答案是什麼？答案取決於我們對於科學的定義。不同的思想家，特別是（科學）哲學家已經對「一位科學家應該，及能做什麼」提供不同的建議。這些關於科學可能是什麼或不是什麼的想法，我們稱之為後設理論。

　　現代科學，尤其是物理學，乃提供邏輯實證論有力的基礎，其對教育關注的重點，猶如其名，即依據經驗主義和邏輯原理所建構出來的。經驗主義的知識論乃基於感官資料來陳述教育概念，亦從感官知覺驗證知識的真假；邏輯的原理在於強調科學陳述的準確清楚，尤其不能存在任何矛盾。邏輯實證論的教育觀猶如柏拉圖的理性觀，不但重視數學，也認定數學邏輯最清楚、也最符合科學的普遍性要求。量子力學提出之前，物理學被視為科學的理想類型，當時斷定知識的真假也植基於物理學的原理，即真知必須能被測量並定量。

　　理性主義或實證論觀點最大的優點是明確性和可檢證性，教育哲學在分析哲學和邏輯實證論的支持下，加上資本主義、民主社會及功利主義思想的推波助瀾，也逐漸將教育研究的重心轉移至對人類外顯

行為的研究，心理學是其中最明顯的一支；在教育上最具體的就是重視語言的清楚明晰，以及教育理論中行為目標的急速竄起。相對的，人的自由、責任和德行等涉及價值論的面向，尤其那些難以採用自然科學的方法進行研究，其研究結果也不易被具體化、客觀化呈現出來者，縱令呈現研究結果，也難以被普遍地推估和預測，其研究所花費的時間也較自然科學更難以掌握，故此等議題大都被排除在教育研究之外。

總之，邏輯實證論者宣稱研究必須維持價值中立，才具客觀性，也認定理想的教育研究應該如自然科學一樣，客觀地記錄事實，重視方法和過程的有效性和結果的精確性，而且和分析哲學一樣，要求對於概念的認識應該清晰，邏輯思維也要明確；同時也應盡可能以量化、可被檢證的方式呈現研究歷程與結果。由此可推，統計分析、問卷調查、實驗法等強調目的和方法之間的普遍有效性，成為邏輯實證論時期教育研究的主流取向。

教育研究的取向如同宇宙的律則一般，陰晴圓缺、潮起潮落、緣起緣滅，邏輯實證論傲人的可檢驗性原理建立在客觀事實和量化結果之上，但其追求可預測性和普遍性等論點也逐漸因為過於「物化」教育的主體，而受到嚴厲的批判。批評傳統實證主義教育哲學觀者，被稱之為後實證主義 (Post-Empiricism)，其代表人物除教育分析哲學的學者外，維根斯坦、波伯、拉卡托斯 (Imre Lakatos, 1922–1974)❹、及

---

❹ 拉卡托斯為匈牙利人，盧卡奇 (G. Lukacs, 1885–1971) 曾指導其研究，早年深受黑格爾哲學影響；後期受波伯否證論之影響，因為批判素樸的邏輯實證論，故被稱為批判理性主義者或批判邏輯實證主義者，他主張科學理論具有內在整體性結構的「精緻否證主義」(sophisticated falsificationism) 或「科學研究綱領方法論」，以相對於素樸的邏輯實證論。「研究科學綱領」包含正面引導 (positive heuristic)、負面誘導 (negative heuristic)、形成保護帶 (protective belt)、確立硬核 (hard core) 以建立理論的形上基礎，一旦此核心被推翻，則該理論將全盤被否定，故理論多元

奎因 (Willard Van Orman Quine, 1908–2000)❺ 等人皆屬之 (Marshall, 1981)。

　　總之，分析哲學對教育概念的澄清和分析，至少有助於教育活動不被任意化約，也不隨便受到口號、隱喻或專有名詞和術語的矇騙。基本上，這種不斷質疑「此句話的意義為何」、「此名詞的意義為何」、「此理念是否為可以檢證之具意義的理念」等的作法和態度，就是一種批判的方法和態度。質言之，無論教育分析哲學家對於教育概念及理念的分析和釐清是有心或無意，均能透過不斷的質疑和詰問其中的意義，而識別出是否存在權威、真平等、假自由、霸權、灌輸等，此也是教育分析哲學家導正與守住教育本質、教育目的和教育活動的貢獻。

　　另一方面，由於教育分析哲學的焦點是語言，而語言基本上受理性（或稱 Logos）之掌控，但語言又會影響理解，因此，當教育分析哲學家視語言為如科學一樣的理性時，其對語言的理解也將朝單一普遍的方向去走，只是語言若代表人類生活的符號，則語言和生活一樣，不應只有普遍、一致、共通的一面，應存在其他面向，就此而言，教育分析哲學只處理單一面向的教育語言。析言之，教育分析哲學只處理哪些可以被檢證為真實或具意義的語詞或語句，而不去碰觸教育要如何才能使那些語言具意義的問題。

　　以教學為例，教育分析哲學不問「教師是否知道學生懂了」，也不

　　總比一元好，而應該批判的不是硬核，而是保護帶；而且在理論的推翻和重建過程，即代表人類科學的進步、退化與再進步。

❺　奎因生於美國俄亥俄州，是邏輯實用主義、實用主義分析哲學的重要代表，對美國分析哲學有重大影響。其就讀哈佛大學時曾受教於懷德海，於 1933 年回哈佛大學任教。他因為受羅素和卡納普之影響，故曾接受邏輯經驗主義的觀點，但後來對之提出挑戰：他不認為邏輯實證論可以驗證一切的命題。故視科學為一立場，經驗為邊界，邏輯規範和形上為最普遍的命題，因此，指稱和意義應該有所區分（涂紀亮，nd.）。

問「學生是否知道自己已經懂了」，而要追究的是「教師知道學生知道
自己懂了」。該句話中教師的「知道」和學生的「知道」是何意義？此
例子很清楚地指陳，教育分析哲學探究的不是「教師或學生怎麼知道」，
也不問「教師如何知道其對學生所知者為正確」，只問「教師對學生所
知者是否為正確」。為確立語句的意義性，在教學活動中教師必須透過
評鑑或觀察學生行為的改變，來確定教育活動的意義性。然而，一旦
不問「教師如何知道其對學生所知者是否為正確」，則教育分析哲學家
所標榜之「釐清概念」的價值和目的，無庸置疑地將無法完全達成，
因為縱令教師透過評鑑瞭解學生獲得多少知識和技能，但教育分析哲
學仍無法確定，教師的評鑑是否有效、是否有意義。

　　質言之，教育分析哲學欲達成的客觀化語言的功能，在其科學化
語言的命題時，也讓若干隱藏於文化脈絡之下的語言無法被真正釐清，
也會使得語言所承載的文化霸權或意識型態無法被偵測出來。如此，
釐清教育理念和教育語言的功能也勢必不夠周延，甚至可能功敗垂成。

第二節　存在主義教育哲學與現象論教育哲學

　　本章無論闡述傳統或新取向的教育論述，讀者最好能從中熟悉那
些對教育理論和實踐仍存在影響力的後設理論 (metatheory)，這些後設
理論即隱藏在教育理論的內涵及其所觸及的議題中。由於後設理論支
撐著一個教育思想或教育研究的整體骨架，故在教育哲學的論述中扮
演著重要的角色。析言之，後設理論在教育哲學中是引導教育哲學家
研究問題的理論架構。這些架構決定哪些問題需要分析，也決定教育
問題解決方法的適切性，因此具有指導和影響教育論述的寬廣度。簡
易之，後設理論是教育哲學的精髓，更是研究教育哲學者應該厚植的
思維基礎。

　　讀者從上述所提出的問題應能體會教育論述可能被一個或多個後

設理論所引導，教育問題背後的思維邏輯也正是指導研究者思考教育問題和提出解決策略的重要依據。此意味著後設理論形塑不同的教育論述，教育哲學家需要去研究和分析不同教育論述之後設理論和其邏輯的假設，方能確認教育理念和實踐的合理性，並可確立該教育理論的適用範圍，故無論學習或教導教育哲學的讀者，在瞭解教育哲學的深層思維時，應該從瞭解教育哲學理論的內容中，學習如何掌握教育哲學的後設理論，才可能將所學的教育哲學理論，轉化至自己的學習或教學中，並擴及至教育學的其他議題或領域中，如對教育政策和法令、課程與教學的研究等。上述教育議題均涉及「合理性」(rationality)規準的建立與檢視。

以下透過「知即德」、「教育實踐智慧」、「自主性自律」、「教育與社會正義」等核心概念的相關論述，一則證明教育分析哲學對教育研究的貢獻；再則彰顯存在主義、現象學與批判理論等教育哲學超越教育分析哲學之處。

「生也有涯，學也無涯。」因此，一次能懂多少就算多少。作者無意鼓吹得過且過的生活態度，只期望對教育哲學感興趣者皆能盡其在我地彰顯自我的主體性。就像人生一樣，自己的人生必須自己打造，毋需因畏懼壓力而不敢自我表露，「無所求就自在」，學習哲學亦是如此。存在主義教育哲學呼籲教育者和受教者勇於自我表達和自我負責，作者本著存在主義彰顯自我和自我實現的理念，不揣淺陋，希望藉此書的自我表露，呼籲關心教育的工作夥伴們，共同找回教育的主體性，並更多元地瞭解教育本質，也藉之彌補教育分析哲學未能觀照的個別性、殊異性和偶發性。

存在主義教育哲學強調的主體精神，繼分析哲學對語言的批判後，成為傳統與現代教育思維的分水嶺，也成為結合傳統與現代的橋樑，此角色對教育哲學的發展舉足輕重。無論教育分析哲學或存在主義教育哲學，均涉及對教育現象的描述、釐清與理解，本章之所以將存在

主義、現象學、詮釋學與批判理論以「重疊」❻的方式論述教育哲學，一則基於理論本身的重疊性；另一方面，則基於教育學的融合性與統整性特質；另外，此亦可避免教育哲學成為哲學的「殖民地」。

　　教育哲學的相關著作可大分為兩大類：一為哲學理論之衍生或運用；另一為對教育進行哲學思考。前者或從闡述哲學理論之內涵衍生出該理論之教育意涵；或運用哲學理論來探討教育問題；後者則將哲學理論融入教育中，並視之為教育體系中的理論。作者認為，此兩者之間雖有區別，但非毫無相關：後者有助於教育脫離哲學而成為獨立學科；前者仍以哲學的思想體系引導教育理論的建構，並反思教育實際活動，此等教育哲學雖具功能性，但卻易成為哲學的附庸。雖然兩者在教育理論與實踐上均難以相互取代，但是後者以哲學作為建構教育哲學理論的鷹架，試圖為教育學成為獨立科學獨撐出一片天，此等教育哲學的鋪陳方式，較少出現在目前之《教育哲學》的著作中（吳俊升，1993；伍振鷟，1996；簡成熙，1996；陳迺臣，1997；歐陽教主編，1999；邱兆偉，2000；馮朝霖，2000；梁福鎮，2001；李奉儒，2004；葉學志，2004；石中英、鄭敏納等譯，2006；黃藿、但昭偉主編，2007）。本書也是一種直接思考教育理論與實踐的嘗試，期能更貼近讀者的生命，並能營造與讀者對話的氛圍。

　　現象學與詮釋學均重視對事物真象的理解；詮釋學與批判理論則強調彼此的理解，故本章特別將之區分為：存在主義與現象教育學、現象與詮釋教育學、詮釋與批判教育學三部分來探討。本章不再獨立討論存在主義、現象學、詮釋學與批判理論中隱含的教育義涵，而直

---

❻　此章所稱之「重疊性」非指純粹探討一個哲學派別，而是從教育哲學的觀點，將與教育目的、教學內容、課程與教學設計理念等相關的概念理出，故將存在主義思想與現象學理論中共同涉及的概念合併闡述，一則針對教育哲學的議題論述之；再則凸顯教育哲學與從哲學思想中引申出教育義蘊之不同。同理，在處理詮釋教育哲學、批判教育哲學時亦然。

接探討存在主義教育哲學、現象論教育哲學、詮釋學教育哲學與批判理論教育哲學之與教育目的、教學活動等相關之知識論、價值論，乃至於形上學之觀點，期能讓讀者對各不同學派所處理的教育問題、處理教育問題的方法，及其對教育的影響與限制等一目了然，故在論述時以淺顯易懂且略具文學詩意的筆觸撰述，期能中肯地表達存在主義既浪漫、又具暮鼓晨鐘功能的啟蒙精義，並繼而闡述與存在主義教育哲學理論相關的現象學、詮釋學與批判理論的教育哲學。至於近年來炙手可熱的女性主義和後現代哲學等論題，將於後現代教育哲學一章（第七章）中另行論述。

有鑑於對教育哲學抱持上述態度，本章旨在拋磚引玉，期能開創教育哲學研究的新局，亦期望此精神有助於建構教育哲學生活化、普及化、主體化的獨特性。

以下就存在主義教育哲學與現象論教育哲學、現象論與詮釋教育哲學、詮釋學與批判教育哲學分別闡述。

一、存在主義與現象論教育哲學以追尋「主體」為職志

存在主義教育哲學與現象論教育哲學均在追尋人為主體的存在意義和價值。教育活動的主體雖是人，但是在西方哲學史上探討人為主體者並非由存在主義開始，析言之，自蘇格拉底將哲學從天上拉到人間就開啟了以人為中心的教育觀，蘇格拉底透過詰問法、產婆法所鑽研的課題，亦圍繞在人為中心的生活世界中，只是當時的主體性思想並未成一體系；其弟子柏拉圖並未從主體性出發，反而另闢蹊徑，開展知識論，這也使西方哲學中知識論的發展較東方哲學更具系統性，但是柏拉圖的知識論仍未脫離普遍化了的「絕對理性」。

人的自由、尊嚴、意志等均屬於主體性的深層問題，笛卡爾可說是西方哲學中將知識論轉入主體性基本問題的開山祖師，其哲學名言「我思，故我在」(Cogito, ergo sum) 不但明確告訴人類，感官經驗不

足取信，然而理性推理也可能犯錯，而且全真、全善、全美的「上帝」或「造物者」是否存在，只有通過主體的懷疑時才能證實所懷疑者是否真實不虛。

懷疑的過程中勢必存在一個懷疑者與一個被懷疑的對象，就此而言，「懷疑者」的「我」就成了確立一切為真的主體，故「我」具有懷疑能力，能進行懷疑活動者才是主體彰顯的「實體」，而最深層的懷疑對象就是「我懷疑自己的存在」。例如，當你說：「我在打電腦」時，必須通過你自己懷疑「我在打電腦」是否為真，才能確立你是否在打電腦，或者你只是在夢境中或只是心有所思罷了。當然笛卡爾企圖貫穿本體論和形上學的主體哲學，可以說是一種直觀 (intuition)，因為其並未論證「我在懷疑」的主體何以是個主體；然而由於其提出的主體性奠定西方哲學自我反思性和主體理性主義，乃至於後來的互為主體性等思想，也間接地迫使科學主義的理性思想受到質疑，總之，存在主義思想的發展也應該感恩笛卡爾對主體性的呼籲。

當「主體」被各自解讀時，也會產生不同的思維，不同的思維也就形構不同的理論。教育活動以「主體」為中心，那麼教育的主體是誰？教育主體活動的實體內涵和範疇為何？此皆是探討教育目的、教學內容、課程與教材設計需要釐清的概念。然而分析哲學是否能夠將這一切說清楚、講明白？作者認為應是力猶未殆，透過教育哲學的新取向——存在現象教育哲學、現象詮釋教育哲學、以及詮釋批判教育哲學的途徑——應有助於釐清教育主體的範疇和內涵。

㈠主體活動由生活中衍生

呂格爾 (Ricoeur, 1978) 從知識、語言、行動和人文性四大哲學，為當代哲學提出四大走向，此四大走向的論述也點出教育活動的探究所不容忽視的知識、語言、行動和人文性等四大取向，此四大取向也隱含著主體活動的四大內涵。質言之，教育的研究不但可以從知識（即

教育的內容)、語言(教學和教材的選擇和傳達)、行動(教育實際活動、邏輯思維方式和教育目的的達成)、人文思想(人存在的意義和生命的價值及心靈成長等)加以探索,更不能忽視上述四種與生活面向息息相關的內容,此亦是存在主義思想的延伸。

生於德國奧登堡 (Oldenburg) 的雅斯培,家庭生活富裕,既在海德堡和慕尼黑讀過法學,也先後在柏林和哥廷根大學唸過醫學,並於1909 年獲得海德堡醫學博士學位,並擔任精神科醫師,此對其後來講授心理學、社會學、倫理學和宗教學等幫助很大,該講學內容也收納在 1919 年 出 版 之 《世 界 觀 的 心 理 學》(*Psychologie der Weltanschauungen*)。如此的生長背景和學養,也讓雅斯培比較偏向追求自由思想,他反對當時納粹迫害猶太人的作法,也曾因為娶猶太人為妻而被解除其海德堡大學教授職務;納粹敗亡後,雖然其教授職位被恢復,但因未受到重視,而轉往瑞士的巴塞爾 (University of Basel) 大學任職, 並於 1967 年正式入瑞士籍。

雅斯培曾接觸存在主義之父丹麥哲學家齊克果 (Sören Aabye Kierkegaard, 1813–1855) 之思想,並受齊克果主張之「感性、理性與宗教」三種存在層次論點的影響;齊克果強調理性無法真正揭開世界的奧秘,只有相信荒謬的感性,才能重拾宗教的希望,並講求人必須自我決定,也需要依賴愛,引導自己走出自我隔離和焦慮(維基百科,2007),此在在顯示神的博愛和對神的信念和依賴,以及強烈的人文主義思想。雅斯培受此觀點影響,乃透過不斷放下,以及不斷自我超越的自我實現,來彰顯自我存在的意義。

雅斯培的存在主義主要描述並分析人內在的自我,他強調每個人存在的獨特和自由(雅斯培,引自我愛羅 119,2006)。質言之,雅斯培認為人類的幸福本不存在,需要有人去創造,此與佛所鼓勵之「我不入地獄,孰入地獄」的觀點不謀而合,是一種大無畏的神性人格;他認為只要是人,難免會在其遇到極限時產生悲觀、失望、荒謬、矛

盾等情緒，若欲超越此情緒，則需要以理性的精神能力去認識人類的「界線狀況」(limit situations)，並以超越的態度，消除矛盾和對立（杜意風譯，1984）。此外，存在主義的要旨，不在離群索居，而要走入人間，以彰顯人的本質和存在的意義，此觀點也建立在赫拉克里特斯(Heraclitus, 540–480 B.C.) 的不斷變動說，及雅斯培之人的不確定性。簡言之，雅斯培的觀點明顯地指出，融入人群和社會的方法，就是彰顯自我存在的方法。易言之，要成為他人的貴人──成就他人，才能成就自我，人不能只看到自己，反而應該忘掉自己，並把自己奉獻出去，永遠要心存他者。質言之，雅斯培之存在哲學的人文觀點不僅在於獨善其身，更強調由兼善天下中獨善其身。

　　以下舉一則雅斯培犧牲自己的喜好和利益，去成全他人的例子，以驗證其對自我思想的身體力行。

> 1925 年 6 月 21 日，雅斯培寫信給海德格，因為馬堡哲學系有一職缺，海德格對雅斯培表示希望能和雅斯培一起工作，如果雅斯培不願意來馬堡，也希望他推荐適合人選。雅斯培拒絕了，雖然他一直盼望與海德格一起工作。在雅斯培的推荐名單上有卡西勒。他對海德格說：「卡西勒毫無疑問是最佳人選。他雖然讓我感到無聊，可是他長於教學，而且最重要的是：他寫作的風格典雅，不帶著哲學教授的惡毒與暗藏的那種好辯。這表示，他在人格上必然也是個舉止合宜的人。」(Tsaich, 2007)

　　此觀點與後來女性主義提倡的關懷倫理大同小異，也是「以小博大，以情懷取代理性」的觀點。畢竟，人只要在捐棄自己的成見時，才可能將他人納入自己的心中。此不僅是存在主義和女性主義的觀點，也是批判理論強調要與人溝通，以及後現代重視「心中有他者」之理念。這也說明何以雅斯培要稱自己的哲學為「存在哲學」，而不是「存在主義」（引自黃藿，1992），因為一旦存在墮落為一種唯一的思想（主

義）時，便會自我範限，也無法以心存他者的態度繼續服務他人。由此可見，存在主義為其後的哲學思想開啟與理性主義或經驗主義不同的另一扇窗。這也是本章以存在主義作為傳統與新思想轉折之依據。

存在的意義與雅斯培（杜意風譯，1984）在《論教育》(*Was ist Erziehung*) 所闡述的教育觀點是一致的。該書中也強調，教育活動不但不可逃避現實社會的問題，還需要勇於承擔，勇敢面對。質言之，哲學不應只是大學殿堂的專利品，而應拉到市場上。易言之，雅斯培認為哲學應該生活化，應該接近民眾。哲學如斯，教育哲學亦然。本書呼籲要「精簡化教育哲學」的觀點亦與此論點不約而同。教育不只是知識與技能的傳遞，更是全人格的化育，必須強化學生的主體性和自主性，主體性與自主性最清楚的表徵就是獨立思考與批判思考，如本書前文所強調的，教育的意義與目的不應停留於人類文化或知能的複製，更重要的是創化和自我開展與自我實現。此觀點乃教育哲學新取向的共通性訴求。

簡言之，存在主義教育哲學呼籲教育應該強化主體的價值，故對於壓抑主體自由發展的權威、意識型態或社會規範等均需要解放，由此可推，教育不是要教導順民，而要懂得批判，顯露自我存在價值的公民，教學活動也不再只是死知識的「強灌」，而是個人思想的啟迪，以及自由思考的激勵。訓練和記憶在學習過程中雖然重要，但存在主義教育哲學提醒教學活動莫流於單面向的灌輸，應轉向尊重自我與主體的思考和人格化育，正好可以作為強調訓練與記憶之教學活動的暮鼓晨鐘。總之，相較於傳統的教育哲學或分析哲學，存在主義教育哲學更重視個人心理的感受和內在心靈的吶喊和獨特性。就此而言，教育將再重拾古希臘七藝的博雅教育精神，讓心靈、美感與德行豐富人生與文化。

但是，存在主義強調的個人主體性和自由思考，並不表示個人可以毋須顧及歷史、社會與文化與個人的關係。此可從雅斯培（杜意風

譯，1984）強調精神生命的建構需要彰顯溝通精神時可以看到，當然此種溝通不僅限於教學活動中的師生或同儕溝通，更應該是教室內與教室外的溝通，以及校園圍牆內與圍牆外的溝通。一言以蔽之，就是視野和心境的開通。

上述所論述之存在主義教育哲學大抵強調理性和心靈的層面，但是此只是存在主義教育哲學內涵的一半，其另外一半則指情意的顯露和個人心理的感受。可見存在主義教育哲學不但不會壓抑學生生命的衝動，更珍視生命與意識的自然撼動，而且視生命中的任何片刻都是真實的，也都需要受到尊重。此等教育理念對傳統知識掛帥的「理性主義」教育，提出另類的思維，也開展教育的另一面向 (Jaspers, 1960)。若教育制度採取此等思維，則教育制度應該是多元的，教學和教材均應該重視適性和彈性。此觀點也是後現代教育哲學承續的理念。

存在主義教育哲學旨在為人找到定位，讓人不再被鎖在知識、傳統與威權的象牙塔，反而走入實際生活與自我生命中，故教育也不應再讓人的主體性精神、自我意識、喜怒哀樂等情意的激情沉入學術的叢林中，更不能再躲藏於知識和理性的洞穴內。走出洞穴的第一步便是認同自我的存在，故存在主義教育哲學主張教育應該強化學生的自我認同，豐富主體的想像力，進而激發自我生命的意義。

雖然雅斯培的思想重視自我獨特的見解，但是並不排斥科學，更主張科學與哲學兩者的關係猶如手段與目的的關係——科學追求系統知識，哲學則透過科學而達到蘇格拉底的「無知」之境❼。這對教育有相當的啟示，因為教材中確定的知識猶如科學知識，而教育真正要教導的是透過教材的知識，讓每個人發揮其「本真」。本真指每個人在獲得共同的教導之後，獨特發展的部分，也是教育難以預測的部分，

---

❼ 雅斯培 (Jaspers, 1960: 7; 1963)、沙特 (Sartre, 1974: 146) 均明確點出欲領悟自我的存在必須先有知識，但嚴格言之，充實知識也是哲學思考的第一步作業，沒有先奠定基礎，如何能自由創造。

該部分是人類無法預測的主體獨特性，卻也最珍貴。雅斯培的生存哲學可以激發我們反思教育中知識的地位及人文性的意義。

㈡人不應自欺欺人，應坦誠面對自我

如前所述，存在主義刻畫的是人的真實存在，基本上，存在主義認為，人總是不夠真實，也常為了粉飾自我而逐漸和自我疏離，更可悲的是，人對於這種自我粉飾不知不覺，反而自以為是，而且還不願意坦承面對，此也使人與人之間無法建立互信基礎，更難以激發互尊、互愛的「人我一體觀」(we-feeling)。這種現象在台灣的社會比比皆是，也凸顯人類的懦弱。若教育目的旨在涵化人格，則蘇格拉底疾呼的自我理解和真實面對無知有限的自我，就是教育所欲培育的人格。反觀人類所呈現出來的貪嗔癡、孤寂、恐懼和煩憂，欺騙、絕望與迷惘等行為，正是教育失敗最大的諷刺。存在主義教育觀點出教育的目的在於彰顯人的本質，即如存在主義學者沙特所言，存在主義即人文主義(Sartre, 1956)。

存在主義教育哲學的精髓之一就是真實的面對自我，沙特 (Sartre, 1956: 135) 主張，人不是像康德所言，是由純粹理性建構出來，而是一個具行動力 (an organizing act)，能夠自己撰寫生命史的獨立自主人。在此過程中，一個具組織能力的人必須有能力區分真實的主體與被物化的主體，此即沙特所稱之「為己存在」(Being-for-Itself)，也是本體自我的「在己存有」(Being-in-Itself)。質言之，具主體性之真實的人應該自我理解，瞭解物化的自己 (to not-be what it is)、歷史的自我 (to be what it is not)、以及統合前述兩種層面之永續發展的自我 (to be what it is not and to not-be what it is─within the unity of a perpetual referring) (Sartre, 1956: 137)。

由上可知，真實的自我不是一成不變，而是不斷超越，不斷建構，但不是不認同歷史，只是強調要區分曾經活過與當下活著的意義及內

涵是不同的，更重要的，物化的自我不能被視為具生命的我，而是欠缺主體的我，因此此種沒有自我主體的我不能被稱為「存在」。簡言之，一個真實存在的我是完整的，不是可以割裂的，更不是物化的，而是有思想、有情感的。因此，真實的自我必須為自己的行為負責，也能決定自己的行動。

　　因此教育活動要多鼓勵學生坦承面對自己，並真實地對待世界和他人。此等教育所培育的雖是獨一無二的自我，但卻不是一元的社會，反而是多元並存的社會。果如此，則目前教育的單一評鑑標準應該被批判，單一或同一的教材是需要被拋棄的。同理，國內明文規定的「常態分班」則有待商榷，因為教學必須符應學生個別需求，也應該培育具獨特性的自我，故常態分班無法提供所有的個人都擁有相同的發展機會；相對的，採取能力分班也是有條件的，即採取能力分班時，不宜將不同能力的學生區分為主流和邊緣階級，而應一視同仁。此外，教育更應積極地鼓勵學生找出自我的認同、自尊和自信，俾能自立自強。此種存在主義的教育哲學觀對於目前台灣少子化家庭的子女教育具啟迪意義。

　　台灣的中小學生因為家庭子女數的降低，受到家庭的寵愛，被社會戲稱為不能受風吹雨打的「草莓族」或溫室花朵者比比皆是，這類新新人類具有相當強的自我意識，卻心中無他者的存在，更對生命成長和價值沒有自我負責的意識，尤其面對挫折和焦慮時，更不知如何自處，自我更常沉溺於物慾而不自知，甚至喪失自我創造的覺知、意願和能力。

　　近年來台灣自殺、患憂鬱症之學生人數日益增多，而且政府和民間均積極推展生命教育，教導學生瞭解生命的意義（曾志朗，1999），但是能否透過生命教育讓學生爭取自我的個性不受壓抑？自我的尊嚴、信心和主體不被抹煞？自我與他人之間必須自尊尊人？在社會標榜物質主義和人格物化之際，存在主義教育呼籲回歸真實自我，發揮振聾

發聵之功，讓政府推動的「心靈改革」能真正落實。就此而言，教育活動不能再停留於制式的教學，應該開展學生的想像力與創意，故教學也不能只重視理性的啟蒙，更應該強調人文、藝術與德行生活的提升，即除了學會知識和技能外，更需要學習如何尊重他人，並安頓不安的心靈 (Whitehead, 1929)，只是存在主義強調的心靈淨化，不是依賴宗教，而是依賴自我內在的意志力，故教育應該強化個人的內在意志力。

二、不斷自我超越乃教育的本質

人類的生命除了理性之外，尚有情性和意識，而道德方為生命的主軸，因為不具德行的理性是莽撞的，不具德行的情性也是放蕩的。亞理斯多德早就將人類生命依照知識的類別，分屬三種內涵，包括身體的動物性 (Aristotle, 1941: 403a)、苦樂的感覺 (Aristotle, 1941: 1105b–1123) 以及主體理性認定之生命品質 (Aristotle, 1941: 9b)。此意指生存的意義不同於生命的意義，但是無論是生存或生命，均需要在生活中體現 (Heidegger, 1962)。就此而言，學習活動更應該在生活中體現，才具有生命意義；教育活動也應該展現生命意義，才讓生存具有價值。此即存在主義教育哲學的主要教育思維。

德國的叔本華、尼采以及丹麥的齊克果均是存在主義的大將。叔本華從生命悲觀、痛苦和折磨審視人生，尼采則反其道而行，試圖超越這些痛苦，故以人有能力超越命定自我期許，讓「超人」不畏孤獨，且展現旺盛懷抱無比希望的生命力，甚至不讓上帝宰制人類自我的發展，不論這樣的企圖心能否達成，但是在教育上卻可以為那些在受苦中的兒童重新點燃生命的動力；教師在教學中也應該留出讓學生自我建構的空間和自由，並相信一枝草一點露的人文希望。

同理，齊克果也認為人類隨時可能遭遇孤獨、恐懼、焦慮、沮喪、乃至於絕望，教育應幫助學生作好心理準備，讓學生在受苦時不再覺

得那麼無助，也因為接納這種負面情緒，也讓生命不再臣服於這些非理性的情緒，從而讓自己的生命時時刻刻均能展現曙光。雅斯培也強調，人不僅是認識生命，更需要尋求生存，他認為人真正的生存展現在不斷地「超越」（尹雪曼，1983），他更進而將超越分為「認知到存在」、「自我實現存在」及「朝向上帝或完美的存在」三種，分別彰顯不同的存在狀況及真實的困境和虛幻的美化❽，人正是從界線狀況中不斷跳躍，而顯現自我存在的意義。

　　沙特則從高喊「存在先於本質」中，透顯人類生命之自我決定的可能，堅毅人類面對痛苦時的決心，雖然沙特的存在主義也讓人類清楚地體悟到，人生無常，而且人一出生就是邁向死亡，但在此過程中，每個人都有絕對的自由去選擇要過何種人生，因此，教育目的不應範限於智力的開發；反之，教育應該協助學生，甚至和學生一起面對生命中任何難以預定的衝擊，進而建構新的和諧。此從學校或教育活動中強調「健康、快樂」之願景，可見一斑。

　　另一方面，教育也不能不去面對生命中的苦難、歷練和折磨，因此，教學活動需要加入探索，需要培養學生自我思考和解決問題的能力，這些都是對整個人類文明、歷史、主體、乃至於教學的宗旨重新

---

❽　基本上雅斯培認定世界有一個完美的存在者，此猶如天道或易經的太極，此牽引人類生存的意向性，也因此人才能不斷地向完美提升，卻又在有限的生命中不可能完成的無窮旅途中割裂、過渡和不斷邁向圓滿。第一種的超越只是人類的初等任務，需要具備知識、認識外界；第二種超越，則從不斷體驗的歷程中，漸漸指向內在的自我；第三個境界，則又回歸蘇格拉底的「知汝無知」，心中除了自我之外，尚有他者的存在，瞭解到人外有人，天外有天，也體悟到宇宙的浩瀚，而且人也不是宇宙唯一的存在。此意味著教育應該瞭解世界本身的知識（科學之知）外，也需要掌握人與世界（科學與人文融合的知識），人與人之間的知能（立於德行的自由、尊重和溝通之知），更重要的，教育應該讓此三者的知識能夠融合一體，此才是真正的人文彰顯，更是所有教育的共同旨趣。

定義。一言以蔽之，以生命交流為主旨的教育活動，重視生命自我創生的教學內容，不能欠缺愛，而人類德行的彰顯、世界永久和平的願望，不僅需要理性的彰顯，而是人類愛的釋放和自我奉獻。靈性或宗教的教育就此而言，不再被視為「洗腦」，而應重新被納入課程與教學中，讓教育生命的光輝重寫宗教的意義。其他如歷史的學習，也不再只是認識人類過往的事件和行動，而是對生死意義的重新解讀，歷史的文學價值和提供反思與重建自我的功能取代了對史事的記憶，特殊事件的教學意義也大於從歷史事件中歸納出人類普同性之行為法則。

三、從本質直觀認識自我的存在，並開展其可能性

教育旨在協助人認識自我的存在和自我發展的可能性，此也是存在主義教育哲學和現象論教育哲學所共同關注者。從古希臘的赫拉克里特斯起，就已經視「存在」為一動態、不斷湧現的統一體。赫拉克里特斯主張萬物流變說，即認為大自然不停的變化與對比，每件事情都不停地變化，因此，沒有人可以在同一條河中涉水兩次，因為每次涉水都已經不是原來的水，此觀點的形式 (Logos) 即為相對主義。同理，人世間的春夏秋冬、善惡是非也都無定論，而是彼此不停地交互，但是在此交互作用中可以看出一種一致性，他稱之為「神」或「上帝」，但不是形上學，而仍是一種理性。就赫拉克里特斯的觀點言之，人類可以看到世界發展的辯證關係——神既是白天也是黑夜，既是冬天也是夏天，既是戰爭也是和平，既是飢餓也是飽足，此充分說明相對論的觀點。另一方面，我們可以說，相對論的觀點和流變說，為人類主體的多元、變動性和自由思考的存在本質奠定根基。

如上所述，由於近代國家積極邁進資本主義❾，並強調科學掛帥，

---

❾ 存在主義的哲學觀點可以溯源自第一次大戰後的德國，德國的大敗和受到列強的瓜分，使向來民族自尊相當強烈的日耳曼民族體會了虛無的心靈創傷和自尊心的嚴厲挫敗，更讓存在主義提倡的自我自由和主體價值

也加速人類心靈的物化和人性的疏離，此現象更觸動存在主義的風起雲湧。受此資本主義思想和科學掛帥理念的影響，教育不但喪失其主體性，教育研究也因講求量化，遂過度重視實用性和效益論的結果，進而加速社會道德的淪喪。此等現象使人類意識到人心的矛盾亟待解決，也開始反思人存在的意義，以及人之所以為人的自由是否已遭剝削？主體性和責任感是否已經淡化或流失？教育活動是否有能力對此現象提出因應？教育活動是否已經將尊重人性的自由開展視為主要目的？教學過程是否消除各種可能壓抑人性尊嚴的政策與措施？教育是否已經意識到主體受到經濟、社會、政治和文化的「摧殘」，卻無法自救的危機？人類該如何透過教育化解此危機？就存在主義和現象論的教育哲學觀點，教育需要還原此事實的本質，同時也還原人的本質。

　　還原事實的本質，需要讓事實背後看不見的手「現形」，讓一切成見、習慣、法制、規章等，從人可以直接體驗的直觀中，加以分析和描述，讓主體的直觀 (Noesis) 觸及事實的本源 (Noema)❿，把躲在事實

的論述，深入在痛苦中求生存的德國人的情緒中。雖然在納粹統治時期，法西斯式的政治狂熱席捲德國，使存在主義的功能頓然失色；但是二次戰後，海德格和雅斯培等人仍積極鼓吹存在主義，一則使存在主義又再度復活，更使存在主義於二次戰後逐漸轉移至法國，主要的代表人物，如沙特、馬塞爾 (Gabriel Marcel, 1889–1978)、卡謬、波娃 (Simone de Beauvior, 1908–1986) 以及美國的蒂里希 (P. J. Tillich, 1886–1965) 和巴瑞特 (W. Barrett, 1913–)；只是存在主義在德國和法國都發揮相當的影響力，但在美國卻只能稱是「小眾」的思想，始終無法蔚為風氣。

❿ Noesis 和 Noema 是德國現象學創始人胡賽爾所提出，乃藉由純粹意識去認識現象的方法或活動。Noesis 又稱「意向」，即指純粹意識；Noema 則為「意向的內容」，指意識所直接認識的現象。胡賽爾所稱的「現象」指的是事實背後的物自身，故認識真實事物的本身必須透過意識，無需假手外物，故需要人之純粹意識的本質直觀，並將事實還原至現象本身，如此，才能更真切的掌握現象本身。質言之，認識外在的事物，不是他人怎麼說，我們就怎麼認為，需要自己的意識直接體悟到，直接感受與

背後操縱的觀點、思想、利益、或態度析離出來，並透過語言描述出來，讓人的主體意識直接與其所欲分析的事實作近距離的接觸，不必透過任何媒介，就可直接把握事實的全貌；對於尚無法分析和描述者，則可以先「放入括弧」，不下任何判斷，但也不輕易信以為真，即事實若拋開個人主體的意向性，則只是陳述事實的外殼，未能進入事實的內部，也未直接接觸人的心理和生命。由此可推，當人不經過主體的意向性而掌握外在事實時，其所做出的判斷很可能只是個人主觀的認定，並非真正的認識。

教育活動中，師生透過語言，藉著教學內容或教科書為媒介，並無法真正培養學生的主體認知，只是將教師對於教材的解讀「傳遞」給學生，而不是教導學生如何自己認識教材內容（物自身）。這也是教育區分「灌輸」和「教學」的分野之一。析言之，教師在教學過程中，雖然需要為學生搭建認知的鷹架，卻不能代替學生學習，也不是讓學生自我摸索，而需要激發學生的「意向行為」——即要學生自己專注於所欲認識的內容，讓學生自己對該內容產生意義，並讓學生自己說出何以會產生意義，此意義即觸動學習的動機。就此而言，教材中的知識，只是學生本質直觀能力的「鷹架」，不是唯一和必要學習的知能，教育應該教導學生如何透過自己的意識直接認識外在客體。

舉例言之，當學生認識「我的學校」時，不是由教師對學校進行有系統的介紹，而是讓學生直接體驗或觀察他自己所關注的教室、教師、班級、同學、廚房、鐘聲、操場、活動等事物；其次，鼓勵學生

描述出來，即分析外在事物如何進入我們的意識中，讓我們去認識。舉例言之，當我們看到紅綠燈時，和紅綠燈本身是不相同的：當認識紅綠燈時，我們會對紅綠燈產生一種意向性，若我們趕時間，則我們會對紅綠燈產生不同意義的解讀；但若我們當時的意向性在路邊的一朵花時，我們對紅綠燈未產生任何意向性，則我們對之可能「視若無睹」，紅綠燈也不會對我們有任何意義。由此可見，當紅綠燈對我們無意義時，並不表示紅綠燈對他人也是無意義的，由此更容易彰顯主體性之所在。

描述或表達其所以關注的原因，以及感受或認知。如此才是讓學生透過自己的主體去認識「他所直觀的學校」，而不是流於表面地認識學校校名、班級數、教師名字、校長名字、校訓、校徽、校址等事實。這種方法也含攝教師承認學生具有主體性，學生亦是透過不斷的主體意向性的層層直觀，而逐漸認識自我，也意識到自我具有不斷開展的可能性。

　　人的存在不能離開生活，但卻有各種不同的生活方式與意義，所以存在主義教育哲學需要追問：教育到底能否教學生認識自我，並讓他們有能力自我實現？至於現象教育哲學則重視學生的生活面向及與學生生活相關之體驗和感知，因此會問：教育是否與學生的「生活世界」結合在一起？教育學者和教育政策或教育工作者所關注的「焦點」(intentionality) 與學生所關注的對象是否存在交點？學生能否自我深究文本的內涵和意義？文本中是否具有足夠反映學生生活以及學生所關注的真實生命？教育活動是否允許學生自由地以自己的語言表達其所觀察到和感知到的現象？教師是否尊重和鼓勵學生將自己的想法或態度，或所體會到的經驗和心聲，了無牽掛且無限制地陳述出來？

四、存在主義和現象論教育哲學的主要理念

　　上述錯綜複雜的教育問題所涉及的理念包括下列要點：㈠教育是否以追尋自由思想為目的？㈡教學活動是否激發學生的自由意志和本質直觀的意識和能力？㈢教育研究的主體是學生，抑或是外在於人的客體知能？學生是否喪失存在的決定權？㈣教育活動是否致力於自由創造？㈤教學內容、教學活動或教育專業知能是否侵犯整全個人的存在空間？㈥教育能否讓個人不受外在的誘惑，且樂於彰顯、追尋和建構真正的自我？㈦教育目的和教育內容是否兼顧存在的理性和情性？㈧教育是否讓學生自由地體悟與建構其生活世界？

　　若將上述存在主義和現象論教育哲學的要點，具體地落實在教育

研究與理論的建構，則勢必涉及下列理念：㈠學生的受教權和自主權需要受到尊重；㈡教學、訓練或灌輸的概念需要不斷接受檢視；㈢學生的學習心態和認知歷程是自由的，不得任意受到外在規範或權威的阻擾，故考試制度、必修學科等都應受到嚴厲批判；㈣教育必須提供學生轉移其學習經驗的自由和機會，尤其應鼓勵其發揮創意；㈤容許師生對教學和學習存在不同的期望，且判斷理想與事實間之落差的規準不在於外在的因素，而是師生互為主體性的共識判斷；㈥啟發式或建構式教學之課程設計與教學活動，應強調主體性和自我超越性原則；㈦真實評量的目的不只為改進教學，更要展現學生學習主體的思想、語言和真實現象；㈧教育應重視學生自我建構其生命的能力和自主性。

由上可知，存在主義與現象論教育哲學主要的願景和功能有三：第一，消極地免除科學主義盛行所造成的教育工具化、疏離化、技術化和強迫化行為和現象；第二，積極地凸顯教育主體的「人」，無論教師或學生，均應具有自由表達思想與不斷自我超越的意識和能力。第三，教育內容和目的需要和學生的經驗、情感、需求與動機等相關的生活世界結合在一起，因此教育與教學活動不應是單調的，應該如學生的生命一樣的多采多姿，並在教學活動中多讓學生的生命湧現各種新奇的人生樣貌。

五、存在主義與現象論教育哲學的再省思

上述的教育理論是否真的完美無缺？其原則和規範是否具有普遍性？此仍值得再深入討論。但是，生命的內涵至少包括真善美，學生的生命也應該在教育活動中展現真善美的生命力，呈顯驚奇不斷的探索。生命力的展現涉及人性的自然和自由本質。畢竟維繫生存是人類的自然本能；生命意義的展現和生命價值的建構，奠基於人類的自由意志。自然的本能主要包括情緒、情感和情意；自由，則確立人的主體地位和反映人類理性的功能。

　　台灣的教育，其教學內容大都是已被明確化的「官方知識」❶，
此也是在文化和歷史脈絡中被設定為學生必須具備的知能，但是教育
活動中除了官方知識外，難道不應該存在「無法確定」或「需要放入
括弧」的內容嗎？如果需要或必要的話，則該內容應該就是那些屬於
學生生命中自由創造和自主規劃的部分。就存在主義和現象論教育哲
學的觀點言之，該部分的教材和教學才是教育主要的關懷點。但此觀
點並未否認官方知識存在的必要性和價值。官方知識的薰陶、訓練、
記憶和學習，都可視為奠定自由創造、自主規劃和本質直觀，以建構
與彰顯學生自我存在和其生命意義的先備知能。總之，教育可以視官
方知識為共通性內容，而將存在主義與現象論教育哲學所關懷之生命、
主體性、自由創造和本質直觀等，視為符應學生個別差異和幫助學生
自我開展生命力的內容。

　　除了康德在《判斷力批判》(*Critique of Judgement*) (1973) 表明其
對個體和整體持兼容並蓄之觀點外，法蘭克福學派的阿多諾 (Theodor
W. Adorno, 1903–1969) (1984) 也強調，教育的藝術性有賴捍衛自由才
可能達成；阿蘭娜（Hannah Arendt, 1906–1975）(1989) 也指稱，人與
人之間的溝通是一種自由的表徵；解構主義者德瑞達 (Jacques Derrida,
1930–2004) (1978) 更呼籲，人必須從理性和感性的關係探討生命的美
學；馬庫塞 (Herbert Marcuse, 1898–1979) (1978)❷也對科學與資本主
義所發展的工業技術強烈地批判，指摘那些具強迫性、商品性、標準
化和技術化的大眾文化，是取巧地吸引觀眾、麻醉大眾，卻無法、也

❶　此所謂「官方知識」(official knowledge) 指的是學校或政府機構確立或認
　　可的內容，例如，依照教育部課網所編定的教科書，或學校安排的活動
　　等皆屬之。

❷　馬庫塞在《現代美學析論》主要批判資本主義下之藝術文化如同貴族的
　　外衣，並未將美真正含攝於人的骨子中。由此也可以看到馬庫塞犀利批
　　判中隱含的人文氣息。

不能啟蒙人類理性，更無法滿足人類真正需求的消費品。此等工業文化產物下的大眾文化「生產者」，根本不願意看到人類理性啟蒙，因為大眾文化只能對生活於單調、孤寂和絕望邊緣中的人才具有吸引力，大眾文化也才有存在的空間 ⑬。

馬庫塞對資本主義社會文化的批判，正闡明人類被技術所掌控的「失心」現象，教育活動若只追求「工作—成效」的工具性目的，則教育將喪失人文性、審美性與倫理性。若教育如此，則教學極可能出現技術性操作和掌控；教育所以會流於此等技術導向，乃因為教育不重視個人自由；一旦教育不再強調自由，不再提升心靈的淨化，則教育中的主體也將猶如物化的產品。教育所關注的是人存在的價值，但人一旦欠缺人性，則與工具和技術毫無兩樣，已淪為政治、經濟或科學理性的單面向人。馬庫塞所呼籲的藝術，並非不講求規律，而是要藉著超越單面向的規律，拯救在西方工業社會下，流失的人文性。

人文性、藝術性和倫理性，乍看之下，猶如不食人間煙火的叢林人，但是，正因為其不遵循單面向的工具理性，更凸顯疏離現象背後人性本質的真實存在。現象論提供教育一個回歸人文本質的機會——

---

⑬ 霍克海默 (Max Horkheimer, 1895–1973) 是法蘭克福學派的創始人，生於富有的猶太商人家庭，1951 年曾任法蘭克福大學校長，也曾於 1954 年赴芝加哥擔任客座教授。曾對人類自我陶醉於疑似啟蒙產物的工業文化提出嚴厲的批判，他指出：工業文化只是一種大眾文化，且由於大眾文化容易理解，也極易吸引觀眾注意，是商品化、標準化、強迫化和技術化的代名詞，故限制人的思想和想像力，更非理性的啟蒙，反而是對人類理性的麻醉和自我欺騙。由於大眾文化滿足消費者的需求，並進行大量的生產，因此也造就了流行文化，雖然大眾文化和流行文化有其存在的合理性，至少可以滿足在孤獨、絕望中找不到慰藉者的心靈，或許也是另一種生命的浪漫，只是人類若只沉醉在此大眾或流行文化中，則人類對於文化的創造將從此停息，人類的存在也就只是徒有肉體，沒有思想，更喪失自我的行屍（曹衛東編譯，1997）。

讓我們還原現象背後，析釐出隱藏在現象背後不和現實妥協的生存真諦。審美、人文與倫理可以作為呼喚教育本質的途徑，也可以作為否定科技、政治和經濟等單面向理性的「工具」。析言之，教育若忽視人文性、審美性和倫理性，則教育將不再具有人味兒，也勢必難以掙脫意識型態宰制的牢籠。

上述論點均重新對生命意義和價值提出理性、情性與德行並重的美學論述，此一則彰顯現象學與存在主義觀點，另一方面卻又可彌補存在主義和現象論教育哲學之不足。質言之，若能本著存在主義者對人之本質的信心和尊重，並對現象情境進入深層的分析，再融入美學與藝術的精神，則教育不但能彰顯和諧和自主，更能讓校園與教學活動，在師生理性互動的人文和諧中，譜出融合理性與情性的全人之美。

簡言之，若欲深入開展人文科學之詮釋性理解與創意，並體悟現象的複雜、多元和動態性，則除了透過存在主義和現象論方法超越單面向之工具理性外，更必須理解現象論與詮釋教育哲學的理念，方不致讓我們對現象的剖析、挖掘和理解，流於一偏之見，或禁錮於意識型態中無法解放。此所展現的精神是批判、超越或解放，其也不只是一種方法，更是一種立場與價值觀。

▶ 第三節　現象論與詮釋教育哲學的理念與取向

如前所述，存在主義、現象、詮釋與批判理論教育學之間並非完全獨立不相關，本節並非只探討現象論教育哲學，也將詮釋學中與現象學有關的部分一併論述，必要時也會涉及若干存在主義所強調的重點。

一、教育是相互的理解與永不止息的成長

分析哲學釐清教育概念和語言，但並不對教育概念或語言背後的

文化或議事進行分析，因此雖然釐清概念，確定語言和概念的意義，卻難以產生創發性理解；存在主義則強調教育活動的主體及其自我生命的意義與價值，極力開展個體的自我獨特性，卻忽視個人與社會之間存在難以抹煞的關係，因此也不重視學校組織文化的建立對自我自主性與獨特性的重要影響；現象學則與存在主義一樣，追求生活中的真實性，因此採用描述的方式，企圖揭開生活世界底層的真實面貌。

現象學從存在、意識、責任等深層的概念，描述現象深層的真實，無論是概念或非概念的部分都要「解蔽」(unmask)，以還原真實的本質。當存在主義積極為人找定位時，現象學則掏出自我定位的依據或根源，這也是現象學與存在主義教育哲學會結合在一起的原因。易言之，兩者在追尋人存在的真實意義上是相同的，只是現象學更期望找到自我所以獨特的依據。我們可以說，存在是一種家的感覺，現象學則讓我們知道家在哪兒 (Vandenberg, 1994: 177)。易言之，存在主義教育哲學強調一個人能肯認自己是位獨特的個人，那麼現象教育哲學則在於使一個人能道出他真正的家在哪裡。

存在主義的教育企圖找回失落的自我，現象學則如一把挖掘真相的鏟子，不斷地透顯真相的底層。就此而言，在教育活動中，若只有現象論教育哲學而沒有存在主義教育哲學，則教育將猶如沒有家人的空屋；反之，若沒有現象論的教育哲學，則存在主義的教育哲學也將成了無家可歸的人。若教育既沒有存在主義教育哲學，也缺了現象論教育哲學，則教育便會像患了老人痴呆症的人一樣，既不知道自己是何人，也不知道何處是自己的家，卻只知道「我要回家」。

哈伯爾 (Robin Harper) 也認同作者上述的論述，他 (Harper, 1955: 226) 認為，「家」不僅意味著某種價值與階層，也意涵著相互間的「施捨」(giving) 與「拿取」(taking)。教育活動中的施與受，不是多或少的計較，也不是誰施誰受的問題，而是相互間的關懷和分享。教育就像個大家庭，家庭中的任何成員，乃至於家庭中的物品，都應不分彼此，

共同分享，且相互疼惜，而且在此家庭中也必須相互尊重，同心協力。每個家庭或許皆有其共同生活時需要遵守的規則或習慣，但是整體言之，每位家庭成員仍應擁有某種程度的自由決定權，更擁有自由表達意見和依照自己意願行事的自主性；此外，家庭也不能因為共同的規律或習慣，而限制個人自由發展的機會，相反的，家庭應是激勵個人自我發展的沃土。

若學校是充滿快樂的家，則教師猶如家長，家長的職責除了照料養護子女外，更要扶助子女成長，但絕不是要子女依照家長的要求和意向去發展。質言之，教師不宜以權威強迫學生依照教師既定的足跡前進，而應提供學生開展其前途的自由，鼓勵學生活出自我，並凸顯自我的特色。如此才是真正教育愛的展現。學生感受到自己受到的關愛愈多，則其日後愈能關愛他人（李品慧，2007），此清楚的告訴教師，學生需要教師和家長的鼓勵和支持，此不僅有助於其自主性的發展，也可促進其關愛他人的人際交往能力。

總之，就存在主義和現象學的教育觀點言之，教師應該盡可能地讓每位學生有其自我的「定位」──即持天生我才必有用和不放棄任何一位學生的信念，並應能足夠敏銳地意識到學生行為背後的價值體系，如此才能有效地協助學生自我成長和自我創生 (Greene, 1967)。無論學校是否存在科層體制，也不論師生之間存在知能上的高下之別，尊重主體和捍衛他者之主體發展，及發展人對於世界、他人和自我的關懷之情，均是教育涵化優良人格不可或缺的一環。

現象教育哲學的目的旨在有序地描述主體意識所觀察到的現象，並使主體自己投入其對自我與生活環境的理解，進而深入意識底層挖掘真相的義蘊。若欲協助學生理解其自我及其生活的環境，自我與他人的關係，則除了追尋存在主義所宣稱的主體存在外，更需要借用現象學之本質直觀和「放入括弧」(Epoche) 的方式，逐步化解個人受文化蒙蔽之偏見，俾透顯真實之原貌，如此方不至於因為混淆事物之假

象與本質，連帶地使自我主體迷失，遂無法掌握主體的存在和意向性，也停滯主體意識的自由創造力。

雖然教育中難免需要完成若干制式化的目標，例如具體落實教育機會均等，有效培育具國際競爭力的人才，甚至需要熟練資訊科技的技術操作等，但是無論教育的目標為何，均應該提供學生一個充滿希望和追尋真實自我的樂園 (Flynn, 1994: 198)，現象學的教育觀點，正為此提供一個協助師生開展教育和人之真實本質的方針。

二、教育的過程就是詮釋的歷程

詮釋學 (hermeneutics) 一詞源自希臘字 hermeneuin，該字的字意如英文的 interpretation，即解經、譯注之意，可追溯自古希臘奧林匹亞神祇的信差 Hemes，其任務為將奧林匹亞山上諸神的旨意傳給人間的凡夫俗子，當然他也需要擔負解釋該信息的任務 (Ferraris, 1996)。"interpretation" 一字與自然科學解釋因果關係的 "explanation" 有不同的涵意：前者是「心靈思想與語言表達的媒介」(Ferraris, 1996: 5)；後者則對具普遍性之因果法則的解說，由此可知，詮釋學強調理性論辯，主要通過語言論辯以達自我理解和彼此認同 (Gadamer, 1975: 20)。析言之，理解不僅是靠文本即可完全達成，還需要精神和心靈的體驗，乃至於神的光照，方得以建立真知的規範，可見詮釋學不同於自然科學的實證法則，更貼近教育活動的精神。

詮釋學或稱解釋學最早的功能和意義，彰顯於其對於文本意義的解說以及訊息的傳遞，雖然早在古希臘時期即已用之來解讀荷馬史詩，也曾用來解釋中世紀的經文、法典和史籍等資料，然而當時的詮釋學尚稱不上是一種思想，充其量是解釋的技術或藝術。

施萊馬赫 (Friedrich Daniel Enst Schleiermacher, 1768–1834) 和狄爾泰 (Wilhelm Christian Ludwig Dilthey, 1883–1911) 兩人同受康德哲學的影響，致力於將詮釋學從單純的技術提升到知識論的層次，讓詮

釋學具系統性。施萊馬赫關注的是如何才算有效地解釋文本，他認為單純的傳遞訊息，而忽略詮釋時的主體創造活動，無法使文本因為詮釋者而衍生新生命，那麼該如何同時掌握客觀的「文本解讀信度」，並能主觀地直觀「文本背後的意識現象」？此問題成了施萊馬赫建構詮釋學成一思想體系的里程碑。

施萊馬赫主張，文本中的語法屬於客觀的部分，必須真確的被解讀，不因詮釋者或時空的因素而有所不同，這也是詮釋學最基本的要求；另一方面，則屬於詮釋者主觀的心理解釋，此部分乃詮釋者對於原創作作者透過語言透顯出來之思想的重建，故此部分猶如現象論的方法一般，需要意識將文本還原，並直觀地掌握文本的本質，方能真正理解創作者之文本背後隱含的思維和意向性（Schleiermacher，引自 Demeterio, 2001）。質言之，施萊馬赫的詮釋學已經不再建構作者的意向性，而在理出文本對事實的解釋，並在語言文法和結構中，兼顧文化和時間的客觀條件，建立具普遍性的理解法則。

總之，施萊馬赫的詮釋學已經不再停留於經文解釋，而在於分析與確立生命意義與理解的過程。此等詮釋學明顯的不同於自然科學或實證科學的研究。就主體性言之，施萊馬赫主張的詮釋學雖不反對自然科學的真確性，但卻更重視人類活動的主體創造性。此猶如上節所提及的存在主義與現象論教育哲學一般，保留主體的自由創造空間。就學校教育言之，則更讓學生的學習和思想，不受限於教師的教學或教學的內容，反而強力鼓勵學生從自我詮釋的觀點，衍生其對生命和生活世界的創意。

狄爾泰在施萊馬赫死後一年出生，繼續將解經的技術提升至哲學的普遍性地位，持續以語言的詮釋為主軸建立人文或精神科學，建立媲美自然科學的客觀性，狄爾泰比施萊馬赫更重視個人與團體間之落差所引發的不同理解，但兩者對於建立詮釋學為一具科學客觀方法之理論方面，狄爾泰的觀點相類於施萊馬赫；不同的是，施萊馬赫留給

詮釋者自我把握的空間，而狄爾泰雖然也承認人類主體的自由創造的精神能力，但他卻更想將主體把握到的精神也系統化，讓詮釋學更具客觀性，基於此，狄爾泰認為自然科學現象可以採用因果的機械式方法來解釋（Dilthey，引自 Ferraris, 1996）。

人文精神科學因為受歷史脈絡的影響，人類的世界觀也會有所改變，因此不能像自然科學一樣，只採用因果的機械式解釋方法，而需要考慮人類內在對歷史事件或歷史活動的「體驗」(Gadamer, 1975)。質言之，欲理解人類的行為，不能不顧及歷史因素的影響，而且也需要重新體會當時行動者的內在心理因素，如目的、動機、意志、激情、理性等，方能同理地理解行動者當時的行為意義。

就教育言之，教師不能以自己過去的經驗，作為解釋其學生行為的唯一依據，而需要考慮在不同歷史脈絡下，瞭解學生行為、思想、情緒、動機等的時代差異後，重新解讀學生的行為，如此方能更接近學生的想法，也更接近真實。例如，教師不能獨斷地認定學生不做作業就是不好的學生或是不上進的學生，而需同時考量學生個人的能力、興趣、家庭因素、學習風格、學習狀態、心理發展等因素後，才能真正理解學生所以不寫作業的真正原因。明顯地，現象詮釋教育哲學將有助於師生之間的相互理解，也更容易建立良好互信的師生關係。

如前所述，狄爾泰的精神科學（或稱精神詮釋學）已經逐步開啟對主體存在之重視的大門，只是狄爾泰仍難以擺脫自然科學的系統性「魔咒」，他雖擴大了詮釋學的基地，但卻仍未能替詮釋學找到自我的主體性。於是詮釋學於二十世紀時從仍對解釋抱有期望的浪潮中，轉到對存在意義的理解，此時的詮釋學已逐漸脫離其方法論的角色，逐漸向尋找真實存在而邁進，也逐漸從現象詮釋學之追求客觀的理解，轉到創造性的詮釋（溫明麗，2004: 161），此時詮釋學乃指向存在主義的生命意義。

呂格爾指出現象學所以不足之處，他說：

現象學一方面批判人文科學間接採用自然科學的客觀性的方法，此批判直接間接地與詮釋學相關。狄爾泰也同樣地企圖讓人文科學具有自然科學般的客觀性；但是另一方面，胡賽爾的現象學在批判客觀性外，也為詮釋的形上學理出一條道路，即認為主─客觀關係之生活世界的經驗，也像康德一樣屬於先驗的範疇。但此道路卻為現象學帶來另外的問題。(Ricoeur, in Ricoeur & Ihde, Eds., 2000: 8)

呂格爾提出現象學仍無法逃脫普遍性結構，若欲解決此問題，則現象學應該逐漸邁向歷史的殊異事件，此即高德美的「視域融合」觀。他 (Gadamer, 1975) 企圖透過理解者與被理解者之間的視域融合，以達成彼此真正的理解，也因為真正理解，才可能弭平主─客觀或我─他之間的對立和偏見。

高德美的觀點與海德格追尋存在意義的動機，以深化詮釋學的主體性，讓詮釋學有機會擺脫自然科學魔咒的觀點相類。海德格 (1962) 在《存有與時間》(*Being and Time*) 一書中，將詮釋學分為有限的、日常生活的和生活世界的詮釋學三種，其主要的精神不是探討詮釋的真確性，也不是建立詮釋的系統性，而是以文本為主體，讓文本自己彰顯其存在，現象詮釋學只是幫助那些隱晦不明或被外在事實掩蓋住而失真的現象，不再被扭曲或被遺忘，而能重新呈現其真實的面貌。因此，詮釋本身就像存在一樣，具有可能性，而沒有普遍性和絕對性。

教育活動也應該是一種不斷彰顯的詮釋過程，在此過程中，師生有對話，也對文本重新詮釋，即讓文本產生新意義的對話和自由。因此，文本只是教學的媒介，不是教學的全部，教學的主體是師生的對話，是對真實存在的不斷詮釋，更是新視域的不斷創新和融合。簡言之，現象詮釋的教育哲學主張教學應該從感官開始，因為從感官，才能自我覺知，因為覺知，才能自我解讀，從而獲得主體的自由，彰顯

自我的主體。此過程中教師和學生不斷地對話，學生和文本也不斷地對話，無論彼此的理解或自我的理解，都是在不斷對話歷程中開展自我存在的意義和主體性。

然而，此等視域融合或創意性詮釋是否可以排除意識型態的扭曲？楊深坑 (2002) 也認同批判詮釋學對文化和歷史所形成之意識型態的批判，並主張現象或存在詮釋學應該相輔相成。

三、教育乃透過理解與語言創造宇宙繼起之生命

如前所述，就教育詮釋哲學的觀點，教學和學習活動不能只依照已經建立的教育理論「照表操課」，需要考慮教學時的文化因素、社會背景、傳統觀念、風俗民情、法規制度、物質條件、民族特性、時代性及學習者個人的自由意識和意願等條件，重新提供師生自由詮釋知識、教學和學習的空間。如此才是真正彰顯教育本質的本體性和開創性。

但是學生在進入學校之前，既有的文本和歷史脈絡已經存在，因此，教學活動本身更應該在理解的對話過程中，不斷對知識重新解讀後再傳遞，此才是高德美主張的創造性詮釋。高德美明顯地主張，理解本身應該結合歷史和未來 (Gadamer, 1975: 250–258)。質言之，人不可能擺脫傳統而創造未來，而是與傳統生活在一起，並將自己的現在和傳統不斷的融合，但並不是盲從的附和傳統，而是自由選擇地保存與傳統的融合，並由此開展、規劃自己的存在，如此才能破除自己的偏見，並不斷地開展生命的新意義。因此，理解本身就是個不斷彰顯的歷程，是永不止息的融合、選擇和統一的創造歷程 (Gadamer, 1975: 261–268)。

詮釋與理解的過程，就是教育和學習的過程。人的一生不只是「出生→學習→就業→休閒」的直線式成長，亦像詮釋循環圈一樣（如圖6-1），各個階段相互交融，人的生命也不可能一成不變，而且若我們承認人的多元性和變動性，則人和文化的活動也不可能一成不變。質

言之，教育也會隨著時空不斷的開展，但也因為此等開展，故人的生活不是客觀的價值中立，而會摻和著理性和語言的詩情畫意，活出自由、理性和美感的多面向生活 (Ricoeur & Kearney, 1996: 67)，個人和文化也在此不斷解構和重建的辯證過程中邁向成熟和圓融。

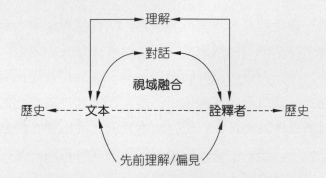

圖 6-1　高德美「視域融合」詮釋循環圖
資料來源：作者自製

　　學習也必須和個人自出生開始的生活對話，並達成一個「視域融合」(Gadamer, 1975: 271) 的統一體；同樣的，就業和學習也是在不斷對話中達成一個和諧體；休閒、就業和學習之間也一樣地因著對話而理解，並達成彼此相融的統一體，而且此統一體並未就此停息，而是隨著有生之年，都不斷地和過去的歷史對話。由此可見，理解不僅是一種關係，一種對話，也是一種主客體逐漸融合統一的過程，在此過程中，人逐漸與歷史和文化交融，並成為歷史與文化的一環。其實，這就是教育記錄、傳承、更新與開創人類文化的使命。

　　再者，教育不是憑空而起，是立於某種既存文化再往前開創的活動，因此，教學活動必然存在某些共通性的基礎，此即學生的起點行為，因此，教師在設計教學活動時，必須考量學生的共通性經驗，方能真正引發學生的主體性。此共通性經驗可被視為教學時的背景知識，亦是學習的起點行為。就詮釋教育哲學言之，不是整個教學活動都是

創意，創意需要建立在某種共通性知識的基礎上，此基礎猶如詮釋循環圈中的「先前理解」或稱「偏見」一樣，是學生入學前即已具備之經驗的總稱。文本乃指此共通性知識，此文本（或稱教科書）並非知識的全部，只是提供反省、論辯、對話或批判的共通性平台。依此，教師扮演的是媒合文本與學生經驗的橋樑，絕不是知識的決定者。

教育是一種透過語言而進行的活動，語言及理解即教育活動的主要媒介，為了符應學生的個別需求，教師有責任教導學生，使其能生活於真理中。在此過程中，教師與學生均不斷的描述變化與成長的過程，而且在此成長過程中，師生都不能渾渾噩噩，應清醒的覺知：教師應該知其所以教及何以教？學生也應理解其何以學？學到了什麼？所學何事？此外，學校也應提供學生理想的學習環境，讓學生的自我主體性充分自由地發揮，因此，教學需要和諧溫馨的民主論述環境。

若說存在主義教育哲學追尋人類自我的存在，並彰顯自我實現的價值與意義，則詮釋教育哲學即在更新與創造宇宙繼起之生命；至於現象論教育哲學則在此兩者中扮演區分與掌握事實與現象的異同，因為語言是詮釋和現象理解的中介，故除了現象的描述、視域融合的創意詮釋，或語言與概念的分析，至此，我們已瞭解分析哲學、存在主義、現象學與詮釋教育哲學之間的連續性與緊密關係。

就現象論教育哲學的觀點而言，教師在教學中應該知之為知之，不知為不知，尤其對於一般所稱之「禁忌話題」，如對性教育問題的探討等。例如台灣社會於 2007 年 8 月於台東發生的「天體營」事件是否有妨害風化的問題，若從現象教育學的觀點言之，則不能只從現象的表象斷其真實，而應深入該現象的底層，描述承辦者、參與者與旁觀者的自我意識和其意向性，還原其原初的動機與現象之關連。但是在此解蔽過程中，我們可以清楚地瞭解，何謂「性教育」？何謂「色情」？兩者如何區分？需要借用分析哲學的觀點將概念和語言理清楚；另一方面，此概念仍涉及文化脈絡的變化所衍生的意義變化。由此可見，

對於現象的理解，除了分析哲學的方法外，仍需要現象學和詮釋學的方法，方能更寬廣的觸及與現象相關的多重條件。

此外，若持存在主義的觀點，則縱令天體營是色情活動，但仍屬彰顯個人的存在和獨特性，故應該被接受？此尚需借用詮釋學「視域融合」的概念，進行論辯和對話，以達成個人意願和社會文化價值觀之間的視域融合，並藉此相互理解，建立價值判斷的共識，此時才能再去爭論天體營是貼近自然的個人活動，抑或是色情。

由上述的例子可以推知，學生應該對其所學真正理解，而非一知半解，或知其然而不知其所以然。同時，在學習過程中，師生也不能只有自我，應兼顧自我與他者，並盡可能地建立彼此的視域融合，俾能透過語言的溝通達成真正的理解，有此真實的理解之後，自我內在潛能的開發也才可能。

生活於此價值多元的社會，學生若欲透過理解，逐步開展自我，則需要具有自我判斷的能力，教師也應該在師生教學活動中建立自己獨特的教育理念，同時要認識教學不僅是知識的傳遞，更是生命的交流，而且師生之間也應透過文本和對話，達成實質的理解。為達成此目標，師生之間的理解除了行為表象的觀察外，亦應顧及教師的意識型態與學生生活的文化背景，並多鼓勵學生自由表達，讓師生之間隨著對話，達成更深層的理解，也使師生之間的關係愈形密切。果能如此，則師生之間將不再視對方為客體——「它」，友善校園的文化氛圍也將因為彼此的真實理解，而更能彼此包容、相互關懷。

四、建立教育理論與實踐端賴持續開展的辯證

近年來校園風波不斷，有教師亂罰學生、有學生砍殺教師，原因雖然很多，但是師生之間彼此未能達成真正的理解，應是更根本的癥結。就此而言，現象論教育哲學與詮釋教育哲學間的互補關係就更明確了。作者曾接到學生寫的數篇短文，文筆不錯，但是字裡行間流露

出來的心路歷程，卻是沒有陽光的灰色地帶。這種現象不僅發生在大學，也發生在中小學，只是其表達方式不甚相同；但若教師未能及時發現問題，則可能釀成悲劇，也會讓教師抱憾終生。

為了讓讀者嘗試以存在主義、現象論與詮釋學等不同的教育哲學觀，瞭解該生的心路歷程，作者將該短文改寫，一則保護學生的隱私權；另一方面，也讓讀者有機會透過自己對存在主義、現象學與詮釋教育哲學的理解，剖析教育實際活動，俾更深層地掌握教育哲學新取向在教育研究上，尤其是行動研究的必要性和功能。

下以數則散文描述教育理論與實踐之持續發展的辯證合的關係，也彰顯教育理論與實踐不是單面向，而是多元、開放且變動的關係，期讀者能以現象論與詮釋教育哲學的觀點，來貼近生活世界，再將對該生活世界的體驗、詮釋，還原回現象論及詮釋教育哲學之論點中，如此亦可謂為精簡化教育哲學的作法。

深埋在絕緣體底層的無言控訴

夜闌人靜，星光寂寥，壁上的掛鐘也懶散地走著。茱麗葉的手猶如窗邊垂下的細瘦黃金葛，無力地垂在床緣，手腕上的痕跡就似繫在她髮上鮮紅的絲帶，滴——答——滴——答……孤獨地滑落在地板上。她秀麗聰慧的臉龐不太相稱地貼上蒙娜麗莎的微笑，卻更突顯那哀怨而不協調的雙唇。看起來似乎毫無怨言，但卻似乎又堅毅地對這個不明就裡的世界，表達她無言的控訴：揮別無奈，我走了，只為了不起眼的愛……

房子內難覓一處太平，無片刻寧靜。摔破的玻璃杯、砸爛的小盆栽、撕碎的相簿、陳年的老帳、不堪入耳的嘶叫、東倒西歪的書冊、滿地杯盤狼藉、充滿報復性的語言在悶熱的空氣中凍結起來。雖然是八月的酷暑，卻叫人直打哆嗦——好冷！房門終於砰然一聲，隨著巨響之後，朧腫的身影默默地消失在哭泣、怒罵與夾雜喋喋不休的慣常場域中，留在眼底的是昏暗長廊那端的灰白和朦朧，清晰的卻只是柱子上留下的數行字：太疲累

了，我走了！

迷惘、真實與理解

　　當看到上述不起眼的字條時，第一個浮上心頭的直覺是：她是誰？接著一連串的問句溢出了：這是什麼？是文學作品？還是心結？是徵兆？是事實？是夢幻？還是……一想到這兒，我趕緊找遍學生的資料，一個個過濾，一遍又一遍。一邊找一邊想，是什麼刺激讓一個人如此消極？是什麼動力，讓一個人如此勇敢？是什麼信念，讓一個人如此堅毅？又是什麼心力，讓一個人仔細地觀察茱麗葉的手？是什麼能耐，讓人能夠解讀茱麗葉的背景與生活中不為人知的滄桑？我們要依據什麼來理解茱麗葉疲累而短暫的人生？怎麼知道她生活在什麼樣的生活空間？從哪裡可觀察到她所忍受的辛酸、誤解與屈辱？如何斷言她到底是看開了人生，還是看淡了……

　　我的緊張終於有了暫時性的答案，但不是從資料中找到的，而是依賴平素與她心靈相通的理解。之所以能有這分理解，不是偶然，是一大段時間的「前理解」，是一個共同傷痕的心靈迴響。不能往後回顧，只能往前瞻望，任誰也無法留住時間，但可以療傷止痛，可以記取教訓，只是無需隱藏真相。

　　在這一幕之後，我開始讀懂她的生命，一個看起來稀鬆平常的故事，卻埋藏多少值得喝采，也令人同情每個人生命中承載的文化共業……

絕緣——茱麗葉的生活世界與生命小史

「第一次離家出走只有九歲。模模糊糊的印象中仍清晰地烙印著挨了一頓「毒」打後的氣憤與無奈，平日在心中一直告訴自己，只要不再看人臉色，不再受他人的氣，吃多少苦我都願意，就是不想再隨著別人的心情起伏而心神不寧。……」

在茱麗葉的記憶中，父母的關係不好，又總為錢爭吵，家人省吃儉用，但父母卻把可以給子女的，盡量給子女；相對的，子女也必須忍受家長因為辛苦而蘊釀出來的負面情緒。大人們承受生活壓力，沒有支撐的臂膀，對於命運擺弄的無奈，只能籠罩在與情緒的驚濤駭浪中。記得父母也曾「大打出手」，父親的表情很嚴肅，說起話來音量雖然很低，但聽起來口氣很重，聽在茱麗葉耳裡，不寒而慄；母親也火藥味十足，一付豁出去的樣子。茱麗葉的心靈就在這種家庭氛圍中滿佈恐懼、擔憂和濃濃的焦慮。父母的寧靜和茱麗葉的快樂早已經緊緊地糾纏在一起了。

在學校中，茱麗葉是教師心目中的模範生，愛乾淨、嫻靜好學、沉默寡言，從不和同學爭吵，個子不高的她總是服裝整齊，下課也不和同學野在一起，大都在一旁默默地觀看同學的嬉戲，要不就是坐在教室裡寫字。被欺負時，也只會默默地掉眼淚，從不告狀，任誰都難以知道茱麗葉心中其實埋藏著無法和別人分享的秘密。

茱麗葉是家中的獨生女，留在她記憶中的童年就是不斷的搬家，每次的搬家都讓她必須強忍心痛向已經熟悉的玩伴道別，又接著一波波認識新朋友……在大人眼中，這就是生活，但在茱麗葉的感覺是奔波和分離，心中的感傷又豈是她哭著、賴著不願搬家的抗議足以形容。

茱麗葉漸漸成長，其游牧民族式的家庭生活總算告一段落，但歡樂仍與茱麗葉絕緣，守護天使總不在她身邊。父母親從定居下來以後，就把吵架、打架當家常便飯。茱麗葉不知道他們何以要常常吵，但她知道這都是錢惹的禍。沒有錢，媽媽吵著要到外面幫傭，爸爸不准，理由很簡單，丟臉！媽媽想到街上擺麵攤，爸爸不准，理由很簡單，仍是丟臉！媽媽要去打零工，爸爸不准，理由很簡單，還是丟臉！媽媽要去和人合夥做生意，

爸爸不准，理由很簡單，大家都知道，因為爸爸覺得這會讓他丟臉！

　　價值觀的落差，源自兩個來自不同文化的家庭。面子是爸爸一生捍衛的祖傳榮譽，現實與溫飽則是媽媽生命的信條。茉麗葉就在這個拉鋸中無所適從，創傷也在這個拉鋸中一道道地堆砌，而且速度出人意料得快，茉麗葉心中的純白轉眼間就完全被這些紛雜塗鴉了！直到她走時，都還來不及幫它們分類！

～曲終人散——重續緣乎？～

　　從上述的散文，你是否能夠掌握下列問題：這是個什麼樣的家庭？你是否理解茉麗葉的作法？這些事若發生在你身上，你會如何自處？如果你是茉麗葉的父母，你在何種情況下才會意識到需要解決問題？教育活動中是否也存在與此故事本質相類的問題？身為教育工作者，你會從何處追溯問題的根源？理解問題之後，你又會如何解決？人如何因為理解事實而記取歷史教訓？文化落差從何而來？不同文化間如何取得共識？

▶ 第四節　詮釋學與批判教育哲學的理念與取向

　　教育活動的知識必須是真實的 (authentic)，文本和語言都只是媒介，不是知識本身，更非真實本身。因此現象必須被深入底層才能還原真相；詮釋的解蔽則不可忽視詮釋前的偏見，以及視域融合後的可變性。總之，批判不僅對認知是必要的，對現象的描述和解讀也都是不可或缺的。方法上、認知上如此，教育活動上更是如此。以下分別闡述詮釋學與批判教育哲學的重要理念與其帶動的發展取向。

一、康德開啟批判的哥白尼之窗

康德《純粹理性批判》(*Critique of Pure Reason*) 是其三大批判著作之一，也是撼動西方思想的鉅著，既改變西方哲學發展的方向，也重新檢視並奠定西方批判哲學認識論、方法論、價值論和形而上學的基礎。純粹理性批判主要訴求是確立理性本身才是人類先天認識能力，人類也通過純粹理性批判，檢視普遍性和必然性之來源、功能、條件、範圍和界限，確定認知的對象、基礎與規範，藉此為認知的形上基礎建立厚實的基礎（鄧曉芒，2004）。康德該書只探討先天知識的形式，而非一切認知的對象，其對先驗哲學的思辨，並不等於先驗哲學的本身。質言之，當人類討論某些知識時，並不能視所討論的知識理所當然地等同於知識的全部。這就是批判的起點。

康德的批判理念，無論用分析哲學、存在主義、現象論或詮釋學的教育哲學，均具有啟思性，其清楚交代「山外有山，林外有林，能人背後有能人」的虛懷智慧。此亦呼籲學校教育不應止於文本知識的傳遞，更應該讓學生的理性自由遨遊，思辨與啟發式教學的旨趣昭然若揭。更重要的，教育除了知識之外，更需要培育講求人格化育的智慧之德。

康德以哥白尼革命的精神，論述主體能動性的思想，顛倒人的認知與對象，主張對象必須符應知識，且知識的判斷都具有獨立於經驗的普遍客觀性，康德即以此方法解決認知無法符應經驗對象的問題，此充分展現人類理性思辨的張力。

康德 (1998) 區分先驗分析、後驗分析、先驗綜合、後驗綜合四大命題。先驗分析猶如演繹法，無法擴充知識；後驗分析所面對的是經驗，只能歸納卻無法分析；至於後驗的知識則只能綜合，但此與經驗的歸納一樣，不具普遍性；只有先驗綜合的知識命題具普遍性。先驗綜合包括感性直觀 (sense intuition) 與悟性直觀 (intellectual intuition)

兩種能力：前者處理外在經驗的認知，並以時、空作為認知的先驗形式；後者則認識物自身 (thing it self)，涵蓋在數量 (quantity)、性質 (quality)、關係 (relation)、樣態 (modality) 四大類所分別對應之單一、殊多、全體、實有、否定、限制、實體與依附體、因果、相互、可能與不可能、存在與不存在、必然與偶然等 12 種範疇，因此在認知物自身時也會分別對應單一 (singular)、部分 (particular)、普遍 (universal) 等三個量的判斷；肯定 (affirmative)、否定 (negative) 及有限 (infinitive) 等三個性質的判斷；斷言 (categorical)、假設 (hypothetical)、選言 (disjunctive) 三個關係的判斷；以及或然 (problematic)、確定 (assertive)、必然 (apodictic) 等三個樣態的判斷。

由上可見，康德提出的「悟性」概念旨在綜合經驗與件，他 (1998) 主張，若缺乏感性直觀的作用，則我們也無法認知到外在的客體世界，相對的，若缺乏悟性直觀，則我們亦無法理解客體世界，此即其 (1998) 所稱之「沒有思想的概念是空的，沒有概念的直觀是盲的」(Concepts without intuitions are empty; intuitions without concepts are blind)，此言之旨趣——即感性與悟性是相輔相成的辯證關係 (Kant, 1998: 43)。質言之，康德雖然認為感官可以形成概念，但仍認為悟性直觀下的判斷才是真正的知識。下圖即清楚說明感性、悟性與知識、概念等間的關係。

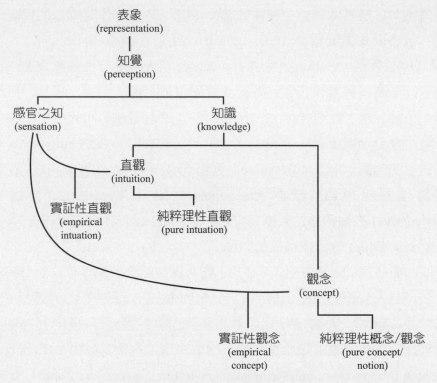

圖 6-2　康德人類認知分析圖

資料來源：Wikipedia (2007)

　　易言之，康德認為主體本身已經存在知識的形式，經驗只是為人類既存的知識條件提供素材，此即康德以 $5 + 7 = 12$ 來解說「先天的命題可以透過後天經驗的綜合方式，驗證其具有必然性和普遍性特質」的例證。就此而言，人類主體內在已經存在的一套知識形式就猶如上述數學式中的 12，而透過後天感官經驗所獲得的材料，猶如 5 和 7；縱令感官經驗可能提出不同的經驗素材，但並不會違反人類主體知識已經存在的形式之知（指總和的 12），故認知主體與對象之間，也不會因為理性或感官經驗的各司其職，而產生矛盾，遂產生無法獲致普遍知識的困境。

　　康德即基於此等哥白尼式思維的翻轉，巧妙地結合形而上的主體

理性和後天的科學經驗。基於此等理性的二分法：一則是有限的理性，主要處理後天經驗事物；另一則為完全自由、具形上意義的理性，完全自由的理性。此自由理性確保人類主體的優先地位，也確保德行之意志主體必然能建構出合乎良心律則的普遍倫理。

因此，若笛卡爾以「我思，故我在」喚醒人類的主體理性，康德則以「先驗綜合」確立人類主體理性的普遍性。因此，生命中若只發揮一種有限的理性，則將會衍生科學主義的「工具化理性」，故不能用科學理性就企圖吞噬整個人類的理性。但從康德的論述中，我們可以預測後驗科學理性最終將因為其無視於有限性，而行無限之先驗任務，故必然會自食惡果，宣告失敗。我們可以從歷史足跡中驗證康德論述的可信度，也能相對地突顯康德批判理念對人類發展的關鍵作用。

歷史的發展驗證康德建構之人類普遍知識及認知方法的足資採信。舉例言之，科學主義強調理性掛帥、以追求績效和目的為首要之務，自存在主義興起時即備受批判，起而代之的是重新追問主體的自由創造力。綜觀言之，康德純粹理性批判對於知識論、價值論或形上學開啟批判之門，至少我們會質問：我如何獲知？我該做什麼？我的希望在哪兒？人類不能不經質問就完全信任或服從。此批判思想也使人意識到應該尊重與包容任何人對原初論述提出不同的聲音。

浪漫主義、精神心理學等逐漸開展人的非理性、前意識、潛意識和無意識等主體性的另一面向。如上所述，存在主義從主體理性瓦解理性的優位，同理，生於德國，卒於倫敦的佛洛依德 (Sigmund Freud, 1856–1939) 則更將人的理性完全拆解，重新讓那些原本不被理性所接受的本能、慾望、夢和意念等，站上人類思想的舞台，甚至到後現代都有人重唱回歸佛洛依德的心理分析論，如拉康 (Jacques Lacan, 1901–1981)❶❹等，均繼佛洛依德從分析嬰幼兒心理發展，論述人類認

---

❶❹　拉康生於法國，先學醫學，後轉學精神病學。1953 年由其 (Gay, Evans & Redman, Eds., 2000) 鏡像觀點指出，人類幼兒時自以為已經認識到真實自

知過程的可能迷失、錯誤及不斷的確認 (identity) 和置換 (displacement)。這無疑宣布康德開啟批判理性的功能已經發酵。如果我們說康德是人類思想界中第二次哥白尼革命的革命者，則佛洛依德可謂為掀起人類理性第三次哥白尼革命的後繼者。

批判教育哲學的發展影響教育目的、教學和課程及相關研究，尤其生命教育重新被重視，生命教育的目的和意義也重新被思考，甚至重新被定義與詮釋。更重要的，自我主體性的回歸更是教育應該維護和開展的對象──師生關係不再只是知識和權威的關係，而是生命的交流和相互的傾訴；學校社會學或教育社會學只從理性心理狀態的團體互動、結構功能或衝突理論去解說是不足的，因為自然科學理性的觀點並無法鎖住人類旺盛的生命力，故教育和學校活動應該展現的不再只是秩序，而是生命熱情的相擁；科層體制不能再限制師生生命交流所散發出來的動能，此能動性觸動生命的交流，也增長教育的智慧。總之，學校教育應該賦予書本中的死知識新的生命，讓知識不是從外灌入學生腦中，而是學生將知識由外而內活化後，再轉化到其日常生活中，以促進個人與社會之幸福生活。

二、批判彰顯教育的人文基底

自我、自由、性別、語言、權力、歷史、異化、物化、正義、科學、宗教、文化複製、意識型態等均隨著分析哲學、存在主義、現象

我的認知，這個觀點其實是錯誤的，此乃因為幼兒從他人所認知到的自我，還不是他真正的自我。此觀點呈顯其頗受黑格爾精神現象學之影響，尤其精神現象學所主張之人從物質和客體發展到精神和主體的觀點，拉康均接受，並進一步發揮，但拉康卻因此等言論而遭到當時巴黎精神分析學會的除名。拉康乃於 1964 年於巴黎成立巴黎佛洛依德學院，大力推展其論點；其提出之「大寫的異己」(Objet Petit A) 也是黑格爾精神辯證的變形，此「大寫」相當於辯證的「合」，後來的女性主義持續發展此觀點。

論及詮釋學之教育哲學的浪潮，逐漸被再度反省、重新定義、賦予新詮釋及不斷的解構與建構。

　　試想：在茫茫人海中，人類能否感受到一股看似多變，卻又有源頭可循的意念法則？若說人在催眠狀態中可以進入前世今生，或見到意識所未曾見到的景象，此是否更能讓人確認歷史曾經存在過，因為人類無法憑空捏造未呈出現在意識、潛意識或無意識下的景象。另一方面，若只因為人類意識不到，就認定舉凡無法意識到者就是不存在，那麼仍陷入科學主義、理性主義、經驗掛帥等實證思想單面向理性的窠臼。若人類未能對此等理性進行質疑或批判，則無論認知到的是什麼，都可能是非真實的假相。質言之，欲認識真實的客體或真實的自我，批判應是必須的手段與態度。

　　當人類遇到困惑時，最先會向理性求救，當理性無法解答時，則可能轉而求助上帝，但又會因為無法接受上帝的形上命題，或不願受到上帝的宰制，最後終會轉向自我救濟。此等思維從人類求生存或問題解決的經驗和歷程中不難見到。質言之，人類求生與自求發展的動能，不但能突破困難，更能協助人類超越自我的限制，此即個人所以發展，社會所以進步之因。人類與社會因為此等理性的不斷反省與超越，而逐漸提升人之主體性地位，並豐富文化的內容。教育是人的活動，故在教育活動中應不斷激勵自我體悟其生命意義，以提升個人和社會的品味。

　　就教育研究言之，人文精神科學的研究不同於自然科學，現象學與詮釋教育哲學已經開啟人文精神教育本質和原則之探索，若欲進一步開展教育理論，則對現存教育理論之反省與批判是必要的，因此，首先必須檢視教育理論之定義及其知識論體系。例如，對下列問題進行論辯或對話：教育理論的定義為何？是知識乎？是系統的反省乎？是方法乎？抑或以上皆是？

　　若就人的活動言之，無論教育理論或教育實踐，均應涵蓋知識、

方法、價值與形上的信念。因此，何謂教育？教學的內容為何？該如何教？教學目的為何？教學是否應該分領域？抑或採取學科導向？教育若必須教導學生知識，則該知識如何認定？由何人認定？認定知識的判斷為何？教育活動是否應讓教學者和學習者在愉快的氣氛下進行？學習者能否自由地表達其自我？自我決定能否追尋到生命的意義，並實現生命的價值？此等既與教育活動本身有關，也涉及教育活動所秉持的概念、信念。此與教育理論、教育活動、教育信念或教育實際活動相關者合稱為「教育價值」。一旦教育價值需要重新被檢視，則教育價值所建立的理論，也會因為既有的概念已經遭受質疑與批判，而重新被詮釋，教育理論也因而可能被重建。

吳祥輝在《芬蘭驚豔》中提到一個與本節所談論者一樣的概念，於此特別將之點出來，讓讀者可以一起來思考：何以荷蘭能，而台灣不能？瞭解荷蘭「所以能」，並不表示台灣就應該和荷蘭一樣，而需要展現台灣的主體性，否則台灣的教育也將是沒有人文氣息的「複製」。吳祥輝說：

> 芬蘭人最尊敬的，都是「芬蘭識別」與「芬蘭價值典範」的創造者。（吳祥輝，2006：45）
> ……主導詐騙的人，後來都升官了。這就是台灣大人們吹捧的台灣精神……大人的設計，他們（學生）沒有選擇，只能照辦。小小的心靈就必須遭到這種錯誤教育的踐踏……孩子們幼小的心靈如何承擔？……這就是「台灣精神」，到今天依然如此。世俗的勝利，永遠勝過價值與原則的堅持。只要能贏，沒有什麼原則值得堅持。台灣人到二十一世紀的今天還沒發現，現實的勝利只屬於個人，精神才會由全體共有。再多成功的個人，一旦不符精神價值，都不會增長台灣人總體的精神強度和深度……社會的支柱在家庭，社會的良心在學校。台灣良心的淪喪，就從校園帶頭做起……聽話的台灣小孩，才能有好成績。聽話的教育人員，才

能升官發財，這就是台灣的教育生態。但聽話的人絕不可能創新，
也絕不可能有勇氣。

創新和勇氣早早以前就已經遠離台灣的校園。……台灣的教育讓
孩子失去獨立思考的能力，台灣就是這麼危險。學校時代失去的
能力，長大後就是拿到博士學位，也絕對不會變得更聰明。（吳
祥輝，2006：50–51）

吳祥輝，這位台灣首位拒絕聯考的小子，對台灣教育提出的反省
和批判，針針見血。的確，台灣的教育從不鼓勵孩子發揮獨立思考和
批判思考。更真確的說，不但不鼓勵，還會刻意壓抑學生批判性思考
能力的發展。縱令當前從企業到校園，從大學到小學，此起彼落，人
人都高唱創意的重要，也在大學開設一連串創意的課程，舉辦各類創
意的學術活動，但是若不從根本看到問題的核心，則台灣的創意活動
充其量只是複製更多的「贏」的文化，卻從不認真地去面對台灣教育
欠缺對主體價值堅持的信心和動力，也少有人會想要重拾人性的良知。
長此以往，無論有多少個人創意的專利品、也不論造就多少創意產品
的達人，都無濟於建立為台灣本土建立具創意和主體性論述的價值典
範。一言以蔽之，要找回或重建台灣主體論述和融合本土與國際創意
之價值典範，則反省與批判不但不可或缺，更是目前重要的利器。

今日資本主義社會市場競爭之價值觀所以被扭曲至「短視」、「功
利」、「只有個人，沒有群體」、「只論成敗，不論義氣」、「只問結黨，
不問是非公理」的元凶，也是因為我們很難找到台灣教育的「魂」。撒
謊、蒙蔽事實、歪曲真相、泯滅良心、不分青紅皂白、不斷是非公義
的行為俯拾皆是，社會也對之見怪不怪，教育若再不積極提升人民批
判性思考的能力，則又如何能召喚台灣主體既有之素樸的人文之魂！

存在主義彰顯其富有人文意義的教育，可作為教育是否展現主體
性，及是否重視理性啟蒙的重要指標。二十世紀以降，台灣社會瀰漫

「知識管理」的熱潮，也只是一種變形的「贏」的文化。簡單的說，所謂「知識管理」，旨在將知識化為財富之謂也。析言之，知識的價值端賴其能創造多少財富。就此而言，無論義務教育或高等教育，無不汲汲營營致力於學習如何創造具有實用價值和經濟效益的知識。執此，那些早被存在主義批判和拋棄的功績主義，將又再度搬上台灣教育的舞台，並激情演出。

台灣教育的改革、政策的定讞、課程的變革、教學的設計、創新與評鑑等已本末倒置，不但未能彰顯教育和受教育存在的本質，更甚者，還以成為追逐物慾的技術和工具而自豪，於是，知識「出土」了，產品創造了，但人類的思想也消亡了。此觀點與海德格在《存在主義即人文主義》(*Existentialism as Humanism*) 一書對傳統哲學所做的批判異曲同工**❺**，也與吳祥輝對台灣教育的批判相呼應。

三、人文需要批判，批判需要依附詮釋的肩膀

理解成就詮釋，批判需要理性；理性確保科學、哲學與藝術的發展和提升，但是理性不應是單面向的，應是辯證的。教育理念如此，教育活動亦如此。教育的目的之一在於培養為社會服務的有用人才。此本無庸置疑，但是，若教育目的只是為了短期的效用，不顧社會良好風氣、優質文化的維護和建立，則教育將淪為營利的工具。如此一來，教育淪為營利的工具，而且是蠅頭小利（個人就業與財富的累積）；教學亦只為了培養能賺錢的工具，學校也因此成為營利的場所。人在此種營利導向的社會，很難彰顯存在的主體性，教育啟發理性、情性和德行的本質，以及涵化高尚品格的目標，將會隱而不現。

---

❺ 海德格於該書中對於傳統哲學未能從存在本身揭穿存在的荒謬，卻對知識、技術、工具等顯示存在的狀態指陳：傳統哲學所以錯置存在的主角應該是因為人本身「有了知識，失了思想」之自我遺棄所導致的結果 (Heidegger, 1993: 124)。

　　笛卡爾強調「我思，故我在」；存在主義者宣稱「我在，故我思」。存在主義的教育理念認定人自出生之後，其生命的建構與完成，均掌握在人自己手中，並非如行為主義者所宣稱的，人類的行為和成就乃由外在刺激和環境形成。易言之，人文教育的教學理念旨在強調學習者的自由意志，教師更應顧及學習者的興趣和心態，重視學習內容也必須和學習者的生命融為一體，並激發學生自我選擇的能力、動機和習慣，進而鼓勵學生建立融合個人和社會為一體的文化性和審美性價值觀。

　　總之，存在主義教育學關照學習者的主體性，但忽略學習者所處的社會環境，故也極易引發學習者與生活之社會文化的價值觀格格不入的現象。現象學與詮釋學之間亦存在共通性——即透過語言，以達成彼此理解——此外，無論存在主義、現象學、詮釋學與批判理論教育學，彼此之間也都具有共同追求的目標。簡言之，此共通性目標即讓學生發展其自主性，並使其生活在民主社會中有能力自我反省，並建構更合理的生活價值觀。每個人的生活除了與其心理和心靈相關外，也與其他人以及其所處的自然環境息息相關，故個別性與共通性必須找到各種辯證合，人的身心理才能健康安穩、身心協調。此辯證合的變動即成為人類歷史與文化的軌跡。

　　家庭教育是學校教育的基底，因此，教育應該從家庭做起，若不能完全瞭解兒童的文化和其家庭，則教師將無法有效地協助父母教養其子女 (Gonzalez-Mena, 1998)。只講求以「學生為中心」的教育論點，顯然不足以因應亟需建立文化價值典範的台灣社會，更需要強調「視學生為師」的謙沖和自省的教師專業倫理。同理，家長亦應「以孩子為師」，讓孩子在開放討論中，自由地表達理想、心聲、感受，甚至是夢想，並多鼓勵孩子自我決定和自我負責，藉以培養孩子的主體性。

　　作者整理出下列十大父母教養子女的原則，提供家長與教師思考融合理性與情性教育的中庸之道，此等原則不但彰顯人文的存在意義，

也兼顧對社會現象的描述，以及對子女心理發展及成長之心路歷程的詮釋與理解：

一、在鼓勵中長大的孩子，會自持自信勇於負責。

二、在寬恕中長大的孩子，會堅毅容忍樂於助人。

三、在非難中成長的孩子，會苛責別人自以為是。

四、在辱罵中成長的孩子，會有罪惡感羞於見人。

五、在讚美中長大的孩子，會尊重感謝知書達禮。

六、在公正中長大的孩子，會明辨是非富正義感。

七、在嘲笑中成長的孩子，會膽怯害羞沒有自信。

八、在敵意中成長的孩子，會好勇鬥狠行為粗魯。

九、在嘉許中長大的孩子，會自愛自重循規蹈矩。

十、在安全中長大的孩子，會忠實正直做事穩重。

質言之，若欲培養具人文素養的人格，則需要讓教育沐浴在愛的氛圍中。感受到愛，才知道如何付出愛；能關愛他人和自然者，才能展現高尚人格者應有的包容、憐憫、講理和彬彬有禮的行為和風範。

上述雖然只是一般性通則，僅供參考，並未具普遍性。但若想更深入瞭解文化與人文教育的通則，則需要分析上述條文的意涵、實施條件、限制等，進而依照個別的需求和時代的脈動及社會的情境加以修正，以建立適用於自己的合理原則，或作為教育的價值典範。由於上述原則可能因父母與子女的角度不同，會有不一樣的解讀，故家長或教師在訂定與孩子相關的遊戲規則時，應該彼此充分溝通，取得共識，以免造成「徒法而無以致行」，甚至彼此衝突的現象。

以下就家長與子女的立場進行分析，俾證明理解不只是對文字表面意涵的清晰掌握，更應深層地進入雙方語言的文化脈絡及意識，方能達相互理解。

首先，自父母的角度觀之，上述守則是父母向子女表達父母關愛的原則；既是原則，就不應是鐵律。如，父母必須從孩子小時候，就

依此原則教養他們，並讓孩子認同此種家庭文化，反之，若父母未能遵守上述原則，則可能埋下日後難以彌補的嚴重後果，如親子關係的緊張或疏離等（上文中茱麗葉的例子即屬之）。而且上述守則不能完全從父母的角度去衡量，也必須受到子女的認肯，否則可能因為親子之間未能彼此理解或溝通不良，以至於子女無法感受到父母的用心與苦心，而功虧一簣。一言以蔽之，此即因為親子間未能達「視域融合」所致。

其次，就孩子的角度言之，誠如存在主義學者沙特所言，「存在先於本質」(existence precedes essence)，即人的出生即被拋擲在這個世界，若未曾存在，就不可能展現人之所以為人的本質。其《存有與空無》(*Being and Nothingness*) 即闡明人類面對外在的艱困環境，均應有所作為，而不應一味地向環境低頭。

就上述守則而言，未必人人都能幸運地遇到明理又懂得如何「恰如其分」表達長輩對晚輩關懷之情的父母，但是身為子女者，無論所遭遇的環境為何，都不應該自怨自艾，更不應因為父母、教師或他人的無知或無心之過，而沉淪、墮落，甚至於認為已屆世界末日。世界與命運雖然不是人類可以完全掌控，但也不是完全無法改變。易言之，子女若無法遇到「讓自己滿意」的父母，就應該自立自強，自行找尋人生的出路，而不是意氣用事或魯莽衝動。畢竟，人無法決定自己的出生，但是人卻可以掌握自己的命運，何況人與人之間的相逢、相識或相知，均是一種緣，若能化惡緣為善緣，則人也會更快樂，世界將會更美好。

沙特藉用黑格爾的辯證法，在其《存有與空無》一書區分存有與空無，並呼籲，人人在邁向死亡時，仍可以使空無彰顯存在的意義。上述父母教養守則亦可轉化至教學活動，或處理師生關係，俾讓教育因為充滿人文性、倫理性和審美性，而使教和學都更和諧、更溫馨，也更民主、更自由。

　　沙特追隨海德格的足跡，繼續追問「我是誰?」為瞭解此問題，沙特將自我的存在分成「為己存在」與「在己存有」兩部分:「在己存在」是自我的外在和客體部分，不是完全、真實的自我。自己所認識到的自我，並非真實存在的全部，若誤以為生命的存在是普遍不變的，則自我將只停留於外在的自我，也會讓內在真實心靈的自我更加疏離，因為此時的我並非真實自我，若未能對此自我反省，則自我將很難超越在己存在，也無法邁入為己存有的境界。

　　「為己存在」既是「在己存有」的一部分，兩者存在相對立的關係。析言之，在自我成長的歷程中，「為己存在」與「在己存有」的關係，猶如黑格爾精神辯證的正命題與反命題，既相互對立，卻又融合為另一更高階段的「在己存有」，這也是人在發展和超越中不斷自我生長。當自我意識接觸到客體世界時，自我意識可能因著對客體世界的認識，或認同，或轉變而有所改變，於是，「在己存在」漸漸與「為己存有」融為一體，即相對於黑格爾的「辯證合」──「為己存在」中有「在己存有」，「在己存有」中亦有「為己存在」，且兩者難分難捨，無法區分何者為「為己存在」，何者又為「在己存有」。

　　由此可知，自我無法與他人分離，自我不是一個個的單子，而是一完整分子的存在，彼此之間具有牽一髮而動全身的關係。此自我發展過程中，在己存在與為己存有不斷擴大和自我超越，而臻於成熟。此等由理解而發展，由發展又進而超越的脈絡具相當的教育意義:無論師生關係或同儕關係，無論是學校與社區，均是讓自我不斷因為理解、反省與批判而更擴展、更成熟。

　　此外，自我與社會的關係，猶如客體世界的擁有 (having) 和主體世界的活動 (doing) 一樣，每個個別的環節與存有 (Being) 之整體存在個體和整體的關係。沙特存在思想所展現的自我存在與人文精神的觀點，若融合詮釋與自我批判，也對現象深入剖析，將可幫助我們更完整地掌握或建構教育哲學的理論與實踐，並在理論與實踐中彰顯人文

精神和教育之審美性與倫理性本質。

就教育目的而言，新的教育哲學理論或實踐，均對教師與學生之間的疏離、學生與教材的不感興趣、以及學生與其自我生命的不知認同或沒信心提出批判，因為疏離的教育是不具生命的教育，嚴格來說也不能稱為教育，充其量只是一種複製的、僵化的「輸入──製作──輸出」之機械運作式的產物。一言以蔽之，真實的教育必須和生活世界緊密結合。凡論及「活動」，就與人的自由意志、自我表達、主體思想及自我實現有關，也與歷史、語言、文化和他人息息相關。因而「教育活動」隱含具主體性、具人味兒的生活動態與自我身心靈層面的變化過程。總之，教育絕非靜止的成品。就此而言，融合分析、存在、現象、詮釋與批判的教育哲學，反對知識的灌輸，也不贊成學校成為百科全書的製造工廠，更不能容忍教育淪為政治或經濟的工具，標榜人文之意識覺醒、倫理和諧、及發揮批判理性，以彰顯真實自我存有的目的。

此等新取向的教育哲學，重視師生個體的獨立性，故其教材與教法也需要讓每個人發揮其獨特性與原創性；教材內容更應該具備引導學生強化自我建構價值觀的功能，而不是藉由國家、教師或文本等任何「官方知識」為學生設定學習目標。所以我們可以說，好的教育應該重視個別差異，珍視每個人發展出來的獨特性，鼓勵創意，卻不鼓勵一統性 (uniformity)。因而傳統童話故事總是鋪陳完美的結局，此等手法和內容已經失真，與生活世界疏離，需要重新建構；同理，教師向學生推銷「公開的撒謊」，如「服從是美德」、「沉默是金」、或「女子無才便是德」等具文化意識型態的內容，也將受到挑戰。代之而起的是開放自我建構空間，平等自由論述，勇於面對自己，瞭解自我優缺點，自我選擇何去何從，自我承擔責任等彰顯自我生命脈動、感受月有陰晴圓缺、人有悲歡離合的內容，才是協助學生自我建構其價值典範的教育理念。

綜上所述，新教育哲學取向的教育目的、教學方法與教材內容等均較接近人生的真實面，但卻反對僅從經驗論、實用性或功利主義等去衡量人生價值與成敗的教育。這種追求自我主體獨特性、倫理社會感、審美心靈精神的教育，能讓學生的學校生活自由自在，又不會因為自由的學習文化，而無法激發與建構學生潛能，故將展現理性與情性融合、個人與群體兼顧、基本知能與價值建構兼容的新人文教育。

五、結語——建立批判與德行的教育價值典範

英國自 1988 年教育改革法案公布實施後，教育改革的方向已漸由地方分權走向中央集權；學校教育也由展現放任與自由彈性特色，轉為追求效率與考試排名的市場導向。夏山學校 (Summerhill School) 在此種教育潮流下，也曾被評為不合辦學績效的學校，一度面臨被英國皇家教育標準局勒令關門之危。

同理，分析教育哲學雖有助於釐清教育語言和概念，卻乏創新力；存在主義教育哲學固然具有強化個人主體和自我生命意義的優點，但若無法提升人的自主性自律意識和能力，則恐流於無政府主義；現象論教育哲學有助於挖掘隱藏在現象背後的真實面貌，但也可能陷入不知何處是歸途的茫然中；至於詮釋教育哲學雖可藉由創造性詮釋，創新教育意義，但卻也可能錯誤的視域融合，無法真正創造合理的教育理論。因此，批判教育哲學將有助於指出扭曲與被掩飾的錯誤意識型態，有助於教育回歸其本質。故建立新的教育理論必須融合各種理論，方能有助於重建足以彰顯國家精神的價值典範（國魂），以維護本土文化和主體生命。

英國《2020 年願景》(*2020 Vision*) (DfES, 2007) 提出進行「適性化教學」的目標，期能於 2020 年實現提升國家競爭力的願景，也部分呈顯該國教育改革所欲創新的教育價值典範，和教育的國家定位。英國教育技能部於 2006 年 3 月成立「2020 年教與學審議小組」(Teaching and Learning 2020 Review Group)，著手發展具體步驟，並向學校提出建議，以幫助學校配合每一位學生的才能與需要，實施適性化學習，並預計到 2020 年應達成發展教與學的願景。詳細計畫和實施策略均分別在《努力求進步》(*Making Good Progress*)、《多元與公民資格》(*Diversity and Citizenship*)❶⑥、《中學課程審議》(*Secondary Curriculum Review*)、《語言審議》(*Languages Review*)、《提高期望》(*Raising Expectations*) 等綠皮書分別規劃適性化學習的推動。

　　以下將英國提倡的適性化教學的主旨和作法簡要分析如下 (DfES, 2007: 3, 6–7)，以突顯其與新教育哲學取向之教育理論與實踐間的共通性本質和願景。

　　㈠定義：適性化教與學是指對於每一學生的學習，採取高度結構化和回應的途徑，以實現所有人能夠進步、成功與繼續受教的機會與能力；故適性化教學是所有家長、所有學生想要的，也是因應二十一世紀全球化挑戰不可或缺的；適性化教學也是符合教育之德性特質及社會正義者。

　　㈡實施方式：善加利用分組、鼓勵家長參與、改革學校人力支持適性化、利用國定課程校際合作的彈性提供教育機會、縮小成就差距、促進社會流動、配合資賦優異與特殊需求學生需要、運用資訊科技，使學習適性化。

　　㈢課程：揚棄一體適用的課程，政府積極從課程、教學、評量等方面去協助學校推動因材施教的適性化學習。

　　㈣教學：為達適性教學目標，政府為 14 至 19 歲的年輕人引進結合學術與職業導向的 14 種新專長文憑，使課程多元又具彈性，以確保

---

⑯　《努力求進步》提出學校測驗、評量、報告和激勵進步的方法，確保沒有學生會落後，並注重個人進步狀況，為每位學生提供最大學習和發展機會;《多元與公民資格》的獨立報告將認識英國價值列入公民教育內容，其中包含英國改善社區凝聚力及幫助學生瞭解多元和自我認同。

學生真正選擇適合其潛能的課程；新文憑將技職培訓融入主流之中，使學生畢業後不限於升學，更能憑高品質的文憑就業。

㈤補救教學：「學習加強計畫」是一種需要高層次計畫、準備和獨立研究單一課業，並設計更多開放式問題 (open-ended questions)，讓學生提出詳細報告的教學，增進學生批判思考和解決問題的探索能力。

綜上所述，適性教學旨在讓每個學生能展現其才能，真實地「為己存有」。故為實現適性教學，教育工作者應該多認識各種不同的教育理論，再依學校、教師、學生、社區與文化的個別需求與時代的變動，經過反省、論辯與批判後，擇取或建構更適合的教育理論和實踐活動，以協助個人生命的成長和社會的發展。質言之，應允許教學有更多彈性，並傳授年輕人成功學習與生活所需的知能，讓學生有更大的競爭力，更要落實學校本位課程，捍衛教師的課程自主決定權；區分課程與教材的權責：課程是國家的職權，教材則是教師的權利；並極力強調批判性思考與問題解決能力：學生要能運用其知識與理解，善用各種方法搜集、解讀，並利用各種資訊獨立進行探究，以得出結論。

莊小萍 (2007: 270) 提及西班牙因應歐盟教育評鑑和提升國家競爭力所進行的教育改革重點包括：提升班級整體的平均表現；縮小個別學生間的成就落差；增加高成就學生人數；提升每位學生的成就表現。本書將之與迦德納多元智慧理論相互比較後，整理出本章所提出之新教育理論的理念和學習及其細部學習目標，提供教育政策或第一線教育工作者共同思考，俾有助於掌握與建構台灣批判與德行的教育價值典範。

析言之，具批判與德行的教育需要掌握下列七大教育理念與教學目標，以建立台灣本土教育之典範：

㈠學生要學會選擇、組織、利用相關資訊，描述、解釋並發展完整論述的能力，以強化運用說、寫及表演的溝通能力、事實詮釋及理解能力、詮釋各種相關訊息、知識建構能力、思想、情緒的組織及行

為修正等語文運用與溝通能力。

㈡具備運用數位、基本運算、符號、數學邏輯之數學能力。

㈢瞭解發生事件、預測結果及解決日常生活及工作問題的能力、與自然環境及人類互動的能力、保護個人和他人及其他生物生存條件的態度和行為等認識環境及人際互動能力。

㈣擁有運用科技尋找、獲致、處理、傳達、轉化資訊為知識之運用資訊與科技能力。

㈤瞭解社會現象、協調合作、為人處世、參與公共事務、盡公民責任、民主法治等成為多元社會優良公民之民主素養的社會及公民能力。

㈥批判性地認識、瞭解、欣賞及珍視不同藝文創作的能力、體現人文素養、珍視文化資產之文化及藝術態度和能力自我瞭解（含智力、情意及身體、才能等）、透過他人的協助或自我發展反省能力、培養強烈學習動機、自信及學習熱忱等學習如何學習的學習方法與態度。

㈦負責、堅毅、自覺心、自尊心、創造力、自我批判、情緒控制、選擇的能力、預估危險性、面對困難、從錯誤中學習、承擔風險等獲取及運用人際關係之自主性自律價值與能力。

總之，為落實批判與德行兼容並蓄的新教育理論，適性教學 (adaptive instruction, personalized teaching & learning) 是有效的方式，因為適性教學的教學過程能配合學習者的能力、興趣與需要，而作因應與導引式調整。曾任加州大學校長的艾金森 (Richard C. Atkinson, 1929–) (1972) 認為，有效教學策略必須是適性的，指在學習進程中設計的教學系統必須能敏銳地根據學習者過去與臨場表現加以變化；此外，他 (Atkinson, nd.) 也以數學教學為例，扼要提出教育改革的策略——即提升班級整體的平均表現；縮小個別學生間的成就落差；增加高成就學生人數；提升每位學生的成就表現等四大策略，相信這些具體的作法應有助於教師對建構台灣教育之價值典範更具努力的方針與信心。

*C*hapter 7

>>>>>

教育哲學的現代與後現代——建構融合本土與全球化的教育哲學

世界上沒有貧窮的國家，
只有無知的國家。
——彼得・杜拉克 (Peter Drucker, 1909-2005)

Educational Philosophy

[前言]»»»

現代性源自人類開啟自然科學之研究，並透過科學知識與科技，改變產品的質與量，進而改變對宇宙和對自我的觀點，生活的步調、品味、人際關係，乃至於社會組織和制度等都隨之起了變化，整個教育和文化都發生微觀和巨觀的變化（溫明麗，1995: 101）。郭為藩 (2004: 170) 也從國際和國內高等教育的發展和政策，提出大學經營理念的趨向「效率、效益（績效責任）、與效能」之商品化的危機；哈伯瑪斯分別在探討德國〈大學的民主化〉，以及〈科技與自然科學成為一種意識型態〉兩篇文章中，認為教育應該抗拒工業科技的剝削，也應該看清科技與自然科學和政府聯手，將教育之教化的本質轉向生產力。哈伯瑪斯 (Habermas, 1970: 1–2) 說：

> （為因應工業科技社會的需求）大學必須為可以透過科技生產知識而改變。易言之，大學不僅需要符應新興一代之工業社會的需求，同時也需要關切教育拓展其複製的功能。總之，大學不僅需轉換科技知識，還需要能生產科技知識。

上述的發展均植基於資本主義社會產生的經濟、合理性、合法性和動機危機。哈伯瑪斯 (Habermas, 1975: 17, 24) 區分社會的形成為初民、文明、傳統、現代與後現代，其中現代社會又分為資本主義、自由資本主義、進階資本主義及後資本主義四種類別，又將社會的發展分為初民社會、傳統社會和自由資本主義社會三個階段。社會發展的每個階段都有其發展的危機：初民社會的危機是家族或宗族社會，難以引發外在認同；傳統社會的危機則因為受制於政治與社經科層體制，因此有內在自我決定的危機；至於自由資本主義社會的危機，則是系統的危機，舉例言之，經濟體系、行政體系、法律系統、或社會文化

系統無法達到該體系所要求的目的，此可化約為效率、效能之危機。
為化解此等危機，能否一再地採取「以經解經」❶的方式，或頭痛醫
頭的方式，仍待深思。教育活動為人的活動，不是物品的生產，故更
需要尊重與發展人之主體性，也是學校教育和學術所以需要捍衛自主
權和學術自由的主因。

倫大校長魏遜 (Geoff Whitty, 1946–)(2002: 95) 呼應格林 (Andy
Green) (Green, 1997) 之觀點，也宣稱教育市場化不但可能弱化經濟發
展，更可能降低社會的凝聚力。相對的，和平教育、人權教育，則可
望解決資本主義社會工具理性的疏離與物化問題(馮朝霖審訂，2004)。
教育哲學本質上就是以人為核心的活動，教育組織也是社會組織的一
環，因此，社會的脈動、文化的價值體系，均會影響教育活動；同時，
教師的哲學思維乃引導教學活動方向的關鍵因素：教師若本著功利和
效率的價值觀，則教學很難脫離工具理性的窠臼；反之，教師若本著
人文和關愛的價值觀，則教育活動將可彰顯人文化育的功能。

有鑑於此，本章將從現代與後現代本質的釐清中，檢視教育在現
代化與後現代化之間的危機，進而指出二十一世紀教育未來的可能發
展在於建構融合本土與全球化之教育哲學。

▶ 第一節　理性啟蒙與現代性的教育哲學觀

現代和後現代思潮無論對教育學和教育哲學的發展均有其相當程

---

❶　此所謂「以經解經」指哈伯瑪斯所分析的資本主義社會的發展路徑，例
　　如，資本主義社會無法符合經濟產量合乎需求的問題時，資本主義社會
　　即致力於改變生產工具，利用科技量產，卻不思考從根本來解決問題，
　　只考慮從表面、快速解決「燃眉之急」。此乃資本主義社會講求績效、快
　　速等工具理性思想的表徵，長此以往，人和社會，人和自我都將愈趨疏
　　離。

度的影響。此從十七世紀的洛克 (1693)，到十八世紀的盧梭 (1762)、康德 (1803)、裴斯塔洛齊 ❷、赫爾巴特 (Johann Friedrich Herbart, 1776–1841) (1806) ❸，乃至於黑格爾 (1848) ❹、斯賓塞 (1861)、羅森蘭茲 (Johann Karl Friedrich Rosenkranz, 1805–1879)(1886)、康米紐斯 (1887)、馬克瓦納 (John Angus MacVanel, 1871–1915) (1912)、杜威 (1916)、南恩 (Thomas Percy Nunn, 1870–1944) (1920)、波特 (Boyd Henry Bode, 1873–1953)、布伯 (Martin Buber, 1878–1965) (1923)、霍恩 (Herman Harrell Horne, 1874–1946) (1927)、懷德海 (1929)、赫欽斯 (Robert Maynard Hutchins, 1899–1977) (1936)、史肯納 (Burrhus Frederic Skinner, 1904–1990) (1938)、克伯屈 (William Heard Kilpatrick, 1871–1965) (1951)、布萊梅德 (Theodore Brameld, 1896–2002) (1956)、謝富勒 (1958)、皮亞傑、雷德 (1962)、伯恩斯 (Hobert W. Burns) 和布勞納 (Charles J. Brauner) (1962)、奈爾 (George F. Kneller) (1964)、文德班 (Donald Vandenberg) (1971)、巴洛 (Robin Barrow) 和伍德 (Ronald Woods) (1975)、庫伯 (David Cooper) (1986)、秀兒和佛瑞勒 (1987)、諾丁 (1995)、卡爾 (1995 & 2005)、帕克 (1997)、赫斯特和懷特合編 (1998)、佛列屈 (Scott Fletcher) (2000)、杜里 (James Tooley) (2000)、和戴卡爾

---

❷ 裴斯塔洛齊的教育雖然被歸於非正式的教育，但是，其教育理念所傳達的顧及人性的精神，不只具原創性，而且他也身體力行，他特別強調，好的書和教育活動一樣，要顧及興趣、且無論是故事、戲劇、幽默或人像圖書等，均需要合乎人文性 (Curtis & Boultwood, 1953: 324)，他也是人文教育的實行家。

❸ 赫爾巴特是十八世紀德國的科學教育學家，1806 年出版的《普通教育學》(*Allgemeine Pädagogik*)，更清楚地展現其後康德時期的學者中，與黑格爾的精神科學觀對立的教育學者。

❹ 黑格爾的教育著作指《教育學體系》(*Die pedagogy als system*)，後來由布來契 (Anna Callender Brackett; 1836–1911) 於 1894 年轉譯成英文，並更名為《教育哲學》(*The Philosophy of Education*) (陶志瓊，2003)。

(David Carr) (2003) 等人，及國內學者二十到二十一世紀教育學和教育哲學的相關著作，就可以看到教育學和教育哲學的辯證性發展，上述學者之論點均有其獨到處❺，其教育思想均值得教育工作者和教育研究者深入鑽研。

一、現代理性啟蒙的主要源流

　　廣義言之，現代性可溯源自西方的文藝復興為知識界開啟的「以人為本」、「以人為主」、「人定勝天」之新頁 (Choone, 1998)，此啟蒙的火花不僅在科學和其產品上展現豐碩成果，也在文學、藝術與思想上帶給人類新的生活和新的價值觀。培根的《新工具》(*Novum Oranum*) 為科學發展，提出觀察和認知世界的新方法，但是此自然科學的精神和方法，若止於方法，對人類本質和人性的發展是正向的，相反的，若自然科學方法或精神，試圖貫穿整個人類生活時，自然科學的理性將受到批判，也為人類的文化帶來偏激危機。存在主義、現象學、詮釋學和批判理論等，嚴厲批判自然科學理性在帶來人類尊嚴之際，也同時成為物化和疏離人性的工具理性。總之，科學啟蒙理性有兩種發

---

❺　古今中外為教育、教育活動、教學和教育研究，以及教育學之研究與發展付出心力者很多，本書參考文獻所列者，無法完全涵蓋所有的著作，僅就作者能挖掘者列出。本章所以列出若干教育學者之著作的目的，除了讓讀者從其著作中看出教育學和教育哲學發展的脈動，同時也可提供國內學者瞭解，國外學者對教育理論的研究（因而在此並未列入國內學者研究的成果）。上述學者的相關著作，讀者可以從庫魯斯和包爾伍德所編之《教育思想簡史》(*A Short History of Educational Ideas*) (Curtis & Boultwood, 1953) 和陶志瓊 (2003) 及國內教育哲學的專家學者所出版的書中，深入理解教育學之現代與後現代的發展動向，及其轉變的原因和重點。至於本書上述所列之教育學者的著作，為避免形如流水帳，故不一一列出其著作，以現代資訊科技的發達，這些著作都不難找到；倒是中國自古各家之經典，存在相當多值得後人研究之教育思想。

展的路徑：一為自然科學式工具理性；另一為視啟蒙為不斷辯證發展的進步和發展之理性。

現代性是一種進步，然而一旦現代性停止進步，而成為獨斷之現代主義時，現代主義必須受到批判，否則人類無法彰顯現代性，並超越現代主義 (Pinkey, Ed., 1990: 41)。此已經清楚說明，現代性、現代主義、後現代性、後現代主義之間的關係。

伽利略 (Galileo Galilei, 1564–1642) 被視為自然科學啟蒙之哥白尼革命的鬥士 (Audi, Ed., 1995: 193–196)，人類藉著科學超越傳統儀器帶人類逐漸掌控自然，也促進人類擴展「自我決定權」。繼之，在思想上穩固人類主體地位者是笛卡爾。若伽利略是從發展外在工具來啟蒙人類；笛卡爾則從內而外 (inside-out) 促進人類持續進步。物質進步的成果較為鮮明且迅速，精神和價值的進步則相對緩慢；但是，精神和思想的進步雖然比較緩慢，成效也不易彰顯，但其影響的爆發力不但較為巨大，也更能持久。這也是教育不應該以「走短線」為滿足，應該致力於思想的開發，才是真正永續進步的保單。

繼笛卡爾之後，康德和黑格爾都致力於為人類找回自我和自主權，康德的純粹理性及其發展的「無上命令之道德律則」(Categorical Imperative)，黑格爾將之發展至「絕對精神」(absolute spirit) 的極致，試圖一勞永逸解決人類自我主體與外在客體間的對立，從之點出理性與時間、空間之意識流動的辯證發展 (Audi, Ed., 1995: 311–317)。但他卻忽略了人類的生活不是只有精神，故無論在過程中是否融入物質，只要最後的終點站止於物質或精神，都是另一種形式的停止。

黑格爾走入精神的牛角尖，馬克斯 (Karl Marx, 1818–1883)(Audi, Ed., 1995: 465) 卻以辯證的方法走入物質的死胡同，故他和黑格爾一樣，為現代提出辯證的反證，卻「欲言又止」地半途而廢：兩者均為導正人類錯誤意識型態而正本清源，只是仍未卸下心中的「獨有」和「唯一」。馬克斯的思想甚至影響到後來的功利主義和實證主義論者，

更進一步將人類的主體性，拉回物質、客觀、具體、績效、可操作、可算計等理性。若對此等思想不加反省，恐將消費人類文藝復興以降，呼籲的人文性、主體性和多元性特質。

存在主義者有鑑於此，縱令自稱為上帝使者的齊克果將生活分為審美、倫理與宗教三個層次，但仍主張自由意志乃為自我負責而代言 (Audi, Ed., 1995: 406–408)，此不啻是恢復人類理性自主自律的功能。此等透過理性看透物質宰制，並逐步邁向上帝國度的理念，與黑格爾的絕對精神有某種程度的異曲同工；兩者皆視理性具有主體性，只是最終將理性交回更高的理性，或是交給上帝之手之途徑，則有差異。

尼采 (Nietzsche, 1968) 則企圖重建科學、知識與真理，他以「意志權力」推翻黑格爾的絕對精神和齊克果的上帝，因此，尼采雖由神的手中要回人類的理性和自我主體性 (超人)，但其卻再唱笛卡爾的理性自明的論調，故難免有走向虛無主義之虞 (Audi, Ed., 1995: 532–535)。

胡賽爾繼黑格爾之後，從「世界客體」(noema) 與「意識主體」(noesis) 之多重面向，指出科學 (胡賽爾稱之為 noema) 必須建立在前科學之上 (即 noesis)，由此可見，現象學主要的任務之一在於抽離理念化科學，回歸生活世界 (Audi, Eds., 1995: 347–350)，並抽絲剝繭地回歸科學啟蒙的起點，將「自我的意向性」還給現代理性。此亦凸顯現代理性和後現代理性為人類自主性奮戰的共同精神。

佛洛依德從自我心靈理論，結合其夢解析的潛意識，挖掘人類更深層的意識流，把人類物化了的現代化顯露無遺，雖承認物欲宰制人性，但也為自我存在的提升，提出超我的精神面向 (Audi, Ed., 1995: 285–287)，此正凸顯現代理性的不足，也為哈伯瑪斯宣稱「現代化是未完成的計畫」(Habermas, 1987a: xvi) 提出預告。哈伯瑪斯基本上同意黑格爾現代化不斷變動說，即視現代化為歷程，不是最後結果，更不是人類理性啟蒙的終點站。哈伯瑪斯 (Habermas, 1987a: ch. 2) 試圖用「合理性」的觀點，作為檢證現代理性的據點，繼韋伯 (Max Weber,

1864–1920) 對資本主義科層體制的分析和指摘，進一步批判資本主義
扭曲變形的現代主義思想和制度，但也稱頌黑格爾雖未能解決現代化
的問題，但卻是第一位明白「現代化」具有不斷發展性特質的人
(Habermas, 1987b: 43)。但是不同於黑格爾，現代理性已從意識轉回溝
通行動 (Morrow & Torres, 2002: 25)。

現代理性之啟蒙性、時間性和進步性的特質 (Touraine, 1995: 11)，
已從上述思想源流中，明顯展現出文藝復興時期對權威的反抗及對人
類理性的信心，以及宗教改革為人類爭取更多自主性的精神，加上洛
克、盧梭等學者對人類理性尊嚴和自信的推波助瀾，現代啟蒙理性對
人類純真本性寄予厚望，並努力挽回被經濟剝削與被政治宰制的意識。
然而，當現代主義成為現代人類唯一的價值觀時，現代啟蒙理性又再
度墮落 (Habermas, 1984: 84)，後現代思潮對現代主義的搖頭嘆息，再
度顯現啟蒙理性的本質。

二、啟蒙理性的困境：現代主義的意識型態

啟蒙理性的自我功能，在工業化和現代資本主義效能至上的原則
下，逐漸無法彰顯，反之，現代理性獨大為現代主義的意識型態 (Frisby,
1985: 38)，屆此，自由意志已經不復存在，或隱藏於社群、或市場追
求時效的功利思想中 (Touraine, 1995: 1–9)。於是具批判性思考的人類
必須質問：人類的自我是否要完全沉沒在集體化或殊異化之極端漩渦
中？或銷毀於高度市場運作的交易中？如果現代化無法以人類理性來
定義，此乃重返依循自然科學之客觀邏輯律則，而使人類背離啟蒙理
性的理想，甚至不知道何為快樂，也活得毫無創意 (Berman, 1989:
141)，因為當人類為了生活的便捷和追求快速展現成果，遂建立系統
化、普遍性、客觀性、簡單性、舒適化等行事規則，此趨近自然理性
之因果律和簡易化法則，故也容易陷入理性的怠惰，使自我不再超越
而成長。

　　何以理性似乎總難以完全持續發展，就整體人類言之，理性的發展呈現不是持續發展的直線，而是有起伏的曲線，主要的理由如下：

　　第一，人類的理性有限：雖然人類社會不斷進步，但此進步總有思想的「先驅者」帶領，而非人人均有此能力或識見，足以抗拒誘惑，或足以敏銳地覺知「合理性」的規準。簡言之，理性如人一般，不是一元的，而是多元的，故也有強弱之別；此外，強弱理性也顯現在能否區辨法則之絕對性和可能性 (Lyotard, 1993: 62–63)。因此當社會中的強勢和先驅識見未能呈顯出來，則人類理性和社會文化可能停滯不前，甚至往回走。

　　第二，主體理性邁向現代化之自我覺知和反省功能 (Berman, 1989: 126)，被物欲或慾望所淹沒：理性猶如行船，不進則退，故當現代化隨著時空呈辯證發展後，若辯證思維不再運作，不再對現況進行批判，則理性極可能成為具霸權的「理性怪獸」。

　　第三，人類意志力不足：當人類享受現代化舒適、便捷的成果後，向上提升、奮力一搏的鬥志，逐漸削弱，因而對於現代理性對自由的壓縮不是逐漸麻痺，就是「視而不見」，無動於衷。於是尼采所言之「自我超越」的理性和鬥志，遂逐漸消蝕。

　　綜上所述，如包曼所指稱之現代性優點及其可能產生的困境，人類長期追求一致性、普遍性的思維，開始動搖，甚至崩盤，故針對此困境和危機，更突顯後現代對現代理性的批判。質言之，當人類理性能夠虛心反省，不再一昧地忍受沒有自我的物化時，現代主義的危機才可能化解。

> 現代性源自人類對自然科學之發現，進而改變人類對宇宙之印象，而且透過科學知識之增長，科技工業亦改變產品的數量與品質；人類生活步調亦隨著交通工具改良而加速；鄉村都市化；大眾傳播媒介亦開展人類互動之腳步，現在的電視節目已經以雙

向、多項溝通為發展目標；殊異性亦因著時空距離的縮短而相對減少，科層體制也不斷擴充其影響力；舊有政經體制受到嚴厲挑戰；資本主義與自由經濟的優劣同時進入人類的生活。(Berman, 1983: 16)

質言之，現代與後現代理性不是承繼的問題，而是當現代理性停滯後，對啟蒙理性的推動力。一言以蔽之，現代與後現代是一種辯證關係，即現代與後現代理性均不斷展現與維護啟蒙理性之自主性；現代化若缺乏後現代理性的批判則很容易走入現代主義的窠臼，就此而言，後現代理性乃現代理性不至於僵化和停滯，甚至走入現代主義的拉力。但仁恩 (Norman K. Denzin) 也宣稱：後現代也是資本主義社會的產物，是藝術的脈絡，亦是社會理論的形式之一，更是一系列的文化轉型 (Denzin, 1991: ix–x)。

李歐塔 (Jean Francois Lyotard, 1924–1998)(1984: 64–78) 和麥拉藍 (McLaren, 1986: 390) 強調精神辯證，意義詮釋和主體理性解放之理性啟蒙與後現代相通之本質：包括後現代啟蒙理性之不連續、大變動和不可複誦與矛盾性之革命性理性之理論化，並透過描述方法，粉碎實證性科學知識之獨占性。如斯，則後現代可謂為啟蒙理性之批判性重建，也彰顯自我理性之省思功能。總之，後現代不是無中生有的理論或理念,乃對實證科學理性之獨斷性提出質疑(與現代性之本質相同)，並對現代主義之理性不斷提出批判。簡言之，後現代與現代思想可以並存不悖，並可發揮相輔相成之辯證關係。

從理性啟蒙的觀點言之，現代理性在教育活動中最明顯的現象是講求功績理性的教育觀。功績理性是一種數學邏輯的計算理性，故是一種傳統自然科學的理性。此等理性從當代教育改革和大學的發展清析可見：例如，無論歐盟主辦的世界學生學業成就指標和教育評鑑崇向量化和標準化；台灣高等教育與世界高等教育一樣都走上經濟市場

邏輯；甚至學術研究之數量與品質，也都逐步邁向客觀化結果之比較。

　　上述種種沾染獨斷理性和工具理性霸權下的教育產物，正是後現代思潮嘲諷、批判和解構的對象。此從教育目的之追求幸福生活和德行、標榜主體之自由自主性（如學生中心、人文主義等），先邁向講求績效、注重方法（如行為學派、實證主義等）之現代化思潮高峰，然後再轉而追求主體之自由和生命意義（如存在主義）、更深層的找到視域融合的同理理解、及透過尊重個人主體之溝通行動的脈絡，可以看到理性非線型發展的辯證曲線足跡；此也彰顯於教育制度、教育評鑑、學校本位課程、多本教材、去中心教育行政運作等層面。教育不能不講求效率，也不能不顧個人的主體性和自由意志，故應兼顧文化精神的發展，及自我真實存在的意義開顯。

　　析言之，無論資本主義是否為歷史的必然，身分的認同隨著主體的零散化和疏離化，將加速教育淪為工具理性、神話競技、道德解構等之顛覆性活動，卻流失建設性的文化建構。人類自十九世紀以降，承受過多來自科學和科技的壓力，也在多元和一元擺盪中的齊一性和整體性之間不斷的競賽和妥協 (Lyotard, 1984)，更在差異與和諧的拉鋸間改造和發展，一則舒緩社會不合理的權威，再則盡可能維護自我主體之自由解放，藉破除機械性複製，展現創意和多元特質。一言以蔽之，教育必須培育批判意識型態的素養，方易確保自我主體性之不斷開展。

▶ 第二節　現代與後現代教育哲學的典範轉移

　　後現代絕不只是一種單純的系統或理論，此由「後」所具有的雙層意涵可知：一為時間上的先後次序；其次為思想上的再批判，即對其之前的思考邏輯或方法提出質疑。就此而言，後現代應該出現在現代之後，後現代思想也應該興起於現代思想之後❻，同時，後現代就

是對現代思維的質疑和批判。

對於理論的興起而言，時間的先後，爭議不大；相對的，對於現代思考或邏輯的批判，才是後現代所以多元、複雜的主因，而且此也意味著，對後現代的解釋，也會隨著個人如何思考、如何看待世界，以及如何解讀生產方式而有差異。由此可推，後現代思想一則由於眾說紛紜，難以定於一尊；再則由於該思想興起的時間是在現代之後，故被稱為「後現代」思想。這也是後現代被描述為「衝突和挑戰時刻」(the moment of contraction and challenges) (Usher & Edwards, 1994: 1) 的原因。

以下透過對後現代思潮的闡述，展現教育哲學之現代與後現代性之轉折及其價值典範之轉移。

一、後現代的興起及其要旨

後現代在 1970 年代以前，尚未形成較為穩定而紮實的概念 (Connor, 1989: 6)。此僅表示後現代的發展在 1970 年代之後已愈來愈具體，但是後現代的來臨或蓬勃發展，並不表示現代已經死亡或停止，可能現代與後現代兩種思維同時並存。

現代性的發展，雖然對人類的生活和進步有深刻的貢獻，現代科

---

❻ 大抵言之，現代以啟蒙運動為象徵的年代，而更早的足跡是文藝復興時期對人及人之主體理性的呼籲。文獻的記載大抵是 1750 年代起，尤其是 1890 年到 1945 年；至於二次大戰之後，尤其是 1968 年以降，後現代就如火如荼的展開了 (Gromala & Bicket, 1998: 1)。依據 R. Appignanesi 一書的資料顯示：最早使用「後現代」一詞的人是潘維茲 (Rudolf Pannwitz, 1881–1969)，他於 1917 年使用過該詞，其實 1870 年代英國的藝術家查普曼 (John Watkins Chapman, 1832–1903) 已提及「後印象主義」(Post-impressionism) 一詞；不過，「後」學的開端則應該從 1880 年代的「後印象派」和 1914–1922 年的「後工業」(Post-industrial) 開始算起 (Appignanesi, 1998: 1)。

技產品使人類的生活更便捷、更舒適、也更經濟有效，但是，我們卻不能因此而論斷，現代思考是人類思想的至善。質言之，現代思潮發展的結果，對人類產生的影響不是只有正面，或完全沒有負面性，人類的思想也不是在現代之後就不再改變或毫無進步，故人的思想、社會行為或生活世界，亦非在現代思潮發展到後現代以後，就達到完美無缺而完全停滯不前。何況人類社會也不會從此就不再有任何新的問題產生，故現代思想在理論和實際上都存在被批判、被改變、甚至被推翻的空間，接踵而至的是另一種反省現代思想的思潮——後現代思潮就是其一。人類的思想如此，教育哲學的脈動亦如此。

　　總之，後現代思潮有鑑於現代主義的缺失和不完足，隨即興起於現代主義之後。就此而言，後現代的時間點應該在資本主義後期，遂又被稱為「後工業的資本主義」(Post-industrial Capitalism) 時期。後現代基於反思的立場，扮演反省和解放的角色，常出現對立、抗拒、顛覆、去中心、解構或再重構的形式和現象❼。

　　易言之，後現代發展至今，已經具有較清楚的共識，如去中心化、多元化、去一元化（普遍化）、小敘事、重差異、混沌性等特質，乃教育界對後現代的共識。除了上述特色外，與後現代相關的名詞，較常出現的大抵還有，片段 (fragment)、弔詭、隱喻或詩的語言、意識型態、論辯／論述 (discourse)、權力、解構、解放、隨性、衝突、變革、遊戲、去霸權、後工業、後殖民、去主流、重情感、關係取向等概念；同時較常和後現代思想相提並論的理論有：存在主義、現象學、詮釋學、結構主義、建構理論、後結構主義、馬克斯主義、語言遊戲、女性主義、批判理論、殖民與後殖民理論等。至於涉及後現代理論之學者大抵有：馬克思、尼采、葛蘭西 (Antonio Gramsci, 1881–1937)、維根斯坦、海德格、高德美、拉康 (Jacques Lacan, 1901–1981)、沙特、梅洛‧

---

❼　此去中心和再重構的現象，衍生為全球性多元文化的形式 (Irvine, 1998: 5)。

龐蒂、阿圖舍 (Louis Althusser, 1918–1990)、李歐塔、德勒茲 (Gilles Deleuze, 1925–1995)、傅柯、布卓厄爾 (Jean Baudrillard, 1929–2007)、哈柏瑪斯、德瑞達、羅逖 (Richard Rorty, 1931–2007)、紀登斯等人，其中尤其以女性主義更被譽為後現代教育的主流思想 (Hill, McLaren, Cole & Rikowski, Eds., 2003: 1)❽。

就西方文化和思想言之，西方思想的終極宰制者是上帝，上帝扮演知識、理性和正義的主宰者或判準。若上帝已死，則人類才可能真正擁有自我，自我決定，自我的意志才能獲得發揮，且所謂的真理也才能真正由人自行決定，故尼采以宣稱：上帝已死! (God is dead!) 來解放人類思想的自由。

無論尼采或李歐塔對真理、意志和權力均有深刻的反思：前者提出「追求真理就是追求權力」(Will to truth leads to will to power)；後者則選擇語言遊戲為途徑，一方面從帕森斯 (Talcott Parsons, 1902–1979) 社會連結與功能論的觀點，反省現代性知識的「功能性主義」(Functionalism)；另一方面也反對馬克思物質辯證論所引發的「機械化人性論」(cybernetics) (Lyotard, 1984: 11)。李歐塔 (Lyotard, 1984: 11–12) 認為，無論功能論或機械論，均誤導人去相信現代化的系統可以確保和滿足人類需求，並視人類社會猶如製造物品的工廠一樣，可以建立一套輸出→輸入的生產體系，將社會化約為一個能有效自我統整的和諧體。此等現象和思維方式就是批判理論學者霍克海默 (Horkheimer, 引自 Lyotard, 1984: 12) 所批駁的「理性的偏執」(paranoia of reason)。

後現代批判建立於假設命題基礎上的系統性思維，此等自命為科學的理性試圖決定人類社會和生活的緣起緣滅 (Lyotard, 1984: 53)。後現代思維對現代主義的批判，開啟教育理性啟蒙的另一扇窗，讓深受

---

❽　本文所列出的名字並非全部，更未將相關的論文和出版的書籍列入，主要的目的只在於透顯後現代的發展早在十九世紀已經萌芽，至二十世紀可以說蓬勃發展，並以法國為大本營。

現代主義影響的教育能解脫新霸權的操弄和宰制，也讓工具理性化的教育有喘息的機會。當教育思想已經開顯後現代思想之際，若教育決策者為建立此等批判的價值典範，則教育活動要走出工具及效益論的宰制，恐非易事。

波伯 (Popper, 1966: 3) 在其《開放社會及其敵人》(*The Open Society and Its Enemies*) 一書中提及：一種思潮不是一蹴可及，是逐步緩慢點滴的形成。此如同開放社會一樣，其開放的概念迄今仍相當模糊，再者社會是否真的已經開放，真的已經邁向民主，仍存在爭議。後現代思潮亦是如此，故常被指摘是「一人一義，十人十義」，但此也是一種思潮形成過程中必然會發生的現象。

教育工作者不應該悲觀，也沒有悲觀的權利，應該自立自強，時時將人文性、倫理性和審美性的全人精神放在心上，落實於行動上。析言之，教育工作者必須先認識到思想的盲點和迷思，從而開展人類知覺的情懷，並一步一腳印地踏實做，在此過程中難免遭遇挫折和困難，但教育工作者應該有所堅持，為全人類有更美好夢想的價值而堅持。基於此價值的期盼和堅持，教育工作者才有毅力和勇氣面對困境，也才能開展無私的教育大愛。

後現代代表一種反思現代的思維和作法，是一種強化反向的辯證思考(走向反向的辯證合)，當然也是一種尊重多元和重視差異的思路。艾維納 (Irvine, 1998) 將「後現代」與「現代」之特質作系統整理後，提出後現代的特質和問題，主要包括：㈠尊重差異產生的認同問題；㈡強調偶發與在地化產生的片斷和零碎問題；㈢注重多元產生的失根問題；㈣標榜解構產生的失序問題；㈤強化個性產生的主流消弭問題。此五大特質與問題都是邁向全球化之際需要思考的問題，至少上述特質和問題激發我們思考，長久以來人類一直在追求完美的思路是否正確？是否需要逆向的思考，將追求完美修正為對抗邪惡 (Popper, 1966: 157–168)？這些特質中是否也隱藏著後現代思想的弔詭？

二、後現代思想的弔詭：教育之現代與後現代的辯證

誠如傅柯（Focault，引自 Dreyfus & Rabinow, 1983: 34）所言,「人類在現代主義社會下，與被關在監牢、醫院或療養院並無二致」，雖然我們不能像現代主義者一樣那麼自由和樂觀，但是我們也不必悲觀，因為縱令人類無法逃脫來自四面八方的壓制，也不能抗拒現代社會產生的不正義，至少可以放鬆心情等待，因為我們認知到現代資本主義社會下具獨霸性之整全理性 (totality) 的本質雖難以改變，但仍不完足而受到批判。此觀點奠基於傅柯 (1979) 否定人類可能擁有自由的理念，但人的自由意志卻未必是現代理性或後現代理性的優點。

析言之，若人與人之間的關懷很綿密時，人類無須汲汲營營地追求現代理性之自我主體的自由；人類也無須對於權力的壓抑或宰制看得過於嚴重，而且人與人之間的友好關係，也無須遵循現代或後現代理性的規準。舉例言之，當師生關係很融洽，學生感受到教師無私的付出時，學生不會將教師的管教視為不當或惡意，也不會將教師的嚴屬管理作負面消極的詮釋。

韋斯特 (Frank Webster, 1950–) 關心世界各國高等教育的兩個主要問題：第一，大眾化高等教育的蓬勃發展；第二，高等教育學術研究品質與培育知識分子的功能逐漸模糊 (Webster, 2000: 312–314)。此兩大問題皆與急遽加速的全球化以及現代與後現代思想的辯證發展有關。

㈠全球化加速變遷，並擴大競爭力的挑戰

科學產品以及大眾傳媒等工具與資訊科技的快速發展，讓大量資訊瞬間湧入人類的眼中，並幾乎完全占滿了人類的腦子和心靈，於是人類難以再撥出時間來進行思考；同理，人類也因為電腦資訊的發達，數位時代的來臨，數位的資訊取代人類的決定和運算，於是，人類不

但需要依賴資訊科技來幫我們下決定，也仰仗資訊科技為我們的決定採取行動。這些我們日常生活中習以為常，甚至以為人類的文明在進步的活動，在在顯示人類心靈的空虛、思想的孤立無援，乃至於身體猶如自然科技產品的棲身所。現代啟蒙理性追尋的主體性，不但沒有因為科技的發達而更為彰顯，反而隨著科技的發達而消失於無形。更可悲的是，人類不但毫不自覺，還沾沾自喜於科技產品提供人類生活的便捷、經濟和精確。當然我們無法否認科技產品對於改善人類生活的貢獻，但是，也不能因此而忽略人類生活還有一分更深層、更珍貴的寶藏，那就是人類的文化。

科技產品是文化的一環，但絕對不是文化的全貌。因此，試圖以科技產品作為人類文化內涵或進步的唯一判準，只是顯示人類思維的單面向，而不是人類真正的生活面向。更何況科技是否真的是人類進步的動力源？法蘭克福學派的霍克海默和阿多諾 (Horkheimer & Adorno, 1989) 犀利地反省現代科技對人類的影響後提出，科技產品使人進步，但也使人退化；進步指實用性、經濟性和便捷性的效益；相對的，退化則指人類理性和精神生活層面品質不提升反淪喪。

何以要研究人生？陳迺臣 (1997: 91) 認為，研究人生乃為了滿足好奇心，並尋找美好人生。笛卡爾提出「我思，故我在」的明晰和精確原則，作為人類認知的起點，開展人類理性思維的先鋒。繼之，康德更以純粹理性能掌握的先驗和超驗知識，繼續弘揚理性是人類異於其他動物的合理性表徵。但是，生活在科技的牢籠中，人類能否發揮「自主性」？只有科技的人生，是否真能夠讓個人和社群生活都過得有意義、有價值、又充實？此皆有賴教育啟蒙人類理性和開展人類關懷的倫理的目的是否達成。

作者對於此問題並不如現代科學家那麼樂觀，相對的，當科技悄悄地關上人類思考的心門後，人類的生活不僅僅呈現單面向而已，啟蒙理性所標榜的自我、自由和自主，都全盤崩潰。後現代重拾尼采的

自我存在、多元和差異，多少可化解人類對於理性過度信心的危機。

當人類意識到科技產品已經如鴉片一樣地吸引我們時，人類也逐漸習慣並賴之生存而無法自拔，此時人類理性已經和啟蒙初期爭取自由主體理性的精神相去甚遠，甚至背道而馳。就此而言，後現代提供人類新希望，雖然希望建立在理性的不確定性上，但也正因為理性的不確定性和無法預測性，讓人類得以脫離整全理性的全面圍殺，遂質疑理性對人類是福音還是詛咒？同理，後現代所標榜的差異、弱勢、多元、情感、自我、片斷、創生等對人類文化價值的建立，可能是福音，也可能是詛咒。全球化的趨勢也存在一刀兩刃的爭議。

如何確定後現代對於人類生活和存在到底是福音或詛咒？隨著科技產品的資訊化，人類生活也逐步數位化，數位化的生活模式，更加速全球化的腳步。「全球化」指「一個無法勝數，同時也是紛擾複雜的世界，在此世界中，沒有單一的理念，也沒有唯一的方法，更沒有獨一無二的知識可以與之呼應」(Tran, 2005: 14)。例如，每個人的求生之道可能不同，對柏拉圖的解讀也或有差異；各種不同文化將會充斥在這個世界，而全球化無異於要人人去接受一個可能集無數「不可共量」於一體的世界觀。就此而言，全球化可能開展出一個更開放的世界；然而此等自由平等的多元文化是否真的可行？未必。若要落實理想的全球化，則需要生活在全球化趨勢下的每個人都能具有民主素養，即人人都能相互尊重、平等論述、並心中有他者，還能將心比心。可見欲達成真正多元化的全球化如何不容易。惟教育工作者，沒有放棄和消極的權利，無論環境如何艱難，都需要全力以赴，並意識到必須做對的事，即只要是對的事 (do the right thing)，就要努力去完成。

㈡後現代是未完成的現代性

就教育而言，「對的事」最簡單的判準有二：1.是否鼓勵學生能自由地開展其個人的思想？2.是否排除外在政治經濟力的壓迫，而自由

自主地走教育啟蒙理性、開啟創意和發揮關懷倫理的人文之道?當然,大環境需要為教育提供民主和人文的沃土,雖然教育的成長很緩慢,但是,若教育工作者的耐心和毅力不足,以至於無法忍受教育的緩慢成長,甚至放棄教育的理想,則教育便無法為理想的全球化盡一分心力,全球化也可能如意識型態一樣地被扭曲變形。

　　若全球化無法讓每個人都自由、平等地去接受各種多元的價值觀,則全球化勢必因為某些擁有較大權力的個人,因其陶醉於個人的意識型態中,或為了捍衛個人的權益,而變得更為保守、封閉,甚至更自我中心,或走向獨裁的無政府主義社會。析言之,若當全球化無法發展成一個全球性與巨大的自主性市場系統,反而出自於政府的控制時,則將增加更多的不確定性與受到政府、政治或其他外力更大的控制。

　　但是,教育不是營利機構,而是投資事業,故教育需要外在的資源,才能藉該資源培育人才。教育工作者不能像衝鋒陷陣的烈士,去擋不民主、不正義的砲灰,需要抱持「留得青山在,不怕沒柴燒」的卑微態度,並能容忍亂世的孤獨。弔詭的是,此等人也需要能「活下去」才能持續存在,因此可以想像,這種人在教育理想未能達成之前,必定是社會的少數,正因為社會並非清流,這些「有志之士」(或稱知識分子)也非社會的主流,若就常態曲線分配圖言之,則社會的菁英或知識分子,勢必也是社會的極少數。

　　析言之,雖然這些是少數,但這些少數必須逐漸讓更多人瞭解、贊同,乃至於欣賞其價值觀,而逐漸形成社會的主流和多數。此時又出現弔詭:當少數憂國憂民之知識分子的價值觀逐漸成為主流後,社會必須再出現另一「群」少數的「異議分子」,隨時提醒主流民意,必須尊重其他的聲音和他人的自由。這些少數人扮演的就是知識分子作為社會暮鼓晨鐘的功能。此少數思想逐漸成為主流思想的歷程,就是一種價值觀的「典範轉移」❾;同時這些扮演提醒、喚醒和自覺的聲

　❾　此價值觀的典範轉移,除了說明社會價值觀的從異類到主流的過程外,

音就是批判思考展現的動力和意向性。此再度說明，教育應該培養批判性思考的能力和態度。若此，則教育應該追求的不僅是績效的卓越，更應該彰顯文化的精神價值 (Robbins & Webster, 2002: 5)。

哈伯瑪斯 (Habermas, 1970) 認為，大學除了傳遞知識與生產知識兩個世俗的功能外，還必須承擔下列的任務，如： 1.要確保學生除了其所學之專門知能外，還需要發揮專門知能之外的功能 (extrafunctional)，即展現專門知能時不可或缺的態度，尤其是人之所以為人的通識和人文素養； 2.傳遞、詮釋與創造社會文化傳統之知能； 3.協助學生形成其自主自律的社會與政治意識及自我反省能力。總之，教育必須培養學生具有判斷能力和建立其適切價值觀及承擔社會公民責任的能力，包括追求真理、理性論辯、關懷他者等現代民主素養。目前的教育是否已經達成此目的？ 讀者可以自行判斷。

大學的本色不僅要回歸傳統大學追求學術自由的本質，提供理念溝通的沃土，幫助學生的思想自由翱翔，重建人與人之間和諧溫暖的凝聚力，讓冰冷理性的學術論辯，融合人文、倫理和審美的浪漫之美 (Gadamer, 1992: 59)。如此，教育才能在理性啟蒙和人性化育中，為社會文化價值典範建構，培育有能力進行理性對話、創造性詮釋、和價值觀開創的人力資源。

近年來台灣教育改革的走向，是否已經明顯地邁向後福特主義講求經濟的數學邏輯，以效率、市場、競爭、多元、標準等工具理性之手段，以達成經濟競爭力優勢的「企業化」目標？ 教育既是一種投資，因此不應該排除追求獲利，但不可以讓獲利蒙蔽理性的雙眼，而使多采多姿的樂園，成為單一色調的灰白，使具生命意義的理性成為冰冷的客體 (Apple & Whitty, 2002: 74)，進而侵蝕教育的本質，枯竭教育的

也呈顯後現代吸收與包含「多元論」(pluralism)、「流動性」(fluidity)、「模糊性」(fuzziness) 之精神，故不至於僵化於某種價值觀，且有容納他者和異己的空間 (Webster, 2000: 319)。

心靈。總之，教育既是學識和專門知能的製造廠和學術殿堂，但也是真理論述、心靈溝通與生命交流的生活場域。

第三節　現代與後現代的辯證

　　強調客觀、迎向科學；投入關懷、追求卓越，是現代與後現代辯證合的寫照。教育既是科學，亦是人文，故優質教育需要融入科學的批判，更需要倫理的關懷。一言以蔽之，教育必須邁向追尋績效、走向人文之辯證合。海德格 (Heidegger, 1968) 也強調驚奇和思考間的關係，人類的驚奇並非只賴求得精確的答案即可滿足，相反的，「精確答案」只提供有限的、封閉型的知識（如回答「什麼」或「如何」的問題），但人類的思考，除了有限的知識外，更會鑽研「為什麼」的問題，而「為什麼」的議題不僅需要理性的獨白（如分析和現象學），更需要與外在的交流（現象學和詮釋學）和他人的溝通和論辯（詮釋和批判理論），如此多元的思考，方更能彰顯主體的自主性和意志的自由（存在主義教育哲學）。由此可推，只有現代化或現代主義的教育哲學是不足的，同理，只有後現代主義的教育哲學也是有所偏頗的，最理想的教育哲學就是和人的生活世界、人的經驗、理性、情感和意志結合，充分展現人類在不同情境下的共通性和殊異性。

一、教育哲學的轉向與辯證思維的呼喚：教育本質的傳承

　　教育活動必須透過行政管理或經營，以決定並落實教育計畫或方針的過程與結果。就此而言，舉凡教育結構、制度建立、組織運作、課程建構、教學活動、成效評估，乃至於價值判斷等皆需要教育決策確立方向、決定內涵、制定標準、進行評估。這一系列的統御、領導、經營與管理，皆必須建立體制，以有效執行，進而卓越化其效能，除確保教育品質外，更需以人文的活水維繫教育優質化之品味。質言之，

教育哲學的核心地位，彰顯於其促進、驗證、並修正教育理念和實踐的歷程上。廣義言之，任何引導教育活動進行之動力因與目的因，均為教育哲學的範疇；學校的投資者 (stakeholders)，包括教育行政人員、教師、學生、家長等，透過各種與教育事務或教學活動相關的活動，以達成教育功能者，均需要教育哲學，也均屬於教育哲學的內容。

　　一言以蔽之，教育哲學理論和理想均是教育活動的最高指導方針。教育哲學所指引的判斷和決策乃行使權力的重要依據，決策的落實也是決定者意志力的貫徹，故決策的內容與執行不僅涵蓋實質有形的組織、制度、行動與法規範，也包括抽象無形的權力、理想與意志的價值判斷。前者包括建立制度、形塑組織、達成目標、維繫品質等要件；後者則強調組織文化、教育理念與思考和好惡的確立。前者構成教育決定最基本的要件；後者厚植追求教育卓越的實力與動能。

　　然而人是完整的，故思想與行動基本上應該是一體的，當思想作決定，而身體採取行動，則人對該行為就必須負起責任，無所推卸。總之，教育哲學體現教育決策者的內在意向性，決策者權力的糾結隱含決策者教育之專門知能和行動的能量，故教育決策者的素質決定教育活動的品質；教育決定和行動乃教育哲學的具體化，教育活動和決定則為教育哲學意念與權力的具體落實。

　　科學啟蒙以降，追尋立即性效率的意圖，已經為教育行政和教學管理樹立合法性和合理性的權威。然而，教育能否只重視工具理性的短期目標？能否單純地僅以市場經濟作為成本的唯一考量？教育是否只要依據封閉的、固定的制度和組織達成預定目標即可，無需顧及師生的自由意志和互動作用？教育活動的主體（教師和學生）在教育決定過程中該扮演什麼角色？教育決定的過程與結果是否合乎公平、自由、正義和關懷的教育本質？上述省思乃判定教育價值典範的參照❿，

---

　　❿　此參照模式指的是被視為客觀的知識論和方法論的範疇，或屬於強調互為主觀之價值論的範疇。

更是認識與檢證教育之科學化本質、內涵及其合理性的後設思考。一言以蔽之，教育哲學即反思教育科學化本質和教育績效的準據。故教育哲學一則披露教育權力之糾結，再則檢證教育合法性與合理性轉化的脈絡，進而凸顯教育「科學化」、「績效制」與「科層面」的危機，俾進一步解放「教育科學」的「迷思」，重建符應理性啟蒙的教育理念，以兼顧教育實踐的科學性、人文性（涵蓋倫理性和審美性）。

　　教育是特殊活動的目的，是政府的決定、也具有正式權威，此過程與結果均是一種理論或模式，其轉變也顯示理論或模式的轉換 (Taylor, Rizvi, Lingard & Henry, 1997: 29)，此也凸顯教育哲學的多重角色和本質。總之，教育政策的角色功能無論是過程或結果，包括行動、思想、權威和公權力。

　　教育活動的執行必須建立一套行政官僚體系，便於掌控教育活動的運作，以達成理念與實務的目標 (Weber, 1947: 24–25)。官僚體制伴隨著嚴格的組織結構和科層權力分工的制衡，若其在組織的協調與掌控上較能兼顧個人的發展和社會的軌跡，也較能維繫人類和文化的傳承與永續發展 (Ricoeur, in Taylor, Ed., 1986: 198)。教育與組織型態的多元開展、組織功能的彰顯、權力的合理分配、行政的民主運作等均存在唇齒相依的關係，故教育必須符應教育啟蒙人類理性的本質，發揮教育涵化人性的目的，方能在落實教育目的之際也把握教育的真諦。因此，教育的角色功能即將教育的傳承轉化為客觀體系，此亦是教育不能不講求績效的本質，但是這也是教育容易被視為方法，淪為只強調績效性目的，忽略人文性目的之宿命。

　　教育本質的落實與轉向牽動教育的品質，教育本質與教育決定的關係猶如雞和蛋的關係——是雞生蛋？抑或蛋生雞？迄今仍難找出第一隻母雞或第一顆雞蛋。當教育本質在傳承過程中發生質變或量變，教育活動和教育價值典範也將隨之與時推移。由之，教育本質的改變將牽動教育哲學與價值典範的變動與移轉。

　　蘇格拉底以降，教育即被視為理性啟蒙的活動，教育活動出自自願，也來自意願：自願為師，願意學習，教師以知識和德行為素材，學生則透過和教師的對話，思索身心靈的建構與提升，此即價值觀的確立與存在意義的彰顯。因此，啟蒙理性成為教育活動心靈交會的虹橋，教育亦應符應此本質，方能圓滿達成其人文關懷、德行和生命意義存在價值的目標。

　　教育除了啟蒙人類理性外，尚須從過去經驗增進面對未來的知能，此即教育將人類過去的知識、經驗和已經建立的社會道德規範傳遞給下一代，並期望下一代帶著過去的知能，去面對未來環境，並發揚和新創人類知能和文化的功能。過去的成功不保證未來的成功，尤其在知識爆炸的資訊科技時代，知識和訊息間的明確性大幅降低，欲普遍化人類經驗的可能性也相形降低，因此，人類期盼透過教育產生面對未來生活和困難之能力的可能性也微乎其微，教育面臨此情境，不可再停留於文化和價值的傳承，應積極創造新的方法和價值。此即形塑教育價值典範，及價值典範的轉移。

　　教育不能只有單面向的重視知識和能力，還要回歸人之德行和生命意義的存在價值面，否則教育會因未能思考整全之人的整體面向，導致教育績效不彰、僵化、與乏人味兒的缺失。因此，教育理念或價值典範的建立，必須從知識論擴展到價值論層次，從工具理性展延到價值理性。若能如此，則教育工作者將在教育場域中時時自我反省，不斷尋求「苟日新、日日新、又日新」之止於至善的理想，而非淪為握著權柄四處吆喝的奴性人。

　　教育方法不僅限於蘇格拉底的詰問法或柏拉圖的饗宴對話法。隨著科技的發展，教育必須考量學生的起點行為，教材也必須隨著學生的個別差異而不同，此乃適性教學和多元教育理念之立論。無論教學方法為何，教育不能忽略知識、技能和情意三個面向：技能偏重客觀知能的充實，情意偏重內在情感的激發，知識則遊刃於技能和情意之

間進行價值取向的定位，也具體呈現教育活動的績效和品質。

綜上所述，教育本質有二：一為理性啟蒙和價值觀的建構，另一為培養處理事物的能力。此教育兩大目的隱含教育的合法性、效率性和自主性。教育若無法顯現績效，則教育不可能被認同，也不可能具合法性；相對的，教育若無法啟蒙人類理性，則難以彰顯其自主性和創生性。

以台灣目前的教科書政策言之，教科書國編本也好，一綱多本也罷，到底留給教師和學生多少自主空間？此才是有待教育哲學判斷、決定和批判的重點。若單純地從效率面言之，則當政策剝奪師生自主性決定時，雖可道出其存在的無數理由，但是，策略應用或辯才不應理所當然地被視為經驗的必然法則，此時需要透過理性思維對人類經驗嚴謹把關，並重新理解，而不是輕易將直覺或常識性經驗視為理所當然 (Gereluk, 2002: 219)。基於教育活動以人為核心的基礎，教育的價值取向也受到教育成果的影響，此亦為教育活動埋下被工具化的危機。

處理教育問題的首要之務，即以開放的心胸瞭解問題的來龍去脈，然後對症下藥 (Gadamer, 1975: 299)。教育為樹人的千秋大業，雖不能離開經驗，但也不能僅從理性分析去釐清問題、瞭解情境，更應深入人、事、時、地、物等權力與利益交錯複雜的情境，方能進入教育活動和教育場域的核心，藉著顯露教育價值典範而透析問題癥結。

教育具有民主精神，也強調心靈的自由和放空，更是有血有淚，充滿倫理情懷的活動。彼特斯 (Peters, 1966: 32) 早在六〇年代已經從「訓練」與「教育」之區分，開啟教育活動之工具理性（訓練）和情性理解（教育）兩個向度的論述。雖然教育活動拘泥於教育或訓練的任何一環均有所不足，但是教育活動也常只呈顯單方面目的，故教育政策長期以來只是反映問題，未必是解決教育問題，若不能掙脫工具理性思維，則亦難以解決問題，還可能製造更多問題 (Taylor, Rizvi, Lingard & Henry, 1997: 28)。

知識分子若只能從學歷上去「證明」自己受過教育，卻無法彰顯溫良恭儉讓和積極向上的人格特質，也無法呈顯其具獨立性和批判性思想的文化人特質，則教育充其量也只是訓練機制化行為的機器人。若期望由這樣的機器人來解決教育問題，恐是海市蜃樓。由此可見，決策者的教育哲學素養，形構其教育的價值觀，也對教育的成敗和良窳產生關鍵性作用。

二、新舊價值的轉向及辯證思維的呼喚：從「基礎主義」到「小寫哲學」

人是多元而複雜的動物，教育也是融合知識、政治、社會等多面向的科學。從教育史的觀點，無論是有形的或無形的教育，教育活動的理想都期望培養「自主性自律」的人。縱令於十九世紀科學極盛期——一個極可能讓教育成為科學數據的時期——窄化教育本質和內容仍是檢證教育理論和實踐的指標 (Aldrich, in Crook & Aldrich, 2000: 65)，而且當教育工作者意識到教育內涵不能僅限於事實的認知，而必須及於師生關係的重視、溫馨校園的追求、乃至於人文性的陶冶之際，強調探索性、主體性和思維活動的課程和教學理念應運而生，教育哲學在面對此現實問題之際，也不得不隨之轉向。

此時教育哲學雖轉向以孩童為中心的人文主義，但是工具性的鮮明績效和耀眼的成果，卻也讓教育決策者難以抗拒受科技成就之甜美果實的誘惑。此說明教育理論與教育活動將在工具理性與人文性之間拉鋸：工具理性有時戰勝人性的善根，有時人性的善根無奈地呼喚乾枯的靈魂。然而無論是形而上的人性之善，或形而下的功績之效，工具理性的迷人績效雖然極盡所能地麻醉人類的善性，但迄今未必成功，至少仍有少數「知識分子」是清醒的。然而可悲的是，當人文遇上工具理性時，人文只能以「星星之火可以燎原」的使命感，維繫教育理想於不墜。這是教育決策者應該反省：反省何以人文面對科學時，總

是如此勢孤力薄？何以社會總讓清醒的知識分子如此孤寂，且只能靠自己的毅力和勇氣，踏著孤獨的足跡踽踽前進？

　　人文與工具理性的拉鋸是兩種教育價值觀的轉移，此猶如資本主義向社會主義靠攏、社會主義向資本主義靠攏的現象一樣，需要找到一個辯證合，畢竟無論資本主義或社會主義都無法完全取代任何一方。質言之，教育活動背後隱藏著教育決策者的意識型態，無所不在(Eagleton, 1991: 193–195)。舉凡無論工具理性或人文精神，均存在認同科學工具性之成效是教育的目的，此即「基礎主義」之觀點；相對的，若強調人之主體自主性、標榜主體意識、重視個體發展、強調意志自由和情性發揮之價值者，則為本章所稱之「小寫哲學」。這是兩種對立的教育哲學觀：對基礎主義的反省，成為建構小寫哲學的依據；小寫哲學的存在，則為抗拒基礎主義限縮主體自由和創造力的捕手。隨著教育價值在基礎主義和小寫哲學間的擺盪，教育哲學也在追求權力、利益和績效，以及尋求意志自由和倫理關懷間出現弔詭。

　　黑格爾從客觀唯心論批判康德的主觀唯心論，直指康德自我意識的「先驗統一」，黑格爾在《小邏輯》(Hegel, in 賀瑞麟, 1959: 135–137)中指出，康德雖然將笛卡爾之自我意識和主體性推到極致，使自我主體的地位高聳如上帝的地位，無所不能，無所不包，但是此猶如井蛙一樣，只是管窺之見非真知灼見。雖然黑格爾並不反駁康德自我能動性可能發揮的潛力，不過他更強調概念和思想應具有客觀性，才不會故步自封。因此他運用辯證法統合了主觀的自我主體與思想對象的物自身，並提出絕對精神作為宇宙萬物內在的核心和本質，以絕對精神才是宇宙萬物真正的永恆存在。就此而言，黑格爾將康德未完成的理性往前推移，雖然兩者均屬於基礎主義的典範，但是黑格爾的絕對精神辯證卻為往後的小寫哲學開出一道後門。

　　黑格爾透過絕對精神的唯心辯證，闡述人類理性不僅認識外在的現象外，也能掌握內在的本質界；相對的，康德卻只沉醉在超驗理性

的光環中孤芳自賞。然而無論康德或黑格爾都認定宇宙存在一個既存的律則，此即康德的「純粹理性」和黑格爾的「絕對精神」，其所建構的方法均歸屬於聲稱一元理性和理性掛帥的「基礎主義」。這種基礎主義的教育思維，影響教育活動與教育實踐，其隱含的是一種看不見卻實質存在的威權。

以教學為例，教學若抱持基礎主義的理念，則在教學活動中教師認定的知識才是真知，教師的價值觀和態度成為教學主要的內涵和唯一的真理 (Kecht, 1992: 156)。此時，學生的主體性勢必因為被壓抑而隱而不見。反之，教師若抱持小寫哲學的教育觀，則教師將更重視學習者自由意志的表達，也會更強調學習者價值觀的自我建構，更會認同多元價值。就此而言，小寫哲學視基礎主義所標榜的知識或真理，只是微不足道的「技術」；相對的，對小寫哲學而言，生命的彰顯和其存在的意義才是教育的整體。

尼采以降的後現代學者和女性主義的倡導者，大抵屬於小寫哲學的代言人。教育理念的典範流轉也隨著基礎主義和小寫哲學的消長，而起起伏伏。反思教育思維的偏頗後，教育哲學和教育工作者應試圖從基礎主義和小寫哲學間取得辯證合，讓教育除了具合法性外，也更為合理 (reasonableness)。

如前所述，基礎主義基本上如同實徵科學一般，具備解決問題的普遍性和必然性的科學特質 (Tran, 2000: 25)。「基礎主義」教育哲學所關照的，不是教育活動的主體本身（人），而是人能否客觀的認識外在客體世界之認知活動（含知識或教材），也包括客觀的認識自己。然而，基礎主義的教育思維忽略了主體情性的多元性、不確定性和複雜性，卻獨抱人的理性至上和止於至善的教育理想。此外，基礎主義的教育內涵，我們可以從分析哲學的觀點找出教育的原理原則，同時也會發現教育以人為本的本質，常淹沒於外在主體和生活世界的客體，教育活動遂成為不食人間煙火的慣性活動，教育活動也將成為意識型態爭

鬥的舞台。當教育哲學不再解決教育問題，反而淪為政治角力的鬥獸場時，教育哲學不但脫離教育的本質，亦難發揮其作為教育活動燈塔的引導功能。

批判是一種反思，反思的歷程可能呈現矛盾：包括與自我認知的矛盾，也包含對外在世界認識的矛盾。教育工作者若發現理論與實踐的矛盾不必驚慌，可視為是必然的現象，但不是因為必然就置若罔聞，反之，應該正視，因為矛盾正是進步的契機。另一方面，矛盾可能來自理性思維的必然矛盾——知識與價值之主客體間的對立，也可能是無意識的偶然。前者是理性反思的過程與結果，後者則為主觀的偏見或知能不足所致。所以教育活動不僅是理性的決定，也可能是主觀的偏見 (Kecht, 1992: 53)。無論是理性決定或主觀偏見所形成的教育思考，均非絕對的真理或至高無上的鐵律，而需要不斷接受檢證，時時反省，以免產生教育哲學的霸權，最後導致教育活動反淪為延宕或停滯人類發展的阻石。由此可見，教育工作者需要教育哲學，但是卻不能被某種教育哲學所宰制，更應該開展自己的教育哲學，此不僅說明教育理論與實踐間的多重關係，也強調教育工作者行動研究之不可或缺。

考量客觀環境就是考量績效和成果，處在民主時代，教育理論不僅講求解決和反應問題的績效，也應該彰顯其捍衛社會正義之目的。因此，教育哲學對於問題的意識或對於社會正義的價值判斷，均可能影響其教育價值典範的選擇和建立 (Taylor, Rizvi, Lingard & Henry, 1997: 25, 52)。簡言之，問題意識或價值判斷屬於主觀意識的範疇，當教育工作者對於問題意識的詮釋不同時，針對該問題所提出的解決策略便會有所差異。

教育工作者若能及時意識到主體理性矛盾必然會存在的道理，並積極看待此等爭議和抗拒，則其因應之策就不再只為自己的行動辯護，而更能虛心地反省思想的矛盾處，且更積極面對行動的時效性和合理

性的挑戰。若我們能從不同的視野，尋求經驗的主觀性與外在客體世界的辯證性結合，並據此修正教育的價值，並據以設計課程的內容及實施方式，如此才顯現教育工作者的睿智和決斷。反之，若教育工作者死守既定的價值觀，並主觀認定該既定的理念普遍有效，則教育活動不是盲目臣服於政策，就是靜如死水般停滯不前，無法開展和進步。一言以蔽之，教育價值典範的建立需要強化自我反省、自我批判和自我更新的生命力。

馬克思 (Marx, in Rosen & Wolff, Eds., 1999: 231–232) 認為，勞動力的累積就是進步的表徵，進步就表示人類生活得幸福。當生產過剩時，資本主義將通過市場機制，讓生產和勞動力產生最大經濟效益。但是，若一味講求經濟效應，藉自由市場機制爭取資源、創造生產力的同時，反而會造成資源浪費和社會不正義：即資本家擁有資本和土地，勞動者雖然具有生產工具，卻因為欠缺生產熱情和自主性，反而造成疏離。教育場域亦然，教師猶如資本家，擁有提供與決定知識的權力；學生如勞動者，不是為自己而努力，只是為維繫在該社會體制下的生存而「行為」，於是，學生在學時，不知為何而學，教師也可能不知為何而教，教育也因此容易受到政治或經濟的操弄，而喪失主體性。

教育如此，則物質貪欲將無孔不入、無所不在：刻板化地醜化了「壞」人，主觀的描述英雄人物，乃至於美化任何的概念、臉譜和產品，如對 T-shirts、芭比娃娃和足球、拳擊、韓劇、日星等的狂熱，在在標誌著社會價值判斷的扭曲 (Shor & Pari, Eds., 1999: 170)。由此可見，小寫哲學雖然提升了人的自由意志，但並未富足人類精神的匱乏，更無法淨化人類善的價值觀。推估其原因有二：

首先，先建立制度來帶動自律，再從自律提升到道德社群層次，因為世界大同、淨化和諧的心靈必須循序漸進，而非一蹴可幾。當基礎主義與小寫哲學未經論述就同時展開時，人類並未思考個中意涵，

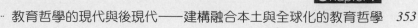

只隨心所欲地依照個人的喜好擇一而「信」，擇一而行，故價值深度不夠，遂無法內化為意念的堅持。如此一來，難免形成個人意識抬頭，並加速擴張追求個人快樂、編織自我的夢 (Rosen & Wolff, Eds., 1999: 359)，這樣的個人將不斷破壞自己生存的社會和環境，此破壞力猶如人體內的細菌，將不斷侵蝕身體機能，危害健康，最後終結其生命。其次，當人類的價值觀不夠深邃時，人便如牆頭草般毫無主見，風來草偃，容易隨著利益的風向球和社群的吆喝起舞，故也無力為道德、正義之合理性辯護。

季力克 (Will Kymlicka) (Kymlicka, 2002: 415) 提醒我們：生活在民主社會中，人類常不斷訴求擴大，但是放寬自我的自主和自由是危險的。試問：人類在享受自由和自主的同時，真的無須顧及彼此的需求和相互的尊重嗎？人類真以為只要追求生產品的豐碩，就足以解決所有的問題了嗎？難道人類無須重返基礎主義標榜的社群觀，也毋需以關懷倫理來平衡自主負責和心靈自由的對立嗎？

自由、責任與關懷雖各司其職，但並非分別處理社群和個人的事物，而如同上述的基礎主義和小寫哲學一樣，彼此相通互補、相輔相成。易言之，透過辯證思維統整上述兩者的精神，方足以合理化人類的生活，解決人性的腐敗，並維繫人類和宇宙的生生不息。基礎哲學和小寫哲學就像身體的內部和外在一般，不可偏廢。此就猶如人際關係衝突的化解，不能單純地從數學邏輯的量化思維去解決利益衝突的問題，更重要的，必須強調彼此的尊重和關懷。

社會風氣每況愈下，教育功能顯然不彰的現象正在台灣社會上演，對物質需求的貪慾像浮士德的惡魔一樣，頻頻向善的本性招手，教育能否發揮理性的功能，從根本上革除貪嗔癡愚慢的惡性惡習，又能不斷激發自我意識和責任感，則有待教育哲學的睿智引導。人類的幸福必須自己去追求，此並非指人類自己就能完全解決問題，而是人類應該自己去傾聽善言、去揭露問題、去維繫秩序、去作適切的反應，如

此才是彰顯「小寫哲學」的真諦 (Bonnett, 2003: 722)，也才能兼顧社會最大多數人的利益。

三、教育哲學需要回歸倫理的關懷

傅柯 (Foucault, 1980) 認為，任何關係（尤其是知識、律則）都是權力機制 (the mechanisms of power)，教育過程中必須教導學生「意識到」權力無所不在的可能性和事實。佛瑞勒也指出，若能點出問題 (problem-posing)，就表示意識到問題，也就容易對問題做適切反應（引自 Foucault, 1980: 66）。二十一世紀的人類所面臨的挑戰，除了生存的自然、經濟和政治環境外，網際網路的科技更挑戰人類的時空觀念。對於上述人類社會的遽變，教育也需要有所因應。例如，學習可打破學期制；網際網路的訊息暢通可拓展自我學習，也能加速學習型組織的形成。此等改變有助於化解科層體制講求權力集中、職權區分等組織隱含的強制性、依賴性和權威性。

教育價值的改變將促動學校組織的變革，教育價值所牽動的因素包括文化 (culture)、承諾 (commitment) 和溝通 (communication)，合稱為「3C」。因此，教育也不能停留於講求績效、建立共識，更需要逐漸培養伙伴的情誼，特別是關懷倫理，才是奠定教育基石的良方，也才能創新教育變革的境界。教育工作者對變革有此認識，才會積極地在維護傳統價值和改革創新之間尋求辯證合。

教育本質的傳承繫乎教育活動的進行，教育活動的進行有賴教育政策的確立和執行，故教育活動的落實需要透過行政與政策來進行。教育行政在於確實執行政策，教育管理則直接確保教育活動的成效，也間接檢證教育政策的適切性。教育政策的制訂除了針對問題外，也需要陳述政策執行的利益團體是否具有官方的合法性；對於政策的執行，則需考量執行者的專業知能，以及其對該政策的認同感 (Bush, 1986: 75)，因為教育專業知能即為個人教育價值觀的定位點。

雖然教育無法決定個人或人類生活的方式和價值觀，但是至少有助於人類在行動之前，有能力、有意識去反思自己的價值觀，並及早意識到社會不正義的無奈是可能存在的現象，進而採取改善生存或生活的必要措施。由此可見，人文的倫理關懷才是教育的終極關懷。西方哲學將「正義倫理」與「關懷倫理」對立起來：前者被視為是一種道德律則、理性的普遍性推理和對錯的道德判斷；後者則發展道德的人格特質、對特殊案例的思維、以及責任與關係的營建 (Kymlicka, 2002: 401)。教育既應該符應正義倫理，也應顧及關懷倫理。教育的科學性不僅必須穿上人文關懷的外衣，更需要深入人性的根本，才能讓人文的關懷成為教育政策的科學性的骨髓。

　　早在二十多年前，英國學者布希 (Tony Bush) 就認為「若視『教育管理乃透過組織成員及其同仁之活動，並善用資源，盡可能有效達成組織任務的持續過程』，則過於僵化了教育管理」(Bush, 1986: 1)。畢竟教育是非營利事業，不是如企業般的營利性組織，而需要具有教育熱忱者負起社會和文化振興弊之道德責任。就此而言，學校教育若只採取爭取績效的線性經營，並不合乎教育本質，教育應融入倫理面向，不能只依循工具理性的思維路線，而忘了教育的根本在於培育具有整全生命的人。

　　批判哲學的核心概念是「合理性」。合理性不純粹指方法的邏輯性、語詞的清晰性或說理的有據性，更重要的是心胸的開闊和辯證的思維及其展現的多元、包容和尊重的美德。就批判哲學而言，理性和語言皆為歷史未完成的實體，因此理性和語言也將無止境的發展，而由語言和理性所開展的活動，包括教育活動或教育政策，也方可以永續發展。

　　綜上所述，教育反映包含理性、價值和情感之文化。語言是顯現文化的主要工具，無論探討教育內涵或教育形成的過程，均是一種意識型態 (Eagleton, 1991)，故需要時時接受檢證。若喪失自我反思能力，

無法自我質疑和自我批判，則教育理論和實踐均可能只是過期的、腐朽的傳統，甚至是有害的、不道德的威權。因此，若教育只強調目的而不顧及是否合乎社會正義，則教育易成為決策者威權的藏身地。

　　或許教育的尷尬就在於它需要外力的資源才能展現績效，但是外力的資源卻需要看到績效才樂意奉獻；另一方面，人力資源的開發是國家教育政策的期待，但是所謂的「人才」到底是學富五車？還是「德」高八斗？培養專精博大又具有德性的人才是教育無可推託的使命，然而資本主義社會市場經濟所需要的，卻是在經濟和政治的國際舞台上，足以讓國家自豪的人。

　　一位經驗豐富、訓練有素、人品高尚的優質政治領導者，應該如古希臘的辯者一樣，通曉自己國家的歷史，也掌握世界的局勢，更有上通天文下通地理的豐富學養，並具有宏觀的視野和心胸，這是國人對教育的期盼，更是教育工作者的希望，但是國家對於教育是否能不計成本地支持？能否放手讓教育自主去做？此皆是影響教育能否立於不敗之地的關鍵。教育的理想可遇而不可求，但是教育有義務達成最低的基本要求，即在合理成本的條件下，展現教育的自主性，以人為本，以知識為輔，以德行為最高指導方針，來培育傑出人才。蘇格拉底「知即德」的真諦和啟發，將有助於引發教育工作者拿出理性和愛心，建立友愛、互助、合心、和氣、互愛、協力的社會關係，並透過批判和理解，展現關懷，多一分寬容、包容、善解和感恩，彼此多理解、接受多元，如此當可避免惡性競爭、異化或疏離，並建立實事求是，身心靈富足的生活和社群。

　　受後現代思潮衝擊的全球化可能無法真正凝聚地球人的心，全球化的夢想也可能因為人與人之間無法合心協力，而在自我利益的考量因素中落空；無論是否要在多元文化之下，樹立另一個跨時空的掌控中心，或一味地追求多元，均會使全球化的思維，不但無法帶動人類的進步，還可能開後現代的倒車，未能帶領人類衝出現代科技宰制的

牢籠，反而擴大其宰制人類的威權和範圍。雖然多元文化和全球化可能導致負面的效應，但是人類不應該反對全球化，也無力反對全球化的強大趨勢，應勇敢面對，切莫逃避，更應該發揮省思和解決問題的能耐。至於教育，則應直接從課程改革著手，在價值觀和實際行動上提升人類因應全球化危機的信心和能力。

第四節　課程改革全球化趨勢的危機與轉機：CARE (Competence, Autonomy, Relation, Electronics)

後現代思潮對各級教育產生衝擊，更使教育變革成為因應後現代社會必要的措施；全球化亦為受後現代衝擊的一種反應，也是二十一世紀，無論經濟、政治、社會、文化與教育等方面共通的發展趨勢(Kellner, 1997)。此可從二十世紀末各先進國家紛紛針對全球化所展開的教育改革現象和趨勢可見一斑（劉曉芬，2006；陳文團、溫明麗，2006）。台灣近幾年來的教育改革，也是「一波未平、一波又起」，亦可從國家的課程綱要看出國際化或全球化趨勢對台灣教育的影響。

就傳統現代主義的觀點言之，教育改革必須預先設立願景，再經過縝密規劃，然後依照既定步驟，尋求最有效的方法，進行政策制訂和落實，最後並對政策執行成果加以評鑑和考核，俾作為下一次改革的依據。然而受到後現代思想的影響，教育改革的模式已經打破傳統依照「計畫→執行→考核」的現代化程序和流程，代之而起的是隨性地因應社會和文化變動，而產生多元性、偶發性和具本土性的特色。然而此等具後現代特色的教育改革是否可以完全取代現代教育改革的流程？當思考在現代和後現代價值之間有所取捨時，我們所依據的理由為何？又有哪些因素會影響教育改革的思考和抉擇？這些因素便是反省邁向全球化趨勢之教育改革是否合理的後設思維。

此等思想顯示後現代衝擊下的全球化趨勢已經蔚為一種意識型態

(Sardar, 1999)。所謂學校本位課程、重視各類文化變項和個人需求的「後現代」課程改革，能否濟現代課程改革之窮？傳統強調目標模式的現代理性思維是否都需要完全滌除？上述問題皆涉及全球化是否為一種意識型態，也是教育因應全球化衝擊，思考教育改革或課程改革應否兼顧現代與後現代思潮所應面對的課題。

易言之，在追逐全球化的潮流下，教育需要嚴肅的思考課程改革的合理性。現象詮釋方法有助於分析和詮釋後現代與全球化發展中，經濟、政治、社會、文化轉型產生的現象，並理解其構成的因素和動力，俾為全球化的發展確立視域融合的梗概，此乃對牽動全球化趨勢的後設原因、意識型態等進行理性論辯，俾提出具批判性重建的思維和作法。

一、全球化是一種意識型態——本質與內涵

若全球化發展為一種意識型態，則全球化可能成為國家教育發展的危機。全球化的浪潮在台灣何以可能變成一種意識型態？其本質和內涵為何？乃台灣教育改革面對此浪潮衝擊時，應該慎思並適切因應之處，否則台灣社會的發展將因為無法呼應全球化，或因為扭曲、誤解或不清楚全球化的趨勢，而無法與國際接軌，乃至於喪失追求卓越的先機。

1985 年以降，全球化社群、全球化社會、全球化資訊、全球化的世界公民、全球化產業、全球化經濟、全球化課程、地球村等名詞，幾乎成為世界性的共通語彙，此指陳隨著資訊科技之發展，使時空受到壓縮的事實。全球化的思潮既已入侵地球，則無論經濟、政治、社會、文化，均不可避免地會受到「襲擊」或「影響」，故不論我們對全球化所抱持的態度是去瞭解它、面對它、逃避它、或排斥它，都應該在思考如何因應全球化之際，先掌握全球化的本質，如此才不會流於盲目的追逐。

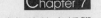

㈠全球化是時空的壓縮

全球化的浪潮之所以對時空產生壓縮，最重要的因素是資訊科技的發達所致。全球化乃挾資訊科技之力，藉著資本主義講求市場自由競爭之勢，以至於使中國傳統士大夫的概念或古希臘人文性的觀念逐漸淡化，代之而起的是工具理性講求績效、追求權力和利益的觀念。此可以從判斷真知的規準，不再是理性主義或經驗主義之爭，而是承襲並發展二十世紀初期盛行的實用主義觀點可以推知。

其次，全球化之所以如此迅速蔓延，乃因為資訊科技縮短人的距離，也加速知識的傳遞所致，因此，全球化的新主人就是最能掌握資訊科技的人，全球化的主宰國也將是將資訊科技運用得最淋漓盡致的國家。將資訊科技運用至淋漓盡致的指標，就是發揮資訊科技最直接的效益——工具理性或結果論——簡言之，就是化資訊為達成目的的手段。因此，全球化也是知識經濟的時代。

資訊科技猶如水一般，能載舟亦能覆舟。資訊科技拉近人類的物理距離，卻可能加寬人類的心理距離；資訊科技追求即時性，讓人類的心靈不再有時間去咀嚼人情；其虛擬性特質，也讓人類不再以時間來檢證真誠，因此，浮面、淺碟和追求時效，成了人類追逐的夢想，人類卻對此夢想可能帶來的夢魘不知不覺。例如，在電腦科技的取代下，人類對字的美感已經喪失感覺；對於真知的認定，也因為瞬息萬變且「資訊無窮」，以至於無力檢證知識的真偽難以嚴格區分「真知」、「信念」和「幻想」；人與人之間的溝通，也隨著虛擬世界的建立，穿梭在真假之間；人倫的定序，也因為虛擬世界的角色多變與不確定而無法單純化；社群的關係、連結人際情感的「結」(bond)，也因為不確定和變化性而變得鬆散，人際關係也因此更為淡漠。

受此地球村、世界無國界社群的影響，課程也不再強調倫理和情意，而是追求時效，求快、求新、求變。資訊科技時代不僅加寬知識

的內容和範疇，也讓知識的檢證更為鬆散，每個人都可以虛擬地建構其所想像的知識或世界，包括感官經驗的「虛擬」，及思維空間的「想像」。想像力在資訊科技下已經超越時空，沒有國界，沒有時空的限制。3D 正是創造虛擬空間的利器，這是一種難以讓人意識到的知識 (Polyani, 1962)，此類知識的真偽驗證已經不再是主流，知識主流的指標就在於其能否產生經濟效益，知識經濟的世代由此造就起來。

隨著多媒體資訊科技的發展，教育課程內容與教學形式也出現巨變，一方面，以學生為主體的課程或教學更容易落實；教育機會均等也因為資訊科技之助而更易落實；知識的傳播和分享，也拜資訊科技之賜而更為加速。課程與教學的多樣化，也使得電子書逐步取代對平面印刷品的需求。資訊科技相關的課程成為二十一世紀世界公民的共同素養。此對重視人文教育的課程是一大打擊，人文課程是否會因此而被邊緣化？抑或更加受到重視？端賴教育決策者是否在陶醉於資訊科技的便捷和效益之際，亦能意識到人文素養流失的可能性，遂在開展資訊素養的同時，更看重人文素養的不可或缺。畢竟，資訊再好、再強，均只是人類思維和人類生存與發展的工具，不是人類生活的本質。

試想：當教育活動唯有透過 e-mail 和 MSN 進行溝通，而沒有面對面實質接觸的人際關係，則潛在課程或教育強調之潛移默化及人格陶冶之功，均將逐步流失。雖然電腦科技可以讓教學多元化，也有助於落實因材施教和有教無類的理想。然而令人憂心的是，當學生可以獨自鎖在電腦虛擬世界中自我學習，可以變換各種角色與虛擬人溝通，也可以創造自己喜歡的虛擬人，建構屬於自己的虛擬社群時，教育目標應如何設定？自 1990 年代以降，腦神經學、認知理論、建構理論等課程再度受到重視，縱令融入資訊的教育強調學生自我探索的能力，但是探索的目標不但不是人性的真誠度，而是順利進入市場競技場的能耐，或有能力名列市場占有率排行榜的知能。

㈡全球化造就知識經濟

在自由市場開放競爭的資本主義社會,加上資訊科技的推波助瀾,打造出知識實用性概念,無法立即生效的知識就被視為無用,無法立即產生經濟效益的知識就不會受到重視。一言以蔽之,即目前的主流知識完全以經濟利益作為選擇知識、珍視知識的判準。然而這樣的發展是否為良性發展?是否真能促使經濟效能持續攀升?如果答案是肯定的,則對市場營利具相當敏感性的企業界就不會強力呼籲「品德管理」對企業經營的重要性,甚至提出「誠信是企業邁向成功的階梯,是個人實現理想的平台」(王小平,無日期)之呼籲。

人類處在「知識經濟」的社會,不但要獲得知識,也需要分享知識,更要創造知識,因為創造知識等同於提升知識的經濟競爭力。斯賓塞 (Spencer, 1891) 提出「何種知識最有用」的實用課程觀,在知識經濟的世代發揮到極致,並將對生活「有用」的概念壓縮到「實質的經濟效益」。資本主義的經濟理念能如此快速的竄流,亦拜資訊科技之賜。因此,我們可以說,資訊科技在縮短人類時空之際,也成就了全球化思維的傳播;而全球化思維的傳播,結合資本主義經濟利益的概念,加速帶動知識經濟的全球化 (Coleman, 1990)。在知識經濟概念下,「實質的經濟效益」承載全球化和資本主義的思維,將人類的生活面向變得單薄而缺乏人文性,因為人文的洗禮需要時間的淬鍊,無法速成,故易被排除在經濟利益之外。

知識如此,教育活動亦然,故教育界有志之士,應該敏銳地知覺到此等知識的價值轉型對教育所造成的挑戰,然而教育工作者應該在德行的本質上融合企業的績效理念,才是教育向前邁進的根本之道。因之,二十一世紀優質學校的基本要件至少應包含下列兩個向度:一為績效,另一為品德。前者易於發展,後者能否隨著績效的增長而展開,則端賴教育工作者是否能適切掌握教育的本質和人的價值。

「現代」指西洋啟蒙運動以降，以人為主體的理性主義。就中國教育言之，現代最早肇始於清末之中學西用，乃至於全盤西化及重視自然科學。現代化的學校經營理念也隨該理念，講求一致性和績效性兩大原則。為落實此目標，學校的硬體設備必須與先進科技結合，學校的教學必須將「產出」轉為可量化指標，學校經營必須化解矛盾，鞏固領導中心，齊一化管理與標準化評鑑流程。由此可見，能力本位在全球化的浪潮下又變本加厲——即視知識＝能力，能力＝競爭力，競爭力＝經濟力，經濟力＝政治權力。這一連串的知識化約，導致教育活動也以提升「國家或個人經濟競爭力」為首要目標，因而忽略教育化育人格、拓展文化的功能。教育的成敗指標變成能否提升經濟生活或累積財富，可見教育在全球化浪潮衝擊下，已經轉型為經濟價值的產品。

教育部 (2007) 提出台灣「教育改革的新挑戰」的四大挑戰如下：㈠少子化及人口結構老化；㈡參與社區事務，培育公民意識及責任；㈢體認多元文化，關懷弱勢團體及族群；㈣以知識經濟和數位學習，迎接全球化的挑戰。此因應社會變遷的四大教育發展方向，除了強化知識經濟和數位學習外，也同時兼顧社會正義和社群生活的人文性和公民素養；在知識經濟掛帥的時代，此稱得上是前瞻性的眼光。我們期盼台灣的教育政策在全球化的衝擊下，能引領學校的課程，走出屬於台灣本土的路，讓每個人的生命皆能發光發熱，甚至成為全球化追逐的對象。

欲讓個人的生活更好，提升經濟能力是重要方法之一，因此，教育致力於提升經濟能力不是錯誤，問題在於教育若只顧及經濟目的，加上全球化競爭力對教育造成的壓力，使學校變成塑造單面向人的大本營，喪失教育啟蒙理性、化育人格的本質，也未強調批判性思考能力的重要。若此，教育在全球化趨勢下所追求的知識經濟，不但未能反省教育的偏狹，教育反而以改善人類生活作為辯護。教育包裝在「視

為理所當然」之經濟利益的意識型態下，遂將教育的本質淡忘了。此使美國、英國、北歐、歐盟、紐西蘭、澳洲、日本、中國大陸等國之教育改革，致力於能力發展，追逐教育結果可以量化評量的教育改革模式。迄今，此等欠缺人文性的現代資訊與資本主義教育已蔚為時代的教育大事記 (Bronnikov, 2005: 2)。教育評鑑的可量化不是錯誤，錯的是將教育的可量化作為衡量教育目的能否達成的唯一指標，甚至試圖量化德行價值，此等教育已經完全漠視德行價值。

教育若一味追逐工具性利益，則面對全球化的衝擊時，將只會變本加厲地壓縮人際的倫理性、個人的主體性、和多采多姿之人文性。長此以往，社會將短視近利，彰顯社會脈動的學校課程——無論教材、教學、入學制度或評量等——均將罔顧人文素養，則台灣教育存在之功能不彰，人文性難受重視，以及人倫性敵不過功利性的現實，將更難獲得改善。例如，國家教育政策執著於追求世界級名大學，卻又只重視取經、模仿、追逐，不但使本土特色難以彰顯，也因為無法走出自己的路，更難躋身國際之林。例如以 SSCI 作為優質研究的判準即為此作法。

創造經濟利益宜被視為知識的功能之一，不是終極目的。知識分子之所以是智者，能先天下之憂而憂，是先知覺者，乃因為知識分子具有高風亮節的德行。故知識經濟時代，學校的課程設計需要融入管理學的概念，但是不能只將目光置於實質經濟或政治利益，應以德服天下人，不是以經濟或政治力凌人。就此言之，中國儒家思想應該融入現代化和全球化，乃至於後現代的概念，應能幫助台灣走出一條兼具台灣特色之全球化願景。

目前台灣的語文教育將華語和外語分開，若依照上述的論述，則語文教學最好融合兩者，讓學生在學習英語之際，也體驗我國文化及德行之美。試想：台灣若不掌握後現代思潮強調多元和異質的先機，卻仍抱持現代主義追求「中心」，認定「主流」的磐石不放，則教育將

只會讓西化主義更深層地滲入本土文化中，最後終因未能覺醒到，學習西方之長只是協助台灣子民有能力自我實現，而非旨在成為西方文化的殖民地。

㈢全球化存在境遇性

「境遇性」(context, situated-base) 包含自然環境和人文空間的場域：自然環境包括自然生態，以及人為因素操弄自然所造成；人文場域則偏重日常生活中的習性、習慣和規範，及學術領域的社群生活。全球化之所以存在境遇性，乃因為全球化不是所有人、所有事物的全球化，只是有限的人群、種族、社群、國家等的全球化，故並非任何全球化均有相同的發展空間，或受到公平的維護、珍視和欣賞。舉例言之，台灣也很想全球化，但是台灣拿什麼去發展全球化？

如上所述，全球化是自然科學知識的延伸，也是實用主義思想的再生。全球化發展迄今，幾乎成了西洋化，甚至是美國化。此一則因為美國社會長期重視自然科技的發展，文化中也大多彰顯「新、速、實、簡」的自然科學價值典範，故全球化可能會產生漠視地方性的弔詭，甚至以整體 (totality) 取代個殊性。例如，舉凡無法彰顯實質經濟競爭力的本土化，將理所當然地被淡化，乃至於消逝。教育有責任教導人類覺知全球化意識型態和價值典範的危機和轉型。

理論上，全球化的境遇性應可提供地方性文化掙脫被宰制的魔咒，但是實質上，一旦地方文化無力彰顯其價值和意義，而以時髦和流行馬首是瞻時，即喪失自我的主體性，則搶先發展成全球化的文化（含商品），將會因為自身的優先性，以及其「眾星拱月」之勢而強化其利益與權力，並成為強勢的全球化，最後導致多元性和地方性回歸到弱肉強食的叢林法則 (Tran, 2005)；除非既得利益者心存善念，具人溺己溺之德，否則全球化終將因為弱勢文化的無能為力，加上主流文化沉溺於權勢和利益獨享的美味兒，遂使全球化假藉自由競爭之名，而行

霸權獨占之實 (Weis, McCarthy & Dimitriadis, 2006: 52)。

　　台灣無論政治、社會或文化的本土化所以無法持續發展，甚至無法成為全球化，作者歸納出下列三大因素：㈠隨著資訊科技的發展，全球化的浪潮太大，而且發展迅速，導致在資訊科技和經濟政治落後（包括軟硬體設備、資源和人才等）者，隨之在社會和文化上被忽視、被邊緣化；㈡能力不足，又欠缺主體的認同，遂難以自信地發揮自我文化的特色，也無法等待自身文化緩慢地滋長，只能隨著全球化趨勢隨波逐流，沒有方向，遂逐漸與自我疏離，此對原本就欠缺全球化發展沃土的台灣，真是雪上加霜；㈢全球化在後現代思潮的推波下，雖然標榜多元化，但是並未真正落實公平對待，反而造成貧富更加懸殊，更擴大社會與文化既存的落差 (M 型社會就是其中的寫照)，又強化了全盤美國化的價值觀。

　　若教育對此現象充耳不聞，則不但民族意識將隱晦不明，國家認同也會有危機，個人的自我意識與主體性也將蕩然無存。舉例言之，國片若無法受到奧斯卡提名，就不被視為好電影；高等學府若不被排入國際排行榜，就不是好大學；任何才藝若無法打入全球知名度，就不會受到國人的讚賞和肯定。同理，教師研究的良窳也繫乎是否發表於 SSCI、SCI 等刊物；論文若不採用外文，似乎就沒有價值。果如此，則我們撰寫那麼多好文章的目的何在？難道只是孤芳自賞？但是孤芳自賞卻又無法維生，這就是今日台灣社會的無奈。總括言之，目前台灣最嚴重的教育問題是，文化源頭已被斬斷，卻又未能重新建立起本土價值。

　　作者並不反對提升具體能力或追逐世界排名，但是反對盲目的、無意識的追逐功利目的。台灣若欲走出自己的一條路，必須先建立自我認同和自信心。但是在全球化浪潮衝擊下，無法完全逃離資本主義和科技的影響。資本主義和科技猶如人體內的癌細胞，無法去抗拒它，但卻可以與之和平相處──由建立共容環境，再養精蓄銳，最後走出

自我品味。

　　總之，對於席捲而來的全球化，我們不能像鴕鳥般的逃避，也不能採取阿 Q 精神自我安慰，應該加速成長，主動融合，迎頭趕上，並藉著資訊科技之力，縮短落差；進而發揮台灣本土特色，並和國際接軌，以提升台灣的卓越性和全球化。若欲發展至此，則台灣本土特色必須涵蓋資本主義的經濟競爭力，也需要超越功利思想，融入人文品味，不能只是拾西方牙慧，而需要樹立關懷與倫理之仁民愛物的價值典範。此為台灣教育未來的出路，而教育活動的內容也必須涵蓋能力、自主性、重視關係及融入科技之課程。

二、現代與後現代思潮下的全球化辯證

　　隨著科技的發展，人類生活的模式也隨之改變，傳播媒體也對人的生活產生更顯著的影響，媒體已經在不知不覺中成為人類生活的必需品。此等現象顯示：人類的心靈將點點滴滴地⓫被媒體滲透。人與人之間的距離縮短，國與國之間的界線模糊，此一則拜科學之賜，另一方面，則是網際網路帶給人類的「福音」。然而這些科學產品對人類是福？是禍？

　　雖然沒有人可以精確地預測明天的事，但是我們總該關心社會和人類的未來，並及時規劃自己的人生。人類對科技產品的需求是否會引發人性更大的貪欲？知識爆炸的資訊時代是否已經剝奪人類自我思考的時間？人類是否像球一樣，被科技和過量的知識依照一定的軌道

⓫　此所稱的「點點滴滴」不同於波伯在《開放社會及其敵人》中所稱的「點滴工程」(piecemeal social engineering) (Popper, 1966: 89)，波伯的意思指的是莫以單一的系統去理解社會，應該一步一腳印的逐步建構社會，以免造成一有錯誤無法回首的遺憾。但是本文此所稱的「點點滴滴」雖然也是一步一腳印，日積月累的成果，具有辯證發展的概念，但並非特別指方法論上的系統謬誤。

推進球洞，卻自以為這就是人生追求的目標？全球化就是其中最顯著
的例子。

㈠全球化是後現代的鴉片，難以真誠的團結一心

近年來「全球化」的呼聲在台灣甚囂塵上，無論政治、經濟、教
育和文化都被全球化沖昏了頭，此現象也逐漸麻醉人類的心靈和思考，
此可從書中的標題處處可見❷。但是，何謂全球化？全球化的本質為
何？何以會產生全球化？全球化對人類生活和社會文化會造成哪些衝
擊？這些對我們是福是禍？我們又該如何因應？上述問題不要說一般
民眾無法回答，即令高等學府的知識分子恐怕也會無言以對。

全球化的概念約於 1960–1970 年代源自美國，一向跟著美國步履
走的台灣，難免要高聲呼和一番，以顯示自己的先進。此種不實事求
是的生活態度已經造成台灣民眾思想的淺碟，以及人云亦云，疏懶於
縝密思考的「吞文化」。陳文團 (Tran, 2005: 2) 說：「全球化宛如人類的
鴉片」。這種說法一點不誇張，舉例言之，無論政治、經濟、軍事、教
育和文化，若有人不談全球化，那麼就會被視為落伍；同理，教育也
傾全力期能儘速步入全球化❸，教育改革的方向和內容也是呼應全球
化的趨勢。

但是我們是否知道為什麼要全球化？我們到底要從全球化獲取什
麼？何以全球化是滿足需求的管道？若欲理解上述問題，需要清楚的
理性，但是，漫步在全球化的時尚中，人類的思考力早已麻痺。就此

---

❷ 僅僅韋伯文化在 1999–2000 年間所出版與「全球化」相關的書籍至少就
　有十五本之多，再查閱一下近幾年來有多少文章和會議也都以「全球化」
　為議題的現象，就清楚的瞭解，無論我們是否需要、是否願意全球化，
　全球化實際上已經席捲了全球，誰也擋不住。

❸ 教育改革也是因應全球化而來，此可由教育改革報告書中所提之民主化、
　多元化、科技化、國際化、現代化、終身學習、邁向學習型組織等教改
　理念可見一斑。

而言，教育的首要之務，不是帶領學生為全球化作準備，而要先喚醒學生沉醉的心靈，並治好他們被媒體和科技麻痺的腦袋。

質言之，教育的當務之急，必須破除學生僵化的思考，建立學生獨立思考的信心，並提升其批判思考的素養。天下沒有白吃的午餐，人類需要為進步付出代價，故人類必須勇敢、真誠地面對現實的殘酷，才不會讓自己永遠身陷科技的囹圄，並淪為科技的僕人。

韋伯 (Gerth & Mills, 1972: 293)、海德格 (Heidegger, 1977: 14) 以及法蘭克福學派 (Habermas, 1972) 共同批判的是科技的工具理性：因為科技已經癱瘓了人類的自由、增添無盡的痛苦，甚至關閉人類思考的靈魂。雖然科技解開人類不少知之謎，但是，實證主義所宣稱的真理，充其量只是部分的真理，並非真理的全部❶❹。實證主義和科技產品宰制人類的生活和思考，其中最明顯的現象是系統化、規格化和單一化思考的行為模式，也就是此系統化、規格化和單一化的原則，窄化人類的思考和生活面向。

全球化的浪潮也像實證主義一樣，工具理性化人的思維和心靈。本章即透過反省全球化的內涵，論述全球化只是資本主義物質化，以及消費商品市場自由化的幌子，只是我們仍無法逃脫全球化的魔掌，或許能做的就是勇於面對，並盡可能地化危機為轉機。

台灣雖然從全球化中獲得「好處」❶❺，但也降低我們的自主性和自由選擇的權利。康德強調的「理性」(Kant, 1784)，黑格爾宣稱的「精神」(Hegel, 1807)，不僅被化約為科技產品，更被化約為由金錢衍生出的經濟權力。此等物化、窄化之思想的化約，已迫使人類的心靈愈發

---

❹　「真理」並非本文論述的重點，故對於何為真理，真理的判準，是否存在普遍真理等，均不在本文論述之內，故此姑且指一般被驗證過的知識。

❺　此所稱的「好處」，指的是物質生活的便捷、經濟的利益、甚至是文化的交流，但是利弊得失之間衡量的依據何在？短程的利益也未必保障長程的利益，此也是台灣追逐全球化之際，應該謹慎思索者。

乾涸。

　　全球化使人類彼此相互依存的關係更緊密，而資訊科技卻是全球化最快速的手段，因此，隨著資訊科技的發達，虛擬人際網路也將更綿密且多變化，全球化也將隨之代表「去中心化」和「虛擬化」。另一方面，當全球化去中心後，誰會成為全球化的主宰？此涉及權力、結構和經濟的議題。例如，世界各地的「全球金融中心」、「政治中心」、「文化中心」等林立，表示權力結構的移轉，但並不必然是「去中心」：因為有的人反而將他人去中心的權力和利益，囊括到自己的「口袋」中，支撐自己成為全球最大的「權力中心」，網路的虛擬世界雖然多元，但卻也更容易、更快速地形成假全球化之名行霸權之實的「洪流」。

　　就此而言，全球化就是一種意識型態，一種大權併吞小權的爭權遊戲：小權者在全球化的糖衣包裝下，喪失了自主性，也壓縮了主體發展的自由空間；但是，強權者卻面不改色地從中獲取最大利益。因此，誰的全球化？誰的中心？誰來主導該中心的運作？誰來訂定該中心運作的「遊戲規則」？誰從該中心獲益最多？是教育面對全球化不可不思考的議題。

　　全球化的問題如同後現代一樣，存在自身的矛盾：即個人藉著全球化達成增權，卻也藉著差異，完成一統。何以全球化會變成個人增權、維繫差異之有效的武器？李歐塔說：「後現代的知識不僅僅是威權的工具，而且更細膩地敏感到差異，並擴增我們對不可共量性的接受和容忍度」(Lyotard, 1984: xxv)。若全球化試圖透過容忍差異，找出共同的價值模式，並以之作為共同追尋的目標，此即是一種隱藏性意識型態 (hidden ideology) 的宰制，因為當全球化欲終結歷史，卻又不讓新的歷史納入「全球中心」的體系時，抗拒全球化的價值典範，就可能淪為全球化荒島的流浪兒。如此，全球化不僅不能達成解放文化，還可能轉變為「中心主義」的文化。

　　德瑞達 (Derrida, 1978) 認為，多元主義所宣稱的自由，乃藉著維繫

差異來抗拒一統。隨著數位時代和資訊科技的突飛猛進，差異性和多元化已經成為後現代捍衛主體的明確作法，也是當代思潮的共識。「既來之，則安之」，對於揭舉差異和多元的後現代主義而言，人類也應承擔多元化和全球化矛盾與對立的尷尬和困境。人類的理性真能夠一方面高呼多元和差異，另一方面又護衛全球化的大一統嗎？人類的理性又如何處理此兩者的對立？質言之，人類若欲獲得自主性，就必須自己去爭取，自己去承擔，而不是逃避。教育更是如此。我們不可能等到理想的教育環境完全齊備後，才進行教育改革；相對的，教育需要謹慎、細心地理解歷史，以為殷鑑，並開放心胸，隨時自我超越，面對瞬息萬變的未來。

㈡全球化可能造成自主性的瓦解

隨著全球化的趨勢，接觸愈形頻繁，人與人之間的距離縮短，接觸更便捷，故隔閡和陌生感會隨之降低，且彼此互動將益形頻仍，此也可拉近彼此的差異性，故差異性和自主性的內涵也將需要改變。就此而言，全球化有助於消解彼此的差異；差異性的降低，有助於增進彼此的理解，人與人之間能夠彼此深層理解，則融合有助於全球化建立共識，但對立或弔詭則迫使人類不得不嚴肅面對，並思化解之道（Winch，引自 Carroll, 1957: 56）。身為知識分子，處在全球化和後現代思潮下的社會，人類應該具有何種視野？

現代化理性倡導的是整全的理性 (totalitarian)，然而整全理性透顯的本質卻是不理性，因此人類現代性理性啟蒙，已被科技的工具理性淪為誆人的迷思 (Horkheimer & Adorno, 1989: 6, 11)。就此而言，全球化若是理性的產物，則全球化不能成為某人或某個集團宰制他人的工具，也不可由某一個「大中心」完全取代多元的「小客棧」。質言之，全球化若站在理性的基礎上，則將可以凝聚全球共識，緊密彼此的關係，但絕不會導致個人自主性的消弭。因此，全球化、差異性和多元

性雖然同樣是後現代反省現代科技宰制下的產物，只是全球化統整差異之後，又留給個人和社群有多少的自主性和自由度？無庸置疑，個人或地方不能因為全球化而拋棄自我決定的責任，否則全球化下之差異性和多元化便難以有開展的沃土。

　　依據上述的論述，我們必須謹慎面對全球化和後現代化，區分「文化的多元主義」(cultural pluralism) 和「多元文化」(pluralistic culture) 的不同：前者強調，護衛文化的差異性，即文化差異性不容消蝕；後者則主張，文化是在差異中不斷變化和發展而成；前者的主張是獨斷的；後者的主張卻具有發展性和創新性；前者只需理性；後者則除了理性之外，還需要心包太虛的胸襟和對人的關懷。

三、融合現代與後現代的課程改革取向：*CARE* 之課程設計

　　全球化既受到現代科技之哄抬，卻也受到科技的綁架。若人類再不覺醒，則人倫性、人文性和生命性終會因為被科技所腐蝕和麻醉，演變成多元文化主義，而非多元的文化。佛瑞勒也基於民主社會的正義和自主，強調意識覺醒的人文教育（引自梁福鎮，2006）。經濟或政治可以短視，但是維護人類文化發展的教育工程，則不能讓人類成為單面向的人。為避免人類和文化單一化的危機，除了加緊趕上現代主義的科技，以及提升生存所需之經濟和政治知能外，更需要發揮人性尊貴的生活藝術和生命情懷，如此才能化解全球化重返現代主義科技霸權的危機。

㈠全球化挾著後現代思潮重返現代主義之路

　　如上所述，現代性源自西方啟蒙運動的理性原則和自然科學之實證方法和精神，強調理性、普遍、簡化、量化、同一性、整體性、和確定性。相對的，後現代主義對現代主義的上述價值進行反思。哈森 (Ihab Hassan, 1925–) (Hassan, 1987) 和費爾史東 (Mike Featherstone)

(Featherstone, Lash & Robertson, Eds., 1995) 均認為，後現代思潮之不確定性、斷裂性 (fragment)、反系統性、去中心性和差異性等特質，與後工業社會和資訊技術帶來的全球化發展息息相關。總之，全球化並未完全走後現代主義的路子，而是重返現代主義追求系統、權威、中心之價值，因此，全球化所衍生的多元文化，也一樣產生看似多元，其實卻隱含著一元的霸權思想，在看似解構之後，卻又看到另一個更龐大系統的重構；看似反同一性，卻又積極建立一個具永續發展的整體性與同一性之弔詭現象。

全球化除了受資本主義的影響外，也透顯其受到後現代思潮之去中心、多元、差異、小敘述等的催促，只是全球化發展迄今，卻重新邁向中心主義、主流世界、整體系統、普世價值等現代主義的威權之途。最明顯的教育現象是為因應全球化，教育企圖培養更具全球競爭力的學生，並讓這些具有競爭力的學生進一步獲得世界的認同和支持，教育在此「生產」具全球競爭力之人力後，也因而獲得相對應的利益或權力。

現代性、現代主義、全球化、後現代主義、後現代思潮之間的關係錯綜複雜：現代理性啟蒙的思想引發現代科技的發達；現代科技的發展將現代主義的工具性霸權推上人類社會現實生活的舞台；現代主義的工具性霸權，在受到後現代主義的抨擊後，加上資訊科技的助力，轉向多元、家天下、有他者、無距離的全球化挺進；全球化遂又興起壓縮時空及地球村的風潮，既得利益者不再放棄全球化利基，全球化的遊戲規則已經被捷足先登的科技、商品、文化掠奪了，後來者很難不依循既定的遊戲規則。於是全球化雖然在後現代主義的推波下發展，卻難以抵擋現代主義講求中心、力推整體性、普遍性的思想，所以時下之比賽全球化、商品全球化、企業全球化、經濟全球化、政治全球化、政策全球化、課程全球化、婚姻全球化等的「全球大中心」爭相成立，便赤裸裸地彰顯現代主義「大權一把抓」的宰制現象。

上述的關係可以簡化如下圖：

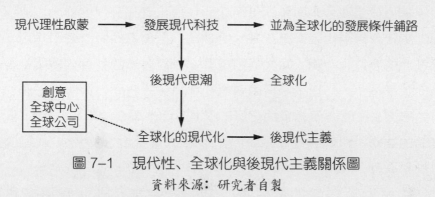

圖 7-1　現代性、全球化與後現代主義關係圖
資料來源：研究者自製

　　如上圖所示，為了在全球化的時尚中占一席之地，社會、企業和教育紛紛追求創意，培育創意人才的理念、政策和課程紛紛出籠。創意無罪，卻因為被思想宰制，被政策窄化，而扭曲創意的神聖性、多元性及生命性。此亦是設計因應全球化的課程時，在能力、自主和資訊科技外，尚須加入「關係」之要件（人與自我、人與環境、人與他人之關係），俾喚醒教育工作者不應步上全球化霸權的後塵，而應化解主人與奴隸的對立，並彼此尊重、相互疼惜，宣揚分享與關懷的德行，以發揮教育改善社會風氣的功能。

　　此等兼具現代資本主義和後現代特色的全球化特質，說明後現代與全球化的辯證發展及全球化應發展的方向。全球化發展歷程中，顯現追求客觀、價值中立、多元性的人文價值，但是一旦全球化蔚為風氣後，講求利益和權力的現代主義思維再度掌權，人類又再度步入另一個更高層面的追逐和競技。教育在此全球化過程中顯然尚未充分發揮人文性和倫理性的化育功能。

　　上述所剖析之全球化發展結果的後設思維，包括客觀、普遍、整體、化約現代主義自然科學的特色。此等普遍、整體與全面的文化特色，使全球化成為另一種新的文化霸權，不再容許其他文化有相同的發展空間，導致文化的多元發展名不符實。易言之，全球化是現實的，

是一種量變引發質變，又回歸至量變的歷程和結果。

後現代思潮並未阻止，反而促進全球化 (Irvine, 1998: 5)；另一方面，現代化思潮也對全球化產生由多向一、由異向同之牽引作用。人類社會的變遷也說明人類知識的轉型──從自然的社會到農業社會，進而工業社會，乃至於今日的資訊社會；另一方面，人類的脈動、社會的變遷、及知識與教育的發展，亦從形而上學（自然）、神學（此指廣義的神學，即傳統社會）、自然科學、人的社會（文化），再回轉到自然科學。

掌握人類知識的發展後，未來學的課程設計應涵蓋能力 (competence)、自主 (autonomy)、關係 (relation)、科技 (electronics) 四大主軸。依據此四大核心能力，各地方或各級學校都可以發揮各自的特色，確立各自需要強化的面向，也提醒教育工作者在提升學生知能與善用科技的同時，切不可脫離社群生活，畢竟生命只有在社群中才更能彰顯意義和散發光輝，更重要的，也因為個人心存社群，故更能在資訊科技發達的數位時代，一方面強化自主性能力，另一方面也更能關懷他人。

㈡教育面對全球化的思維和作法

教育在全球化的趨勢下也無可避免地會面對變革的危機。教育的危機是什麼？若以大學教育言之，教育的危機即大學本身失去主體性，且因為無法彰顯獨具的特色而淪為平庸。近年來政府推動「學校本位課程」(school-based curriculum)，期盼各校能建立特色，以免停留在平庸辦學，遂被邊緣化。

為化解教育被邊緣化的危機，後現代思潮提供我們採取「革命」的思想，先解構傳統或固有不合理的政策和制度，從根本解構不合理的思維方式和內容，追求更大的獨立思想空間，同時強化自由批判和創造的力道。然而，因為教育不是單純的活動，而是以人為中心，以

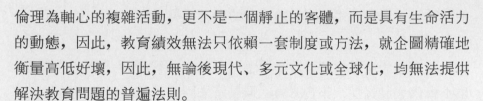

倫理為軸心的複雜活動，更不是一個靜止的客體，而是具有生命活力的動態，因此，教育績效無法只依賴一套制度或方法，就企圖精確地衡量高低好壞，因此，無論後現代、多元文化或全球化，均無法提供解決教育問題的普遍法則。

當教育面對全球化衝擊時，不能忽視市場自由的決定力量。再者，教育活動「牽一髮而動全身」，不能如後現代所言，隨性而發，更不能走一步算一步。正因為教育的未來難以預測，遂不能依賴單一的邏輯，去思維教育發展的方向；反之，必須採取接受「變化球」的思維來思考應變之策，即抱持所謂「無邏輯的邏輯」(para-logy)——指該理性思維雖不是絕對必然的原則，該理性邏輯可以重新組合，也可以推陳出新，但仍具某種程度的邏輯必然性。舉例言之，「不用功就考不上」即為此例，因為「不用功」雖然「不必然」會「考不上」，但是「不用功」與「考不上」兩者之間的確存在某些必然的「可能性」。只是若我們視邏輯的「可能性」為絕對「必然性」就是一種謬誤 (paralogy)。

目前建構的世界文明和多元文化之間是否存在矛盾？這正是何以人類的戰爭大都隨著文明的興盛而愈演愈烈之故。此等文明曾經是人類的福音，卻也是人類的不幸；在地文化和多元文化亦然。在地文化標榜文化的主體性，多元文化即尊重文化的自主性，然而，若多元文化不容許主流文化的存在，則此多元文化充其量只是另一種霸權和獨裁，多元文化淪為「多元文化主義」，使在地文化無法融入「他者」的文化。

就生物學的觀點言之，文化的單一性容易導致文化的滅亡。質言之，只容許多元、只能接受在地化，或只以全球化為鵠的的思想，都是一種意識型態的表徵，也都應該接受批判，被檢視。文化是人類活動的歷程和結果，包括人與人、人與自然，以及人與內在的自我和形而上的心靈或精神，若只抱持「井水不犯河水」的態度，則全球化不可能達成；相對的，全球化也不能停留在某個時空點，必須維繫動態

的平衡，否則全球化將因欠缺革命的動力，導致文化的純化，乃至於步上毀滅之途。

教育在此全球化趨勢該如何融入全球化,而不會失去自我主體性，也不會喪失發展性？作者認為，還是應該回到思想的創新，而不是流連於產品的創新；應該尊重每個主體的真實感受，避免範限主體的想像力。因此，學校應該建立更合理、更理性、更適切和更便捷的溝通管道，讓師生、學校與社區、教師與家長之間能夠因為理解而更能彼此尊重。更重要的，無論在思想上、政策上、制度上、課程上、教學上和評鑑上，教育都應該打破固定單一的思想，因時、因地、因人、因情境而有所制宜，對複雜的教育問題和學生的生命，提出更兼顧績效與生命的方略和分享。

俗云：有奶即是娘；會抓老鼠的就是好貓。這種現代績效的思維有其存在的必要性，因此，教育不能因為全球化或後現代的衝擊，就完全放棄追求效益和培養實用能力；相反的，正因為教育面臨全球化和後現代的考驗，所以更需要提升效益，更需要強化轉化能力，更需要提升問題解決和批判性思考的能力，以因應變化多端的世界。

除了提升上述技術性知能外，教育不能忘記其啟蒙理性、涵化情性、展延生命意義和價值的本質，尤其是實證科學無法證明，但卻在生命中發生的「神秘經驗」❶❻。教育面對的是生命，生命不是一元和單面向的活動，而是融合慾望、意志、關懷、愛與情感等之身心靈多

──────────

❶❻ 實證主義認為，無法證明的知識就不存在，縱令存在也毫無價值 (Tran, 2002: 2)。但是人的經驗中，尤其宗教層面，以及催眠狀態所「經驗」到的現象，在日常生活中卻難以推翻其存在的真實性。催眠不是睡眠，而是將潛藏於潛意識中的存在「挖掘」出來，或讓這些留在潛意識的「記憶」「再現」。雖然實證主義無法證明這些知識的真實性，但是，我們也不能完全否認這些形而上的「知識」的確存在的事實。畢竟無法驗證，並不能證明不存在。我們或許只能說，此等神秘的形上存在是無法採用實證科學的方法去驗證。

面向生生不息的辯證體，故教育活動在發揮能力的同時，應該融入誠正信實和包容感恩的倫理情懷，方能因應瞬息萬變，卻萬變不離邁向美好生活的終極關懷。

因應後現代和全球化最大的力量，不是科技、不是策略、不是行動，而是思維和價值觀的改變，因此，教育需要含蘊開放心胸和批判能力，教育工作者若有心為人類真善美的生活而投入，下列的教育方向，或有助於教育工作者建立自己的教育價值典範，並鍥而不捨地散發教育的光和熱：

第一，積極培養學生接受新思維的能力。

第二，提升學生解決和意識到問題的能力。

第三，協助學生往真善美的方向擴展自己的視野，建構更多元的生活面向。

第四，激發學生批判性思考能力，適切地規範自己的需求和慾望，避免淪為科技奴隸。

第五，培養學生開闊的心胸，尊重他人的文化，並能理性地融合「他者」文化的素養。

終身學習是新世紀全民的共同課業，辯證性之批判思考不僅是人類面對多元文化和全球化不可或缺的能力，也是強化自身、免於陷入科技牢籠的法門，又能確保心靈不受媒體污染。然而人類的文化和成就必須點點滴滴的耳提面命和循循善誘。教育絕不能讓學生成為自私自利、無法傾聽他人意見、無法與他人理性溝通，更沒有能力去愛他人的「洞穴人」(the man of cave)。

㈢ *CARE 課程願景：統合能力、自主、人際關係與資訊科技的素養*

1968 年以降，後現代如火如荼的展開其對理性啟蒙的重新定位 (Gromala & Bicket, 1998: 1)。課程改革自 1970 年代以降，籠罩在工具或效益理性的濃郁氛圍，對社會弱勢照顧和對教育機會均等的呼聲持

續高漲，於是課程改革的方向和課程設計的模式，也受到經濟成長、機會均等、自由選擇等資本主義思想的影響。然而緊接著後現代思潮的衝擊，課程改革除了重視族群與社群外，也強調文化因素和個人自主 (Irr & Buchanan, 2006)；加上資訊科技打破時空的限制，縮短人與人之間的物理距離，課程改革也因此更明顯地圍繞著全球化（國際化）和在地化(學校本位)兩者之間打轉。杜爾 (William E. Doll) (Doll, 1993) 強調，兼顧全球化和地方性的課程改革核心，不再只考量教和學的因素，或只是從心理學和社會學的觀點思考教學議題，而應更統整地思索社會、經濟、政治和文化及個人主體的發展 (Best, 1997)。

隨著後現代思潮的衝擊，知識系譜也進行一場革命式的轉化，知識分子的使命也隨之有所轉變——當全球化脫離後現代的軌跡，而重返現代主義之際，知識分子不能再成為控制資訊的專家，應該讓知識分子有能力、又有責任，成為喚醒民眾自我主體意識的社會中堅分子，因此，教育不是要學生成為運用新科技的工具，而是有能力判斷該如何善用知識，以及有能力意義化及創造知識的自主性思考者。就此而言，學校課程必須培養學生的自主性能力，學生不再只是知識的接受者，而必須「有能力」自行掌握知識、判斷知識、建構知識、創造知識，並善用知識去關懷和服務他人。處於數位時代，學生必須能善用現代資訊科技的方法，才容易事半而功倍。

當全球化橫掃全球之際，課程要堅守自我與他者並存的概念，不能沒有自我，更不能忘掉人類理性由農業社會轉變到工業化社會受到踐踏的經驗 (Weis, McCarthy & Dimitriadis, 2006: 8-9)。豐厚知能，乃累積自救救人的本錢，因此，課程與教學不能再視學生為默默聆聽知識的人，必須強化學生獨立思考、自我反省、自我批判能力，以及對他者、對社會、對地球與宇宙關切的情懷。教師在此課程設計和教學活動扮演的角色，不再是傳道授業的機器，也不是控制電腦終端機的技術師，而是提供服務的引導者；同時，學校的學習中心也不再是堆

砌知識、準備考試、或複製百科全書的中心 (Weis, McCarthy & Dimitriadis, 2006: 3)。

　　當人類因應生存或生活的能力不足時，是人類的無奈；但若欠缺主體意識，則人類不是無意識地生活，就是抱持錯誤的意識而不自知，此等人類也是可悲的。現代人類的無奈，乃因為對全球化不甚理解或不知如何有效因應；之所以無意識或堅持錯誤意識，乃因為主體欠缺自我反省和自我理解的能力，遂導致沒有思想的行屍走肉，容易隨著全球化的浪潮起舞。故因應全球化的課程設計，必須強化學生的建構能力 (building) (Weis, McCarthy & Dimitriadis, 2006: 57)，也需要培養學生覺察和批判霸權的能力，並能樂於關懷弱者和他者。

　　二十世紀末托夫勒 (Toffler, 1981) 擬定的未來學課程，包括對未來的介紹和預測；對種族的關懷；化解戰爭與暴力；人與機器的相處之道；調劑工作與閒暇；智力與思想的交流與控制；人口、生命、遺傳與政治學；以及回歸人之本質等既關照社會，又顧及其他未開發、開發中和已開發國家及國際間可能產生的暴力或戰爭等內容。

　　教育啟蒙人類理性的要旨在於肯定每個人作為理性主體的生存意義是平等的，而且每個人也都可以自由選擇其生活的價值，此既是理解人際「關係」的人格展現，也意識到自我與他者「關係」的教育。為達此教育目的，課程與教學應激發學生發展個人自主性和社會性的多元志趣，並讓每個人有機會為自己設定人生目標，並為維繫社會的多元和多樣，提供選擇、反思、自我解放和重建的空間，俾讓每個人的選擇和發展均彰顯實質意義。一言以蔽之，教育必須將價值和理念轉變為實踐的藝術，並轉化思考為行動。

　　總之，當一個人心中存有他者，且能視他者如己時，才會發揮人性中倫理與關懷所散發出來的珍貴光輝。人若能發揮此德行，則人類將能藉著資訊科技來縮短人與人之間的距離，卻不會因為追求績效，而忘卻人性之美。能如此，則人類將可能藉著教育啟蒙理性，充分運

用科技以分享知識和隨時溝通 (Sugarman, 2000)，進而超越科技，開展邁向公平正義與和平的全球化 (Answers Corporation, 2006)。

人有慾望、有情感、有意志、有思維，卻不是科技可以完全取代的，因此，在全球化浪潮衝擊下，後現代提供良好的思維平台，讓多樣化的思維可以任意翱翔，讓人類的想像與理性可以齊頭並進，也讓社會可以更具人味兒。法蘭克 (Benjamin Franklin, 1706–1790)（Franklin，引自 Kramnick, 1995: 485–489）特別強調德行的重要，並為新世紀的人類社會提出節制、沉默、守秩序、明辨是非 (resolution)、節約 (frugality)、真誠、正義、謙和 (moderation)、潔淨 (cleanliness)、清靜、慈悲、人道等德行；歐盟在 2004–2005 年的年度報告書中也檢討各級學校及教師的公民素養，並主張公民教育應該融入各學門的課程中，不宜單獨設科 (European Commission, 2006: 9/10)。

我們可以預見二十一世紀的課程，將不斷推陳出新，也將充分展現課程的變動性特質；而且教育也不會僅以資訊為唯一主軸，反而會更注視蘊含在資訊背後的思維與意義；設計課程的方法也不會範限於「科學的方法」，而會持續充實人文性和倫理性內容。同時，未來的課程也將一改傳統由國家一手包辦的「大一統」方式，將課程設計權逐步交給師生共同設計，在此過程中，學生獲得尊重，知識也不再侷限於學科或學門，將更重視融入個人經驗和地方色彩。

本章提出之 CARE 課程願景包含：㈠提升競爭力、重視效益理性的專業能力 (competence)；㈡強調以個人、本土、學校本位、及與他人理性論辯的自主性自律素養（包括能力和態度）(autonomy)；此是因應「地球村」的基本配備 (Giddens, 2003)；㈢課程改革因應全球化的趨勢，需要採取多元文化的觀點，以包容、欣賞、融入、關懷、甚至強調向他人學習之「他者倫理」(the other ethic)，此即普來尼 (Karl Polanyi, 1886–1964) (Polanyi, 1957) 指稱的「關係取向」(relation)；以及㈣因為伴隨資訊科技的全球化已經讓世界運轉的速度加快了腳步 (Held,

McGrew, Goldblatt & Perraton, 1999)，故無論課程或教學設計（含教學方法）皆需要融入科技，但卻仍能維繫作科技主人的地位，此即資訊科技能力 (electronics)。

若當前重要且急迫的事情就是指出變革的適切方向，並激發人們採取適切的方法，進行兼顧社群文化和個人主體的改革 (Kotter, 1996)，則彰顯教育實踐藝術的 CARE 課程，將有助於化解台灣課程改革兼顧全球化和在地化的可能危機，俾讓台灣的課程改革在現代與後現代的思維中找出辯證合的轉機，也帶動國內課程研究和教學領導的專家學者們，在迎接後現代考驗之際，能掌握課程的主體性，並敏銳反省課程中的權力，發揮人文化育的實踐科學特質，讓學生不僅懂得區分 "Thinking globally, acting locally" 和 "Thinking locally, acting globally" ⓱ 的意義和適切時機，也能開展其主體的多元性和包容度。

結　語

所謂「現代」，指西洋啟蒙運動以降，以人為主體的理性主義。就中國而言，現代最早應該肇端於清末中學西用，乃至於全盤西化、重視自然科學之觀點。現代化的學校經營理念講求兩大原則：㈠一致性；㈡績效性。為落實此目標，學校的硬體設備必須與先進科技結合，學校的教學必須以「產出」的功能為指標，學校的經營必須化解矛盾，鞏固領導中心，齊一化管理與評鑑流程。

因之，二十一世紀所謂成功或優質學校的基本要件除了必須顧及現代化之績效外，也需融入後現代強化多元和差異之理念。質言之，優質學校的要件有二：一為績效、另一為品德。經營優質學校亦應該掌握下列要件：㈠建立健全的領導組織和學校章程，貫徹教育法規；

⓱　"Thinking globally, acting locally 和 Thinking locally, acting globally" 不易翻譯，但卻不難意會，此就是語言的奧秘，若真要將該英文譯為中文，「放眼全球，立足本土」及「本土考量，觸及全球」應可接受。

㈡依法自主辦學,並依法實行民主管理;㈢重視師生法治教育;㈣確保師生合法權益,包括受教權、申訴管道、平等的師生關係等。最後期望能達成全方位、深層次、立體式、規範化、民主化、科學化的管理,以提升師生的文化素質,其中最值得台灣借鏡的是以法治和道德建立制度。

另一方面,台灣近年標榜民主化的教育改革,減少校長的實權乃其中政策之一,惟此對落實整個國家教育政策和提升學校辦學績效是否適切有效,仍待進一步探索。教育無法走回頭路,但是應該讓校長更具人事權和獎懲權,相信校長的專業知能,尤其是義務教育階段,如此方能讓學校發揮自主性,同時也使校長更直接承擔學校經營的成敗責任。至於教師的分級應該是世界的潮流,只是該如何分?分級的依據為何?政府宜積極謹慎籌畫,多方參酌世界各國的作法,去蕪存菁,並納入學校相關人員,如校長、教師、家長等之意見,盡可能建立教師分級作法之共識方為要務。總之,教育除了讓個體自主思考和自由創造,並透過對話分享外,沒有更好的法門 (Nunn, 1920)。

>>>>

Chapter 8

二十一世紀教師專業倫理及品格新頁

第一節　風華不再：教師專業倫理亟待喚醒

一、教師專業權威的特質分析

　　若專業就是權威的展現，則教師的專業該展現的又該是哪種權威？教師應從哪些方面獲得專業權威？誠如韋伯所言，權威來自三方面：傳統權威 (traditional authority)、法理權威 (rational-legal authority) 與人格感召的權威 (charismatic authority)。傳統權威來自文化所產生的影響力，例如中國古代「天、地、君、親、師」的社會價值觀；法理的權威則出現在現代科層體制明確化的社會，依照角色責任賦予相對應的權力歸屬，故有「各司其職」或「不在其位，不謀其政」之論；前兩種權威具有現代和現代以前之時間發展性的關係，但卻不應是位階高低的問題，而指其來源和權威所能及的對象和影響力的不同。

　　傳統權威與法理權威雖未必相抗衡，但是法理權威多少推翻傳統權威的文化壓力。舉例言之，所謂「一日為師，終身為父」乃傳統權威的寫照，但是此傳統權威所決定的「社會價值觀」，若就法理權威而言，則天下父母可能有不適任者，身為子女也不必永遠信守「父母命不可違」之道；相反的，子女可以依照事實的真相、事理的合理與否「據理力爭」，但此並不表示傳統權威已黯然失色，只能說傳統權威隨著民主風潮的引入及個人理性的抬頭，遂使實證主義追求時效的價值觀逐漸式微 (Weber, 1947: 328)，但根深蒂固的文化價值觀並非一日即可被腐蝕，一旦傳統權威完全消失殆盡，則社會的價值觀將重新洗牌，人與人之間的情感也將逐漸淡薄，甚至展現多元化的社會價值觀。此亦是今日台灣社會，甚至整個世界全球化趨勢高漲之際所謂的「後現代現象」❶。

---

　　❶　此所謂「後現代現象」指的是不僅對於傳統社會的思想提出反動，而且

　　此等個人主義抬頭的思想，在十九世紀的西方思想已逐漸浮現，存在主義或尼采的思想均代表此思想，他們不僅對傳統文化的價值觀提出批判，更挑戰科層體制下的法理權威，此等思潮的轉變也影響教師專業倫理內涵的轉變。是喜？是憂？值得教育界朋友一起來思考。

　　近年來台灣社會的價值觀混雜而多元，例如，無所不用其極地瘋狂追逐歌友會；奢侈之風盛者有之，路有凍屍骨者亦有之；學生打教師者亦有之；為了報復失去的愛情而槍殺者有之，不勝枚舉。這些現象每天都在日常生活中上演，也在學校校園中頻傳。此到底是民主社會的進步？抑或是從開發中邁向已開發國家的過渡現象？只是民主社會價值觀扭曲的外顯行為？抑或是已深入人心的生活價值觀？教育的本質在於啟蒙人類的理性；教育的目的在提升人的素質，我們可以說，教育即在提升人類德行的素質；質言之，教育改革的核心即為價值的再確立、導正和文化內涵的提升。價值的確立與品格教育息息相關，而教師專業倫理的品質和教師自身品格的素養，也決定教育的成效，凸顯社會文化進步的程度。誠如冰島學者克里湯尼斯 (Kristjan Kristjannson) (Kristjannson, 2002: 136) 所言：傳統的道德教育再度成為國家各級教育所強調的重要生活技能。

　　若說傳統權威所含攝的教師專業倫理是文化價值與自我的認同，則法理權威的教師專業倫理指法律明文規定的律令。一旦教師專業倫理的社會和自我認同，隨著社會結構和價值觀的迅速變遷而逐漸消弭，則教師專業倫理也將由明文的法令取而代之。然而法理精神未必和傳統文化價值觀並肩作戰，卻可能抹殺或消弭傳統文化的價值觀。尊師重道是中國儒家的傳統文化；相對地，當前規範教師權威的相關法令

　　　　也嚴厲地批判現代社會之科層體制的工具理性，主張回復人性的本質，讓人自然地、自由地彰顯其獨特性的思想，故也可能走向極端的個人主義和無政府主義的陋巷，但此思想對科層體制化之工具理性的強烈批判的確有助於激發人類思索生活和生存的意義。

卻與傳統權威大異其趣，非但未能鞏固教師傳統權威，反逐漸削減教師的權威。值此之際，教師唯一自救的良方就是開展人格感召的權威，因為前兩種權威都是外在所賦予者，只有人格感召的權威是教師的自我所贏取的，雖然不完全自主，但相對地也彰顯主體性。

傳統權威的彰顯猶如家長（社會）對於教師權威的肯定；法理權威則是學校行政體系對教師權威的授與和規範，至於人格感召的權威，才是教師本身透過專業自主和人格化育所展現之行動和態度所獲得的權威，也是自發性的權威。就此而言，人格感召的權威雖可能被外力所折損❷，但較不易被外力所奪，也更能彰顯教師專業中自我負責的精神。因此，教師專業倫理，不在強調教師傳道、授業、解惑的專業或專門知能，更重視教師自主性自律所展現的品格內涵和價值觀。質言之，教師專業倫理的內涵可以隨著時代和法令的規章而改變，但是教師品格素養的提升，則是教師本身內發性、自主性地形塑其專業的先決條件，若教師不提升自我的品格素養，則縱令為教師訂下嚴苛的倫理守則，也無法維繫教師專業的權威和尊嚴。質言之，教師專業的重要內涵即為倫理的展現，教師若欲展現其專業，則首需重振教師品格的高風亮節。

二、教師專業必須符合倫理規範

教育改革即社會變遷的推手。社會文化的進步和人文素質的提升，奠基於教育功能的彰顯；教育功能的彰顯，繫乎教師品格素養的高下；教師品格素養的高下，決定人類品格素養的程度。故欲提升人類的品

---

❷ 人格感召的權威之所以被社會棄置，一則由於該人格感召權威的真實性被質疑，另一方面則由於社會文化價值觀的變遷，導致對於所「尊崇」者的內涵和定義有所改變所致。但是人格感召的權威所維繫的時間也會較為久遠，影響的層面也較深，因此，有「天下英雄氣，千秋尚凜然」之言，但亦有「舊時王謝門前燕，飛入尋常百姓家」之嘆。

格，首需提升教師的品格。同理，台灣教育的成效，牽繫台灣社會文化的品質和興衰；台灣教育的成效，端賴教師專業的展現。教師品格素養即教師專業展現的里程碑，亦是教育成效的重要指標。

教育部 (2005a) 不斷地強調：教育措施的國際化和本土化，即在帶動台灣邁向全球化，並保住本土主體性；教育部 (2005a) 也列出「創意台灣、布局全球、培育各盡其才之新國民」的願景，提倡「現代國民」、「台灣主體」、「全球視野」和「社會關懷」四大施政主軸。所謂「台灣主體」，不應局限於政治體制，更應及於個人的主體性；欲落實社會關懷責任，除了有賴政府建立機制外，更需要由教育帶動，也必須從友善校園做起，而友善校園的火種即為教師品格的提升。

台灣社會和學術界受到美國影響甚鉅，不少發展方向常以美國馬首是瞻，此現象一則基於十八世紀啟蒙運動以降，科學主義興起，自然科學攻占學術領域，十七世紀的經驗論發展為二十世紀的邏輯實證論或實用主義；後實證哲學雖然對實證主義的經驗和實驗方法提出批判，認為實證科學借經驗主義的歸納法，只是另一種超驗理性的獨斷，更是一種謬誤；並指出，經驗能歸納的只是「一群相似」者，並非完全相同者，而且由經驗所歸納的原理原則，再透過線性推論，以預測人類的生活和行為，即視經驗具普遍性，對經驗的可改變性視若無睹 (Reichenbach, 1956)。此等自然科學的思維，無異承認經驗主義所建立的就是普遍的原理原則，故毋須再檢證，即可用來規範人類的思想和行為。若教師也本著此種經驗主義的思維，則將忽視學生的個別差異，也會強化學校既存的不正義文化。

後實證哲學批判經驗主義和實證論思維的獨斷和謬誤，提出「否定科學主義論」(Popper, 1949; 1963)，以及「科學典範」存在「不可共量性」之論述 (Kuhn, 1970)，期能化解科學實證論單一思維的危機。但是科學實證論追求工具理性及其量產的腳步，卻未因為後實證論者的批判而停歇；相反的，人類對於科學產品所產生的激賞和依賴性，反

隨著科學產品的精緻化、多功能化和便捷化，有增無減。近日風行台灣的 Wii 遊戲即屬之。教育也在此思潮的推波助瀾中盲目地跟著追求「績效」，忽視人之所以為人的「情意」「生命」和「存在」意義和價值。此亦是教師專業倫理所欲倡導的精神和本質，是台灣亟需喚醒的教師品格。

作者曾讓兩所國內大學的碩博士研究生，透過討論、論辯和論述，提出其心目中理想教師的形象及品格內涵，作者發現，研究生心目中認定的理想教師是兼具專業知能和專業倫理者，有學生強調教師必須具有「正直」、「良善」和「關懷」的品格，並認為教師品格應納為教師專業倫理。研究生的觀點比較偏重法理權威的專業倫理，而非人格感召的教師品格，此可能與學生所關心的仍是自我，而非整個社會和文化有關，此等思想是否也是受到實證科學之工具理性的影響，值得進一步探討。

工具理性的輝煌成就不但溶解人類的自主性和獨特性，人類的美感能力和道德情操也逐漸流失，人際關係也成為數學方程式中的「權力」和「利益」的函數關係，不再是真心誠意地為人處事 (Popkewitz, 1991)。法蘭克福學派也激烈批判工具理性完全取代人類所有理性的迷思。如上所述，道德也因為受制於工具理性而成為失根的浮萍或文化的流浪兒 (Walkerdine, 1988)。師資培育若如此，則學校教育必然呈現一片「功利海」❸。

台灣社會自解嚴後，民主甚囂塵上，處處以「民主」護身。但是，台灣人民到底掌握多少民主的概念和素養？教師專業倫理是否可以漠視此社會的脈動？在數度的惡質選舉後，台灣社會秩序愈顯隳壞，人與人之間的疏離愈大，互信和關懷也日見薄弱。作者暗忖：台灣社會的價值觀是否病了？人心的淨土是否也沒了？善的種子是否已腐壞了？

---

❸　「功利海」意指整個社群中絕大多數成員都在追逐自身的利益和發展，如名利和權益等。

當「傳統」教師威權被撻伐之際，公平和關愛的德行何在？可悲的是，利益和權力的尺碼卻清晰可見。而理性和績效，就是那些用來追求權力和利益的工具和手段。師生之間的對話也只圍繞著物質面及成就面，極少分享彼此的關懷和論述內在生命的價值觀。學校教育在追求功名利祿和追逐自利與權力之氛圍中，逐漸喪失純真的心靈而不自覺。學校如此，家庭如此，社會更是如此。教育工作者對此現象難道可以不知不覺！

　　長久以來，台灣的道德教育進行德目式的灌輸性教學，而且考不考試常成為是否要教、是否要唸的主要判準。雖然近年來也致力於轉化灌輸性德目為社會公民素養的培養，但實質上卻被各類考試科目所包抄。此不但從學校教育現場可以發現❹，也可以從台灣選舉文化的胡言亂語、講話不負責任和相互謾罵等現象，證實台灣社會對品格的漠視。從作者的實證研究❺發現，絕大多數教師都認知到，無論學校教育是否包含道德教育，身為教育工作者都需要時時省思自己的德行，提升自己的品格，只是知行合一常有困難（參見附錄二、三之統計結果）。然而教師品格素養在台灣仍少有人關注，卻總在學生行為出問題時，又成為社會指責的對象。

　　斯賓塞曾以「何種知識最具價值」，點出學校教育的重點。該論點雖具功利色彩，但他 (Spencer, 1994) 仍宣稱：知識分子所以被稱為「知識分子」，正因為其陶成之品格 (the formation of character) 所致。然而隨著科技發展，物慾侵蝕著人性的善根和靈性，短視和急功都成了自

---

❹　研究者常參與學校評鑑時發現令人擔憂的現象，即教師和學生並不重視道德教育，也不常反省自己的德行和品味。雖然少數校長或教師重視學生和教師品格的提升，但仍敵不過升學的致命吸引力，所以大多只能「盡其在我，勉力而為」，而不是強力實施或推展。

❺　此實證研究指的是「教師品格素養問卷調查」部分而言，該調查研究現仍在繼續對北區 300 位高中教師進行問卷調查與統計，所得結果將更明確化台灣教師品格素養的現況；此外，亦可轉化至如醫師倫理之調查。

保和自私自利之冠冕堂皇的「藉口」，人與人之間的疏離感更急遽拉大。

人類為免於生老病死，可以不擇手段地傷害地球和生命，也可棄他人存在的尊嚴於不顧，相互尊重和隱私的維護也隨著數位時代來臨而危機四伏。此外，人類基因圖譜的揭曉與基因複製科技的發展，人的隱私權愈暴露在防不勝防的恐懼和不安；社會的真誠和互信已經被物慾、權力和利益侵蝕得所剩無幾。教育是否已意識到社會價值和生命存在的危機？對科學是否抱持深思熟慮的態度？能否善用科學成就卻不被其宰制？能否保有疼惜他人和愛護萬物之古道熱情？上述德行不但與個人品格素養相關，更應該涵蓋在教師專業倫理中。

上證下嚴法師常對信眾耳提面命：「知福、惜福、再造福！」若人對於生命、他人和生活環境都無法心存感恩，則又如何能發揮愛的善根去造福他人和社會？故教師的專業倫理必須具備感恩和惜福的德行，並且身體力行，以為世之榜樣。

蘇格拉底自詡：「知汝無知」，故能「時時自省」。知汝無知不僅是一種智慧，更是一種自省的德行。自省，基於對世界的「洞識能力」(Vandenberg, in Higgs, Ed., 1995: 185)。此洞識能力不僅指釐清概念和語言，也指明辨是非，檢證價值觀的迷思，更點出人類發展的無限可能在於德的旨趣。此等自省之德即作者自 1989 年起汲汲營營探討的「批判性思考素養」❻。綜合現象學 (Husserl, 1970)、詮釋學 (Gadamer, 1975) 和批判理論的論述 (Habermas, 1981; 1987)，作者綜合 (1997: 94) 指出，「批判性思考即一位自主性自律者心靈的辯證活動，此辯證活動包括質疑、反省、解放和重建，而此辯證性的心靈活動最終的指向，乃人類更合理的生活。」由此定義更能確定教師品格繫乎其批判性思考素養的高低。品格必須融入組織和生活世界中，才能內化為具主體性

---

❻　批判性思考素養包括能力和人格特質 (disposition)，詳細內容可參見作者 (1997)《批判性思考教學——哲學之旅》一書，及作者個人教學網站 http://web.ed.ntnu.edu.tw/~t04008

的價值觀，也才能彰顯自我意志和判斷的行為。一言以蔽之，提升教師的品格素養需要提升教師批判性思考能力。

　　新科技❼和社會人口結構的變遷❽，均將挑戰社會倫理。台灣社會倫理最根本的解決之道仍在教育，故教師品格的素養亟待提升和維護，方能維繫社會正義和營建優質的文化。歐美國家自 1989 年以降，已經開始重視教師的專業價值和品格素養。他們（引自林建福，2007; Stefkovich, 2001; Kristjannson, 2002; A to Z Teacher Stuff, 2005; Googlecharacter.com, 2005: National Center for Youth Issues, 2005a & 2005b; The Center for the Advancement of Ethics and Character, 2005）認為，學生行為的管教和教師品格的高下，均是影響學校成效的關鍵因素。國內無論從教訓輔三合一的推動或友善校園的營造和倡導，都希望能匡正社會價值觀及提升公民素養。

　　教育不能一廂情願地要求教師教導出具高品格的學生，教師本身「以身作則」，方能帶動社會風氣的優質化，也才能展現「良師興國」之效。總括言之，教師專業倫理不能將教師品格素養排除在外，否則教育很容易陷入工具理性的窠臼；教育欲彰顯的主體性，及所承擔的社會和文化發展之責，更應在有德的教育活動中方得以達成。教師專業判準必須符合倫理規範，那麼，教師專業倫理該有哪些內涵？倫理內涵能否變動？是否具普遍性？

---

❼　該研究乃國科會 91 年 5 月至 94 年 4 月 NSC92–3112–H–003–001 之研究，其對人類社會與倫理的衝擊主要分理論性與實用性兩個層面，詳細內容可參閱溫明麗、陳文團 (2007)「基因科技對社會正義與品格教育的啟示」一文。

❽　該研究主要發現和研究成果，請參閱王世英、溫明麗等人主持之「外籍配偶子女納入學校教育體系之課程與教學研究：建構國民中學補救教學模式」之研究專案報告書（王世英、溫明麗等，2007）。於此感恩內政部和國立教育資料館提供研究資源和協助，並已從理論和實證上建構出融入文化之「思、覺、行、盼」的補救教學模式。

　　基於上述論述，繼之擬進一步探討此倫理規範的本質與特質：本質，旨在瞭解教師專業倫理是否具普遍性；特質，則在本質之上提出因應時代變遷的新詮釋。

▶ 第二節　教師專業倫理本質與內涵的新詮釋

　　作者對於當前台灣社會價值觀甚為憂心，也寄望教師自身之品格能為世之典範，乃至於帶動與扭轉社會的價值觀，而不只是圍繞在學生品格教育一環。為達此目的，作者透過焦點團體的訪談和問卷調查，瞭解第一線教師對品格的價值判斷和知行能否合一的自省行動，試圖重新詮釋教師專業倫理所應涵蓋的品格素養。作者確信，只有建立在教師自主性自律的專業權威──即韋伯所稱之「人格感召的權威」──才是釜底抽薪地提升教師專業倫理之大計。

一、先物質後精神的教師專業倫理現況

　　教師本身是否意識或瞭解自己的品格素養？教師對自我品格素養的期望為何？哪些品格自己認為重要卻難以做到？等議題，都是如何提升思考教師品格素養的重要依據，更是師資培育機構、學校或各級政府提升教師品格素養需要掌握的訊息。教師本身對其品格素養抱持的價值觀和態度，即彰顯教師品格素養的程度，尤其教師對於品格內涵之知與行差異的自覺和實踐，更是品格教育的重點。當然若欲與國際比較，則宜更嚴謹地將教師品格指標標準化，並建立常模，但此過於繁複，且需要長期研究，本文僅將該研究結果，歸納出十項教師品格內涵❾，期能有助於重新詮釋教師專業倫理內涵之意義，並思考提

---

❾　作者曾於 2005 年調查台北縣、台北市、基隆市、桃園縣及新竹縣等十八所國民中學 100 位教師，對品格素養的自我觀點，期能從中找出喚醒教師提升其品格素養的自覺心和自主性，進而重新詮釋教師專業倫理的內

升教師品格素養之策。

教育的主體是「人」，展現人之異於禽獸者是「德行」。良師之所以能興國，乃因良師除了具備專門知識外，也能對學子進行理性啟蒙，更能以身作則。理性啟蒙的核心是價值體系的確立，價值體系的中心即為德的認知與實踐；德的認知與實踐與個人人格特質和其所處的社群息息相關。

簡言之，價值觀乃個人品格陶冶的歷程與結果。透過教師品格內涵的探討及其素養的彰顯，也再度明確化教育的本質，尤其當資本主義社會科技凌駕一切之上時，若能瞭解教師品格素養的內涵、現況和困境，進而喚醒教師的良知良能，則良師興國將隨著教師提升其人格感召權威，發揮春風化雨之功，不但有助於提升教師的社會地位，更能提升整體社會和文化的品質。

馬洛 (Raymond A. Morrow) 和托勒斯 (Carlos A. Torres) (Morrow & Torres, 2002) 在《佛瑞勒和哈伯瑪斯讀本：批判教育學和轉型的社會變遷》(*Reading Freire and Habermas: Critical Pedagogy and Transformative Social Change*) 一書，省思和比較康德、黑格爾及馬克

涵。該「教師品格素養量表」的設計和研究方法簡述如下：作者該研究中主要蒐集、分析、比較、詮釋與批判相關文獻，確立教師品格素養的內涵及架構，並透過半結構式問卷及德懷術和焦點團體訪談，確立具共識的「台灣國民中小學教師品格素養內涵量表」(附錄一)，該量表中品格內涵的確立，則經過問卷初試後的篩選而定，篩選的原則為：㈠對該品格解讀出現多重不同解讀者；㈡半數以上受試者認為不重要者；㈢半數以上受試者認為需要視情境而定者且不太重要性者；至於意義相近和相似者和同義異名者則歸納整併之。此外，再將整併後之內涵，透過研究生對道德教育理論與德育實際活動之討論與論辯，建立其對教師專業倫理和教師品格素養之期望，均作為修改與發展中小學教師品格素養內涵問卷之參考。將來若能對家長和學生進行調查分析，以瞭解教師、家長和學生三者對教師品格素養觀點的異同，對於瞭解社會對教師品格素養的現況和期待，應有一定程度的助益。

思以降之理性，並提出再製、轉型和社會危機間的辯證關係，點出教師專業倫理必須強調實踐面的觀點。據此，則如何提升教師理性批判能力，並將之轉化至對社群和弱勢的關懷，乃發展教師專業倫理不可或缺的方向。

近年來國內外的教育改革中，無論國民教育或師資培育教育，均認為品格教育相當重要，但其所稱之「品格教育」，通常指教師如何教導學生品格，以及如何提升學生之品格和培養學生之良好行為等❿。學生的品格教育固然重要，然而更重要的是教師本身的品格素養。再者，教師品格素養亦非狹隘地指是否已修習師資培育機構所設定之「道德教育」或相關課程，我們不能因為教師修習過該課程，就「自然而然」、「天經地義」、「理所當然」地認定其具有社會所期待的品格，忽略品格教育不但和個人所處的環境息息相關，也應將該素養展現於日常生活中；易言之，我們不能以教師是否修習該類課程認定教師是否具有「師者之所以足以為人師」之品格。此等不經檢證的認定，即犯了形上預設之謬誤——即無法驗證形上預設，卻視之為不證自明的真理之一種意識型態；此既不符合科學實證的方法論，也欠缺適切的邏輯和理性思維。總之，未經檢證或論證的「假設」，只是一種意識型態。

國內從事品格教育的專家學者們，如龔寶善、鄭重信、陳奎憙、

---

❿ 教育部 (2003) 為了協助教師專業成長，增進教師專業素養，並提升教學品質，曾在 2003 年 9 月 13–14 日的「全國教育發展會議」中，提出鼓勵學校申請試辦教師專業發展評鑑的結論和建議，但仍將重點置於教師的教學，而忽略教師的品格素養。又如潘慧玲 (2004) 完成之教育部委託的「發展國民中小學教師教學專業能力指標之研究」中，即列有「專業態度」向度，包括「願意投入時間與精力」和「信守教育專業倫理」兩項指標，只是亦未具體闡明專業態度和專業倫理的內涵；同理，周淑卿 (2004) 在由歐用生寫序之《課程發展與教師專業》一書，雖然關切到教師的課程知識，及教師之專業認同到身分認同等之論述，但該研究並非特別針對教師品格的研究。

歐陽教、楊深坑、沈六、黃藿 (2004)、郭實瑜、但昭偉、蘇永明、簡
成熙、林建福 (2005)、李祺明、張秀雄 (2005) 等教授多不勝數，均致
力於道德教育之理論與實踐的提倡；在哲學界，則以台大陳文團 (1993)
首開風氣之先，對台灣道德教育之意識型態進行詮釋和批判，建立道
德教育研究的新里程碑。雖然近年來對於教師專業倫理的國內外專著
不少❶，但仍強調教師教學效能和敬業態度及教師對學生的關懷等專
業倫理，較少直接觸及教師個人的品格素養，更不用說建立教師品格
素養的指標。

　　不僅台灣如此，歐美國家亦然 (Googlecharacter.com, 2005)，均犯
了「只要教導學生品格而無需教導教師品格」的迷思。此可由師資培
育機構的課程設有「道德教育」或「德育原理」，而其內容卻大多針對
教師如何教導學生道德或培養學生品格，卻極少涉及教師本身如何提
升品格可以得知。另「教師專業成長」的課程，也大抵重視教學專業
知能之提升，雖然偶有強調「重視教學態度和教學倫理」，或訂有「教
師或教學業倫理信條」者，但細觀其內涵，則其所謂的「教學態度和
倫理」，大都扣緊教學效能，並非針對教師本身的品格而言 (A to Z
Teacher Stuff, 2005; Bedley, 2005; USOE, 2005; WCPSS, 2005a, 2005b)。
然而教師品格素養若不能透視此迷思，則教師專業倫理將無法發展成
具自主性、批判性和主體性之人格感召的權威。

　　近年來，上述現象有些改變。波士頓大學教育學院聲稱該校乃世
界第一所提倡教師品格教育的學校，十多年來該校一直以：「教師的品
格教育是優質教學的根本」作為提升教師品格的宣言 (The Center for
the Advancement of Ethics and Character, 2005)，該宣言直接論及教師品

---

❶　除文中所述者外，如楊深坑主編 (2003) 之《各國教師組織與專業權發展》，
　　及中華民國師範教育學會主編 (2005) 之《教師的教育信念與專業標準》
　　等均由國內關心教師專業倫理和品格的專家學者提出真知灼見，只是仍
　　較少真正觸及教師品格的內涵和其素養的提升。

格素養的核心內涵；克莉 (Mary Beth Klee) (Klee, 2000) 指出，教師應該作為品格的榜樣 (model)，她在文獻評述中提出尊重 (respect)、勇氣 (courage)、勤勉 (diligence)、耐心 (patience)、誠信 (faithfulness)、責任 (responsibility)、熱情 (compassion)、毅力 (perseverance) 等多項「道德樹」的概念；瓊森 (Larry Johnson) 和菲利普 (Bob Phillips) (Johnson & Phillips, 2003) 則從企業危機中確認「正直」(integrity) 德行的重要；加州大學 (2005) 設立的「道德教育行動計畫」(Character-in-action Program for Character Education)，不但有系統地研究道德和價值的理論，更針對現況深入探討，並訂定出教師倫理規範共同遵守的德目：如勇氣、責任、愛、誠實、勤勞、忠誠、容忍、熱情、奉獻等，此與克莉所列出之德目大同小異，同被視為是美國各級學校教師專業倫理的基本內涵，亦是世界公民不可或缺的品格；依利諾大學香檳校區的推廣中心，有鑑於教師品格的重要性，也開設許多培養教師品格的課程。

此外，麥迪森 (Gary B. Madison) 和費班 (Mary Fairbairn) (Madison & Fairbairn, 2000) 所編之《後現代倫理：歐陸趨勢》(*The Ethics of Postmodernity: Current Trends in Continental Thought*) 一書，則從現象學和存在主義觀點，探討當代倫理的危機和挑戰，並希望藉由現象學和溝通的倫理觀，重建融合理性道德和情性關愛的新社會道德，該書主張透過溝通和理解，建構論辯倫理學，強烈批判僵化的傳統道德。作者從中國儒家和墨家思想中抽離出勤勉、惻隱、仁愛、正義、兼愛的德行，也自柏拉圖和亞理斯多德的倫理觀，確立真誠、正義、友誼（或仁愛）、勇氣、節制、和諧、幸福、智慧等涵蓋感官、理性與慾念的種種德目❶，並以之進行台灣中小學教師品格素養之現況研究。調

---

❶ 作者首先，提出半開放式的問卷，從作者所提出之與教師相關之品格素養內涵中圈出認同者，或提出其他的品格內涵；其次，彙整這些由教師、研究生提出的內涵，經過焦點團體的分組討論後，重新整理各組（共五組，每組三至五人），針對教師專業倫理所需的德行，進行情境的模擬和

查結果的主要發現如下（詳見附錄二和附錄三）：

㈠所調查的 100 位教師中，不分性別、年齡、科別、學歷等，均認為此十項品格是身為教師者重要或非常重要的品格。

㈡女性教師比男性教師更看重仁愛、感恩等情性品格。

㈢受訪者認為節制、仁愛、堅毅、勇氣等品格內涵較其他品格不重要；最重要的品格是誠實，只是常會發生「善意的謊言」；次要的教師品格是尊重、感恩和樂觀。

㈣若排除善意的謊言，則教師認為自己最能做得到的品格是誠實、感恩和節制（或自律）；最不容易做到的則分別是勇氣、堅毅（自主）、樂觀、尊重與關懷；教師之所以不易做到大都因為受情境所限：如為了生存不敢言；或因為負擔太重、壓力過大，無法行其所知；或當個人情緒無法完全掌控所致。

㈤教師大都認同這些品格是教師專業倫理的重要表徵，但是卻仍存在因為情緒、個人人格特質、自私的價值觀等因素，導致知易行難的德行窘境；當作者問到以後是否能努力做到時，大多數的教師仍表示：「很希望做到，不過可能還很困難」。

由上述研究結果可以瞭解，教師品格素養與其生命的價值觀和其生涯規劃密不可分。韓愈言：「倉廩足則知禮節，衣食足則知榮辱」或馬斯洛之「匱乏動機先於成長動機」之觀點雖然未必受到道德學家或道德教育家的青睞，但作者的實證研究卻驗證此先物質後精神的品格教育通則。

上述諸研究均值得國內師資培育機構參考，尤其今日台灣師資培育機構面臨轉型的挑戰，若能在品格教育上多所著墨，或可開展學術

立場對立的交叉詰問，建立各組的共識；最後彙整各組的共識，取其相同者，至於只有一組提出的德行，除非其理由足以說服其他組的成員，否則便刪除，最後得出的十項具共通性的教師品格內涵為誠實、感恩、節制、勇氣、樂觀、正直、堅毅、仁愛、尊重、公平。

和社會服務的另一片天空，讓教育真正負起培育和提升社會公民和未來公民的責任，而不只是培養教師的「教學職能」。

二、喚醒教師的良知良能

上節中作者透過理論與實證研究提出，教師專業倫理的本質應立基於人格感召的權威，而教師專業倫理的落實，則需要顧及生存的物質因素，不流於唱高調。然而，如企業界一樣，當教育提倡效能時，教師品格的良窳攸關教學的效能 (Character education is powerful for teaching effectiveness)(Johnson & Phillips, 2003)。

品格教育在台灣的社會行之已久，亦是中國的「古物」，但是隨著西方思想的入侵，及全球化浪潮的推波助瀾，使啟蒙運動以降所關注的效能和工具理性淹沒了全球，教育也在此工具理性和啟蒙績效的追逐中，淡忘了品格教育之人文性核心價值；教師專業倫理也因為社會追逐立即性效能，迫使教師專業倫理只能棲身於法理的權威，難以彰顯人格感召的權威。

有鑑於家長或教育行政單位，乃至於教師本身，對於教師品格的重視早已敵不過對於升學績效的強調。教育部 (2005b) 曾委託中華民國師範教育學會，由吳武典主持，邀集八位台灣學者共組研究小組，依循教育專業標準本位之核心理念，探究師資培育學理、國內外經驗，並依師資培育法中㈠師資養成、㈡教育實習、㈢資格檢定、㈣教師甄選、及㈤教師專業成長等五大層面之專業規範，研擬具體可行的策略和目標導向之行動方案，提出「師資培育政策建議書」；教育部 (2007)「師資培育素質提升方案」亦投入 40 億新台幣，進行為期三年之師資素質改進，然而該方案卻對教師品格或教師專業倫理隻字未提。此現象更作實了台灣教育無論政府或師培機構對教師專業倫理的漠視，也顯現師資培育受功利思想和績效理性宰制的意識型態。

若教師專業倫理素養不足，教師品格有嚴重瑕疵或品格不佳，則

其專業能力將難以改進教育品質。葛拉伯 (Robert B. Graber) (Graber, 1996) 所著的一本小書——《評價無用之知: 從人類學觀點探究通識教育的意涵》(*Valuing Useless Knowledge: An Anthropological Inquiry into Meaning of Liberal Education*)，專門討論德行與知識何者有用? 何者為重? 該書從德行論觀點，強調我們以往所忽視的「無用知識」其實才是真正知之大用。此觀點對於台灣社會籠罩在資本主義陰影下，追求功利，陷入升學主義，並導致教育功能不彰 (dysfunction)，和缺乏人文性 (dehumanity) 的教育危機深具啟示性。此等教育危機的根本，就是夏茲克 (Joel Shatzky) & 希爾 (T. Ellen Hill) (Shatzky & Hill, 2001) 所提出的「思維危機」(thinking crisis)。

　　若欲提升教師的品格素養，必須重建教師的理性思維❸。依利諾大學香檳校區的史翠克蘭 (Guy Strickland) (Strickland, 2005) 為那些被家長貶抑為「壞老師」者信心喊話，並為提升其行為和品德提出處方。此外，卡爾和哈特納 (Anthony Hartnett) (Carr & Hartnett, 1996) 合著的《教育與為民主奮鬥: 教育政治學》(*Education and the Struggle for Democracy: The Politics of Educational Ideas*) 一書，除重新省思杜威的民主概念外，也從政治學觀點對破破碎碎的教育理論提出批判，且強調傳統教育的「自由理想社會」概念必須和二十世紀末經濟掛帥的「美好社會」取得辯證合，才是學校教育應走的方向。該論點與作者提倡批判思考教學的理念相通，尤其當台灣政治亂象和經濟掛帥的社會價值已潛入校園，教師對教育的價值也已經因為被污染而混沌不明之際，應更根本地喚醒教師的良知良能，才是提升教育品質的根本之道。

---

❸　此所謂「理性思維」並非純粹指自然科學理性的思考邏輯，而是涵蓋人文性和情性關懷的思維，質言之，對於不同面向的事物，宜採用不同的思考邏輯，尤其中國思想所稱之「喜、怒、哀、樂、愛、惡、欲」的情緒更不能輕忽，因為一個人的品格更容易從情緒中彰顯出來，因此教師的品格素養中，情緒方面的素養不可或缺。

早在 1980 年代，由阿姆斯壯 (David G. Armstrong)、漢森 (Kenneth T. Henson) 和薩維奇 (Tom V. Savage) (Armstrong, Henson & Savage, 1997) 所編之《今日教學：教育概論》(*Teaching Today: An Introduction to Education*) 一書，已經明顯地看出美國已開始深切反省教師的角色。雖然此等反省並未直接觸及教師品格，但卻呼籲教師必須因應社會變遷；且嚴屬批判教師對權力、責任和義務的認知不足後指出，教師應該注重學生的權益，應該認識學生是自由的主體，而且對於少數弱勢學生更應該表現關切態度，此皆指出教師關懷學生既是責任、也是義務的專業倫理；此提醒教師應該是位不斷學習的學習者，也是位關愛學生的行動者。此觀點是一位具批判性思考素養之教師應該具備的「基本覺知」；另外，該書也指出，學校組織文化的建構是教師無可推卸的責任，若欲提升教師的專業倫理，則必須喚醒教師意識的覺醒。

雷斯基 (Karlis Racevskis) (Racevskis, 1993) 從辯證的觀點，重新建構主體、認同、他者、啟蒙、和人文等觀點，一則批判現代理性的扭曲，再則強調後現代女性主義之感恩和關懷的倫理，以論述在日常生活中如何掙脫意識型態的宰制，尤其有助於教師建立專業倫理時，思考如何去除人文的形式主義，讓教師的專業倫理能落實在日常生活的行動中，並作為社會和學生之表率，進而營建良好社會風氣。

綜上可知，奠定教師專業倫理的品格內涵，除了認知外，更需要以行動去關愛知識、學生和社會，此更是為師者之所以能彰顯德之風的源泉。一言以蔽之，推動愛和理性的動力，覺醒教師的良知良能 (Lamb, 1997)。

▶ 第三節　結語：風華再現

教師品格素養與校園文化的優質化息息相關。隨著政府積極推動學校社區化之際，教師帶動社會風氣轉型的責任與功能將更為明顯。

此時若教師品格得以提升，則友善校園文化的目標將可達成，教師成為「有機知識分子」(organic intellectual) ⑭ (Gramsci, in Kearney, 1986: 171) 或「轉化性知識分子」(transformative intellectual) ⑮ (Giroux, 1988) 的功能也將愈形不可或缺。據此，提升教師專業倫理即在提升教師品格素養，且唯有教師能成為有機的知識分子或轉化性知識分子，其專業倫理方能掙脫傳統的包袱。質言之，教師品格能否成為社會榜樣，乃提升教師專業倫理的指標，而教師若欲再現其人格感召之社會魅力，提升品格素養乃為首要之務。

就作者 (2005) 研究發現，理想教師必須在品格、專業知能和自我修為中展現人格感召的權威。教師品格內涵，彰顯於師生關係中；教師專業知能，則顯現於傳道、授業和解惑中；至於教師的自我修為，則以蘇格拉底的「知汝無知」的謙卑和自省能力為最根本，也最需要展現的特質。就此而言，教師本身的品格必須涵蓋理性、自省、關懷和感恩之德性；教師的自我修為除了應展現其是位學習者外，也應該是位思考者和可以隨時轉換各種形狀之學養俱豐的容器 (container)。此等特質可以圖示如下。

---

⑭ 葛蘭西針對「傳統知識分子」提出的「有機知識分子」，指的是知識分子應該與社會脈動結合，並散落在各階層，而不限於某個階級，應時時能展現活力，並成為新世界的基礎者知識分子，不再如傳統社會一樣，僅限於金字塔頂端的菁英分子，而是主動與實際生活結合的生命體，此概念正隱含教師專業倫理也需擺脫傳統或法理的理想類型，轉向人格感召權威的自覺覺人的品格邁進。

⑮ 紀洛斯 (Henry Giroux) 所以稱教師應為「轉化型知識分子」，是指教師必須能夠自我解放，追求自由公平之民主社會者而言。若教師被視為轉化型的知識分子，則教師必須能發揮對獨斷理性提出質疑、反省，並自其牢籠中自我解放，並重建新價值觀以因應變革者。一言以蔽之，此即具備批判性思考的教師特質。

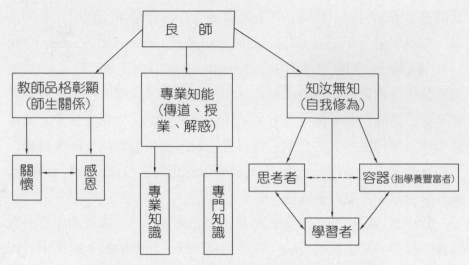

圖 8-1　學生心目中理想教師品格特質素描圖
資料來源：作者 (2005) 整理自文獻資料和訪談結果

　　總之，教師專業倫理必須建立在品格的基礎上，而教師品格則應兼顧理性和情性的素養，並能依照情境和需求，作有機的轉化。若能如此，則教師將專業知能展現於傳道、授業和解惑時，將能掌握因材施教、有教無類原則，而且教師展現的不僅是教學者，更是學習者、行動者和思考者的有機知識分子的角色。總之，從批判性思考能力的提升，勢必有助於教師藉由「知其主體」(Knowing for being self)、「思其自主」(thinking autonomously)、「覺其情懷」(feeling be loved and for others) 和「行其有道」(action with rational and caring) 之中，反省、解放並重建理想的教師專業倫理，也讓「帶好每位小孩」(No child left behind) 之教育理想早日達成。一言以蔽之，教師品格素養的提升，不但是教師專業倫理的展現，更是台灣教育再創世界奇蹟的前哨戰。且讓大家一起為開創台灣的新世紀而共同努力吧！

[參考文獻] ▸▸▸▸

于偉 (2006)。**現代性與教育**。北京市：北京師範大學出版社。

王小平（無日期）。**誠信是邁向成功的階梯**。2007 年 8 月 15 日，取自 http://blog. tom.com/blog/read.php?bloggerid=678378&blogid=29470

王紅宇譯 (2003)。**後現代課程觀**。北京市：教育科學出版社。

王琛譯 (2003)。**人文主義：全盤反思**。北京市：三聯書店。

王德鋒譯 (2003)。**時代的精神狀況**。Jaspers, K. 著 (1951)。上海市：上海譯文出版社。

王慧蘭 (2005)。批判教育學：權力、文本政治與教育實踐。**台灣教育社會學研究**。5 (2)，85–112。

王世英、溫明麗等 (2006)。**我國新移民子女學習成就現況之研究**。台北市：國立教育資料館。

尹雪曼 (1983)。**現代主義與新在有思想**。台北市：正中。

中華民國師範教育學會主編 (2004)。**師資培育政策建議書**。2006 年 5 月 12 日，取自 http://209.85.175.104/search?q=cache:WCMPzUO9wXUJ:www.hkes.hcc. edu.tw/news/upload/a02/%E6%95%99%E7%81%B6%E9%83%A8%E5%B8% AB%E8%B3%87%E5%9F%B9%E7%81%B6%E7%B4%A0%E8%B3%AA% E6%8F%90%E5%8D%87%E6%96%B9%E6%A1%88.doc+%E5%B8%AB%E 8%B3%87%E5%9F%B9%E8%82%B2%E6%94%BF%E7%AD%96%E5%BB %BA%E8%AD%B0%E6%9B%B8&hl=zh-TW&ct=clnk&cd=4&inlang=zh-TW

中華民國師範教育學會主編 (2005)。**教師的教育信念與專業標準**。台北市：心理出版社。

公民與道德教育學會 (2002)。**邁向二十一世紀的公民資質與師資培育**。台北市：作者。

石中英 (2002)。**知識轉型與教育改革**。北京市：教育科學出版社。

石中英、鄭敏納等譯 (2006)。**教育的哲學基礎**。第七版。北京市：中國輕工業出版社。

甘陽譯 (2003)。**人論**。北京市：西苑出版社。

老子 (1971)。**道德經講義**。台南市：福全佛堂管理委員會。

伍振鷟主編 (1996)。**教育哲學**（二版）。台北市：師大書苑。

吳俊升 (1993)。**教育哲學大綱**。台北市：台灣商務印書館。

吳政達 (2002)。**教育政策分析：概念、方法與應用**。台北市：高等教育。

吳祥輝 (2006)。**芬蘭驚豔**。台北市：遠流。

佚名 (2005)。**美國實施品格教育的一百種方法**。2005 年 11 月 5 日，取自 http://www.bg120.com/Article_Show.asp?ArticleID=162

李奉儒 (2004)。**教育哲學：分析的取向**。台北市：揚智。

李品慧 (2007)。**台北市國高中學生關懷感受度、關懷向度及德育義蘊**。國立台灣師範大學碩士論文。未出版。台北市。

我愛羅 119 (2006)。**卡爾‧雅斯貝爾斯**。2006 年 7 月 21 日。取自 http://city.udn.com/v1/blog/article/article.jsp?uid=jason080&f_ART_ID=790575

汪安民、陳永國、馬海良主編 (2000)。**後現代性的哲學話語──從福柯到賽義德**。浙江省：浙江人民出版社。

杜意風譯 (1984)。**雅斯培論教育**。Karl Jaspers 著。台北市：聯經。

邱兆偉 (2000)。**教育哲學**。增訂一版。台北市：師大書苑。

林建福主編 (2005)。**教育專業倫理**。台北市：五南。

林進材 (2006)。**教學論**。台北市：五南。

林建福 (2007)。人性、德行、品格教育──Aristotelian 觀點。**教育資料與研究**，*37*, 15–40。

周淑卿 (2004)。**課程發展與教師專業**。台北市：高等教育。

波依修斯，陳芳郁譯 (1986)。**哲學的慰藉**。台北市：水牛。

范景中譯 (1997)。**通過知識獲得解放**。K. Popper 著。杭州市：中國美術學院出版社。

美國陸軍月刊 (2004)。**建立美國陸軍創新文化的必要性**。**美國陸軍月刊**，2 月。2006 年 4 月 16 日，取自 http://past_journal.mnd.gov.tw/military_news/046d-3.htm

涂紀亮 (nd.)。**奎因**。2006 年 12 月 24 日。取自 http://72.14.235.104/search?q=cache:pL3qboZ1QH8J:libdlm.lib.ntu.edu.tw/cpedia/Content.asp%3FID%3D56814+%E5%A5%8E%E5%9B%A0&hl=zh-TW&ct=clnk&cd=6&gl=tw

唐斯著，譚逸譯 (1975, 1978)。**創造世界文明的書**。台北市：中華日報社。

桑新民 (1993/1995)。**呼喚新世紀的教育哲學──人類自身生產探秘**。二刷。北

京市：教育科學出版社。

徐社東 (2005)。**學校德育教育的批判**。2005 年 12 月 1 日，取自 http://www.bg120. com/Article_Show.asp?ArticleID=80

陶志瓊 (2003)。**新舊之間：教育哲學的嬗變**。重慶市：重慶出版社。

教育部 (2003)。**全國教育發展會議**。2004 年 11 月 5 日，取自 http://www.edu.tw/ EDU_WEB/EDU_MGT/SECRETARY/EDU8354001/2003/discuss/meeting. doc

教育部 (2005a)。**教育九十五年施政方針**。2005 年 11 月 1 日，取自 http://www. edu.tw/EDU_WEB/EDU_MGT/SECRETARY/EDU8559001/guide/95guide. htm

教育部 (2005b)。**中華民國師資培育建議書**。（教育部委託吳武典等學者研究報告書）未出版。台北市。

教育部 (2006)。**環境情勢分析與優先發展課題**。2006 年 5 月 13 日，取自 http:/ /gpmnet.nat.gov.tw/PLAN10/PL101950.asp

教育部 (2007)。**師資培育素質提升方案**。2007 年 4 月 16 日，取自 http://www. hkes.hcc.edu.tw/news/showdetail.cfm?unitname=%E6%95%99%E5%8B%99% E8%99%95&news_ID=771

陳文團 (1993)。批判理論與教育。**台大哲學論評**。16，121–159。

陳瓊森、汪益譯 (1995)。**超越教化的心靈：追求理解的認知發展**。Gardner, H. 著 (1991). 台北市：遠流出版公司。

陳迺臣 (1997)。**教育哲學導論：人文、民主與教育**。台北市：心理。

陳中立、楊楹、林振義、倪建民 (2001)。**思維方式與社會發展**。北京市：社會科學文獻出版社。

陳伯璋、許添明 (2002)。**學校本位經營的理念與實務**。台北市：高等教育。

陳雅汝譯 (2004)。**小熊維尼談哲學**。J. T. Williams 著 (1995/2003 2nd Edition). 台北市：商周。

陳文團、溫明麗 (2006)。後現代狀況下的全球化教育隱憂與出路。**教育資料與研究：教育政策專輯**。31, 265–294。

張志偉、歐陽謙主編 (2002)。**西方哲學智慧**。北京市：中國人民大學出版社。

張楚廷 (2003)。**課程與教學哲學**。北京市：人民教育出版社。

張秀雄 (2005)。品德教育與公民教育可以合作嗎？——以美國的經驗為例。**國立編譯館館刊**。33 (4), 51–60。

張興龍 (2005)。王國維「完全之人物」人格美育思想簡述。2005 年 12 月 1 日，
取自 http://www.bg120.com/Article_Show.asp?ArticleID=45

郭湛 (2002)。**主體性哲學──人的存在及其意義**。昆明市：雲南人民出版社。

郭為藩 (2004)。**轉變中的大學：傳統、議題與前景**。台北市：高等教育。

曹衛東編選 (1997)。**霍克海默全集**。上海市：遠東。

梁福鎮 (1999)。**普通教育學**。台北市：師大書苑。

梁福鎮 (2001)。**審美教育哲學**。台北市：五南。

梁福鎮 (2006)。**教育哲學：辯證取向**。台北市：五南。

莊小萍 (2007)。西班牙初等教育改革探析。**教育資料集刊**。*33*, 257–274。

黃藿 (1992)。**雅斯培**。台北市：東大。

黃訓慶譯 (1998)。**後現代主義**。R. Aggignanesi. *Postmodernism.* 廣州市：廣州出
版社。

黃藿主編 (2004)。**教育專業倫理**。台北市：五南。

黃藿、但昭偉總校譯 (2007)。**教育意義的重建：教育哲學暨理論導論**。D. Carr 著
(2003). *Making sense of education: An introduction to the philosophy and
theory of education and teaching.* 台北市：學富。

傅佩榮 (1992)。**培養智慧**。**中央日報海外版**。1992 年 12 月 10 日。

馮朝霖 (2000)。**教育哲學專論──主體、情性與創化**。台北市：元照。

馮朝霖審定，王智弘等譯 (2004)。*21* **世紀人權教育** *(1) (2)*。台北市：高等教育。

曾志朗 (1999)。生命教育：教改不能遺漏的一環。**聯合報**。1999 年 1 月 3 日。
台北市：聯合報。

賀瑞麟 (1959)。**黑格爾的小邏輯**。上海市：商務。

雅斯培 (1984)。**雅斯培論教育**。台北市：聯經。

葉學志 (2004)。**教育哲學**。台北市：三民。

溫明麗譯 (1995)。邁向二十一世紀的教育：超越現代與後現代。**教育：傳統、現
代化與後現代化** (pp. 89–124)。台北市：師大書苑。

溫明麗譯 (1996)。**新教育學**。台北市：師大書苑。

溫明麗 (1998)。**批判性思考教學──哲學之旅**。台北市：師大書苑。

溫明麗 (2002)。**皮亞傑與批判性思考教學**。台北市：洪葉。

溫明麗編譯 (2003)。**行動研究教育學**。台北市：洪葉。

溫明麗 (2004)。詮釋典範與教育研究。載於潘慧玲主編 (2004)。**教育研究方法論：
觀點與方法** (pp. 155–186)。台北市：心理。

溫明麗 (2005)。國民中小學教師品格素養指標、現況與提升之研究：創造一個具批判與感恩之校園文化氛圍的論述。未出版。

溫明麗、陳文團 (2007)。基因科技對社會正義與品格教育的啟示。**教育資料與研究，** *75*, 41–50。

楊深坑 (1997)。**溝通理性‧生命情懷與教育過程：哈伯瑪斯的溝通理性與教育。**台北市：師大書苑。

楊深坑 (2002)。**科學理論與教育學發展。**台北市：心理。

趙克非譯 (2002)。**哲學家的動物園。**北京市：中信。

趙學林 (2003)。**智慧簡史。**長春市：時代文化出版社。

維基百科 (2005)。**實用主義。**2005 年 2 月 13 日，取自 http://zh.wikipedia.org/wiki/%E5%AE%9E%E7%94%A8%E4%B8%BB%E4%B9%89

維基百科 (2007)。**索倫‧奧貝‧克爾凱郭爾。**2007 年 5 月 11 日，取自 http://zh.wikipedia.org/wiki/%E7%B4%A2%E5%80%AB%C2%B7%E5%A5%A7%E8%B2%9D%C2%B7%E5%85%8B%E7%88%BE%E5%87%B1%E9%83%AD%E7%88%BE

鄭振鐸譯 (1990)。**泰戈爾抒情詩選。**Rabinaranath Tagore 著。台北市：業強。

歐陽教主編 (1999)。**教育哲學。**高雄市：麗文。

歐用生 (2004)。**課程領導：議題與展望。**台北市：高等教育。

潘慧玲主編 (2003)。**性別議題導論。**台北市：高等教育。

潘慧玲 (2004)。發展國民中小學教師教學專業能力指標之研究。2005 年 1 月 15 日，取自 http://www.edu.tw/EDU_WEB/EDU_MGT/EDURES/EDU5741001/1/eval/Untitled-1.htm?FILEID=141606 & UNITID=33 & CAPTION= 教育部補助試辦教師專業發展評鑑之評鑑規準參考資料

劉慶仁 (2006)。英國當前的學校教育改革。**教育資料集刊：教育變革與發展，** *32*, 131–156。

劉曉芬 (2006)。全球在地化視野下的高職轉型政策。**教育資料集刊：教育政策專輯，** *31*, 225–240。

鄧曉芒 (2004)。**純粹理性批判：康德三大批判之一。**台北市：聯經。

蔡偉鼎譯 (2002)。**批判思考導論──如何精進辯論。**台北市：學富。

靜宜大學 (2005)。**中小學教師品格教育研習會。**2005 年 10 月 1 日，取自 http://pinky.gfes.tc.edu.tw/sfs3/modules/news/news_list.php?query= 品格教育 &sortmode=&showpage=1&msg_id=60

鍾嘉文譯 (1988)。**當代文學理論**。台北市：南方。

戴聯斌、王了因譯 (2003)。**哲學**。N. Turnbull. 著 (1999). *Get a grip on philosophy.* 北京市：三聯書店。

簡成熙 (1996)。**理性、分析、教育人**。台北市：師大書苑。

韓少功、韓剛譯 (1990)。**生命中不能承受之輕**。Milan Kundera 著，*The unbearable lightness of being.* 台北市：時報文化。

釋證嚴 (2001, 2002)。第二版。**靜思小語**。台北市：慈濟。

蘇夫安編譯 (1986)。**赫爾德全集：論語言的起源第五卷**。J. G. Von Herder 著。上海市：上海譯文出版社。

A to Z Teacher Stuff (2005). Character education. Retrieved December 1, 2005, from http://atozteacherstuff.com/Themes/Character_Education/

Abdel-Malek, A. (1981). *Civilisations and social theory: social dialectics.* vol. 1 London: The Macmillan Press Ltd.

Adler, M. J. (1986). Commentary: Why critical thinking programs won't work. *Education Week, 28,* 13–14.

Adorno, T. (1970/1984). *Aesthetic theory.* C. Lenhardt (Trans.). London: Routledge & Kegan Paul.

Answers Corporation (2006). *Global justice movement.* Retrieved August 24, 2006, from http://www.answers.com/topic/global-justice-movement

Apple, M. (1979). *Ideology and curriculum.* London, New York: Routledge & Kegan Paul.

Apple, M. (1993). *Official knowledge: Democratic education in a conservative age.* London, New York: Routledge & Kegan Paul.

Archambault, Reginald D. (1965/1966). *Philosophical analysis and education.* London: Routledge & Kegan Paul.

Archambault, Reginald D. (1967). *Tolstoy on education.* L. Wiener (Trans.), with an introduction by Reginald D. Archambault. Chicago & London: The University of Chicago Press.

Arendt, H. (1989). *Lectures on Kant's political philosophy.* Beiner, R. (Ed.). Chicago: Chicago University Press.

Aristotle (1941). *The basic works of Aristotle.* McKeon, R. (Ed.). New York: Random House.

Armstrong, D. G., Henson, K. T. & Savage, T. V. (1997). *Teaching today: An introduction to education.* New Jersey: Prentice-Hall, Inc.

Atkinson, R. C. (nd.). *Mathematical learning theory.* Retrieved April 15, 2007, from http://tip.psychology.org/atkinson.html

Atkinson, R. C. (1972). Ingredients for a theory of instruction. *American Psychologist, 27,* 921–931.

Audi, R. (Ed.) (1995). *The cambridge dictionary of philosophy.* Cambridge: Cambridge University Press.

Babbit, I. (1993). What is humanism? In *Humanitas, 6* (1), 1–21.

Bakhtin, M. M. (1981/2001). *The dialogic imagination: Four essays.* M. M. Bakhtin, M. Holquist (Ed.); C. Emerson & M. Holquist (Trans.). Austin, Texas: University of Texas Press.

Barrow, R. & Woods, R. (1975/2006). *An introduction to philosophy of education.* Second edition. London & New York: Methuen.

Barrow, R. & White J. (1993). *Beyond liberal education: Essays in honor of Paul H. Hirst.* London, New York: Routledge & Kegan Paul.

Bedley, G. (2005). *Discipline: Strategies & solutions.* California: People-wise Publications.

Berman, M. (1983). *All that is solid melts into air.* London: Verson.

Berman, R. A. (1989). *Modern culture and critical theory: Art, politics, and the legacy of the Frankfurt School.* Wisconsin: The University of Wisconsin Press.

Best, S. (1997). *The politics of historical vision: Marx, Foucault, and Habermas.* New York: Guildford Press.

Best, S. & Kellner, D. (1997). *The Postmodern turn.* New York: The Guildford Press.

Black, N. (1996). Between postmodernism and anti-modernism: The predicament of educational studies. *British Journal of Educational Studies, 44* (March), 42–65.

Bode, B. H. (1921). *Fundamentals of education.* New York: Macmillan.

Bode, B. H. (1927). *Modern educational theories.* New York: Macmillan.

Bonnett, M. (2003). Retrieving nature: Education for a post-humanist age. *Journal of Philosophy of Education: special issue. 37* (4), 351–725.

Bordo, S. (1990). Feminism, postmodernism and gender-scepticism. In L. J. Nicholson (Ed.) *Feminism/Postmodernism* (pp. 133–157). New York &

London: Routledge & Kegan Paul.

Bowell, T. & Kemp, G. (2005). *Critical thinking: A concise guide.* London & New York: Routledge & Kegan Paul.

Boyne, R. & Rattansi, A. (Eds.) (1990/1993). *Postmodernism and society.* London: Macmillan.

Brameld, T. (1956). *Toward a reconstructed philosophy of education.* New York: Dryden Press.

Bridges, D. (1995). Personal autonomy and practical competence. Paper presented to *The proceedings to international conference on education reform: Its theory and practice.* National Taiwan Normal University: Department of Education.

Bronnikov, V. M. (2005). *Globalization without humanity.* Russia: Information Technologies Ltd.

Bruns, G. L. (1980). *Heidegger's estrangements: Language, truth, and poetry in the later writings.* New Haven & London: Yale University Press.

Buber, M. (1923/1958). *I & Thou.* R. G. Smith (Trans.). Edinburgh: T. & T. Clark.

Burns, H. W. & Brauner, C. J. (Eds.) (1962). *Philosophy of education: Essays and commentaries.* New York: The Ronald Press.

Bush, T. (1986). *Theories of educational management.* London: Harper & Row, Publishers.

Carr, W. (1995). *For education.* Buckingham: Open University Press.

Carr, W. (Ed.) (2005). *The Routledge Falmer reader in philosophy of education.* London & New York: Routledge.

Carr, W. & Kemmis, S. (1986). *Becoming critical: Education, knowledge and action research.* London: Falmer.

Carr, W. & Hartnett, A. (1996). *Education and the struggle for democracy: The politics of educational ideas.* Buckingham & Philadelphia: Open University Press.

Cassier, E. (1944). *An introduction to a philosophy of human culture.* New Haven: Yale University Press.

Chaffee, J. (1994). *Thinking Critically.* Boston & Toronto: Houghton Mifflin Company.

Chambers, J. H. (1983). *The achievement of education: An examination of key concepts in educational practice.* New York: Harper & Row.

Cherryholmes, C. (1988). *Power and criticism: Poststructural investigations in education.* New York: Teachers College Press.

Cockrill, P. (1991/1996). *The ultimate teddy bear book.* London: Dorling Kindersley Limited.

Coleman, J. S. (1990). *Foundations of social theory.* Cambridge, Massachusetts: Harvard University Press.

Combs, E. (Ed.) (1983). *Modernity and responsibility: Essays for George Grant.* Toronto, Buffalo & London: University of Toronto Press.

Comenius, J. A. (1887). *Orbis Pictus.* (1942). J. A. Komensky (Trans.) (1968). Oxford: Oxford University Press.

Connor, S. (1989). *Postmodernist culture—An introduction to theories of the contemporary.* Cambridge: Blackwell Publishers Inc.

Cooper, D. (1986). *Education, values and mind: Essays for R. S. Peters.* London: Routledge & Kegan Paul.

Crittenden, Paul (1990). *Learning to be moral: Philosophical thoughts about moral development.* New Jersey & London: Humanities Press International, Inc.

Crook, D. & Aldrich, R. (2000). *History of education for the twenty-first century.* London: Bedford Way Press.

Curtis, S. J., Boultwood, M. E. A. & Sir Morris, C. (1977). *A short history of educational ideas.* Surrey: University Tutorial Press, Ltd.

Davis, A. (1998). *Journal of philosophy of education: The limits of educational assessment.* Oxford: Blackwell Publishers.

Dean, R. (2006). *The value of humanity in Kant's moral theory.* Oxford: Clarendon Press.

Deardebm R. F., Hirst P. H. & Peters, R. S. (Eds.) (1972). *Education and the development of reason.* London: Routledge & Kegan Paul.

Dearden, R. (1975). Autonomy and education. In Dearden, R., Hirst, P. & Peters, R. S. (Eds.). *Education and reason.* London: Routledge & Kegan Paul.

Denzin, N. K. (1991). *Images of postmodern society: Social theory and contemporary cinema.* London: SAGE Publications.

Derrida, J. (1962). *Edmund Husserl's origin of Geometry: An introduction.* J. P.

Leavey (Trans.). New York, Lincoln & London: University of Nebraska Press.

Derrida, J. (1978). *Writing and difference.* A. Bass (Trans.). Chicago: University of Chicago Press.

Derrida, J. (1978). *Writing and difference.* Alan Bass (Trans.). London: Routledge & Kegan Paul.

Descombcs, V. (1979/1980/1981). *Modern French philosophy.* L. Scott-Fox & J. M. Harding (Trans.). Cambridge, London, New York, Melbourne, Sydney: Cambridge University Press.

Dewey, J. (1916/1966). *Democracy and education.* New York: Free Press.

DfEE (1998). *Education for citizenship and the teaching of democracy in schools: Final report of the advisory group on citizenship.* London: Qualifications and Curriculum Authority (QCA).

DfES (2007). *2020 vision-Report of the teaching and learning in 2020 Review Group.* Retrieved May 18, 2007, from http://www.dfes.gov.uk/publications

Dijn, H. (1996). *Spinoza: The way to wisdom.* Indiana, West Lafayette: Purdue University Press.

Doll, W. E. (1993). *Postmodern perspective on curriculum.* New York: Teachers College Press.

Dreyfus, H. L. & Rabinow, P. (1983). *Michel Foucault: Beyond structuralism and hermeneutics.* Chicago: University of Chicago Press.

Dreyfus, H. L. & Wrathall, M. A. (Eds.) (2006). *A companion to phenomenology and existentialism.* U.K. & Hong Kong: Blackwell Publishing.

Durkheim, E., P. Collins (Trans.) (1977). *The evolution of educational thought: Lectures on the formation and development of secondary education in France.* London: Routledge & Kegan Paul.

Elanor (2007). Quiz-*Winnie-the-Pooh-Philosophical genius.* Retrieved July 13, 2007, from http://www.funtrivia.com/trivia-quiz/Humanities/Winnie-the-Pooh---Philosophical-Genius-98531.html

Eagleton, T. (1991). *Ideology.* London, New York: Verson.

Elliott, J. (1991). *Action research for educational change.* Milton Keynes: Open University Press.

Ennis, R. (1996). *Critical thinking.* New Jersey: Prentice-Hall.

Eugene, Schlossberger (1992). *Moral responsibility and person.* Philadelphia: Temple University Press.

European Commission (2006). Citizenship education at school in Europe: Country report. Retrieved September 15, 2006, from http://www.eurydice.org/resources/Eurydice/pdf/0_integral/055EN.pdf

Fagothey, A. (1972). *Right and reason: Ethics in theory and practice.* Saint Louis: The CV Mosby Company.

Featherstone, M., Lash, S. & Robertson, R. (Eds.) (1995). *Global Modernities: From modernism to hypermodernism and beyond.* London: SAGE.

Felder, R. M. & B. A. Soloman (2005). *Index of learning styles.* Retrieved July 12, 2006, from http://www.ncsu.edu/felder-public/ILSpage.html

Ferraris, M. (1996). *History of hermeneutics.* B. Somigli (Trans.). New Jersey: Humanities Press.

Fichte, J. G. (1922). *Addresses to the German nation.* R. F. Jones & G. H. Turnbull (Trans.). Chicago: University of Chicago Press.

Fletcher, S. (2000). *Education and emancipation: Theory and practice in a new constellation.* New York & London: Teachers College Columbia University Press.

Flew, A. (1980). *Philosophy: An introduction.* Buffalo, New York: Prometheus Books.

Flynn, M. (1994). Social phenomenology and education. In P. Higgs (1994). *Metatheories in philosophy of education (pp. 197−220).* Johannesburg: Heinemann.

Foucault, M. (1965/1988). *Madness and civilization: A history of insanity in the age of reason.* London: Random House Inc.

Foucault M. (1979). *Discipline and punish.* New York: Vintage Books.

Freire, P. (1970). *Pedagogy of the oppressed.* New York: Continuum.

Freire, P. & Macedo, D. P. (1995). A dialogue: Culture, language, and race. *Harvard Educational Review, 65,* 377−402.

Freud, S. (1913). *The interpretation of dreams.* A. A. Brill (Trans.) (3rd Edition). Washington D.C.: Macmillan Company.

Fricker, M. & Hoprnsby, J. (2000). *Feminism in philosophy.* Cambridge: Cambridge

University Press.

Frisby, D. (1985). *Fragments of modernity: Theories of modernity in the work of Simmel, Kracauer and Benjamin*. Oxford: Polity Press.

Gadamer, Hans-Georg (1975). *Truth and method*. New York: Continuum.

Gadamer, H. G. (1992). The idea of the university–Yesterday, today, tomorrow. In D. Misgeld & G. Nicholson (Eds.). *Hans-Georg Gadamer on education, poetry, history* (pp. 47–59). New York: State University of New York Press.

Gadotti, M. (1996). *Pedagogy of praxis: A dialectical philosophy of education*. New York: State University of New York University.

Gaita, R. (1990). *Value and understanding: Essays for Peter Winch*. London & New York: Routledge & Kegan Paul.

Gardner, Howard (1999). *Intelligence reframed: Multiple intelligences for the 21st century*. New York: Basic Books.

Gereluk, D. (2002). The ongoing battle of the methods. *International Studies in Sociology of Education, 12* (2), 215–221.

Gert, B. (2005). *Morality: Its nature and justification*. Oxford: Oxford University Press.

Gerth, H. & Mills, C. W. (Eds. and Trans.) (1972). *Max Weber: Essays in sociology*. New York: Oxford University Press.

Giddens, A. (1984). *The constitution of society*. Cambridge: Cambridge University Press.

Giddens, A. (2003). *Runaway world: How globalization is reshaping our lives*. New York: Routledge.

Gilbert, M. (2006). *A theory of political obligation: Membership, commitment, and the bonds of society*. Oxford: Clarendon Press.

Gilligan, C. (1982). *In a different voice*. Cambridge: Harvard University Press.

Gilligan, C. (1988). Remapping the moral domain: New images of self in relationship. In C. Gilligan, J. V. Ward, J. M. Taylor & B. Bardige (Eds.). *Mapping the moral domain* (pp. 1–19). Massachusetts: Harvard University Press.

Giroux, H. A. (1988). *Teachers as intellectuals: Toward a critical pedagogy of learning*. Massachusetts: Bergin & Gravey.

Gonzalez-Mena, J. (1998). *The child in the family and the community.* second edition. New Jersey: Prentice-Hall.

Good, T. L. & Brophy, J. E. (1987). *Looking in classrooms.* Fourth edition. New York: Haprer & Row, Publishers.

Googlecharacter.com (2005). *Character education: Free resources, materials, lesson plans.* Retrieved December 1, 2005, from http://www.goodcharacter.com/

Graber, R. B. (1996). *Valuing useless knowledge: An anthropological inquiry into meaning of liberal education.* Missouri: Truman State University Press.

Green, M. (Ed.) (1967). *Existential encounters for teachers.* New York: Random House.

Green, A. (1997). *Education globalization and the nation state.* London: Macmillan.

Gromala, D. & Bicket, D. (1988). *Modernism and postmodernism.* Retrieved August 23, 2006, from http://www.geneseo.edu/~bicket/panop/modpomo.htm

Habermas, J. (1970). *Toward a rational society: Student protest science and politics.* J. J. Shapire (Trans.). Boston: Beacon Press.

Habermas, J. (1972). The university in democracy: Democratization of the university. In J. Habermas. *Towards a rational society* (pp. 1–12). London: Heinemann.

Habermas, J. (1975). *Legitimation crisis.* T. McCarthy (Trans.). Boston: Beacon Press.

Habermas, J. (1984). The French path to postmodernity: Bataille between eroticism and general economics. *New german critique, 33* (Fall), 79–102.

Habermas, J. (1987a). *The theory of communicative action (vol. 1): Reason and rationalization of society.* T. McCarthy (Trans.). Boston: Beacon Press.

Habermas, J. (1987b). *The philosophical discourse of modernity.* F. Lawrence (Trans.). Cambridge: Polity.

Habermas, J. (1992/1995). *Postmetaphysical thinking.* W. M. Hohengarten (Trans.) paperback. Oxford: Polity Press.

Halkin, L. (1993). *Erasmus: A critical biography.* John Tonkin (Trans.). Oxford: Blackwell.

Hare, R. M. (1952). *The language of morals.* Oxford: Clarendon Press.

Hare, W. (1985). *In defence of open-mindedness.* Canada: McGill-Queen's University Press.

Hare, W. & Portelli, J. P. (Eds.) (1988). *Philosophy of education: Introductory reading.* Calgary, Alberta, Canada: Detselig Enterprises Ltd.

Harper, R. (1955). Significance of existence and recognition for education. In Henry, N. B. (Ed.). *Modern philosophy and education.* Chicago: University of Chicago Press.

Harpham, G. G. (1994). So...What is Enlightenment: An inquisition into modernity. *Critical inquiry. 20* (3), 524–556.

Harris, A. & Chrispeels, J. H. (Eds.) (2006). *Improving schools and educational systems: International perspectives.* London & New York: Routledge & Kegan Paul.

Harris, K. (1979). *Education and knowledge.* London: Routledge & Kegan Paul.

Harrison, G. B. (Ed.) (1978). *Shakespeare: The complete works.* Taipei: Tien-Ho（天合）.

Hassan, I. (1982). *The dismemberment of orpheus: Toward a postmodern literature.* Wisconsin: The University of Wisconsin Press.

Hassan, I. (1987). *The Postmodern turn: Essays in postmodern theory and culture.* Columbus: Ohio State University Press.

Haydon, G. (1993). *Education and the crisis in values: Should we be philosophical about it?* London: The Tufnell Press.

Haydon, G. (Ed.) (1999). *50 Years of philosophy of education: Progress and prospect.* London: Bedford Way Paper, Institute of Education University.

Haydon, G. (2002). *Value education.* London: Institute of Education.

Healy, P. (2005). *Rationality, hermeneutics and dialogue: Toward a viable postfoundationalist account of rationality.* England & USA: ASHGATE.

Hegel, G. (2004). *Hegel's philosophy of right.* Retrieved February 2, 2006, from http://www.marxists.org/reference/archive/hegel/works/pre/prcontent.htm and http://www.marxists.org/regerence/archive/hegel/works/sp/osabstra.htm

Heidegger, M. (1927/1962). *Being and time.* J. Macquarrie & E. Robinson (Trans.). Oxford: Basil Blackwell.

Heidegger, M. (1947). Letter on humanism. In D. F. Krell (Ed.) (1977/1993). *Basic writings*: From *being and time* (1927) to the task of thinking (1964) (pp. 189–242). New York: Harper & Row.

Heidegger, M. (1968). *What is called thinking?* J. Glenngray (Trans.). New York: Perennial Library.

Heidegger, M. (1969). *On time and being.* J. Stambaugh (Trans.). New York, Hagerstown, San Francisco, London: Harper & Row, Publishers.

Heidegger, M. (1977). *The questions concerning technology and other essays.* W. Lovitt (Trans.). New York: Harper Torchbooks.

Held, D., McGrew, A., Goldblatt, D. & Perraton, J. (1999). Globalization. *Global Governance, 5* (4), 483–496.

Herbart, J. F. (1892). *The science of education and the aesthetic revelation of the world: Its general principles deduced from its aim and the aesthetic revelation of the world.* H. M. Felkin & E. Felkin (Trans.). London: Swann Sonnenschein.

Hessong, R. F. & Weeks, T. H. (1986). *Introduction to education.* New York: Macmillan Publishing Company.

Higgs, P. (Ed.) (1995). *Metatheories in philosophy of education.* Johannesburg: Heinemann.

Hill, D., McLaren, P., Cole, M. & Rikowski, G. (Eds.) (2003). *Postmodernism in educational theory: Education and the politics of human resistance.* Retrieved September 17, 2003, from http://www.tpress.free-online.co.uk/postmodernism.html

Hill, Thomas E. (1991). *Autonomy and self-respect.* Cambridge and London: Cambridge University Press.

Hintikka, J. (1977). *Knowledge and belief: An introduction to the logic of the two notions.* Ithaca & London: Cornell University Press.

Hirst, P. H. & Peters, R. S. (Eds.) (1970). *The logic of education.* London: Routledge & Kegan Paul.

Hirst, P. (Ed.) (1983). *Educational theory and its foundation discipline.* London & New York: Routledge & Kegan Paul.

Hirst, P. & White, J. (Eds.) (1998). *Philosophy of education: Major themes in the analytic tradition.* London & New York: Routledge & Kegan Paul.

Homer (2002). *Iliad.* S. Butler (Trans.). Retrieved June 3, 2005, from http://www.uoregon.edu/~joelja/iliad.html

Horkheimer, M. & Adorno, T. W. (1972/1989). *The dialectic of enlightenment.* G. J.

Cummin (Trans.). New York: Seabury Press.

Horn, P. R. (2005). *Gadamer and Wittgenstein on the unity of language: Reality and discourse without metaphysics.* USA.: ASHGATE.

Horne, H. H. (1927/1982). *Philosophy of education.* New York: Macmillan.

Howard, Roy J. (1982). *Three faces of hermeneutics: An introduction to current theories of understanding.* Berkley, Los Angeles and London: University of California Press.

Hunter, L. (1999). *Critiques of knowing: Situated textualities in science, computing and the arts.* London & New York: Routledge & Kegan Paul.

Husserl, E. (1970). *The crisis of European sciences and transcendental Phenomenology: An introduction to phenomenological philosophy.* D. Carr (Trans.). Evanston, Illinois: Northwestern University Press.

Hutchins, R. M. (1936). *Higher education of American.* New Haven, Connecticut: Yale University Press.

Inkeles, A. (1983). *Exploring individual modernity.* New York: Columbia University Press.

Ira, S. & Freire, P. (1987). *A pedagogy for liberation: Dialogues on transforming education.* Taiwan: Bergin & Garvey Publishers, Inc.

Irr, C. & Buchanan, I. (Eds.) (2005). *On Jameson: From postmodernism to globalization.* New York: State University of New York Press.

Irvine, M. (1998). *The postmodern, postmodernism, postmodernity.* Retrieved September 9, 2003, from http://www.georgetown.edu/faculty/irvinem/techno-culture/pomo.html

Jaspers, K. (1951). *Man in the modern age.* London: Routledge & Kegan Paul.

Jaspers, K. (1960). *Way to wisdom: An introduction to philosophy.* Ralph Manheim (Trans.). Yale: Yale University Press.

Jaspers, K. (1963). *General Psychopathology.* J. Hoenig & M. W. Hamilton (Trans.). Manchester: Manchester University Press.

Johnson, L. & Phillips, B. (2003). *Absolute honesty: Building a corporate culture that values straight talk and rewards integrity.* New York: AMACOM.

Jolin, S. & McCormick, P. (1973). *Tragic wisdom and beyond: Including conversations between Paul Ricoeur and Gabriel Marcel.* Evanston, Illinois:

Northwestern University Press.

Kant, I. (1781/1998). *Critique of pure reason.* Paul Guyer & Allen W. Wood (Trans.). Cambridge: Cambridge University Press.

Kant, I. (1790/1973). *Critique of Judgement.* J. C. Meredith (Trans.). Oxford: Oxford University Press.

Kant, I. (1803). Uber pedagogik. A. Churton (Trans.) (1899). *On education.* London: Routledge & Kegan Paul.

Kant, I. (2002). *Groundwork for the metaphysics of morals.* T. E. Hill, Jr. & A. Zweig (Trans.). Oxford: Oxford University Press.

Kant, I. (2006). *Perpetual peace: A philosophical sketch.* Retrieved February 2, 2006, from http://www.mtholyoke.edu/acad/intrel/kant1.htm

Kant, I. (2006). What is enlightenment? In Kramnick, I. (Ed.). *Enlightenment reader* (pp. 1–7). London: Penguin Books.

Kaplan, A. (1977). *In pursuit of wisdom: The scope of philosophy.* London: Collier Macmillan Publishers.

Kearney, R. (1986). *Modern movements in European philosophy.* Manchester: Manchester University Press.

Kecht, M. (Ed.) (1992). *Pedagogy is politics.* Urbana & Chicago: University of Illinois Press.

Kellner, D. (1997). Globalization and the postmodern turn. Retrieved September 15, 2006, from http://www.gseis.ucla.edu/courses/ed253a/dk/GLOBPM.htm

Kilpatrick, W. H. (1951). *Philosophy of education.* New York: Macmillan.

Klee, M. B. (2002). *Core values: A literature-based program in character education.* Virginia: The Link Institute.

Kneller, G. F. (1964). *Introduction to the philosophy of education.* New York: John Wiley & Sons.

Kotter, J. P. (1996). *Leading change: Why transformation efforts fail.* Boston: Harvard Business School.

Kramnick, I. (Ed.) (1995). *Enlightenment reader.* London: Penguin Books.

Kristjannson, K. (2002). In defence of "Non-expansive" character education. *Journal of Philosophy of Education, 36* (2), 135–156.

Kuh, G. D., Kinzie, J., Schuh, J. H., Whitt, E. J. & Associates (2005). *Student success in college.* San Francisco: Jossey-Bass.

Kuhn, T. (1970). *The structure of scientific revolutions.* Chicago: University of Chicago Press.

Lacan J. (1949). *The mirror stage in identity: A reader.* Paul du Gay, Jessica Evans & Peter Redman (Eds.) (2000). London: Sage.

Ladson-Billings, G. & Tate, W. F. (Eds.) (2006). *Education research in the public interest: Social justice, action, and policy.* New York: Teachers College Press.

Lamb, C. & Lamb, M. (1982). *Tales from Shakespeare complete works.* Taipei: Jian-Man（將門）.

Lamb, R. E. (Ed.) (1997). *Love analyzed.* Oxford: Westview Press.

Leistyna, P., Woodrum, A. & Sherblom, S. A. (1996). *Breaking free: The transformative power of critical pedagogy.* Massachusetts: Harvard Educational Review.

Lickona, T. (2006). *Early childhood today.* Retrieved May 23, 2006, from http://content.scholastic.com/browse/article.jsp?id=4429

Lipman, M. (1988). Critical thinking: What can it be? *Educational Leadership, 46* (1), 38–41.

Locke, J. (1693/1998). *Some thoughts concerning education.* New York: New York, P. F. Collier & Son.

Loughran, J. (Ed.) (1999). *Researching teaching: Methodologies and practices for understanding pedagogy.* London: Falmer Press.

Loukes, H., Wilson, J. & Cowell, B. (1983). *Education: An introduction.* Oxford: Martin Robertson.

Lovlie, L., Mortensen, K. P. & Nordenbo, S. E. (Eds.) (2003). *Educating humanity: Building in postmodernity.* Oxford: Blackwell Publishing.

Lyotard, J. F. (1984). *The postmodern condition.* Minneapolis: University of Minnesota Press.

Lyotard, J. F. (1993). *Toward the postmodern.* R. Harvey & M. S. Robert (Eds.). New Jersey & London: Humanities Press.

Macann, C. (1993). *Four phenomenological philosophers.* London & New York: Routledge & Kegan Paul.

MacDonald, S. (1991). *Being and goodness: The concept of the good in metaphysics and philosophical theology.* Ithaca & London: Cornell University Press.

MacIntyre, A. (2006). *Ethics and politics: Selected essays.* Cambridge: Cambridge University Press.

MacVannel, J. A. (1921). *Outline of a course in the philosophy of education.* New York: The Macmillan.

Madison, G. B. & Fairbairn, M. (Eds.) (2000). *The ethics of postmodernity: Current trends in continental thought.* Illinois: Northwestern University Press.

Marcuse, H. (1978). *The aesthetic dimension.* Boston: Beacon Press.

Marples, R. (Ed.) (1999). *The aims of education.* London & New York: Routledge.

Marshall, J. (1981). *What is education?* New Zealand: Dunmore Press.

Maslow, A. (1968). *Toward a psychology of being.* New York: D. Van Nostrand Co.

Maslow, A. (1971). *The farther reaches of human nature.* New York: The Viking Press.

Maxwell, N. (1987). *From knowledge to wisdom: A revolution in the aims and methods of science.* Oxford: Basil Blackwell.

Mayers, T. (2003). *Slavoj Zizek: Routledge critical thinker.* London: Routledge & Kegan Paul.

Mckeever, S. & Ridge, M. (2006). *Principled ethics: Generalism as a regulative ideal.* Oxford: Clarendon Press.

McLaren, P. (1986). Review article — Postmodernity and the death of politics. *Educational Theory. 36* (4), 389–401.

McLaren, P. & Leonard, P. (1993). *Paulo Freire: A critical encounter.* London & New York: Routledge & Kegan Paul.

Merleau-Ponty, M. (1962). *Phenomenology of perception.* London & New York: Routledge & Kegan Paul.

Messer, S. B., Sass, L. A, & Woolfolk, R. L. (Eds.) (1990). *Hermeneutics and psychological theory: Interpretative perspectives on personality, psychotherapy, and psychopathology.* New Brunswick & London: Rutgers University Press.

Meyer, S. S. (1993). *Aristotle on moral responsibility.* Oxford: Blackwell.

Mill, J. S. (1987). Utilitarianism. In G. Sher (Ed.). *Moral philosophy: Selected readings* (pp. 369–409). New York & London: Harcourt Brace Jovanovich,

Publishers.

Milne, A. A. (1995). *Winnie-the-Pooh.* London: Methuen Children's Books.

Milton, N. (2005). *Knowledge management: For teams and projects.* Oxford: Chandos Publishing.

Montagr, A. (1958). *Education and human relations.* Westport, Connecticut: Greenwood Press.

Morgan, S. (Ed.) (2006). *The feminist history reader.* London & New York: Routledge & Kegan Paul.

Morrow, R. A. & Torres, C. A. (2002). *Reading Freire and Habermas: Critical pedagogy and transformative social change.* New York & London: Teachers College Press, Columbia University.

Murzi, M. (2006). Vienna Circle. *The internet encyclopedia of philosophy.* Retrieved March 13, 2007, from http://www.iep.utm.edu/v/viennaci.htm

National Center for Youth Issues (2005a). *Character Ed. Net.* Retrieved July 15, 2006, from http://www.charactered.net/

National Character Education Center (2005b). *N.C.E.C.* Retrieved December 1, 2006, from http://www.ethicsusa.com/

National College for School Leadership (NCSL) (2001). *Leading personalised learning in schools: Helping individuals grow.* Nottingham: NCSL.

Neiman, S. (1994). *The unity of reason.* Oxford: Oxford University Press.

Nietzsche, F. (1872). *The birth of tragedy.* W. Kaufmann (Trans.). New York: Vintage Books.

Nietzsche, F. (1968). *The will to power.* New York: Vintage Books.

Noble, K. A. (1995). *The international education quotations encyclopaedia.* Buckingham: Open University Press.

Noddings, N. (1984). *Caring: A feminine approach to ethics & moral education.* California: University of California Press.

Noddings, N. (1995). *Philosophy of education.* Oxford: Westview Press.

Noddings, N. (2002). *Educating moral people: A caring alternative to character education.* New York & London: Teachers College Press.

Norris, C. (1991). *Spinoza & the origins of modern critical theory.* Oxford: Basil Blackwell.

Nosich, G. M. (2001). *Learning to think things through: A guide to critical thinking in curriculum.* New Jersey: Prentice-Hall.

Novak, J. D. (1979). *A theory of education.* Ithaca & London: Cornell University Press.

Nozick, R. (1974). *Anarchy, state and utopia.* New Jersey: Prentice-Hall Inc.

Nunn, T. P. (1920). *Education: Its data and first principles.* London: G. Bell & Sons.

Ottaway, A. K. C. (1953/2001). *Education and society.* London: Routledge & Kegan Paul.

Owen, D. (1997). *Sociology after postmodernism.* London, Thousand Oaks, New Delhi: SAGE Publications.

Paivio, A. (1991). *Images in minds: The evolution of a theory.* New York, London, Toronto, Sydney, Tokyo & Singapore: Harvester Wheatsheaf.

Pangle, L. S. & Pangle, T. L. (1993). *The learning of liberty: The educational ideas of the American founders.* Kansas: University Press of Kansas.

Papineau, D. (2006). *The roots of reason: philosophical essays on rationality, evolution, and probability.* Oxford: Clarendon Press.

Parker, S. (1997). *Reflective teaching in the postmodern world: A manifesto for education in postmodernity.* Buckingham, Philadelphia: Open University Press.

Paul, R. (1995). *Critical thinking: How to prepare students for a rapidly changing world.* California: Foundation for Critical Thinking.

Pendlebury, G. (2006). *Action and ethics in Aristotle and Hegel: Escaping the malign influence of Kant.* USA & England: ASHGATE.

Perkins, M. L. (1974). *Jean-Jacques Rousseau: On the individual and society.* Lexington: The University Press of Kentucky.

Peters, R. S. (1966). *Ethics and education.* London: Allen & Unwin.

Peters, R. S. (Ed.) (1967). *The concept of education.* London: Routledge & Kegan Paul.

Peters, R. S. (1973). *Authority, responsibility and education.* London: Allen & Unwin.

Peters, R. S. (Ed.) (1973). *The philosophy of education.* Oxford: Oxford University Press.

Peters, R. S. (Ed.) (1976). *Role of the head.* London: Routledge & Kegan Paul.

Peters, R. S. (1977). *Education and the education of teachers.* London: Routledge & Kegan Paul.

Peters, R. S. (1981). *Essays on educators.* London: George Allen & Unwin.

Phenix, P. H. (1958). *A modern philosophy of education.* New York: Holt, Rinehart and Winston Co.

Pillow, K. (2000). *Sublime understanding: Aesthetic reflection in Kant and Hegel.* Cambridge, Massachusetts, London: The MIT Press.

Polyani, K. (1957). *The great transformation.* Boston: Beacon Press.

Polanyi, M. (1962). *Personal knowledge.* Chicago: The University of Chicago Press.

Popkewitz, T. S. (1991). *A political sociology of educational reform: Power/knowledge in teaching, teachers education and research.* New York: Teachers College Press.

Popp, J. A. (1998). *Naturalizing philosophy of education: John Dewey in the postanalytic age.* Cambridge & Edwardsville: Southern Illinois University Press.

Popper, K. (1949). *The logic of scientific discovery.* London: Hutchinson.

Popper, K. (1963). *Conjectures and refutations: The growth of scientific knowledge.* London: Hutchinson.

Popper, K. (1951, 1966). *The open society and its enemies.* London: Routledge & Kegan Paul.

Power, E. J. (1982). *Philosophy of education: Studies in philosophies, schooling and educational policies.* New Jersey: Prentices-Hall Inc.

Pring, R. (2004). *Philosophy of education: Aims, theory, common sense and research.* London & New York: Continuum.

Racevskis, K. (1993). *Postmodernism and the search for enlightenment.* Charlottesville & London: University Press of Virginia.

Rawls, J. (1971). *A theory of justice.* Massachusetts and Cambridge: Harvard University Press.

Reichenbach, H. (1956). *The rise of scientific philosophy.* Berkeley: University of California Press.

Reid, L. A. (1962). *Philosophy and education: An introduction.* London, Melbourne, Toronto: Heinemann.

Reisner, E. H. (1927). *Historical foundations of modern education.* New York: The Macmillan Company.

Rhode, D. L. (Ed.) (2006). *Moral leadership: The theory and practice of power, judgment, and policy.* San Francisco: Jossey-Bass.

Richardson, V. (Ed.) (1997). *Constructivist teacher education: Building a world of new understandings.* London, Washington, D.C.: The Falmer Press.

Rickering, W. S. F. (Ed.) (1979). *Durkheim: Essays on morals and education.* H. L. Suteliffe (Trans.). London: Routledge & Kegan Paul.

Ricoeur, P. (1978). *Main trends in philosophy.* New York and London: Holmes & Meier Publishers, Inc.

Ricoeur, p. Ihde, D (Eds.) (2000). *The conflict of interpretation.* Illinois: Northwestern University Press.

Ricoeur, P. & Kearney, R. (Eds.) (1996). *The hermeneutic action.* London: Sage.

Robbins, K. & Webster, F. (Eds.) (2002). *The virtual university? Knowledge, market, and management.* Oxford: Oxford University Press.

Robinsohn, S. & Kuhlmann, C. (1995). Two decades of non-reform in West German education. In David Phillips (Ed.). *Education in Germany: Tradition and reform in historical context* (pp. 16–35). London & New York: Routledge & Kegan Paul.

Rorty, A. O. (2000). *Philosophers on education: Historical perspectives.* London & New York: Routledge & Kegan Paul.

Rosen, M. & Wolf, J. (Eds.) (1999). *Political thought.* Oxford: Oxford University Press.

Rosenkranz, J. K. F. (1886). *The philosophy of education.* A. C. Brackett, (Trans.). London: D. Appleton and Company.

Rousseau, J. J. (1762/1993). *Emile.* P. D. Jimack (Ed.). London: J. M. Dent & Sons.

Russell, (1997). My own philosophy. In John G. Slater (Ed.). *The collected papers of Bertrand Russell Vol. 11.* London: Routledge.

Russell, B. (2006). *Education and discipline.* Retrieved December 25, 2006, from http://humanum.arts.cuhk.edu.hk/humftp/E-text/Russell/educatio.htm

Samier, E. A. & Bates, R. J. (2006). *Aesthetic dimensions of educational administration and leadership.* London & New York: Routledge & Kegan Paul.

Sardar, Z. (1999). *Deconstructing postmodernism.* Retrieved 25 August, 2006, from http://www.fav.net/special_issue_on_globalization.htm

Sartre, Jean-Paul (1956). *Being and nothingness: An essay on phenomenological ontology.* Hazel E. Barnes (Trans.). New York: Philosophical Library.

Sartre, Jean-Paul (1974). *Existentialism is a humanism.* P. Mairet (Trans.). Massachusetts: Methuen.

Scapp, R. (2003). *Teaching values: Critical perspectives on education, politics, and culture.* New York & London: Routledge & Falmer.

Scheffler, I. (Ed.) (1958). *Philosophy and education: Modern readings.* Boston: Allyn & Bacon.

Scheffler, I. (1960). *The language of education.* Illinois: C. C. Thomas.

Scheffler, I. (1964). *The anatomy of inquiry: Philosophical studies in the theory of science.* London & New York: Routledge & Kegan Paul.

Schneider, E. J. & Hollenszer, L. L. (2006). *The principal's guide to managing communication.* Thousand Oaks, California: Corwin Press.

Schofield, H. (1972). *The philosophy of education: An introduction.* London: George Allen & Unwin Ltd.

Schon, D. A. (1983). *The reflective practioner.* London: Temple Smith.

Schutz, A. (1962). *Collected paper I: The problem of social reality.* The Hague: Martinus Nijhoff.

Schweitzer, A. (1969). *Reverence for life.* New York: Harper & Row.

Shaw, L. I. (2006). Five educational philosophies: Introduction. In *Teacher education: Humanistic and social aspects of teaching.* Retrieved August 24, 2006, from http://edweb.sdsu.edu/people/LShaw/F95syll/philos/phintro.html

Shatzky, J. & Hill, T. E. (2001). *The thinking crisis: The disconnection of teaching and learning in today's schools.* Pennsylvania: Pennsylvania University Press.

Sher, G. (Ed.) (1987). Nietzsche. In *Moral philosophy: Selected readings* (pp. 369–409). New York & London: Harcourt Brace Jovanovich, Publishers.

Shor, I. (1992). *Empowering education: Critical teaching for social change.* Chicago: University of Chicago Press.

Shor, I. & Freire, P. (1987). *A pedagogy for liberation: Dialogues on transforming education.* Massachusetts: Bergin & Garvey Publishers.

Shor, I. & Pari, C. (Eds.) (1999). *Education is politics: Critical teaching across differences.* Portsmouth: Heinemann Boynton Cook Publishers Inc.

Short, E. C. (Ed.) (1991). *Forms of curriculum inquiry.* New York: State University of New York Press.

Simms, K. (2003). *Paul Ricoeur.* London & New York: Routledge & Kegan Paul.

Skinner, B. F. (1938). *The behavior of organisms: An experimental analysis.* New York: Appleton-Century-Crofts.

Spencer, H. (1891). *Education: Intellectual, moral and physical.* New York: D. Appleton and Company.

Spencer, H. (1994). *Quotation# 28956 from Classic Quotes.* Moncur, M. (Ed.). Retrieved April 23, 2007, from http://www.quotationspage.com/quote/28956.html

Spiegelberg, H. (1971). *The phenomenological movement.* The Hague: Nijhoff.

St. Aquinas, T. (1981). *Summa theologica.* Fathers of the English Dominican Province (Trans.). London: Thomas More Publishing.

Stanford Encyclopedia of Philosophy (2006). Retrieved March 13, 2006, from http://plato.stanford.edu/entries/ricoeur/

Strauss, A. (1987). *Qualitative analysis for social scientists.* Cambridge: Cambridge University Press.

Stefkovich, J. A. (2001). *Ethical leadership and decision making in education: Applying theoretical perspectives to complex dilemmas.* New Jersey: Mahwah.

Strike, K. (1982). *Liberty and learning.* Oxford: Martin Robertson.

Stumpf, S. E. (1971, 1977, 1983). *Philosophy: History and problems.* New York: McGraw-Hill Book Company.

Sugarman, B. (2000). *A learning-based approach to leading change.* Cambridge, Massachusetts: Society for Organizational Learning.

Taylor, C. (1985). Foucault on freedom and truth. In *Philosophy and the human sciences: Philosophy papers 2* (pp. 152–184). Cambridge: Cambridge University Press.

Taylor, S., Rizvi, F., Lingard, B. & Henry, M. (1997). *Educational policy and the politics of change.* London and New York: Routledge.

The Center for the Advancement of Ethics and Character (2005). *Character education.* Retrieved April 11, 2007, from http://www.bu.edu/education/caec/

Thomas, Janoski (1998). *Citizenship and civil society: A framework of right and obligations in liberal, traditional, and social democratic regimes.* Cambridge: Cambridge University Press.

Thomson, G. H. (1921, 1931). *A modern philosophy of education.* London: George Allen & Unwin Ltd.

Thompson, J. B. (1981). *Critical hermeneutics: A study in the though of Paul Ricoeur and Jürgen Habermas.* Cambridge, London, New York, New Rochelle, Melbourne, Sydney: Cambridge University Press.

Toffler, A. (1981). *Future shock.* New York: Bantam Books.

Tolstoy, L. (1967). *Tolstoy on education.* L. Wiener (Trans.), with an introduction by Reginald D. Archambault. Chicago & London: The University of Chicago Press.

Tooley, J. (2000). *Reclaiming education.* London & New York: Cassell.

Tormey, S. & Townshend, J. (2006). *Key thinkers from critical theory to post-marxism.* London, Thousand Oaks, & New Delhi: SAGE Publications.

Touraine, A. (1995). *Critique of modernity.* Oxford: Blackwell.

Tran, V. D. (2005). *Towards a pluralistic culture: Essay on cultures in the postmodern era.* Washington, D.C.: The Council for Research in Values and Philosophy.

Troutner, L. F. (1964). *Existentialism, phenomenology, and the philosophy of education.* Lawrence, Kansas: School of Education, University of Kansas.

Tsaich (2007). 雅斯培評卡西勒。Retrieved August 15, 2006, from http://blog.pixnet.net/tsaich/post/3983522

University of Illinois Extension (2005). *Growing responsible, respectful children.* Retrieved December 3, 2006, from http://www.urbanext.uiuc.edu/SchoolsOnline/charactered.html

Usher, R. & Edwards, R. (1994). *Postmodernism and education.* London: Routledge & Kegan Paul.

Utah State Office of Education (USOE) (2005). *UEN character education link.* Retrieved December 1, 2007, from http://www.usce.k12.ut.us─USOE Character Education

Vandenberg, D. (1971). *Being and education: An essay in existential phenomenology.* New Jersey: Prentice-Hall.

Vandenberg, D. (1994). Phenomenology in educational discourse. In Higgs, P. (1994). *Metatheories in philosophy of education* (pp. 175–196). Johannesburg: Heinemann.

Vuyk, P. (1981). *Overview and critique of Piaget's genetic epistemology 1965–1980.* London, New York & Toronto: Academic Press.

Wake County Public School System (WCPSS) (2005a). *Character education.* Retrieved December 1, 2006, from http://atozteacherstuff.com/Themes/Character_Education/

Wake County Public School System (WCPSS) (2005b). *Teachers fit character education into their lessons.* Retrieved March 29, 2007, from http://www.wcpss.net/news/poston/character_education/character_ed_schools.html

Walkerdine, V. (1988). *The mastery of reason: Cognitive development and the production of rationality.* New York: Routledge.

Wang, M. C., Haertel, G. D. & Walberg, H. J. (1993). Toward a knowledge base for school learning. *Review of Educational Research. 63* (3), 249–294.

Waters, K. (2000). *Women and men political theorists: Enlightened conversations.* Oxford: Blackwell.

Weber, M. (1947). *The theory of social and economic organization.* Henderson, A. M. & T. Parsons (Eds. & Trans.). New York: Free Press.

Weber, M. (1958). *The protestant ethic and the spirit of capitalism.* T. Parsons (Trans.). New York: Charles Scribner's Sons.

Webster F. (2000). Higher education. In G. Browning, A. Halcli & F. Webster (Eds.). *Understanding contemporary society: Theories of present* (pp. 312–327). London: SAGE.

Weis, L., McCarthy, C. & Dimitriadis, G. (Eds.) (2006). *Ideology, curriculum, and the new sociology of education.* New York & London: Routledge & Kegan Paul.

White, J. P. (1973). *Towards a compulsory curriculum.* London: Routledge & Kegan Paul.

Whitehead, A. N. (1929). *The aims of education.* Washington D.C.: Macmillan Company.

Whitty, G. (2002). *Making sense of education policy.* London: Paul Chapman

Publishing.

Wikipedia (2006). *Iliad.* Retrieved May 24, 2006, from http://en.wikipedia.org/wiki/Iliad

Wikipedia (2007). *Critique of pure reason.* Retrieved May 15, 2007, from http://en.wikipedia.org/wiki/Critique_of_Pure_Reason

Williams, J. T. (1997). *Pooh and the philosophers.* London: Methuen.

Wilson, J. (1977). *Philosophy and practical education.* London: Routledge & Kegan Paul.

Wilson, J. (1979). *Practice to the philosophy of education.* London: Routledge & Kegan Paul.

Wilson, J. (1994). Understanding reasons. *Journal of Moral Education, 9* (2), 110–113.

Winch, P. (1957). *The idea of a social science and its relation to philosophy.* London: Routledge & Kegan Paul.

Winter, R. (1989). *Learning from experience: Principles and practice in action research.* Lewes: Falmer.

Wittgenstein, L. (1953/1963). *Philosophical investigation.* Oxford: Blackwell.

Wittgenstein, L. (1961/1974). *Tractatus logico-philosophicus.* London, New York: Routledge & Kegan Paul.

Wolff, K. & Moore, B. (Eds.) (1968). *The critical spirit: Essays in honor of Herbert Marcuse.* Boston: Beacon Press.

Wolff, J. & Rosen, M. (Eds.) (1999). *Political thought.* Oxford: Oxford University Press.

Yolton, J. W. (Ed.) (1990). *Philosophy, religion, and science in the seventeenth and eighteenth centuries.* Rochester, New York: University of Rochester Press.

Young, R. E. (1989). *A Critical theory of education: Habermas and our children's future.* Hemel Hempstead: Harvester Wheatsheaf.

Young, R. E. (1992). *Critical theory and classroom talk.* Clevendon: Multilingual Matters.

附錄一： 國民中學教師品格素養問卷調查表

溫明麗

問卷內涵說明：

　　本問卷包括學校和受訪教師基本資料，以及問卷題項兩大部分。

　　第一部分包括學校所在地區及學校規模；教師基本資料包括教師年齡、學歷、性別、任教年資與任教科目。第二部分的題項一共有十大項目與教師品格素養相關的內涵，包括誠實、感恩、節制、勇氣、樂觀、正直、堅毅、仁愛、尊重、公平等。此十大內涵乃依據文獻探討及開放性問題訪談後，採計比率最高的前十項德行而來；再依此十大項德行，由不同的受試者依照對每個德行之重要性，分成「很不重要」、「不重要」、「重要」、「非常重要」等四等級，讓受試教師自行認定後圈選之；並同時自我省思「可達成的程度」（分為「完全做不到」、「常常做不到」、「部分做得到」、「輕易做得到」），再統計此132位教師對某德行的重視程度、認為自己可達成的程度；繼之，透過立意取樣實地訪談，訪問教師們認為該品格所以重要或不重要的原因，以及其所以難以做到的原因。

　　以下即為本研究的題本，各學校若有興趣可以自行施測，並檢討貴校的教師品格素養，以及研商教師品格素養提升的有效策略。

國民中學教師品格素養問卷調查表

設計者：溫明麗

日期：2005 年 11 月

壹、基本資料： 請在適當的□中打「✓」。

_____國／高中 ____編號 (01–20)

學校位置：_____縣／市 班級數：___班 全校人數：___人

教師基本資料

年齡	性別	任教年資	任教科目	學歷（畢／結業）
□ 30 以下 □ 31–40 □ 41–50 □ 51–60 □ 61 以上	□男 □女	□ 1–5 年 □ 6–10 年 □ 11–15 年 □ 16–20 年 □ 21 年以上	主要教學科目： _____ 兼任行政： 是□ 否□	□師範大學 □師範學院 □師培中心 □其他 _____ □學士 □四十學分班 □碩士班 □博士班 _____ □教育系 □非教育系

貳、題項與答題說明:

各位親愛的教育界伙伴們,

　　各位好! 由於研究者感受到教師專業倫理的重要性,故亟需瞭解台灣中小學教師品格的素養,期能進一步尋求提升教師品格素養之可行策略。本問卷「品格內涵」乃從中西文獻中的相關德行,及第一線教師的訪談中,經過統計分析後取得之具代表性的前十項教師品格內涵。

　　以下十項與教師專業素養相關的品格,請您依據自己所認定的重要性和可以做到的程度在適當處圈選出來,俾作為瞭解和提升教師品格素養的參考。例如,若您認為「感恩」是很不重要的教師品格,則在數字「4」上面打圈「④」;您自己對於該品格是否能做到? 若輕易就能做到,請在「4」上面打圈「④」,依此類推。

　　本問卷只代表您個人的觀點,並且只作為研究之用,您的資料與答案均受到保密,請您放心填答,您的填答對於如何提升台灣教師的品格素養,將是相當寶貴的資料,相信各位和我一樣,認為這是一件有意義的事情,也樂於協助本問卷的填寫。

　　感恩您的協助與誠實填答,並再度向您致上萬分的謝忱。

台灣師大教育學系　教授

溫明麗　敬託

2005 年 11 月

品格項目	重要性選項				（空白部分待訪談時記錄原因之用）	可做到程度選項				（空白部分待訪談時記錄原因之用）
	非常重要	重要	不重要	很不重要		完全做不到	常常做不到	部分做得到	輕易做得到	
誠實／誠信 (honesty)	1	2	3	4		1	2	3	4	
感恩 (gratitude)	1	2	3	4		1	2	3	4	
節制 (self-disci-pline)	1	2	3	4		1	2	3	4	
仁愛 (kindness)	1	2	3	4		1	2	3	4	
尊重 (respect)	1	2	3	4		1	2	3	4	
公平 (justice)	1	2	3	4		1	2	3	4	
堅毅 (persever-ance)	1	2	3	4		1	2	3	4	
樂觀 (optimism)	1	2	3	4		1	2	3	4	
正直 (integrity)	1	2	3	4		1	2	3	4	
勇氣 (courage)	1	2	3	4		1	2	3	4	

附錄二：國民中學教師品格素養問卷調查結果

設計者：溫明麗

日期：2005 年 11 月

國中教師品格素養（問卷調查）統計表　　單位：%

項　目	可達成程度（四捨五入至整數為止）				備　註（統計重要發現與訪談結果之詮釋）
	完全做不到	常常做不到	部分做得到	輕易做得到	發現與理由
誠實／互信	0	13	10	77	女性教師有一半以上能做到。
感恩／感激	0	6	25	69	**絕大多數教師能做到。**但是否因為口中常掛著「感謝」所致，仍待進一步檢測。
節制／自律	0	20	70	10	教師還算自愛，仍關心社會對他們的看法，此仍可看出教師對社會和文化仍具影響力。
仁愛／關懷	5	55	15	25	有教師坦承：需要自我檢討，尤其常因為自己的事情，無法完全關照學生和配合學校的事情。
尊重（含隱私權）	1	61	20	18	教師認為自己仍具專業權威，故對於學生的管教權仍比較難以維繫民主的態度，此品格可和國外進行比較，**看看是否此素養與民主國家有關。**
公平對待	2	51	20	27	仍有約一半的教師無法做到因材施教，仍會依照個人的喜好，尤其是**學生的學習成效表現**，和自己的情緒而做出不符合公平的行**為**，但教師也表示，他們也認為這是不應該的，只是常常做不到。
堅毅自主	0	78	12	10	**教師大都依照學校的規定和指示做事**，不善於自行做決定。

樂觀積極	5	70	10	15	教師對於學校的規定常以自我為中心，並有應付了事的態度；另一方面，**家長對於教師的不夠尊重與信賴，也構成教師的喪氣和挫折。**
正直真誠	1	38	21	30	教師認為自己能真誠對待學生和同事，但因為有些教師常因此受到傷害，故仍有不少教師認為，對任何事情，尤其是對家長或行政人員的真誠溝通，仍抱著遲疑的態度，並認為正直和誠實未必能保護自己，由此可見，教師仍欠缺安全感。
維護正義／勇氣	0	90	4	6	勇氣或對正義的維護仍待加強，**敢怒不敢言者甚多。**

附錄三: 國民中學教師品格素養達成度統計結果

單位: %

項目	統計結果				主要內涵或受訪者的說明	備　註
	很不重要	不重要	重要	非常重要		
誠實	0	0	0	100	1.誠實為品格的基礎。 2.可獲得別人信任。 3.誠實為上策。	教師不論年齡、性別、任教科別、學歷等，一致認為誠實為上策。
感恩	0	0	33	67	1.有感恩心，才會同理他人。 2.容易滿足、快樂、惜福。 3.人生要知感恩才會快樂。	超過 90% 的女性教師認為「感恩」的品格非常重要。
節制	0	0	77	23	1.節制慾望，能知足常樂。 2.調整行為，自我約束或自律。 3.教師應該作為學生的表率。	年齡稍大的男性教師認為非常重要。
仁愛	0	0	63	37	1.廣結善源，有助於人際更和諧。 2.有同理心，不易動怒，有益健康。	女性教師普遍（近 100%）認為「仁愛」的品格非常重要。
尊重	0	0	11	89	1.自重人重，彼此會感覺較快樂。 2.有助於良好人際關係之互動。	絕大多數教師認為「尊重」非常重要。
公平	0	0	50	50	1.公平處事待人不偏頗。 2.心服口服、更客觀。	教師年齡對「公平」的看法無明顯差異。
堅毅	0	0	67	37	1.有耐心面對難題。 2.突破困境，做事才能成功。	超過 70% 的男性兼職行政工作之教師認為「堅毅」非常重要。
樂觀	0	0	36	64	1.積極奮發作為，處事圓滿。 2.維持正面人生觀。	絕大多數男女教師均同意教學時應採「樂觀」的態度。
正直	0	0	45	55	1.是勇者，不畏批評。 2.行為端正很重要。 3.辨別是非很重要但不容易。	教師年齡對「正直」的看法無明顯差異。
勇氣	0	0	78	22	1.能面對問題，突破困難。 2.處事的原動力。 3.果斷之決定力很難真正做到。	兼職行政教師比未兼職者更重視「勇氣」之品格。

附錄四：批判性思考素養範疇與要件圖

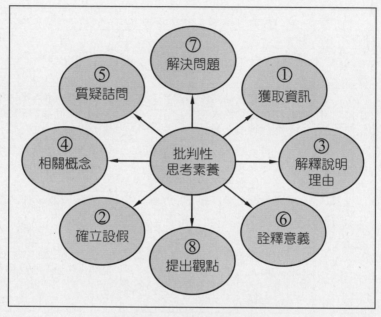

批判性思考範疇與要件圖

資料來源：作者自行研製。

重要名詞索引與中英人名對照

西洋教育史

林玉体／編著

　　本書作者採取條列教育重要課題的方式，詳述教育目的、認同教育、心理學、教學法、課程規劃、宗教與道德、教育行政、非正式教育、師範教育等等主題的歷史發展與內容，史料豐富詳實，更檢附重要人名及事件的原文。如果您對各種教育課題的歷史沿革與發展狀況感到好奇，如果您讀膩了以時序編排方式撰寫的教育史，如果您渴望一覽各教育學者在思考相同教育課題時激盪出的思想火花，本書絕對是您不二的選擇！

教育心理學（增訂三版）

溫世頌／著

　　如何瞭解學生的學習狀況？如何幫助學生學得更好、更有成就感？這些問題便是教育心理學試圖探索與解答之課題。本書旨在協助教師教導學生做有效的學習，以發展其潛能。內容兼顧理論與實務，提供適當例子以闡釋心理學原理原則，並說明如何運用於教學情境中，是教育工作者與教育類科系學生最佳的教學指南與參考用書。

教育社會學（增訂三版）

陳奎憙／著

　　本書主要是為準備從事教育工作的教育院系學生而寫，也可供社會學系學生與在職教師閱讀、研究參考之用。書中除詳細介紹「教育社會學理論」、「教育的社會環境」、「教育機會均等」等主題，並運用現代社會科學理論來分析「教育制度」、「學校社會組織」與「班級社會體系」，更具體探討「教學方法」、「教育專業」、「師生關係」、「青少年次文化」等重要議題。本次修訂，除調整主題架構外，作者並充實與更新書中資料，使內容更為周全，更符合時代性，是為新版特色。